中文社会科学引文索引（CSSCI）来源集刊

比较政治学研究

总第23辑

国外选举政治与制度变迁研究

李路曲 ◎ 主编

天津出版传媒集团

天津人民出版社

图书在版编目（ＣＩＰ）数据

比较政治学研究. 总第 23 辑, 国外选举政治与制度变迁研究 / 李路曲主编. -- 天津 : 天津人民出版社, 2023.7

ISBN 978-7-201-19563-6

Ⅰ. ①比… Ⅱ. ①李… Ⅲ. ①比较政治学—研究 Ⅳ. ①D0

中国国家版本馆 CIP 数据核字(2023)第 118319 号

比较政治学研究总第 23 辑:国外选举政治与制度变迁研究
BIJIAO ZHENGZHIXUE YANJIU ZONG DI 23 JI:GUOWAI XUANJU ZHENGZHI YU ZHIDU BIANQIAN YANJIU

出　　版	天津人民出版社
出 版 人	刘　庆
地　　址	天津市和平区西康路35号康岳大厦
邮政编码	300051
邮购电话	（022）23332469
电子信箱	reader@tjrmcbs.com
策划编辑	王　康
责任编辑	郑　玥
装帧设计	汤　磊
印　　刷	艺堂印刷(天津)有限公司
经　　销	新华书店
开　　本	710毫米×1000毫米　1/16
印　　张	21.25
插　　页	2
字　　数	320千字
版次印次	2023年7月第1版　2023年7月第1次印刷
定　　价	88.00元

2022 年第 2 辑　总第 23 辑

Comparative Politics Studies No.23

主办单位

天津师范大学政治与行政学院

主编

李路曲

编辑部主任

佟德志

编辑部成员

高春芽　张三南　吕同舟　周幼平　李　辛

学术委员会（中方学术委员会以姓氏笔画为序）

马德普（天津师范大学）

王长江（中共中央党校）

宁　骚（北京大学）

李路曲（上海师范大学）

杨光斌（中国人民大学）

杨雪冬（清华大学）

佟德志（天津师范大学）

张小劲（清华大学）

陈　峰（香港浸会大学）

周淑真（中国人民大学）

徐湘林（北京大学）

曹沛霖（复旦大学）

常士䜣（天津师范大学）

景跃进（清华大学）

谭君久（武汉大学）

克特·理查德·路德 Kurt Richard Luther（英国基尔大学）

前　言

当今世界局势复杂多变，在比较视野下探讨中外政治、解析多国的复杂政治现象，探索世界政治的演绎历程和发展规律，是比较政治学研究的重要课题。在此现实诉求之下，《国外选举政治与制度变迁研究：比较政治学研究总第23辑》如约而至。

比较政治制度研究是比较政治学研究的重要内容，本书收录了四篇相关文章。包刚升和马丝妮观察到自2010年以来，欧美发达工业民主国家在民主政治运作上呈现出许多重要的差异，不同国家的政治现象的差异反映了这些国家现有政党体制稳定性的不同，继而以美国、英国、法国与德国为例，推演出这些民主国家近期政党体制变迁与分化的主要原因在于国家选举制度设计的不同。王中原聚焦美国选举中的公正问题，从政党政治极化的视角剖析美国选举争议的生成机理和发展情势。马雪松和吴健青对理性选择制度主义在社会科学语境中的方法更新和议题拓展进行了跟踪和评价。韩德睿辨析了历史制度主义视域中制度性权力的内涵，将其理解为一种渐进性的权力观念。

民主转型研究是常规内容。牟硕以历史和逻辑相结合的分析方法，演绎了西方民主转型的三次浪潮形成了三种不同的民主理论模式。漆程成论述了现代国家建构的丰富内涵，强调新兴民主国家在转型之后出现的治理困境根源在于现代国家建构缺失。数字与民主是比较政治学研究的新兴课题。关爽认为走出数字民主的迷思，不仅需要理论上探索数字技术影响民主政治的因果机制和具体路径，在实践上也需要进行必要的公共干预和治理改革。王晓飞阐释了多样性的民族主义通常介于公民民族主义和族裔民族主义两种光谱之间，虽然不同类型的民族主义都要求一定程度的民族自决，但并不等同于要求政治主权。

在区域研究方面，本书收录了两篇文章。刘稚和李致斐借鉴定性比较分析法和过程追踪对东南亚威权主义国家治理状况与政权演变进行了横向比较和纵向梳理。赵银亮和韩雨筱从制度变迁的学理层面，研究了区域一体化视域下东南亚政治发展的思想、实践及内在动力机制。

国别研究是比较政治学研究中经久不衰的话题。冯莉和胡晓波依照摩尔理论的逻辑视角，分析了美国应对危机的模式正在由政治精英推动转向"精英–民粹"的联合，并终将导致民粹政治的激进走向。杨云珍和苏磊以特朗普为分析个案，对从政党政治向个人政治的演变何以可能进行了探究，同时也阐发了从政党民主滑向民粹民主带来的侵蚀与挑战。蒋光明和陈慧荣以巴西土地改革与占地运动为例解释了竞争型非正式产权的兴起和扩散，并构建了一个基于道义和权力机制的分析框架。张刚生梳理了印度一党独大制的历史脉络，强调强政党或以政党为中心的现代化路径更契合内部差异巨大的发展中大国。陈宇以缅甸民主转型为背景，阐释了缅甸在民主化转型过程中陷于社会冲突困境的基本逻辑。

《比较政治学研究》编辑部
2022 年 12 月

目　录

社会冲击与欧美政党体制的分化：
以选举制度为中心的解释 *

包刚升　马丝妮 **

内容摘要　欧美发达工业民主国家在基本政治制度与经济发展水平上具有许多相似性，但面对 2010 年代以来的社会冲击，却在民主政治运作上呈现出许多重要的差异。以美国、英国、法国与德国四个国家为例，有的国家崛起了新的重要政治家与新的重要政党，有的国家则没有。这些政治现象的差异反映了这些国家现有政党体制稳定性的不同。本文关注的研究问题是：为什么同为西方发达工业民主国家，在面对类似的社会冲击时，现有政党体制会呈现出相当程度的分化？作者认为，这些国家选举制度设计的不同是导致它们近期政党体制的变迁与分化的主要原因。

关键词　社会冲击；选举制度；政党体制；民主稳定性

一、研究问题与文献回顾

2010 年代以来，西方世界出现某种政治新现实。比如，2016 年，

----

* 　本研究得到国家社科基金一般项目"后发展国家不同政体模式与国家治理绩效的比较研究"（19BZZ028）的资助。

** 　包刚升，博士，复旦大学国际关系与公共事务学院教授，研究方向为政治理论、比较政治与政治史；马丝妮，复旦大学国际关系与公共事务学院博士研究生，研究方向为比较政治。

政治素人唐纳德·特朗普(Donald J.Trump)当选美国总统;2017 年,并非法国两大主要政党候选人的埃马纽埃尔·马克龙(Emmanuel Macron)当选法国总统,其创立的新政党"共和前进!"(La République En Marche!)一举赢得法国议会大选,同时,国民阵线领导人玛丽娜·勒庞(Marine Le Pen)也进入总统选举第二轮决赛;2017 年,德国成立仅 5 年的新政党另类选择党(Alternative for Germany)突然崛起成为德国议会第三大政党;然而,与此同时,跟上述三国相比,英国似乎保持着现有政党体制的更大稳定性。美、英、法、德四国在政治现象上的差异主要表现为两个方面:一是有无新的重要政治家崛起,二是有无新的重要政党崛起。在本文中,前者是指非职业政治家或非传统主要政党的政治领袖当选政府首脑,后者是指一个新兴政党在议会或议会下院(下文简化为议会)选举中成为主要政党,具有影响组阁的潜在力量。

一般认为,2010 年代以来的政治新现实跟欧美国家这些年受到的社会冲击有关,特别是全球化及其反弹、经济与社会不平等程度相对上升以及族裔政治与移民政治在各国的兴起,等等。这些社会冲击确实困扰着整个西方世界,挑战着这些国家现有民主与政党体制的稳定性。问题在于,尽管欧美主要发达工业民主国家所面对的外部社会冲击是相似的,但是上述四个主要国家在政治上的反应差异却很大。按理说,美、英、法、德四国无论基于何种理论,都是较为相似的发达民主国家。它们的经济都是高度发达的,民主政体相对稳定且有效,文化上则同属于基督教文明。既然如此,看起来很相似的欧美发达民主国家,在面对类似的外部社会冲击时,为什么政治上的表现会呈现很大的差异?简而言之,这四个国家在有无新的重要政治家崛起和有无新的重要政党崛起两个方面呈现出较大的差异性。如果说这两个方面构成了衡量现有政党体制稳定性的重要指标,那么这项研究关心的问题是:到底是何种原因导致了欧美主要发达民主国家现有政党体制的变迁与分化?如何解释这种不同国家之间的差异呢?

上述政治现象涉及新政治家现象、新政党现象、民主稳定性与政党体制稳定性等许多理论问题。而学术界在这些问题上已经形成许多代表性的研究。第一类文献是针对上述重大政治现象的就事论事的研究。一种观点认为,新政治家与新政党的崛起是社会结构变革的产物。比如,有学者认为,马克龙与"共和前进!"的获胜,以及勒庞带领国民阵线的崛起,源于法国新的社会分裂,即移民、环境等后现代议题替代了原有的阶级议题。[1]有研究认为,正是全球化及其相关问题导致了美国的激进保守主义转向了民粹主义方向,而特朗普持有的"另类民主民族主义"(alternative democratic nationalism)实际上是对美国移民政治现象的回应。[2]另一种观点认为,特定政治家与政党的崛起同其自身的特性、议题和意识形态立场有关,或者说很大部分是由于它们自身的主动因素。比如,有学者将民粹主义视为一种选举话语与动员工具,而特定政治家与政党对民粹主义的熟练运用有助于提升支持率。德国另类选择党的崛起,就同其民粹主义的话语构建有关。[3]还有研究认为,政治家与政党可以通过将族群议题、移民焦虑等与传统经济社会政策议题相结合来吸引特定选民,或是利用社交媒体等来塑造选民的政治偏好,进而达到影响选举结果的目标。[4]

第二类文献则聚焦民主体制稳定性与政党制度稳定性的研究。新政治家与新政党是否易于崛起是衡量民主体制与政党体制稳定性的指标。有的研究主要关注民主国家内部的社会分裂(social cleavages)与政治分裂(political cleavages),包括阶级、族群、宗教、地区等维度的

[1]　Florent Gougou and Simon Persico, "A New Party System in the Making? The 2017 French Presidential Election," *French Politics*, Vol.15, No.3, 2017, pp.303–321.

[2]　Taesuh Cha, "The Return of Jacksonianism: The International Implications of the Trump Phenomenon," *The Washington Quarterly*, Vol.39, No.4, 2016, pp.83–97.

[3]　Simon T. Franzmann, "Calling the Ghost of Populism: The AfD's Strategic and Tactical Agendas until the EP Election 2014," *German Politics*, Vol.25, No.4, 2016, pp.457–479.

[4]　参见 Marc Hooghe and Ruth Dassonneville, "Explaining the Trump Vote: The Effect of Racist Resentment and Anti-Immigrant Sentiments," *PS: Political Science & Politics*, Vol.51, No.3, 2018, pp.528–534; Patrick Chamorel, "Macron Versus the Yellow Vests," *Journal of Democracy*, Vol.30, No.4, 2019, pp.48–62; Kai Arzheimer and Carl C. Berning, "How the Alternative for Germany(AfD)and Their Voters Veered to the Radical Right, 2013–2017," *Electoral Studies*, Vol.60, 2019, 102040.

分歧,以及由此引发的政治冲突与对抗。①事实上,目前西方发达民主国家面临的新现实的社会冲击,主要来源于身份认同与族群政治。②还有的研究更强调政治制度主义视角,关注制度类型与设计对于民主稳定性、政党体制稳定性的影响。比如,林茨(Juan Linz)引发的议会制与总统制的论战,关注的就是行政–立法关系对民主效能与稳定的重要影响。③还有研究是围绕迪韦尔热定律(Duverger's Law)展开的,即选举制度如何影响政党体制及其稳定性。④一个流行的观点是,纯粹的比例代表制容易导致极化多党制或碎片化政党体制,进而导致民主不稳定,如德国魏玛共和国(1919-1933年)。⑤共识民主理论则认为,比例代表制不会影响政党体制与民主的稳定性。⑥包刚升的一项研究认为,在第三波民主化中,比例代表制并未导致普遍的极化多党制,原因在于比例代表制在具体制度设计上做了增设政党当选门槛和缩小选区规模等改进。⑦除此之外,还有学者关注行政机关选举与立法机关选举之间的互相关联,有"燕尾效应"(coattail effect)和"蜜月效应"(honeymoon effect)等表述。比如,总统候选人的受欢迎程度与获

---

① Seymour M. Lipset and Stein Rokkan, "Cleavage Structure, Party System, and Voter Align- ments: An Introduction," in *Party Systems and Voter Alignments*, edited by Seymour M. Lipset and Stein Rokkan, New York: The Free Press, 1967, pp.1–65; Arend Lijphart, *Thinking about Democracy: Power Sharing and Majority Rule in Theory and Practice*, London: Rout- ledge, 2008, pp.74–88.

② 参见弗朗西斯·福山:《身份政治:对尊严与认同的渴求》,刘芳译,中译出版社,2021年; 塞缪尔·亨廷顿:《我们是谁:美国国家特性面临的挑战》,程克雄译,新华出版社,2005年。

③ Juan Linz, "Perils of Presidentialism," *Journal of Democracy*, Vol.1, No.1, 1990, pp.51–69. 关于这场学术论,参见包刚升:《议会制与总统制大论战:基于学术文献与政治经验的反思》,《国外理论动态》2020年第2期。

④ Maurice Duverger, *Political Parties: Their Organization and Activity in the Modern State*, London: Methuen Publishing, 1959; Maurice Duverger, "Duverger's Law: Forty Years Later," in *Electoral Laws and Their Political Consequences*, edited by Bernard Grofman and Arend Lijphart, New York: Agathon Press, 1986, pp.69–84.

⑤ 包刚升:《民主崩溃的政治学》,商务印书馆,2014年,第149–225页。

⑥ 阿伦·利普哈特:《民主的模式:36个国家的政府形式和政府绩效》(第二版),陈崎译,上海人民出版社,2017年。

⑦ 包刚升:《选举制度的复合化:基于第三波民主化国家的实证研究》,《政治学研究》2019年第4期。

胜,可能会推动其所在政党在议会选举获得优势。[①]

综上所述,目前研究文献要么关注具体的"崛起现象"及其相关逻辑,要么关注更为一般意义上的民主政体或政党体制稳定性背后的结构与制度原因。这为这项研究提供了坚实的基础,但所有这些研究本身并没有回答这篇论文所提出的问题,即到底是何种原因导致了欧美主要发达民主国家现有政党体制的变迁与分化? 基于政治制度主义的理论路径[②],本文认为主要是美、英、法、德四国在选举制度设计上的差异导致了上述不同的变迁与分化。本文的主要观点是:在2010年代以来类似的全球性社会冲击之下,美、英、法、德四国现有政党体制的变迁与分化——可用有无新的重要政治家崛起和有无新的重要政党崛起两个指标来衡量——主要是因为这些国家选举制度设计上的差异。具体而言,正是政府首脑选举方式的差异以及议会选举制度的差异及其联动效应,决定了这些国家现有政党体制在社会冲击之下的变迁与分化。

二、主要观点与分析框架

本文从政治制度主义的理论路径出发,以选举制度类型与设计作为核心解释变量,尝试分析欧美主要国家在受到相似的社会冲击时政党体制产生不同的变迁与分化的深层原因。本文立足于对两种选举制度及其联动效应的考察:一是政府首脑选举制度,议会制、总统制与半总统制下的政府首脑选举方式不同。议会制为间接选举,政府首脑及内阁由议会产生;总统制与半总统制通常是直接选举。二是立法机构选举制度,即议会是由领先者胜出制、两轮多数选举制和比

[①] 参见 David B. Magleby,Paul C. Light,and Christine L. Nemacheck,*Government by the People:Structure,Action,and Impact*,New York:Pearson,2016,p.222;Jocelyn Evans and Gilles Ivaldi,"An Atypical 'Honeymoon' Election? Contextual and Strategic Opportunities in the 2017 French Legislative Elections,"*French Politics*,Vol.15,No.3,2017,pp.322–339.

[②] James G. March and Johan P. Olsen,"The New Institutionalism:Organizational Factors in Political Life,"*The American Political Science Review*,Vol.78,No.3,1984,pp.734–749.

例代表制中的哪种选举制度选举产生的。除此之外,政府首脑选举与立法机构选举还会产生"联动效应",即一方的优势可能会带动另一方的优势。比如,明星级新政治家的崛起往往有助于增加其所领导的新政党崛起的可能性,即联动效应上的"强化";反过来说,新政党的首先崛起也可能反过来催生新的重要政治家,给原本在议会制条件下难以快速崛起的新政治家提供可能性,即联动效应上的"逆转"。具体而言:

第一,在政府首脑选举制度上,与议会制下政府首脑间接选举相比,总统制或半总统制下的直接选举更容易导致新政治家的崛起(论点一)。[①]政府首脑的产生方式分为两类:一是经由选民直接选举产生(即便经过美国这样的选举人团计票方式),二是通过议会程序间接选举产生。其实,就政府形式或行政–立法关系而言,前者就是总统制(美国)与半总统制(法国),即选民经由民主投票直接选举总统;后者就是议会制(英国与德国),即选民先经过民主投票选举产生议会议员,然后再由议会选举或决定政府首脑人选——后者通常需要在议会获得多数支持。

政府首脑选举制度设计的不同很大程度上决定着新兴政治家崛起的难易程度。背后的主要机制是:一个新兴的明星政治家通过一次性全国普选获得成功,要比一个新兴政治家领导自己政党的一大批政治家同时在全国获得多数选区的成功更容易。在总统直接选举制度下,总统候选人只需要在一场简单多数制或两轮多数制的总统大选中击败其他单个候选人,即可当选总统。但在首相或总理间接选举制度下,首相或总理需要以单个政党或政党联盟控制议会的多数议席,这意味着其必须要领导自己的政党同时赢得全国较多单个选区的选举成功。显然,后者难度更高。尤其是,欧美主要发达民主国家往往有着较为强大的主要政党。一个新政治家要想以这种方式实现选

---

① Juan J. Linz, "The Perils of Presidentialism," *Journal of Democracy*, Vol.1, No.1, 1990, pp. 51–69.

举突破,成为政府首脑,往往会遭到既有主要政党的强有力阻击。

这种首脑选举方式的差异,关键还在于"谁投票"的问题。直接选举总统,则选民拥有的权力比较大;间接选举首相或总理,则精英拥有的权力比较大。后者相当于一道针对政府首脑候选人的"同行审议"(peer review)程序,所以,经由议会议员间接选举产生的政府首脑,往往是政治经验丰富、政治网络深厚的老牌政治家。相比而言,在政府首脑直接选举制下,无论是政治新人,还是政治局外人,只要他们具有足够魅力,能成为政治明星,能提出符合大众诉求的政纲,就能吸引到大量选民的支持。

第二,就议会选举制度而言,相比于两轮多数选举制(two-round system)与比例代表制(proportional representation),新政党更不容易在领先者胜出制(first-past-the-post)下实现崛起(论点二)。在领先者胜出制下,一个政党的选举结果取决于该政党派出或推荐的候选人在全国各个单个选区跟其他政党候选人之间的一一对决。领先者胜出制的一个常见结果是更容易导致两党制,比如像美国和英国。这也是迪韦尔热定律的发现。[①]在这种情况下,全国的一个个单个选区往往主要是被全国性的两大主要政党垄断,或者是被区域性的两大政党垄断的。一个新兴政党要想获得选举成功,意味着它要一下子吸引或培养许许多多在全国各个单个选区具有影响力的政治家或候选人。这对于一个新兴政党而言是极难做到的。从理论上讲,领先者胜出制往往会带来"获胜者红利"(winner's bonus),或大型政党红利,即放大政党赢得的席位与选票之间的优势比,从而使新兴政党或小党更难赢得每个选区的议席。[②]因此,美国和英国议会的选举制度更难孕育成功的新兴政党。

---

① Maurice Duverger,"Duverger's Law:Forty Years Later,"in *Electoral Laws and Their Political Consequences*,edited by Bernard Grofman and Arend Lijphart,New York:Agathon Press,1986,pp.69-84.

② Pippa Norris,*Electoral Engineering:Voting Rules and Political Behavior*,Cambridge:Cambridge University Press,2004,p.45.

　　跟领先者胜出制相比，两轮多数选举制和比例代表制都更有利
于新兴政党与小型政党。迪韦尔热（Maurice Duverger）认为，比例代表
制倾向于导致形成多党制，两轮绝对多数决定制倾向于导致形成多
个彼此存在政治联盟关系的政党。①在这种情况下，由于没有一个或
两个主要政党居于绝对的支配地位，选民的政党认同往往更加脆弱，
新兴政党就更容易获得发展机会。特别是，当实行政党名单比例代表
制时，一个富有魅力的政治家外加一个富有号召力的政治纲领，往往
很容易帮助一个新兴政党的快速崛起。就议会选举制度而言，法国是
两轮多数决定制，德国是混合型选举制度——即半数左右议席由比
例代表制选举产生。跟领先者胜出制相比，法国与德国议会的选举制
度为新兴政党提供了更大的发展机会。

　　第三，政府首脑选举和议会选举还存在着微妙的联动效应。这是
指政府首脑选举有可能会影响议会选举，而议会选举有可能会影响
政府首脑选举。特别需要指出的是：在同样的议会选举制度下，政府
首脑的直接选举制度（即总统制或半总统制）更有利于推动新政党的
崛起（论点三）。这是新兴的明星政治家通过赢得总统大选，来影响议
会选举结果的情形。背后的机制是，新兴政治家当选或可能当选总统
会带来一种"明星效应"。无论是出于对总统候选人个人特质的爱屋
及乌，或是对其所在政党的特定的意识形态认同，都有可能推动选民
把对明星政治家的支持扩展到在议会选举中对总统所在政党的支
持。特别是，如果议会选举制度不是领先者胜出制，这种联动效应带
来的"强化"可能会进一步放大。

　　另一个重点在于：在政府首脑间接选举制度（议会制）下，新政治
家能否崛起关键在于新政党能否赢得议会的较多议席、甚至是多数
议席，而这在非领先者胜出制条件下更可能出现（论点四）。这一观

---

① Maurice Duverger, "Duverger's Law: Forty Years Later," in *Electoral Laws and Their Political Consequences*, edited by Bernard Grofman and Arend Lijphart, New York: Agathon Press, 1986, pp.69–84.

点,前文已有论述。简而言之,在议会制条件下,新兴政党获得巨大成功,才能催生新的重要政治家。这是政治新星在议会制条件下实现崛起的主要路径。尽管在议会制条件下,新政治家更不容易崛起,但如果新政治家所领导的新兴政党成为议会的主要政党或多数政党,则能反过来推动新政治家的成功。尤其是,当议会选举制度是非领先者胜出制时,这种联动效应带来的"逆转"就更容易实现。

基于上述讨论,图 1 呈现了选举制度如何影响政党体制分化的基本逻辑。首先,可关注政府首脑是否通过直接选举方式产生? 如果是,则新政治家更易崛起;否则,更难崛起。其次,可关注议会选举制度是否为领先者胜出制? 如果不是,则新政党更易成功;否则,即为领先者胜出制,新政党更难成功。再次,可考察两者之间的联动效应。在政府首脑直接选举制(即总统制或半总统制)下,如果议会选举制度是非领先者胜出制,即比例代表制或两轮多数选举制,总统选举更有可能对议会选举产生强化的联动效应。此种条件下,新政治家在总统选举中的成功,更容易推动新政党在议会选举中的崛起。而当政府首脑为间接选举制度(议会制)时,原本新政治家是不容易崛起的,但在非领先者胜出制下,当新政党获得议会选举的巨大成功时,有可能产生逆转效应,即催生新兴政治家的突然崛起。接下来,本文将对这四个国家进行更为具体的案例研究。

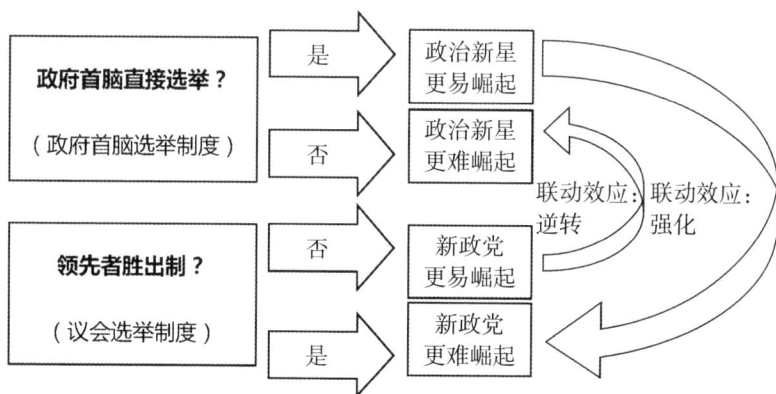

图 1 选举制度影响政党体制分化的基本逻辑
资料来源:作者自制。

三、案例研究与国别比较

(一)美国案例

2010 年代以来,随着全球化的加深,以及经济议题与身份认同、移民议题的合流,美国社会涌起大量诸如限制移民的呼声,对本土工人的工作及本土文化威胁的担忧,以及政治不信任的加剧等方面的争议与焦虑。[①]在这些冲击之下,美国的政党政治发生了变化——呈现出一种"可能的新人"与"坚固的旧党"之间的组合。一方面,"政治素人"唐纳德·特朗普当选美国总统,构成了这一时期美国在政治领袖方面的新变化。2016 年总统选举中,特朗普作为缺乏从政经历,以企业家及媒体人的身份为公众所知的政治新人,却能突破共和党党内初选重围,并在大选中以 46.1% 的民众得票率,获得全美 538 张选举人票中的 304 张票[②],成功击败民主党经验丰富的老牌政治家希拉里·克林顿(Hillary Clinton),当选美国总统,参见表 1。另一方面,社会冲击并未改变美国两党制的稳定格局。无论是总统大选中总统候选人的所属党派,抑或是议会选举中众多议员的党派归属,基本都由民主党与共和党这两大主流政党"平分秋色",留给第三党的生存空间十分狭小,参见表 1 和表 2。

[①]　参见弗朗西斯·福山:《身份政治:对尊严与认同的渴求》,刘芳译,中译出版社,2021 年,第 10—12 页;M. H. Graham and M. W. Svolik, "Democracy in America? Partisanship, Polarization, and the Robustness of Support for Democracy in the United States," *American Political Science Review*, Vol.114, No.2, 2020, pp.392–409.

[②]　2016 年总统选举由于存在失信选举人(faithless electors),特朗普与希拉里分别有 2 张和 5 张的选举人票损失。

表1　2000—2020 年美国总统选举结果

年份	政党	候选人	大众得票率	选举人票（538 张）	总统
2000	共和党	乔治·布什（George W. Bush）	47.9%	271	乔治·布什
	民主党	阿尔·戈尔（Al Gore）	48.4%	266	
2004	共和党	乔治·布什	50.7%	286	乔治·布什
	民主党	约翰·克里（John Kerry）	48.3%	251	
2008	民主党	贝拉克·奥巴马（Barack H. Obama）	52.9%	365	贝拉克·奥巴马
	共和党	约翰·麦凯恩（John McCain）	45.7%	173	
2012	民主党	贝拉克·奥巴马	51.1%	332	贝拉克·奥巴马
	共和党	米特·罗姆尼（Mitt Romney）	47.2%	206	
2016	共和党	唐纳德·特朗普	46.1%	304	唐纳德·特朗普
	民主党	希拉里·克林顿	48.2%	227	
2020	民主党	约瑟夫·拜登（Joseph R. Biden）	51.3%	306	约瑟夫·拜登
	共和党	唐纳德·特朗普	46.9%	232	

资料来源:根据美国联邦选举委员会(Federal Election Commission)网站的统计数据制作,网址参见:https://www.fec.gov/introduction-campaign-finance/election-and-voting-information/。

　　学界不乏对特朗普的获胜进行研究的文献,尝试回答其胜利背后的原因是什么。本文分析的侧重点在于探寻"特朗普现象"背后的制度逻辑——政府首脑的直接选举制度更容易导致新政治家的崛起(论点一)。从制度程序上看,总统诞生须经党内初选与全国大选两个过程。就全国大选而言,美国实行选举人团制度(electoral college)。①当总统候选人赢得州大众选票(popular votes)的相对多数,就能赢得该州全部的选举人票(electoral votes),而获得绝对多数选举人票的候

① 本文谈及的直接选举制度是广义的,即强调的是由选民民主投票直接产生。尽管美国总统选举需要经过选举人团选举,但选举人团的投票按照目前的选举制度是名义上的,故美国的总统选举制度仍然属于直接选举制度。

选人,将成为选举的最终赢家。[①]在这一民主选举制度下,总统候选人只需要在大选中击败另一党的单个候选人,即可以当选总统。且相较于法国情形,美国在全国大选中,往往主要是民主党与共和党的 2 名候选人参与角逐。这同样比议会制下由单个政治家领导自己政党的一大批政治家同时在全国获得多数单个选区的成功更容易。

除此之外,总统制与议会制的首脑选举方式的差异,还体现在"谁投票"的问题上。选民的民主投票方式使民众的权力较大,而间接选举制度下政治精英的权力更大。这一性质具有两个层面的影响,一是精英与大众对政治家的选择存在差异与侧重。值得一提的是,目前两党的党内初选(primary election)制度也为政治新人的崛起提供了相当的可能性。事实上,两党总统提名程序在绝大多数州都经历了从精英向大众的转变——从最初的一小群政治精英非正式地决定,到党团会议(caucus)主导,再到党团会议和初选并存,到现在以初选为主导的过程。[②]这实际上减弱了"同行审议"的筛选效用,为政治新人在全国大选中崭露头角提供了程序上的可能性。莱维茨基(Steven Levitsky)和扎布拉特(Daniel Ziblatt)也因此认为,特朗普能获得共和党提名并当选总统的一个重要原因是,美国过去由全国和地方性政党领袖、政党精英提名和决定本党总统候选人的方式,已经演变为由普通党员投票来决定候选人。[③]尽管两党仍不同程度地保留着超级代表(superdelegate)名额,但其数量和作用都相对有限,如 2016 年两党初选中,民主党的超级代表比例为 14.9%,而共和党的超级代表仅占 4.4%。[④]除此之外,由于党内初选中,候选人政策、立场的区分度相较于全国大选并不突出,加之各州复杂的初选程序设定,共同对候选人

① David B. Magleby, Paul C. Light, and Christine L. Nemacheck, *Government by the People: Structure, Action, and Impact*, New York: Pearson, 2016, p.210.
② Michael Nelson, *The Presidency and the Political System*, Washington: CQ Press, 2018, pp. 222–227.
③ Steven Levitsky and Daniel Ziblatt, *How Democracies Die*, New York: Crown Publishing, 2018, pp.39–52.
④ 数据参见美国绿皮书(The Green Papers)网站,其中民主党参见 http://www.thegreenpapers.com/P16/D-PU.phtml;共和党参见 http://www.thegreenpapers.com/P16/R-PU.phtml。

在金钱、宣传等方面的实力提出要求。即便候选人缺乏政治经验，但如果有足够时间和金钱去宣传动员，仍有可能成为总统候选人。[①]

二是大众政治为具有鲜明个人特色的候选人提供了一条开放式的渠道。在这一过程中，候选人如何将自己的政策立场、意识形态及个人形象特点传达给民众将显得尤为重要。即便是政治新人，只要具有足够魅力，能成为政治明星，能提出符合大众诉求的政纲，能动员起具有相似特点、持有类似情感认同与政治立场的特定民众参与投票，就能有较大的获胜概率。正如一些研究所指出的，特朗普所持有的强烈反移民立场，强调白人族裔文化的主导性，以及在经济社会政策上的保守主义态度等，贴合了美国社会中特定选民的诉求。[②]进一步说，大众民主投票的方式，对候选人背后的资金实力、竞选能力与选举策略等技术性要素提出了更直接的要求。无论是组织竞选团队、竞选演讲与电视辩论，或是游说等，相较于政治经验，这些方面的因素在现实中可能更具支配性。此外，自媒体的兴起也为那些特色鲜明、具有个人魅力的政治家提供了快速提高个人影响力的可能性。特朗普的竞选就大大受益于自媒体的传播力量。[③]

继而言之，对于"旧党为何坚固"这一问题，文本将从论点二展开讨论——就议会选举而言，新政党更不容易在领先者胜出者制下实现崛起。领先者胜出者制是指在单一选区中，选民为议员候选人投单票，拥有相对最多选票的候选人当选。这一制度意味着，一个政党需要派出候选人在全国各个单个选区跟其他政党的候选人一一对决，

① Nelson W. Polsby, Aaron B. Wildavsky, Steven E. Schier, and David A. Hopkins, *Presidential Elections: Strategies and Structures of American Politics*, Lanham, Maryland: Rowman & Littlefield, 2012, pp.224–227.
② 参见 Marc Hooghe and Ruth Dassonneville, "Explaining the Trump Vote: The Effect of Racist Resentment and Anti-Immigrant Sentiments," *PS: Political Science & Politics*, Vol.51, No.3, 2018, pp.528–534; Mark Setzler and Alexandra B. Yanus, "Why Did Women Vote for Donald Trump?" *PS: Political Science & Politics*, Vol.51, No.3, 2018, pp.523–527.
③ Gunn Enli, "Twitter as Arena for the Authentic Outsider: Exploring the Social Media Campaigns of Trump and Clinton in the 2016 US Presidential Election," *European Journal of Communication*, Vol.32, No.1, 2017, pp.50–61.

在每一选区有且仅有一个胜出的候选人。新兴政党要想崛起,要求其能一次性派出在全国众多选区具有影响力的候选人,才能达到在一次选举中赢得较多议席的目标。另外,领先者胜出制所带来的"获胜者红利",往往会放大原先主要政党赢得的席位与选票之间的优势比,从而使新兴政党或小规模政党更难在选举中获得席位。[1]

这样,在美国议会选举中,罕有第三党或独立候选人能对共和党与民主党在议会中的议席形成有效挑战。2000 年以来的美国众议院选举结果就充分证明了这一点,参见表 2。而美国参议院的选举结果也类似,这里就不再赘述。总的来说,在领先者胜出制下,两大主要政党及其议员的优势会非常突出。另外,有研究表明,在 2012 至 2016年的选举中,一些曾坚定支持民主党的工会成员转而支持共和党,后者同样存在部分受过大学教育的白人向民主党倒戈的情形。[2]这意味着,由于既有大党已形成具有垄断性的地位,选民即便要改变其政党支持,也更有可能在"坚固的旧党"之间作选择。

表 2　2000-2020 年美国众议院选举结果

年份	政党	得票率	议席(总数 435 席)
2000	共和党	47.6%	221
	民主党	47.1%	212
2002	共和党	50.0%	229
	民主党	45.2%	205
2004	共和党	49.4%	232
	民主党	46.8%	202
2006	民主党	52.3%	233
	共和党	44.3%	202

---

[1] 参见 Pippa Norris, *Electoral Engineering: Voting Rules and Political Behavior*, Cambridge: Cambridge University Press, 2004, p.45; Matthew S. Shugart, "Inherent and Contingent Factors in Reform Initiation in Plurality Systems," in *To Keep or To Change First Past The Post: The Politics of Electoral Reform*, edited by Andre Blais, Oxford: Oxford University Press, 2008, pp.12-14.

[2] Joshua N. Zingher, "An Analysis of the Changing Social Bases of America's Political Parties: Group Support in the 2012 and 2016 Presidential Elections," *Electoral Studies*, Vol. 60, 2019, 102042.

续表

年份	政党	得票率	议席(总数435席)
2008	民主党	53.2%	257
	共和党	42.6%	178
2010	共和党	51.7%	242
	民主党	44.9%	193
2012	共和党	47.7%	234
	民主党	48.8%	201
2014	共和党	51.2%	247
	民主党	45.5%	188
2016	共和党	49.1%	241
	民主党	48.0%	194
2018	民主党	53.4%	235
	共和党	44.8%	199
2020	民主党	50.8%	222
	共和党	47.7%	213

资料来源:根据美国联邦选举委员会(Federal Election Commission)网站的统计数据制作,网址参见:https://www.fec.gov/introduction-campaign-finance/election-and-voting-information/。

(二)德国案例

德国政党政治最近一二十年呈现出许多重要的新变化。2010年代以来,随着全球化的深入及其带来的难民危机与移民危机,国内族群宗教多样性的提升,疑欧主义的盛行,以及政治不信任的加剧,在德国掀起了基于族群、宗教的民族主义与保守主义浪潮。这就冲击了德国现有政党体制与政治力量的分布格局。

在这些冲击下,德国最近十年的政治变迁集中体现在议会(联邦议院)中新政党的兴起上,对原先较为稳定的德国政党体制造成了一定的冲击。冷战结束与两德统一之后,德国形成了相对稳定的温和多党制的政党体制格局。"联盟党"(由基督教民主联盟、巴伐利亚基督教社会联盟组成)与社会民主党是两大主要政党,自由民主党、左翼党、绿党等小型政党有时能以"关键性小党"的角色参与联合政府。然而,在 2017 年议会选举中,2013 年成立的、被视为极端右翼政党的另类选择党表现颇佳,凭借 94 个议席一举成为议会的第三大政党,创造了战后德国联邦议院新政党中的最佳选举成绩。[①]但另一方面,从近二十年的选举数据来看,德国政治新人并不容易崛起,老牌政治家依然占据主流,参见表 3。

表 3　2002-2021 年德国联邦议院选举结果

年份	政党	第一票得票率	议席	第二票得票率	议席	总议席	执政联盟	总理
2002	社会民主党	41.9%	171	38.5%	80	251	社会民主党－绿党	格哈德·施罗德(Gerhard Schröder)社会民主党
	基督教民主联盟	32.1%	82	29.5%	108	190		
	巴伐利亚基督教社会联盟	9.0%	43	9.0%	15	58		
	绿党	5.6%	1	8.6%	54	55		
	自由民主党	5.8%	0	7.4%	47	47		
	民主社会主义党	4.3%	2	4.0%	0	2		
2005	社会民主党	38.4%	145	34.2%	77	222	联盟党－社会民主党	安吉拉·默克尔(Angela Merkel)基督教民主联盟
	基督教民主联盟	32.6%	106	27.8%	74	180		
	自由民主党	4.7%	0	9.8%	61	61		
	左翼党(新)	8.0%	3	8.7%	51	54		
	绿党	5.4%	1	8.1%	50	51		
	巴伐利亚基督教社会联盟	8.2%	44	7.4%	2	46		

① A. Goerres, D. C. Spies, and S. Kumlin, "The Electoral Supporter Base of the Alternative for Germany," *Swiss Political Science Review*, Vol.24, No.3, 2018, pp.246-269.

年份	政党	第一票得票率	议席	第二票得票率	议席	总议席	执政联盟	总理
2009	基督教民主联盟	32.0%	173	27.3%	21	194	联盟党－自由民主党	安吉拉·默克尔基督教民主联盟
	社会民主党	27.9%	64	23.0%	82	146		
	自由民主党	9.4%	0	14.6%	93	93		
	左翼党	11.1%	16	11.9%	60	76		
	绿党	9.2%	1	10.7%	67	68		
	巴伐利亚基督教社会联盟	7.4%	45	6.5%	0	45		
2013	基督教民主联盟	37.2%	191	34.1%	64	255	联盟党－社会民主党	安吉拉·默克尔基督教民主联盟
	社会民主党	29.4%	58	25.7%	135	193		
	左翼党	8.2%	4	8.6%	60	64		
	绿党	7.3%	1	8.4%	62	63		
	巴伐利亚基督教社会联盟	8.1%	45	7.4%	11	56		
2017	基督教民主联盟	30.2%	185	26.8%	15	200	联盟党－社会民主党	安吉拉·默克尔基督教民主联盟
	社会民主党	24.6%	59	20.5%	94	153		
	另类选择党(新)	11.5%	3	12.6%	91	94		
	自由民主党	7.0%	0	10.7%	80	80		
	左翼党	8.6%	5	9.2%	64	69		
	绿党	8.0%	1	8.9%	66	67		
	巴伐利亚基督教社会联盟	7.0%	46	6.2%	0	46		

续表

年份	政党	第一票得票率	议席	第二票得票率	议席	总议席	执政联盟	总理
2021	社会民主党	26.4%	121	25.7%	85	206	社会民主党-绿党-自由民主党	奥拉夫·朔尔茨（Olaf Scholz）社会民主党
	基督教民主联盟	22.5%	98	18.9%	54	152		
	绿党	14.0%	16	14.8%	102	118		
	自由民主党	8.7%	0	11.5%	92	92		
	另类选择党	10.1%	16	10.3%	67	83		
	巴伐利亚基督教社会联盟	6.0%	45	5.2%	0	45		
	左翼党	5.0%	3	4.9%	36	39		
	南石勒苏益格选民协会①	0.1%	0	0.1%	1	1		

资料来源：根据德国联邦选举委员会（the Federal Returning Officer）网站的统计数据制作，网址参见：https://www.bundeswahlleiter.de/en/bundeswahlleiter.html。

　　从制度主义的视角出发，本文认为正是由于德国联邦议院选举所实行的混合型选举制度——主要是半数左右议席由比例代表制选举产生，为新政党的兴起提供了机会（论点二）。这一选举制度的具体特点是，议会中半数左右的议席由政党名单比例代表制选举产生，半数左右议席则通过单一选区领先者胜出制选出。正如迪韦尔热所论述，比例代表制倾向于导致形成多党制。②因为在政党名单比例代表制下，一个富有魅力的政治家外加一个富有号召力的政治纲领，就极有可能赢得相当比例的选民支持，进而帮助一个新兴政党实现快速崛起。从 2017 年德国联邦议院的选举结果来看，另类选择党在第一

① 南石勒苏益格选民协会（South Schleswig Voters' Association）是德国地区少数族裔政党，在联邦议院选举中具有政党门槛豁免，即不受政党比例席位中 5%的选票门槛约束。
② Maurice Duverger, "Duverger's Law: Forty Years Later," in *Electoral Laws and Their Political Consequences*, edited by Bernard Grofman and Arend Lijphart, New York: Agathon Press, 1986, pp.69–84.

票(领先者胜出制)以 11.5% 的得票率,仅得到 3 个单一选区席位,而绝大部分多数制议席均由联盟党与社会民主党收入囊中,但在第二票(比例代表制)却能以 12.6% 的得票率,赢得 91 个席位,参见表 3。2021 年联邦议院选举结果也是类似的。这恰恰提供了一个完美的对比实验——正是因为德国混合型选举制度中包括了半数左右的比例代表制议席,进而为新政党的崛起提供了更大的机会。

与此同时,德国政治领导层表现出相当的稳定性,即近年来鲜有政治新人实现成功的崛起。这同德国议会制下政府首脑间接选举制度有关,新政治家要在这一制度下实现成功并不容易(论点一)。根据《德意志联邦共和国基本法》规定,德国总理需要经过联邦议院过半数的支持方能当选。经由议会议员间接选举产生的政府首脑,往往是政治经验丰富、政治网络深厚的老牌政治家。新政治家要在这种政府首脑产生机制下崛起,意味着他必须要领导自己的新政党同时赢得全国较多单个选区的成功,并最终控制联邦议院的多数议席或较多议席。德国另类选择党最近两届的选举成绩非常突出,但远未达到能使其政党领袖成为德国主要政治家的议席数量门槛。

进一步说,德国历史上还存在一个恰当的补充案例,即魏玛共和国时期阿道夫·希特勒(Adolf Hitler)与纳粹党(Nazi Party)的崛起。通常,在议会制条件下,新政治家不太容易崛起。但在政党名单比例代表制下,新政党一旦实现崛起并能控制议会下院过半数或最多议席时,则可能产生联动效应中的"逆转",即使得原本在议会制下崛起机会渺茫的新政治家实现成功崛起(论点四)。尽管在严格意义上说,德国魏玛时期的政治制度是半总统制和比例代表制的组合,但希特勒的崛起,经历了先成为总理、再成为总统的过程。当希特勒成为政府总理时,即已完成新政治家的崛起过程。事实上,希特勒的崭露头角可以追溯至 1930 年的联邦议院选举,其领导的纳粹党以 18.3% 的得票率拿下 107 个席位并一举成为议会第二大党。在随后 1932 年举行的两次议会选举中,纳粹党的得票率分别跃升至 37.3% 和 33.1%,超越了原先的最大政党社会民主党,稳居得票率与席位数的榜首。基于

此,希特勒于 1933 年由时任总统兴登堡(Paul von Hindenburg)任命
成为政府总理。①由此可见,正是纳粹党在议会选举中的成功,推动了
希特勒从政治新人到总理的崛起之路。这也构成了新政治家崛起的
第二种路径。

(三)法国案例

2010 年代以来,法国社会出现了诸如经济增长疲软、大规模移
民、多元文化冲突以及恐怖主义等日益严峻的问题。与此同时,法国
主流的中左翼社会党与中右翼共和党(前身为人民运动联盟)对这些
问题的解决不力,也加深了选民对主流政党和政治机构的不信任态
度。②

在上述社会冲击下,法国政治与政党体制的变化同时发生在政
治家与政党两个领域——既出现了新的主要政治家,又崛起了新的
政党。2017 年的选举,打破了以往社会党与共和党主导的政党体制。
在总统选举中,并非法国两大主要政党候选人的埃马纽埃尔·马克龙
成功当选法国总统。同时,国民阵线(现国民联盟)的领导人玛丽娜·
勒庞也进入总统选举第二轮决赛,实现了该党的历史性突破,参见表
4。在随后进行的法国议会(国民议会)选举中,马克龙创立的新政党
"共和前进!"一举赢得议会大选。而共和党与社会党两大政党,仅获
577 个议席中 112 席和 30 席的历史最低成绩,参见表 5。

法国政党政治与政党体制的相对不稳定性可以用选举制度的设
计来解释。首先,法国新政治家为何能崛起的机制,同美国案例是类
似的——即政府首脑的直接选举制度对新政治家的崛起具有积极作
用(论点一)。法国总统选举是选民直接投票产生,在规则上实行两轮
投票制——如果第一轮投票中没有候选人获得过半数选票,则得票
前两名的候选人进入第二轮投票,再由第二轮中获得相对多数选票

---

① Richard J. Evans, *The Coming of the Third Reich*, London: The Penguin Press, 2004.
② S. Bornschier and R. Lachat, "The Evolution of the French Political Space and Party System," *West European Politics*, Vol.32, No.2, 2009, pp.360–383.

者当选总统。相较于美国大选中两党竞争的格局,法国总统选举的第一轮投票通常较为分散。一般而言,候选人获得约 20% 的选票就有机会进入第二轮的总统决赛,参见表 4。这一制度设计,客观上降低了政治新星在法国政治舞台上崭露头角所需的选票门槛。

近年来,法国老牌政党与政治家的民众支持率出现了普遍的下降,这就为政治新人和新政党的崛起提供了政治空间。马克龙就是能够把握这一政治机会的新兴政治家。2017 年总统选举中,持有中间立场并颇具个人魅力的马克龙,以新兴政治家和新兴政党领袖的身份参选,成功挑战了传统大党推出的政治领袖而一举当选法国总统。尽管持有鲜明的反移民、反经济全球化,倾向于代表年轻的中下阶层群体的勒庞最终没能成为总统,但这次选举也构成勒庞及国民阵线在选举政治上的新突破。[1]当阶级冲突、欧洲一体化、移民问题和恐怖主义等议题逐渐重塑或加剧着法国的社会分裂时,那些能敏锐地捕捉这些变化并将其迅速反映到其政策立场中的候选人,更能在竞选中赢得先机并占据头筹。而法国半总统制条件下的政府首脑的直接选举制,恰恰为新人和新政党提供了更多的政治机会。

表 4　2002-2022 年法国总统选举结果

年份	政党	候选人	第一轮得票率	第二轮得票率	总结
2002	保卫共和联盟[2]	雅克·希拉克（Jacques Chirac）	19.9%	82.2%	雅克·希拉克
	国民阵线	让－玛丽·勒庞（Jean-Marie Le Pen）	16.9%	17.8%	
	社会党	利昂内尔·若斯潘（Lionel Jospin）	16.2%	—	

[1] Daniel Stockemer and Abdelkarim Amengay, "The Voters of the FN under Jean-Marie Le Pen and Marine Le Pen:Continuity or Change?", *French Politics*, Vol.13, No.4, 2015, pp. 370-390.

[2] 保卫共和联盟(Rally for the Republic)于 2002 年的总统选举与议会选举之间溶入时任总统雅克·希拉克创立的新政党人民运动联盟(Union for a Popular Movement)中,后者又于 2015 年重建并更名为共和党(The Republicans)。

续表

年份	政党	候选人	第一轮得票率	第二轮得票率	总结
2007	人民运动联盟	尼古拉·萨科齐（Nicolas Sarkozy）	31.2%	53.1%	尼古拉·萨科齐
2007	社会党	塞戈莱纳·罗亚尔（Ségolène Royal）	25.9%	46.9%	尼古拉·萨科齐
2007	法国民主联盟	弗朗索瓦·贝鲁（François Bayrou）	18.6%	－	尼古拉·萨科齐
2012	社会党	弗朗索瓦·奥朗德（François Hollande）	28.6%	51.6%	弗朗索瓦·奥朗德
2012	人民运动联盟	尼古拉·萨科齐	27.2%	48.4%	弗朗索瓦·奥朗德
2012	国民阵线	玛丽娜·勒庞	17.9%	－	弗朗索瓦·奥朗德
2017	共和前进！（新）	埃马纽埃尔·马克龙	24.0%	66.1%	埃马纽埃尔·马克龙
2017	国民阵线	玛丽娜·勒庞	21.3%	33.9%	埃马纽埃尔·马克龙
2017	共和党	弗朗索瓦·菲永（François Fillon）	20.0%	－	埃马纽埃尔·马克龙
2017	不屈法国（新）	让－吕克·梅朗雄（Jean-Luc Mé lenchon）	19.6%	－	埃马纽埃尔·马克龙
2022	共和前进！	埃马纽埃尔·马克龙	27.9%	58.6%[①]	埃马纽埃尔·马克龙
2022	国民联盟	玛丽娜·勒庞	23.2%	41.5%	埃马纽埃尔·马克龙
2022	不屈法国	让－吕克·梅朗雄	22.0%	－	埃马纽埃尔·马克龙

　　资料来源：根据法国内政部（Minist ère de L'Int érieur）网站的统计数据制作，网址参见：https://www.elections.interieur.gouv.fr/resultats/resultats-de-toutes-elec-tions。

　　其次，关于法国议会选举中新政党为什么有机会崛起的讨论，则根植于论点二的逻辑——即法国国民议会选举实行的两轮多数选举制（非领先者胜出制）有利于新政党的崛起。这一选举制度的具体规则是，在单一选区中，如果候选人在第一轮投票获得绝对多数选票（且满足登记选民的四分之一）则当选为议员，否则由登记选民得票

――――――――――

① 　由于四舍五入的缘故，此处加总略高于 100%。

率达 12.5% 的候选人进入二轮投票并以相对多数规则当选。[①]在这一规则下，法国形成了多个彼此存在政治联盟关系的政党，为新党的诞生与小党的生存提供了包容的制度空间。这实际上也符合迪韦尔热定律的发现。尽管各党派的议席主要产生于第二轮投票中，但这种选举制度跟领先者胜出制相比，法国第一轮选举中的选民态度更接近于比例代表制的情形，这就给新兴的议题型或其他政党提供了在第一轮投票中崭露头角的良好机会。

值得一提的是，同为非领先者胜出制的选举制度类型，法国新政党崛起的力度似乎相较于德国更大。本文的解释框架认为，在议会选举制度均为非领先者胜出制的条件下，政府首脑的直接选举制度可能会带动新政党的快速崛起。本文将其称为政府首脑选举对议会选举所产生的"强化"的联动效应（论点三）。这意味着政治新星一旦赢得总统大选或成为呼声极高的总统候选人，则会影响议会的选举结果，有利于其所在的新兴政党快速崛起。当法国总统选举与议会选举保持一前一后的时间差，且间隔时间较短时，就容易出现"蜜月效应"。[②]事实上，自 2002 年至今的法国议会选举，基本都遵循了这一逻辑。无论是出于对总统个人特质的爱屋及乌，或是对其所在政党特定意识形态的认同等，都有可能推动选民把对明星政治家的支持扩展到在议会选举中对其所在政党的支持之上。因此，与议会制条件下德国的情形不同，法国往往能以新政治家的成功去带动新政党的成功，马克龙与"共和前进！"的双双获胜即是联动效应的体现。

---

① 郭华榕：《法国政治制度史》，人民出版社，2015 年，第 550—551 页。

② Jocelyn Evans and Gilles Ivaldi, "An Atypical 'Honeymoon' Election? Contextual and Strategic Opportunities in the 2017 French Legislative Elections," *French Politics*, Vol.15, No. 3, 2017, pp.322—339.

表5　2002-2017 年法国国民议会选举结果

年份	政党	第一轮得票率	第二轮得票率	议席577 席	多数党联盟
2002	人民运动联盟（新）	33.3%	47.3%	357	人民运动联盟－法国民主联盟－自由民主党－保卫法兰西联盟－法兰西运动－混杂右翼399席
	社会党	24.1%	35.3%	140	
	法国民主联盟	4.9%	3.9%	29	
	法国共产党	4.8%	3.3%	21	
2007	人民运动联盟	39.5%	46.4%	313	人民运动联盟－新中心党－法兰西运动－混杂右翼345席
	社会党	24.7%	42.3%	186	
	新中心党（新）	2.4%	2.1%	22	
	法国共产党	4.3%	2.3%	15	
2012	社会党	29.4%	40.9%	280	社会党－欧洲生态党绿党－激进左翼党－混杂左翼331席
	人民运动联盟	27.1%	38.0%	194	
	欧洲生态党－绿党	5.5%	3.6%	17	
	新中心党	2.2%	2.5%	12	
	国民阵线	13.6%	3.7%	2	
2017	共和前进！（新）	28.2%	43.1%	308	共和前进！－民主运动350席
	共和党	15.8%	22.2%	112	
	民主运动	4.1%	6.1%	42	
	社会党	7.4%	5.7%	30	
	不屈法国（新）	11.0%	4.9%	17	
	国民阵线	13.2%	8.8%	8	

　　资料来源：根据法国内政部(Ministère de L'Intérieur)网站的统计数据制作，网址参见 https://www.elections.interieur.gouv.fr/resultats/resultats-de-toutes-elections。

(四)英国案例

　　英国经历了与其他欧美主要发达民主国家相类似的社会冲击。2010 年代以来，英国社会对欧洲一体化和大规模移民的焦虑不断增加，国内则是右翼对经济增长乏力的担忧与左翼对于阶级固化的担忧结合在一起，所有这些一同对英国政治与政党体制构成了冲击。但跟上述国家的案例相比，英国的政党体制保持了更高的稳定性。上述社会冲击并未撼动英国在长期中形成的以保守党和工党主导的政党体制与政治格局。最近二十年，在英国 6 届政府中，工党单独执政 2

届政府(2001-2010 年),保守党单独执政或与规模较小的自由民主党联合执政 4 届政府(2010 年至今),参见表 6。由此可见,无论是政党,还是政治家,英国的政党体制都表现出显著的稳定性。在此期间,英国——至少是内政意义上,未包括欧洲议会选举——既未受到新政党的显著挑战,也没有出现新政治家的崛起。

表 6　2001-2019 年英国议会下院选举结果

年份	政党	得票率	议席	执政党	首相
2001	工党	40.7%	412	工党	托尼·布莱尔(Tony Blair)工党
2001	保守党	31.7%	166	工党	托尼·布莱尔(Tony Blair)工党
2001	自由民主党	18.3%	52	工党	托尼·布莱尔(Tony Blair)工党
2005	工党	35.2%	355	工党	托尼·布莱尔
2005	保守党	32.4%	198	工党	托尼·布莱尔
2005	自由民主党	22.0%	62	工党	托尼·布莱尔
2010	保守党	36.1%	306	联合执政(保守党-自由民主党联盟)	大卫·卡梅隆(David Cameron)保守党
2010	工党	29.0%	258	联合执政(保守党-自由民主党联盟)	大卫·卡梅隆(David Cameron)保守党
2010	自由民主党	23.0%	57	联合执政(保守党-自由民主党联盟)	大卫·卡梅隆(David Cameron)保守党
2015	保守党	36.8%	330	保守党	大卫·卡梅隆
2015	工党	30.4%	232	保守党	大卫·卡梅隆
2015	英国独立党	12.6%	1	保守党	大卫·卡梅隆
2017	保守党	42.3%	317	保守党	特雷莎·梅(Theresa May)保守党
2017	工党	40.0%	262	保守党	特雷莎·梅(Theresa May)保守党
2017	自由民主党	7.4%	12	保守党	特雷莎·梅(Theresa May)保守党
2019	保守党	43.6%	365	保守党	鲍里斯·约翰逊(Boris Johnson)保守党
2019	工党	32.1%	202	保守党	鲍里斯·约翰逊(Boris Johnson)保守党
2019	自由民主党	11.6%	11	保守党	鲍里斯·约翰逊(Boris Johnson)保守党

资料来源:根据英国议会下院图书馆(House of Commons Library)网站的统计数据制作,网址参见 https://commonslibrary.parliament.uk/research-briefings/cbp-8647/#fullreport。

　　面对类似的社会冲击,为什么英国的政党体制依然能保持良好的稳定性呢? 按照本文的分析框架,英国恰好属于政府首脑间接选举与领先者胜出制相结合的制度类型。这意味着,无论是对于新政党,还是对于新政治家，英国现有的政治制度都难以为其提供有利的空间与机会（论点一、论点二）。就政治家的崛起而言，英国首相须经议会选举产生，且往往由议会多数党领袖出任。相较于美国和法国总统直接选举制度，即有影响力或魅力的新兴政治家依靠个人特质或富有吸引力的政治纲领就有机会胜出，英国新兴政治家的崛起取决于其能否在议会下院取得过半数或相对较多议席的支持，而这要求他领导自己的新政党在全国许多单个选区赢得选举成功，而这一点对新兴政治家来说是极难做到的。

类似的，在领先者胜出制下，新政党要想在议会大选中崛起往往是困难重重。众所周知，英国政党体制总体上以两党制为基本特征，保守党与工党在全国绝大部分选区拥有支配性的优势——苏格兰地区则主要是保守党与苏格兰民族党的对决。这也符合迪韦尔热定律所揭示的一般规律。在这种选举制度与政党结构之下，新政党要想实现单个选区的突破都难度很大，何况要实现在全国许多选区的整体突破。以奈杰尔·法拉奇（Nigel Farage）领导的英国独立党（UK Independence Party）为例，该党在 2015 年的英国议会下院选举中获得高达 12.6% 的得票率，但仅仅得到了 1 个议席。这生动地展示了领先者胜出制发挥了英国现有政党体制的稳定化作用。

英国的欧洲议会选举恰好提供了一个有效的对比案例。与领先者胜出制不同，英国的欧洲议会选举实行的是比例代表制。但除此之外，这两种类型的选举所对应的社会背景与选民状况几乎完全相同，正好提供了一组对比实验。表 7 记录了 2004 年至 2014 年英国的欧洲议会选举结果，英国独立党在 3 届选举中都取得了相对突出成绩。在比例代表制下，新政党显然更有可能实现快速崛起。由此可以得到的推论是：如果英国议会下院实行比例代表制，那么英国独立党早就已经成为英国国内政治中的主要政党了；如果英国欧洲议会选举实行领先者胜出制，那么英国独立党大概也没有多少机会能够实现作为一个新政党的快速崛起。

表7　2004-2014年欧洲议会选举(英国)选举结果

年份	政党	得票率①	议席
2004	保守党	26.7%	27
	工党	22.6%	19
	英国独立党	16.2%	12
	自由民主党	14.9%	12
	绿党	6.2%	2
2009	保守党	27.7%	25
	英国独立党	16.5%	13
	工党	15.7%	13
	自由民主党	13.7%	11
	绿党	8.6%	2
	英国国家党	6.2%	2
2014	英国独立党	27.5%	24
	工党	25.4%	20
	保守党	23.9%	19
	绿党	7.9%	3
	自由民主党	6.9%	1

资料来源:根据欧洲议会(European Parliament)网站的统计数据制作,网址参见 https://www.europarl.europa.eu/about-parliament/en/in-the-past/previous-elections。

　　综上所述,本文通过对美、英、法、德四个发达工业民主国家进行横向与纵向上的比较研究,论证了从制度主义视角提出的四个核心论点。尽管四个国家的具体情形千差万别,但美、英、法、德四国政党体制的变迁与分化,都有着类似的一套因果机制——政府首脑的直接选举制度有助于新政治家崛起,非领先者胜出制的议会选举制度有助于新政党崛起。首脑选举与议会选举之间可能会产生强化的联动效应或逆转效应。因此,面对类似的社会冲击,这些基本政治制度相似、发展水平相当的欧美发达民主国家的政党体制的变迁与分化,很大程度上取决于它们在政府首脑与议会选举制度上的具体设计。

----

① 该数据不包括北爱尔兰地区(Northern Ireland),北爱尔兰地区单独采用了不同的计票方式选举3名欧洲议会议员。

表 8 总结了四个国家选举制度的差异以及它们政党体制的变迁与分化。

表 8　美、英、法、德的选举制度与政党体制的分化

政府首脑选举制度 议会选举制度		政府首脑直接选举？	
		是	否
领先者胜出制？	是	政治新星更易崛起 新政党更难崛起 美国	政治新星更难崛起 新政党更难崛起 英国
	否	政治新星更易崛起 新政党更易崛起 法国	政治新星更难崛起 新政党更易崛起 德国

资料来源：作者自制。

四、理论总结与启示

总的来说，本文对美、英、法、德四个国家政党体制的比较基于这样一个前提——它们同为发达工业民主国家，同时受到了类似的社会冲击。本文基于政治制度主义的理论路径，解释了 2010 年代以来四个国家在应对类似全球性社会冲击时政党体制的变迁与分化背后的原因。

本文把选举制度设计的差异作为核心变量来解释这些国家政党体制的变迁与分化。具体而言，作者的主要观点是：第一，就政府首脑选举制度而言，同议会制下政府首脑间接选举相比，总统制或半总统制下的直接选举更容易导致新政治家的崛起。第二，就议会选举方式而言，相比于两轮多数选举制与比例代表制，新政党更不容易在领先者胜出制下崛起。第三，在同样的议会选举制度下，政府首脑的直接选举制度有利于形成"明星效应"以推动新政党的成功，这是联动效应带来的"强化"。第四，在非领先者胜出制条件下，如果新政党赢得了议会选举的巨大成功，那么就有可能推动代表新政党的新政治家实现在政治上的崛起，这是联动效应带来的"逆转"。

本文继而通过对美、英、法、德四个民主政体的案例研究论证了上述观点。多国的横向比较展现了这些国家政党体制稳定与变迁的多样性,同时体现了其背后逻辑体系的一致性。从类型学角度分析,美国是总统直接选举和议会领先者胜出制的组合,新政治家崛起相对容易,但新政党兴起较为困难,表现为 2016 年政治新人特朗普的选举成功,但美国的两党制仍然非常坚固。德国是政府首脑间接选举和议会混合型选举制度的组合,进而为另类选择党的崛起提供了制度基础,但新政治家的崛起难度很大。法国则是既有新政治家(马克龙)崛起、又有新政党("共和前进!")崛起的组合,原因在于法国是政府首脑直接选举与议会两轮多数选举制的组合。而英国是政府首脑间接选举和议会下院领先者胜出制,这套选举制度设计的组合带来了英国政党体制相对的稳定性,因此新政治家与新政党在英国崛起难度都更大。

与此同时,同一国家内部的纵深比较,同样展现了一国政党体制及其稳定性的变化。以英国为例,同一政党在英国欧洲议会选举与英国议会下院选举结果的不同,有助于本文进一步分析在其他条件不变的情况下,比例代表制与领先者胜出制所导致的不同结果。拿德国来说,从德国魏玛共和国到今天的德国,不同的选举制度设计当然会导致政党体制稳定性的差异。这些同一国家不同类型、不同时期的制度案例比较研究也进一步验证了本文的论点。

进一步说,在全球性社会冲击之下,美、英、法、德四个欧美发达工业民主国家的政党体制在稳定性上呈现出了显著的差异。那么,究竟哪一种或哪一国的政党体制表现更为优越呢?目前,学术界似乎存在一种"稳定偏好"的趋势,即默认稳定比变迁好。从历史经验来看,政党体制的不稳定有可能引发民主本身的不稳定。就此而言,学术界长期以来的稳定偏好是有其理论逻辑与历史经验支撑的。然而,问题是,政党体制是否越稳定越好呢? 这是值得进一步探讨的问题。有时,稳定或许是一把双刃剑,一方面,稳定的政党体制有助于减少急剧变化所可能带来的风险;另一方面,过于稳定也可能导致政治结构的僵化与政治回应性的降低,这是否同样会带来相当的潜在风险呢? 面对外部社会冲击,在政党体制的稳定与变迁之间,究竟孰优孰劣呢? 这或许就涉及基本政治价值上的争论——是更偏向于保守, 还是更偏向于进步。这场关乎基本价值倾向的论战看来还远没有结束。

选举争议的政治逻辑：
美国的选举公正问题及其政治极化根源

王中原*

内容摘要 自由且公正的选举是西方竞争性民主体制得以运转的制度根基。然而，近年来选举操作失范和选举争议在西方屡见不鲜，2020 年美国总统大选中，唐纳德·特朗普曾宣称出现大规模选举舞弊并拒绝承认选举结果。发达民主国家存在哪些选举公正问题？为何会出现这些问题？将造成怎样的政治影响？本文基于比较政治的视野，聚焦美国选举过程中的公正问题，围绕选举管理系统、选民资格认证、选区划分、投票和计票规则等关键领域展开深入剖析，并通过区分选举操控和选举舞弊，考察美国选举公正问题的表现形式、争议根源及其政治后果。基于此，本文尝试从政党政治极化的视角剖析美国选举争议的生成机理和发展情势。本文认为政党政治极化推动了选举公正问题的高度政治化，选举公正问题的党派之争反过来进一步加剧了政治极化。美国当前的选举公正问题集中表现为不合理的选举制度安排和两党对选举规则的争夺和操控上，并未上升为大规模系统性组织化的选举舞弊。政党政治极化与选举争议的交互强化以及共识型选举改革的僵局才是当前美国选举制度的危机所在。

* 王中原，政治学博士，复旦大学社会科学高等研究院副教授，复旦大学复杂决策分析中心研究员，研究领域为选举研究、算法政治、计算社会科学、地方政治与治理。本研究部分内容获得复旦大学陈树渠比较政治发展研究中心资助。

关键词　选举公正问题;选举舞;政党政治极化;美国选举

一、导言

　　西式民主的运行逻辑是公民通过自由且公正的选举(free and fair elections)来表达偏好,个体偏好通过投票聚合形成群体的偏好(aggregation),从而选出政治代表并委托其在特定时期内治理国家和回应公民诉求(responsiveness)。当选者作为被授权的代理人获得执政合法性,公民同时保有通过选票问责和更换其代表的权利(accountability)。该体制得以有效运转的前提是:从选民个体偏好到群体偏好的聚合过程是无偏的,并且聚合的结果能够获得民众的认同。这就要求选举必须是自由且公正的。因此,罗伯特·达尔将自由且公正的选举和包容性的普选权界定为"多元民主政体"的基本构成要件。[1]

　　自由且公正的选举需要一系列的制度和机制保障。理想的状态是公民享有同等的投票权,选区划分科学,投票设施安全,选民不受外在强力干扰,媒体报道不偏不倚,竞选资金管理规范,选举机构独立公正,选务人员专业可靠,计票过程公开透明,承认败选并尊重选举结果,等等。然而,现实中的选举往往并不达标。选举制度的设计并非总是公平公正,关于谁能投票,怎么投票,什么时候投票,以及在哪里投票等问题都成为政治博弈的焦点。近年来,选举公正问题不断涌现,其中包括一些老问题,例如选民投票权受到压制,选票设计不合理,选务人员操作失误。同时,也出现诸多新问题,例如竞选团队通过信息技术操纵选举[2],候选人拒绝承认选举结果并煽动选举暴力。这

---

[1]　Robert A. Dahl, *Polyarchy:Participation and Opposition*, New Haven:Yale University Press, 1971.

[2]　王中原:《算法瞄准如何重塑西方选举：算法时代的选举异化及其治理》,《探索与争鸣》,2021 年第 5 期。

[3]　Beatriz Magaloni, "The Game of Electoral Fraud and the Ousting of Authoritarian Rule," *American Journal of Political Science*, 2010, 54(3), pp.751–765; Pippa Norris, *Why Elections Fail*, New York:Cambridge University Press, 2015.

些问题都对选举诚信构成直接的冲击,危及民主体制的合法性。

上述选举公正问题通常发生在转型期的新兴民主国家③,然而近年来在西方发达民主国家也屡见不鲜。例如,2010 年英国大选中,因选举组织不力导致多地选民未能在截止时间前完成投票;2010 年瑞士地区选举中,出现相当规模的人工点票错误,不得不重新选举;德国、西班牙、意大利的选举中出现境外力量通过社交媒体散播虚假信息;2012 年加拿大选举中,240 万选民的个人数据被泄露;2000 年美国总统大选中,佛罗里达州的"蝴蝶选票"争议引发宪政危机;2020 年美国总统大选中,特朗普指控选举欺诈,并拒绝承认选举结果,引发冲击国会的暴力事件。虽然选举公正问题在不同国家的发生频率和严重程度不同,但是越来越成为不可忽略的政治现象。

选举公正问题将导致选民偏好聚合的失准,影响整个民主制度链条的有效运转,动摇选举民主政体的合法性。加强对发达民主国家选举公正问题的政治学研究,有助于提升我们对西方选举政治的洞察,加深对民主体制韧性和局限性的理解,同时有助于我们更好地把握选举民主的发展态势,应对潜在的海外政治风险。

二、比较政治学中的选举公正问题

选举是个复杂的运行过程,包括宏观层面的选举工程设计和选举立法,中观层面的选区划分、选民注册、竞选、投票、计票、选举结果确认,以及微观层面的选票设计、投票站点选择、选务人员管理,等等。任何环节出现操作失范都会影响选举的公平公正,引发选举争端乃至政治危机。近年来,有关选举公正问题的研究成为比较政治学的前沿领域。

选举公正问题是指在选举运行过程中由于制度、法规、程序、技术、行为等原因造成的有违选举"自由且公正"原则的现象。①选举公

---

① Sarah Birch, *Electoral Malpractice*, Oxford:Oxford University Press,2011.

正问题可以划分为选举操控(electoral manipulation)和选举舞弊(electoral fraud)两大类。根据基妮弗·甘地的界定,[1]选举操控是通过"制造有利于自己的规则"并按照规则行事(play by the rules)来影响选举结果,相关行为通常并不违法,例如改变选民投票资格、重新划分选区、控制选举管理机构、重置投票规则等。选举舞弊是指通过"破环和违反现有规则"来影响选举结果,相关行为涉嫌违法,例如有组织地进行选举贿赂、填塞选票、冒名投票、修改计票结果、暴力干预选举等。需要强调,出现选举操控并不意味着存在选举舞弊。

作为因变量,选举公正问题由多种因素导致。其中包括:(1)经济社会因素,选举公正问题在经济不平等、贫困问题突出、社会异质性程度高的国家更为普遍,[2]选举成为建立庇护关系的工具。(2)制度设计因素,政党倾向于选择让自己选举利益最大化的制度设计而罔顾选举公正。[3]研究发现,多数决制相较于比例代表制更容易出现选举失范。[4](3)选举操作因素,选举管理机构的独立性有益于提升选举公正水平,[5]而缺乏中立的媒体监督和选举观察,选举失范的可能性增大。作为自变量,选举公正问题将产生诸多政治后果。其中包括:(1)降低公民对选举制度和民主体制的信任,动摇执政合法性。[6](2)损伤选民的投票意愿,导致投票率下降。[7](3)引发社会抗争和政治动荡,

---

[1] Jennifer Gandhi, "Authoritarian Elections and Regime Change," in *Comparing Democracies: Elections and Voting in a Changing World*, edited by Lawrence LeDuc, Richard G. Niemi and Pippa Norris, New York: SAGE Publication, 2014, pp.173–186.

[2] Pippa Norris, *Why Elections Fail*, New York: Cambridge University Press, 2015.

[3] Alberto Simpser, *Why Governments and Parties Manipulate Elections: Theory, Practice, and Implications*, Cambridge: Cambridge University Press, 2013.

[4] Sarah Birch, "*Electoral Systems and Election Misconduct*," *Comparative Political Studies*, 2007, 40(12), pp.1533–1556.

[5] Shaun Bowler et al., "Election Administration and Perceptions of Fair Elections," *Electoral Studies*, 2015(38), pp.1–9.

[6] Pippa Norris, "Do Perceptions of Electoral Malpractice Undermine Democratic Satisfaction? The US in Comparative Perspective," *International Political Science Review*, 2019, 40(1), pp.5–22.

[7] Sarah Birch, "Perceptions of Electoral Fairness and Voter Turnout," *Comparative Political Studies*, 2010, 43(12), pp.1601–1622.

甚至恶化为选举暴力。[①]可见,选举公正问题将产生深远的政治影响,是政治风险的重要来源。

现有关于选举公正问题的研究多聚焦在转型民主国家,虽然近年来发达民主国家的选举失范现象开始引发关注,但深度研究较为匮乏。此外,当前研究较少置于更深层次的政治极化背景下予以考察,未能探究党派政治对选举争议的影响以及选举公正问题背后的体制根源。同时,现有研究未能区分"选举操控"和"选举舞弊",对选举公正问题的分析颗粒度有待精细化。因此,本研究聚焦美国的选举公正问题,通过厘清选举操控和选举舞弊的差异,洞察政治极化背景下选举争议的政治逻辑和发展态势。

三、美国的选举公正问题及其表现形式

发达民主国家的选举公正问题越来越受到关注,其中美国的选举公正问题尤为突出。罗伯特·达尔曾在《美国宪法的民主批判》一书中尖锐地指出美国的选举制度存在诸多"反民主"特质,无法实现平等的政治代表关系。[②]哈佛大学"选举公正研究项目"(Electoral Integrity Project)通过专家调查发现选举公正问题已经危及美国的民主质量(见图1)。近年来,"自由之家""透明国际"和"Polity V"等机构也纷纷下调了对美国选举质量的评级。皮尤研究中心的调查报告显示只有59%的受访者认为2020年美国大选结果是公正。这些都表明,美国选举正面临公正争议和信任危机。

---

①　Emily Beaulieu, *Electoral Protest and Democracy in the Developing World*, New York: Cambridge University Press, 2014.

②　Robert A. Dahl, *How Democratic Is the American Constitution?*, New Haven: Yale University Press, 2001.

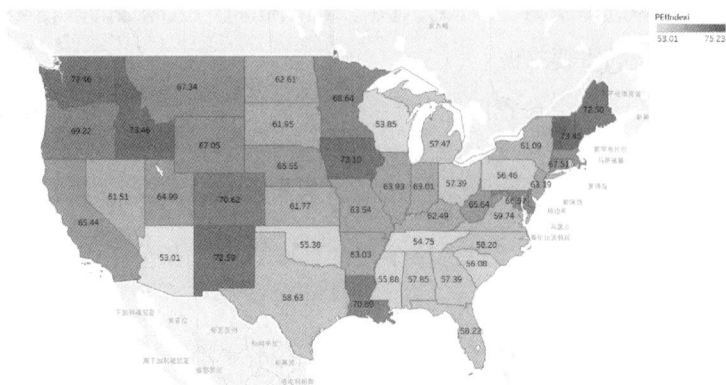

图 1 基于专家调查的美国各州选举公正状况评估[1]

资料来源:作者自制。

美国的选举公正问题并非是全新现象。早在 1934 年,约瑟夫·哈里斯就指出:"美国公共管理中可能没有哪个环节像组织选举这样糟糕。"[2]美国人民在追求自由且公正的选举、净化选举过程、扩张选举权利等方面经历了漫长的斗争。[3]2016 年美国总统大选再次将选举公正问题推向前台。在选举之初,共和党候选人特朗普就一度声称美国选举系统被操弄(rigged election)且存在大量选举舞弊行为。虽然特朗普凭借选举人团票的优势最终当选,但他仍坚称大规模舞弊是导致其未能赢得普选票的关键原因。不仅如此,选后特朗普当局还以总统令的形式成立了专门的"选举舞弊调查委员会",针对 2016 年选举展开调查。

2020 年美国大选中,选举公正问题再度成为焦点。在任总统特朗普在竞选中再次猛烈抨击美国选举制度,指责竞争对手操控选举。除了非法投票、冒名投票、主流媒体打压等问题,特朗普还对邮寄投票大加诟病,宣称"全面邮寄投票"将导致美国历史上最为严重的选举

---

① 数据来源:哈佛大学选举公正研究项目(网址:https://www.electoralintegrityproject.com/)。图中得分越低表示专家评级的该州选举公正状况越差。

② Joseph P. Harris, *Election Administration in the United States*, Washington: The Brookings Institution, 1934.

③ Edward B. Foley, *Ballot Battles: The History of Disputed Elections in the United States*, New York: Oxford University Press, 2016.

舞弊。选后,特朗普拒绝承认败选,不断升级对选举舞弊的渲染和指控,并发起选举复议和司法诉讼。本研究收集了 2020 年 1 月 1 日至 11 月 25 日间特朗普关于选举公正问题的所有推特信息,云图分析显示高频的指控内容包括"fraud"(舞弊)、"fake"(欺诈)、"illegal"(非法)等（见图 2）,这些指控对美国制度和选举结果的合法性造成重大冲击,成为其后冲击国会暴力事件的导火索。

图 2　特朗普 Twitter 账号指控选举舞弊的内容云图(作者自制)

自 2000 年总统大选以来,选举公正问题逐渐成为美国党派政治角逐的正面战场。美国选举中到底存在哪些的选举公正问题? 为何会出现这些问题? 围绕这些问题有着怎样不同的党派立场? 为什么选举操控不同于选举舞弊? 选举公正问题将对美国政治带来哪些深远影响? 接下来,本文将围绕选举管理系统、选区划分、选民身份认证、投票和计票规则等关键领域,展开对美国选举公正问题的剖析。

(一)碎片化的选举管理系统

选举管理系统的设计和运行是影响选举公正的重要因素。选举管理系统(election administration system)关涉不同层级间的选举管理权分配,谁负责组织选举,选举管理者如何产生、对谁负责、有哪些权力、如何监督等问题。[1]选举管理不仅影响选举质量,也是选举争议的重要来源。[2]美国现行的选举管理系统高度碎片化和地方化,存在产生选举公正问题的风险。

首先,美国选举管理系统的最大特点是高度碎片化。与多数国家不同,美国并不存在全国统一的选举管理机构,[3]选举运行由各州负责,彼此相互独立。美国宪法第十修正案规定,"宪法未授予美国联邦政府的权力保留给各州或人民",这其中就包括选举管辖权,因此美国选举高度依赖于州和地方层面的组织和运作。具体而言:(1)各州之间的选举领导制度差异显著。目前,24 个州由州务卿担任选举总执行官(例如密歇根、俄亥俄),5 个州由州长任命选举总执行官(例如佛罗里达、德克萨斯),3 个州由州议会挑选选举总执行官(例如缅因、田纳西),2 个州由副州长兼任选举总执行官(阿拉斯加、犹他),9 个州由选举委员会负责选举事务(例如马里兰、纽约),还有 7 个州是混合领导(例如佐治亚、印第安纳)。在县市层级,22 个州规定由竞选或任命的选举执行官负责,10 个州由地方选举委员会负责,18 个州由两个或多个主体共同负责。[4](2)美国存在一万多个地方选举管理辖区,其管理者有权力决定本辖区内选务人员的招募和培训、选举信息的普及和宣传、投票设备的选择和购置、投票站点的设定和布置、开票点票的顺序和进度、选举结果的核验和确认,由此导致选举操作方式上的千差万别。(3)州层级与县市层级的选举管理权责划分也存在差异,选举的操作过程依然高度依赖于地方性的政策和惯习。上述选举管理系统的碎片化不仅导致选举运行成本较高、管理难度较大,同时也隐藏着诸多选举公正风险。

---

① Jorgen Elklit and Adrew Reynolds, "Analysing the Impact of Election Administration on Democratic Politics," *Representation*, 2001, 38(1), pp.3-10.

② Robert A. Pastor, "The Role of Electoral Administration in Democratic Transitions: Implications for Policy and Research," *Democratization*, 1999, 6(4), pp.1-27.

③ 1974 年美国成立了联邦选举委员会(Federal Election Commission),但该委员会主要负责监管选举资金,并无其他选举管理权限。

④ Kathleen Hale, *Administering Elections: How American Elections Work*, New York: Palgrave Macmillan, 2014.

　　其次,选举运行的碎片化为党派左右选举过程提供了空间。美国并没有完全中立的选举管理机构,政党掌控的州政府或州议会倾向于让本党官员出任选举负责人。虽然选举组织者具有党派背景并不意味着选举就控制在该党手中,但交叉任职确实为党派通过隐性手段影响选举提供了便利。具体而言:(1)党派背景的选举管理层可以在其辖区内制定有利于本党选举规则。例如,共和党掌控的州可以通过限制全面邮寄投票降低民主党支持者的投票率。(2)在基层选区,竞选团队成员甚至兼任选举工作人员,这些选务人员可以通过选择性告知、差异化注册、审核选民身份等手段筛选选民,从而为党派利益渗透提供了机会。(3)政党通过参与选举管理可以精准地掌握选民动态,甚至获得具体选民的投票意向信息,从而协助本党更加有效地开展竞选动员。(4)政党控制选举管理还有利于其在选举争议中占据主动权。例如,2000年总统大选中,时任佛罗里达州州务卿兼任了该州选举总执行官和小布什竞选团队副主席,她在重新点票和争议结果确认环节发挥了重要作用,助力小布什赢得最终选举。[①]上述原因都驱使美国主流政党争相介入选举管理系统,尤其是2000年大选之后,两党意识到占据关键选举管理岗位的重要性,大举选派党派人士出任选务官员,从而给美国选举管理的公正性蒙上阴影。

(二)党派操控的选区改划

　　选举中选民个体偏好按照一定的选区范围聚合成集体偏好,形成选举结果,进而构建起特定区域内的政治代表关系。然而,选区不是与生俱来的,而是人为划定的。在美国选举中,选区改划(redistricting)不仅是选举运作的技术问题,而且成为党派争夺的重要场域,选区改划的政治化严重影响选举公正。

　　首先,选区改划即根据最新的人口分布状况重新划定选区的地

---

① 参见 CBS News, "The Woman in Charge,"November 15,2000,https://www.cbsnews.com/news/the-woman-in-charge/,accessed December 8,2020.

理边界,是维护选区人口与代表数量动态平衡的重要机制。选区改划将决定选民在哪投票,改变选民的选举对象和认同关系,重塑候选人的竞选策略和政策议程,乃至影响选举结果,因此成为政党博弈的焦点。在美国,选区改划的权限由各州掌控,选区调整每十年一个周期,通常安排在十年一度的全国人口普查之后。选区改划涉及州议会选区和联邦众议员选区,一些州也试图改革总统大选的选举人团制度,在州内划出总统选举人的次选区(例如缅因和内布拉斯加)。当前,各州选区划分的制度不尽相同:(1)三分之二的州由州议会负责选区改划事务(例如佐治亚、威斯康辛),少数州成立了跨党派的选区划分委员会(例如加利福利亚、亚利桑那);(2)各州在选区改划时遵循的标准和程序存在差异,例如一些州明文禁止利用选民注册和投票数据作为参考,而其他州没有此项限制;一些州要求举办公民听证,另一些州则不需要。近年来,越来越多的选区改划方案出现争议,两党僵持不下,最终交由联邦最高法院裁决。但是,2019 年 6 月最高法院做出裁定,由于缺乏宪法依据,将不再受理有关各州的选区划分诉讼。由此,选区划分的操作权和裁定权将完全由各州掌控,为更多选举公正问题埋下伏笔。

其次,选区改划影响选举利益的再分配,甚至决定选举成败,成为美国两党竞逐的阵地。党派选区操控(partisan gerrymandering)即指在任政党通过改划选区使得自身在选举中获得选票红利,从而巩固或扩大其在特定区域的选举优势。[1]典型的选区操控手段包括:(1)打包(packing),即将对方政党的支持者尽可能多地圈限到一个选区里,由此降低对手在其他选区的竞争力;(2)拆解(cracking),即将对方政党的支持者拆散分解到尽可能多的选区,由此稀释对手在各个选区的竞争力。经过"打包"或"拆解"的选区通常会打破既有的社区格局和族裔边界,呈现出犬牙交错的奇形怪状,例如宾夕法尼亚州第 7 选

---

① Eric McGhee,"Partisan Gerrymandering and Political Science,"*Annual Review of Political Science*,2020(23),pp.171–185.

区形似唐老鸭,伊利诺州第 4 选区形似蟹夹子。选区操控是两党竞相
使用的选举手段,近年来呈现白热化的态势。2012 年,共和党在其掌
控的密歇根、威斯康辛、北卡罗莱纳、俄亥俄、德克萨斯、宾夕法尼亚
等 16 个州推进选区改划, 该方案在共和党内被称为 "红地图计划"
(RED MAP)。相应地,民主党在其主政的马里兰、伊利诺伊等州也推
行了带有党派色彩的选区改划①。根据测算,约有三分之二的美国州
议会和联邦众议员席次存在由选区操控带来的政党偏向(partisan
bias)。随着政治极化的加剧,选区改划将成为美国两党争夺选举规则
制定权、通过州级政权影响国会选举乃至总统大选的重要策略手段。
2020 年美国完成了新一轮人口普查, 新一波的选区改划争夺战随即
打响②,谁掌控本轮选区改划的主导权将影响未来十年两党在各类选
举中的竞争格局。

(三)宽严各异的选民身份认证

选民身份认证规则决定了谁有资格参加投票, 将对选举结果产
生重要影响。身份认证(voter identification)一方面要最大限度地保障
选民的平等选举权,让所有符合资格条件的公民享有投票机会,另一
方面要最大限度地预防选举欺诈,阻止不具资格者干扰选举结果。身
份认证过度严苛会抬高投票成本,影响特定群体的投票意愿,变相剥
夺了其行使投票权的机会(disfranchise);过度宽松会为舞弊行为提供
便利,让选举结果失真。因此,选民身份认证需要实现两方面的平衡③,
过于严苛或过于宽松都可能产生选举公正问题。然而,出于党派选举
利益,美国两党在两者之间展开了拉锯战。

首先,美国各州的选民身份政策规则不一、宽严各异。从时间上

---

① Michael C.,Herron and Alan E. Wiseman,"Gerrymanders and Theories of Law Making:A Study of Legislative Redistricting in Illinois,"*The Journal of Politics*,2008,70(1),pp.151–167.

② 相关选区改划数据,参见 https://redistricting.lls.edu/,accessed December 20,2020.

③ Lonna Rae Atkeson et al,"Balancing Fraud Prevention and Electoral Participation:Attitudes Toward Voter Identification,"*Social Science Quarterly*,2014,95(5),pp.1381–1398.

看,平等投票权在美国并非与生俱来,而是历经了漫长抗争。在逐步取消了纳税额度、文化水平测试、性别条件、族群身份等诸多限制之后,普选权才得以确立。[①]在普选初期,保护普选权和鼓励投票是当务之急,美国各州没有设立身份审核制度。直到20世纪70年代,南卡罗莱纳、阿拉斯加、德克萨斯等州开始要求选民出示身份证明文件,但大部分州依然较为宽松。截至2000年,只有14个州引入了选民身份认证程序。然而,2000年总统大选之后,各州意识到选民身份认定将对选举结果产生影响,相继引入各类认定程序。截至2020年,共有36个州要求选民在投票时提供身份证明文件。从空间上看,各州的选民身份认证政策差异明显:(1)关于身份文件是否必须包含选民照片,目前16个州要求证明文件必须附有个人照片(例如护照、驾照、军人证、州身份证),有18个州接受无照片的证明文件(例如银行账单、纳税证明、保险单),另外16个州和哥伦比亚特区则无需出示任何身份文件;(2)倘若选民未能出示身份文件,一些州规定选民只能投"临时票"(provisional ballot),并要求选民在规定时间内补充身份文件,否则视作废票,而在另一些州选民投完"临时票"后,只需签订宣誓书或由选务人员核验。[②]因此,根据严苛程度不同,美国各州的选民身份认证政策可划分为不同类型(见图3),各州在具体程序和做法上也存在差异,呈现出规则的碎片化。宽严各异的政策导致各州面临不同程度的选民排斥问题或选民舞弊风险,引发选举争议。

---

① Alexander Keyssar, *The Right to Vote: The Contested History of Democracy in the United States*, New York: Basic Books, 2009.

② 参见 National Conference of State Legislatures(NCSL)官方网站统计的相关立法规定,截至2020年12月。

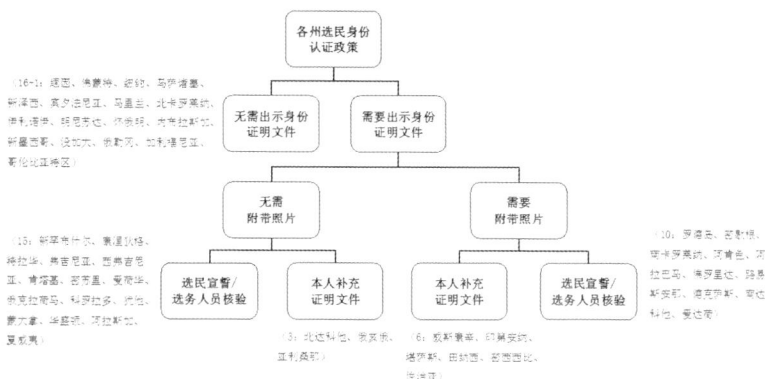

图3　2020年美国各州的选民身份认证规则

资料来源:作者自制。

　　其次,选民身份认证决定了哪些人可以投票,将撼动各个政党的选民基础,因此成为党派较量的重要战场。民主党认为严苛的身份审核会压制少数族裔、低收入者、低教育群体(多为民主党选民)的投票权,主张简化身份认证,降低投票成本,保障公民平等自由地行使投票权利。相反,共和党则认为宽松的身份审核会让本不具备资格的群体或冒充他人的民众获得投票机会,导致选民舞弊。当前,美国各州的选民身份认证规则带有鲜明的党派印记,两党都试图通过掌控州级关键职位,借势推行有利于本党的选民身份法案。例如,共和党主政的印第安纳、田纳西等州以保护选举质量为由通过了严格的选民身份认证法规,民主党则控诉这些法规涉嫌选民压制(voter suppression),并通过司法诉讼予以反制。在政治极化愈演愈烈的背景下,选民身份认证越发成为两党进行选举规则操控的争夺焦点,[1]尤其是在竞争激烈的战场州。此外,两党之争还形塑了各自支持群体的认知,调查数据显示共和党选民更加支持采用严格的身份认证制度,而民

---

[1]　William D. Hicks et al., "A Principle or a Strategy? Voter Identification Laws and Partisan Competition in the American States," *Political Research Quarterly*, 2015, 68(1), pp.18–33.

主党选民则更加拥护"采用一切可能的方式让投票变得更加便利"①。由此可见,选民身份认证政策过严或过松都将导致实质性的选举公正问题,党派立场决定了相关政策立场。

(四)政党博弈中的投计票规则

什么时间、什么地点、以什么形式投票,以及投票结果如何计算、认定和发布都是选举制度的重要内容。在发达民主国家,投票和计票的机制设计原本只是选举执行阶段的操作细节问题,但随着政党政治极化,投计票规则也被高度政治化,成为选举争议的由头。联邦制下美国各州的投计票规则存在较大差异,两党都试图通过控制相关规则来最大化自身的选举利益,由此产生诸多选举公正问题。

首先,美国没有全国统一的投计票规则,各州有权决定适用于本州的程序和做法,导致操作上的高度碎片化:(1)就投票时间而言,除了投票日投票,美国共有 43 个州和哥伦比亚特区准许提前投票,但各州提前投票的起止时间不尽相同,有的州可以提前 50 天投票(例如宾夕法尼亚),一些州则需要等到选前两周(例如德克萨斯);部分州开放周末投票,另一些则不允许;有的州将提前投票截止时间设定在选前数天,有的则在选前最后一个星期几。(2)就投票形式而言,各州都准许现场投票或邮寄投票,但邮寄投票政策各异,可分为"全面邮寄投票"和"不在籍投票"。"全面邮寄投票"无需申报,选票自动邮寄给所有注册选民,由选民自行选择。长期采用该方法的有科罗拉多、犹他、夏威夷、俄勒冈、华盛顿 5 个州。2020 年由于疫情原因,加利福尼亚、内华达等州也宣布加入,如此"全面邮寄投票"共涉及 9 个州约 4400 万选民。"不在籍投票"则要求选民提前申请,具体又分为两种情形:34 个州无需提供理由,即申即得,共涉及 1 亿多选民;另外 7 个州要求提供正当理由,共涉及约 4600 万选民。(3)就计票规则而

---

① 参见皮尤研究中心研究:https://www.pewresearch.org/politics/2018/10/29/elections-in-america-concerns-over-security-divisions-over-expanding-access-to-voting/,accessed December 25,2020.

言，计票通常在投票结束后开启，但各州规定的投票站关停时间不同，现场投票和邮寄选票的开票顺序也存在差异。有 17 个州规定邮寄投票必须在选举日拆封清点，剩下大部分州准许在选举日之前整理邮寄投票，但点票必须在选举日进行；少数州允许提前点票。此外，各州邮寄投票的截止时间也不尽相同，多数州规定邮寄投票必须在投票站关停前寄达，[①]但也有 19 个州接受此后寄到的选票，只要邮戳时间在截止时间之前。(4)就邮寄选票核准而言，各州标准也不统一。有 8 个州除选民本人签名还需见证人签名，也有 6 州只需选民签名，无需核对。如果选民忘记签名或者签名不符，有 18 个州(例如佛罗里达、俄亥俄)会联系选民本人，允许其限期更正，其他州则直接记作废票。综上，美国各州在投计票环节存在纷繁复杂的细节安排，选举操作高度碎片化，各州选民遵循不同的程序规则享有不同的制度保障，这一方面对"票票等值"构成挑战，危及选举公正，另一方面也制造了诸多选举争议。

其次，围绕投计票环节的选举争议日趋极化，影响了美国民众对选举公正的认知。以邮寄投票为例，共和党认为邮寄投票对民主党有利且其中存在选民欺诈。例如，2020 年大选中特朗普曾指控邮寄投票将导致大规模选举舞弊，并一度主张推迟大选。相反，民主党则认为邮寄投票是平等行使投票权的基本保障，应该完善邮政投递体系，确保邮寄选票及时送达并计入选举结果。出于选举利益，两党加大对投计票规则制定权的争夺。邮寄投票问题被高度政治化，进一步导致民众观念的极化。调查显示 43% 的共和党选民认为邮寄投票存在选民舞弊问题，该比例在经常观看特朗普团队新闻的选民中更是高达 61%，相比只有 11% 的民主党选民认为邮寄投票存在舞弊风险。[②]最新研究表明，两党选民在邮寄投票行为上差异显著，该差异在疫情期间

---

① 美国邮政署(The United States Postal Service, USPS)在选举中扮演了重要角色。2020 年大选期间，民主党曾控诉邮政署撤销部分投递网点的行为涉嫌选民压制。

② Pew Research Center, "Political Divides, Conspiracy Theories and Divergent News Sources Heading Into 2020 Election," September 16, 2020.

被拉大。①再以计票过程为例,在 2020 年大选中,由于开票顺序和进度的影响,在关键摇摆州出现了民主党候选人的得票率反超共和党的现象,特朗普团队据此指控其间存在欺诈和做票,要求立即停止点票和重新计票,并拒绝承认选举结果。由此可见,投计票规则复杂多样提升了选举争议的风险,围绕规则制定权的争夺加深了政治极化。

四、美国选举公正问题的生成机理

选举公正问题涉及选举制度设计、选举管理和选务操作等各个领域。美国的选举公正问题由来已久,并且在西方民主国家当中较为突出。盖勒普世界调查(Gallup World Poll)的数据显示,过去 14 年间美国民众对本国选举公正性的信心显著低于英国、德国、法国、瑞典、澳大利亚、加拿大等其他发达民主国家,甚至低于 OECD 国家的平均水平,2019 年只有约 40% 的美国民众回答对选举诚信有信心(见图4)。2020 年美国总统大选前后,特朗普有关选举舞弊的一系列极端言论进一步加剧了民众对选举诚信的疑虑。

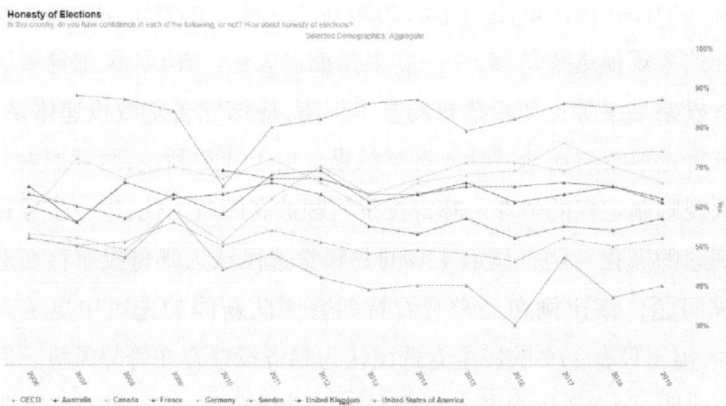

图 4　美国与其他发达民主国家的选举诚信水平比较

资料来源:Gallup Analytics,https://www.gallup.com/analytics/318875/global-research.aspx.

---

① Mackenzie Lockhart et al., "America's Electorate is Increasingly Polarized Along Partisan Lines about Voting by Mail During the COVID-19 Crisis," *PNAS*, 2020, 117(40): 24640-24642.

　　为什么美国的选举公正问题越发严重？原因主要在于:第一,美国选举的制度缺陷和党派操控造成其选举运行过程中存在诸多实质性的公正问题,为选举争议埋下了伏笔;第二,美国政党政治的极化将选举操作的技术和程序问题高度政治化,两党加大对选举规则制定权和选举过程控制权的争夺。在党派极化的背景下,一方面实质性的选举公正问题无法通过选举改革获得妥善解决,另一方面观念性的选举公正问题随着情感极化愈演愈烈。

　　(一)美国的选举运行体制和选务操作规程存在一定缺陷,容易引发实质性的选举公正问题。首先,从上文分析不难看出,美国现行选举制度高度地方化、碎片化和差异化。各州受到历史路径依赖和党派权力结构的影响,在选举管理系统、选举改划、选民身份认证、投计票规则等方面存在显著差异。这些差异损害了"一人一票;票票等值"的原则,导致美国各州的选民享有不同的投票权利、面临不同的投票成本、对选举结果有着不同程度的影响力(见图5),由此造成诸多选举公正问题。其次,美国的选举运行过程受到党派力量的渗入和干扰,主流政党都试图通过控制选举管理机构、影响选区改划、主导选民身份认证政策、重设投计票规则来获取选票红利。选举制度和选举过程存在明显的党派印记,对选举的公正性造成不利影响,容易引发选举争议。

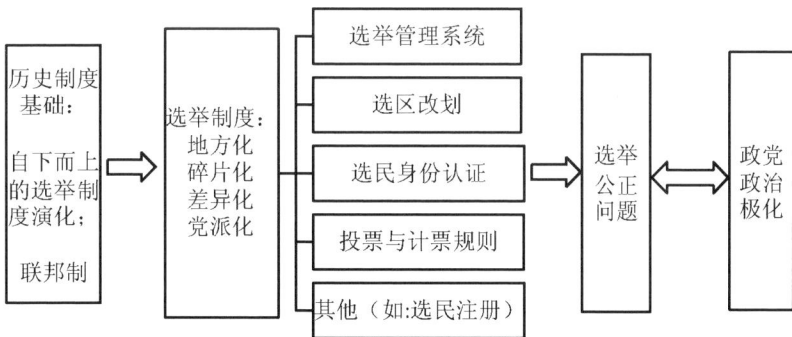

图5　美国选举公正问题的生成机理(作者自制)

　　需要澄清的是，存在实质性选举公正问题并不意味着大规模选举舞弊。正如前文所指，选举公正问题分为"选举操控"和"选举舞弊"，不可否认当前美国两党都致力于通过创制和控制有利于自己的选举规则来影响选举，其应该归属于"依照规则办事"的选举操控。虽然产生了诸多实质性的选举不公，但并未直接违法。可以说，当前美国的选举公正问题突出体现在党派影响下的"选举操控"，尚没有充足证据证明美国大选存在系统性组织化的选举舞弊（属于明显破坏选举的违法行为）：（1）各州负责选举争议裁决的司法机构相继驳回或否定了特朗普关于选举舞弊的指控，甚至特朗普任内的司法部长也表示并未发现大规模舞弊行为；（2）关键州（例如佐治亚、亚利桑那、威斯康星）根据特朗普团队的要求进行了多轮人工重新点票，都再次确认了选举结果；（3）独立的事实核查机构对特朗普的指控进行了查验，包括邮寄投票造假、机器识别错误、篡改选票等，①目前均未发现大规模舞弊的确凿证据；（4）科学的学术研究显示，虽然美国选举中存在选民个体的失范行为，但并未产生特朗普所指控的组织化的选举舞弊；②（5）美国选举制度的碎片化和地方化虽然造成了选举不公问题，但是也为大规模有组织的选举舞弊设置了障碍，即单个政党和候选人很难控制各个州各个层级的选举机构和选务人员，也无法大范围协同性地干预各处不同的选举过程。综上，无论是从实证角度还是从制度机会空间角度，美国出现特朗普所声称的大规模选举舞弊的可能性都较小。

　　此外，需要区分"选民舞弊"（voter fraud）和"选举舞弊"（election

---

① 参见事实核查网站：https://www.politifact.com/article/2020/nov/20/fact-checking-false-claims-about-2020-election/；https://www.factcheck.org/issue/voter-fraud/，accessed December 26, 2020.

② 参见 Andrew C. Eggers, Haritz Garro, and Justin Grimmer, "No Evidence for Systematic Voter Fraud: A Guide to Statistical Claims about the 2020 Election," *PNAS*, 2021, 18(45), e2103619118; David Cottrell et al., "An Exploration of Donald Trump's Allegations of Massive Voter Fraud in the 2016 General Election," *Electoral Studies*, 2018(51), pp.123-142.

fraud)。①选民舞弊是指选民个人采取的投票欺诈行为,包括虚假注册、冒名投票、重复投票、伪造选票等。选举舞弊是指选务工作人员、政党或候选人组织的非法选举行为,例如选民恐吓、买卖选票、操弄投计票过程等。不可否认,美国存在一定数量的选民舞弊。根据相关统计②,2000-2012年间美国共有2068起在录的选民违法行为,其中涉及选民舞弊的包括缺席投票造假(24.2%)、选民注册造假(17.8%)、非法投票(16.7%)、重复投票(7.4%)、签名欺诈(5.9%),等等;涉及选举舞弊的包括买卖选票(4.8%)、竞选提名或资金舞弊(2.2%)、操弄计票(1.1%)、选举恐吓(1.0%),选民压制(0.5%),等等。可见,美国选举中确实存在违法行为,但大多属于个体性的"选民舞弊"而非系统性组织化的"选举舞弊",同时相较于整体选举规模,舞弊案件的发生频次非常有限(低于0.00021%),未能影响选举结果。诚然,这些违法行为说明了目前美国的选举制度确实存在漏洞,为选举争议埋下了伏笔。

(二)美国政党政治的极化使得选举争议和选举改革被高度政治化,在实质层面和观念层面加剧了选举公正问题。政党政治极化(partisan polarization)具有两层含义:(1)政党的政治主张和政策立场显著对立;(2)对立不可调和并朝着极端化的方向发展。③近年来,随着全球化、移民涌入、社交媒体、族群冲突、政治正确等问题的集聚和交织,美国的政治极化不断升级,政党精英与支持者的组内抱团以及两党间的组间对抗向政治生活的各个领域蔓延。首先,政治极化加剧实质性选举公正问题的恶化。在选举公正议题上,共和党更注重选举安全性,倾向于实施保守的选举制度,限制一切潜在的失范行为,包括推行严格的身份认证程序、削减邮寄投票、加大计票监管等。民主党则更注重选举包容性,倾向于保障选举权利,降低投票成本,包括

---

① 参见美国政治学协会(APSA)的学理划分:https://politicalsciencenow.com/what-you-should-know-about-election-and-voter-fraud/,accessed December 26,2020.

② 参见相关数据库网站:https://votingrights.news21.com/interactive/election-fraud-database/,accessed December 26,2020.

③ Frances E. Lee,"How Party Polarization Affects Governance,"*Annual Review of Political Science*,2005(18),pp.261-282.

实施宽松的身份认定政策、扩大邮寄投票、杜绝选民压制等。同时,两党都致力于争夺选举事务的控制权以及选区划分的主导权,都试图通过改变和控制选举规则实现选举利益最大化(见表 1)。特别是2000 年大选之后,选举公正问题成为美国两党政治对抗的触点,政党政治极化导致两党不断加大对选举规则制定权和选举事务控制权的争夺,双方都试图通过操控选举规则和选举过程来抢占选举先机。两党关于选举改革的立场不可调和,对于"什么是更加公正的选举"各执一词,并且极力将选举规则的天平朝各自方向拉扯,导致共识性的选举改革步履维艰。选举公正问题不仅得不到缓解,反而随着政治极化趋向恶化。

表 1　政治极化背景下美国两党关于选举规则的行动策略

	共和党	民主党
选举管理	争夺选举事务控制权	
选区改划	争夺选区划分主导权	
选民身份认证	更加严格的身份认证政策	更加宽松的身份认证政策
投票和计票规则	限制邮寄投票、强化投票门槛、打击选民舞弊	扩大邮寄投票、提升投票便利、对抗选民压制

资料来源:作者自制。

其次,政治极化导致观念性选举公正问题的恶化。政治极化不仅带来政党行动策略的激进化,同时引发民众认知和情感层面的极化。情感极化(affective polarization)是指政党支持者之间彼此心怀敌意,相互极度不信任。[1]近年来,美国的党派割裂线开始统摄其他各类社会认知,民众中的交叉认同(cross-cutting cleavage)日渐衰微,政党之间高度厌恶和不信任,导致凡是对方政党支持的我就反对,凡是对方政党获益的我就怀疑。在此背景下,虽然没有证据证明存在大规模有组织的选举舞弊,但党派情感左右了判断,选民舞弊的个案和选举操

---

[1] Shanto Iyengar, Yphtach Lelkes, Matthew Levendusky, Neil Malhotra, and Sean J. Westwood, "The Origins and Consequences of Affective Polarization in the United States," *Annual Review of Political Science*, 2019, 22(1), pp.129–146.

作的失误被放大，引发选举争议。此外，美国还出现了"非对称性政治极化"(asymmetrical polarization)，即美国右翼政治力量更显著地趋向极化[1]。在选举领域，共和党自2010年以来大举推进选区改划，共和党候选人也通过社交媒体散播选举虚假信息，甚至煽动选举暴力。政治精英极化与民众极化彼此加固，使得美国选民对于选举舞弊的认知越来越受制于根生蒂固的党派偏见(partisan bias)[2]，加剧了观念层面的选举公正问题。

五、结论

自由且公正的选举是西方竞争性民主体制得以运转的制度根基。近年来选举争议在发达民主国家屡见不鲜，相较于其他西方国家，美国的选举公正问题由来已久且日渐突出。当前美国的选举公正问题主要体现在(但不限于)：(1)碎片化的选举管理系统使得各州选举规则各异和操作规程多样，导致一国之内公民行使选举权的制度环境差异较大；(2)政党控制下的选区划分带来选民偏好聚合过程的操控和扭曲，危及"票票等值"原则；(3)宽严各异的选民身份认证政策致使各州选民投票成本高低不同，存在选民压制或选民舞弊现象；(4)复杂多样的投票和计票规则容易带来选务失范，提升了选举争议的风险。总之，美国的选举制度设计和选务操作流程存在缺陷，造成诸多实质性的选举不公。

在政党政治极化的背景下，近年来美国两党都加大了对选举规则制定权和选举过程控制权的争夺，使得选举争议高度政治化，一方面加剧实质性的选举公正问题不断恶化，另一方面导致观念性的选举公正问题愈演愈烈。即便如此，选举公正问题可分为"选举操控"和

---

[1]　Grossmann Matt and Hopkins David, *Asymmetric Politics: Ideological Republicans and Group Interest Democrats*, New York: Oxford University Press, 2016.

[2]　Emily Beaulieu, "From Voter ID to Party ID: How Political Parties Affect Perceptions of Election Fraud in the U.S.," *Electoral Studies*, 2014(35), pp.24–32.

"选举舞弊",美国当前的选举公正问题集中表现为不合理的选举制度和两党对选举规则的争夺和操控上,并未上升到系统性选举舞弊的层面。目前,虽然存在个案性的"选民舞弊",但没有充分的证据表明某一政党或候选人能够大规模有组织地开展"选举舞弊"。

最后,选举公正问题是我们观察选举民主体制和预判海外政治风险的重要窗口。政治极化背景下,美国的选举公正问题呈现出令人担忧的发展态势:首先,关于选举争议的政党对抗将加剧选举公正问题的政治化,损害民众对选举制度乃至整个民主体制的信心。其次,个案性的选民欺诈和选务工作失误会被曲解放大为系统性的选举舞弊,威胁选举结果的合法性,甚至引发选后暴力。再次,选举公正问题将致使选举生态恶化,引发选举虚假信息和阴谋论的大肆传播,影响选举秩序。最后,政党间就选举改革难以达成共识,选举规则沦为政治博弈的工具,导致民主质量下降。总之,关于选举公正问题的争议已经成为美国政党政治分歧和社会认知割裂的重要来源,选举争议与政治极化之间彼此强化以及共识型选举改革的僵局是当前美国选举体制的危机所在。[1]

---

[1] 当前选举民主体制的危机宜放在长历史周期中客观评价,同时需要关注民主体制本身的调试性和韧性。参见 Robert C. Lieberman,Suzanne Mettler,and Kenneth M. Roberts, *Democratic Resilience:Can the United States Withstand Rising Polarization?*,Cambridge: Cambridge University Press,2021.

社会科学中的理性选择制度主义：
一种可能的创新视域 *

马雪松　吴健青 **

内容摘要　理性选择制度主义不仅可以从新制度主义政治学和新制度经济学的角度加以考察，其产生与发展历程还处于社会科学基本张力和学科交融的脉络当中，社会科学的分析视野有助于理解理性选择制度主义在推动前沿进展、更新研究方法、拓展理论议题方面的有益成果。理性选择制度主义的内在张力主要由社会科学中理性与经验、解释与诠释、结构与能动三组关系所塑造，其学科资源涵括政治学、经济学、社会学、法学、管理学、历史学、心理学、语言学等。通过考察交易费用分析、经济史分析和政治社会效益分析方法，文化因素的作用、认知以及共有信念等理论议题，可以对理性选择制度主义在社会科学语境中的方法更新和议题拓展进行跟踪与评价，从而在社会科学的整体性视域下把握其发展前景。

关键词　理性选择制度主义；比较政治学；新制度经济学；认知科学；制度逻辑

* 本文系国家社科基金重大项目"坚持和完善人民当家作主制度体系研究"(21&ZD157)、国家社会科学基金一般项目"新制度主义政治学理论源流与方法变革研究"(19BZZ013)的研究成果。
** 马雪松，政治学博士，吉林大学行政学院副院长、教授、博士生导师，研究方向为比较政治学、新制度主义理论与方法。吴健青，吉林大学行政学院博士研究生。

20 世纪 70 年代末,比较政治学和美国政治研究中的理性选择理论学者通过对当代美国国会运行情况的考察,认识到"制度至关重要",是制度而非理性破解了国会投票中的集体行动难题,这就促使大批理性选择理论学者转向制度分析并产生理性选择制度主义。由于理性选择路径相对广泛的问题域,在学习效应和选择策略中不断强化的理性对人类行为的强大驱动力,[①]以及集体行动问题几乎遍布比较政治学中几乎所有层次的研究,[②]理性选择制度主义成为新制度主义政治学乃至比较政治学中的主导性范式。与优势地位不甚匹配的是,理性选择制度主义面临发展方向与理论创新方面的挑战,简洁的分析模型和单一的分析路径加剧了这一危机,促使相关学者在寻求改变中将目光投向社会科学领域。

理性选择制度主义学者在寻求变革的过程中进行了诸多尝试,其中最具代表性的是分析性叙述(analytic narratives)方法。分析性叙述由罗伯特·贝茨(Robert Bates)、玛格丽特·列维(Margaret Levi)、巴里·温加斯特(Barry Weingast)和阿夫纳·格雷夫(Anver Grief)于 1998 年提出,这一方法将经济学和政治学中常用的分析性工具与历史学中常用的叙述方式结合起来,不仅通过关注故事、解释和环境强调问题驱动,还促使理性选择制度主义学者意识到特殊案例的重要性,"我们的案例选择了我们,而不是相反"。[③]

分析性叙述方法反映了理性选择制度主义开拓创新并接纳行为分析和制度研究的尝试,但更多更重要的社会科学研究成果仍在主流视域之外,它们能够极大地推动理性选择制度主义的方法更新和理论演进。从既有的研究成果来看,部分研究过于强调理性选择制度主义的新政治经济学渊源,侧重政治学与经济学的制度研究对理性选择制度主义的塑造作用;一些学者强调理性选择制度主义对新制

---

① 唐世平:《观念、行动、结果:社会科学方法新论》,天津人民出版社,2021 年,第 26–27 页。

② 埃利诺·奥斯特罗姆:《集体行动理论》,载罗伯特·戈定、卡尔斯·波瓦克斯、苏珊·斯托克斯主编:《牛津比较政治学手册》,唐士其等译,人民出版社,2016 年,第 186 页。

③ 罗伯特·贝斯等:《分析性叙述》,熊美娟、李颖译,中国人民大学出版社,2008 年,第 12 页。

度经济学的广泛吸收，仅仅将理性选择制度主义视为政治学领域对新制度经济学的回应；部分研究过于侧重理性选择制度主义在新制度主义政治学中的基本定位，强调这种理性取向区别于历史制度主义的结构取向和社会学制度主义的文化取向。

对现有研究进行整体性审视可以发现，社会科学研究对理性选择制度主义的重大意义尚未受到足够重视，这种分析能够为处于创新困境中的理性选择制度主义提供大量学术洞见并塑造其未来走向。在交叉学科研究意识成为基本共识的情况下，对理性选择制度主义的考察应当突破政治学与经济学的既有视角，从社会科学的理论视域下进行综合考察并尝试为其提供可能的创新之路。正是在这样的学术背景下，本文认为有必要从社会科学视野来审视理性选择制度主义，通过把握理性选择制度主义的内在张力、学科资源和焦点议题，力图探索理性选择制度主义可能的发展前景。

一、理性选择制度主义的内在张力

本文从宽泛意义上将理性选择制度主义视为兼容差异化取向的松散流派，不仅包括以肯尼斯·谢普斯勒（Kenneth Shepsle）和温加斯特为代表的政治学关于制度的实证理论，还涵括以罗纳德·科斯（Ronald Coase）和奥利弗·威廉姆森（Oliver Williamson）为代表的经济学基于交易费用途径的企业理论，以及以道格拉斯·诺思（Douglass North）和列维为代表的经济史研究。[1]理性选择制度主义作为兼容多元分析途径的理论范式，对它的系统考察需要在社会科学的广阔视野中进行，首先就是社会科学语境中理性选择制度主义的内在张力。概括来看，社会科学中对理性选择制度主义施加深刻影响的基本张力，主要是理性与经验、解释与诠释、结构与能动的二元论倾向。[2]

---

① 河连燮：《制度分析：理论与争议》，李秀峰、柴宝勇译，中国人民大学出版社，2014年，第36页。
② 马雪松：《社会科学中的新制度主义政治学：一项学科史考察》，《比较政治学研究》2018年第1辑。

第一,在社会科学关于理性与经验的争论中,理性选择制度主义更多延续经济人的理性假设,制度主义立场则意味着重视经验层面的现实情况。理性主义与经验主义的源头可以追溯到物理科学对中世纪信仰主义和先验主义的反思,其中理性主义主张人的推理可以作为理论基础和知识来源,源自古希腊自然科学传统的经验主义则强调知识源于经验。[1]理性选择制度主义的理性取向主要在于作为其基本内核的理性选择分析模式,遵循从特定理论前提出发的演绎逻辑,个体主义和经济理性在其中占据重要地位。由于理性选择路径支撑了被誉为"社会科学皇冠上的明珠"的经济学,理性选择制度主义具有研究范畴不断向外扩张的经济学帝国主义倾向,即加里·贝克尔(Gary Becker)所指出的,"经济研究的领域业已囊括人类的全部行为及与之有关的全部决定"。[2]同时,理性选择制度主义对可观察行为的重视从更高程度上回应了经验主义的基本诉求,内在的科学取向力图找到经验上可证伪的一般规律。尤其是理性选择理论学者通过当代美国国会的稳定运行意识到,"阿罗不可能"定理等经典模型所预测的混乱无序和循环投票并没有出现,现实中制度通过对个人行为的激励、约束和规制作用实现了"稳定的多数",这也是理性选择理论转向制度分析的关键所在。

对个人行为的客观考察与制度主义的现实关怀构成了理性选择制度主义经验取向的两个维度,流派围绕一个明确表达和发展的理论体系建立了一种新实证主义方法,这种方法对政治学中长期存在的制度研究而言无疑是新颖的。[3]从一般概念出发的演绎推理和经验意义层面的制度分析不仅建构了理性选择制度主义的内在张力,还为流派吸收社会科学中关于理性与经验的新进展巩固了基础。

---

[1]　马雪松:《社会科学中的新制度主义政治学:一项学科史考察》,《比较政治学研究》2018年第 1 辑。

[2]　加里·贝克尔:《人类行为的经济分析》,王业宇、陈琪译,格致出版社、上海人民出版社,2015 年,第 2 页。

[3]　Robert Adcock, Mark Bevir and Shannon Stimson, "Historicizing the New Institutionalism(s)," in *Modern Political Science: Anglo-American Exchanges Since 1880*, edited by Robert Adcock, Mark Bevir and Shannon Stimson, Princeton University Press, 2007, p.286.

　　第二,从社会科学中解释与诠释的张力来看,理性选择制度主义更倾向于科学解释,并在诠释政治学派的批判下开始重视人文诠释。解释主义与诠释主义的分殊至少可以追溯到 19 世纪的百科全书派,两者间的论争很大程度上反映了科学解释与人文诠释背后人文科学同自然科学之间的差异。解释路径的兴盛得益于埃米尔·涂尔干(Emile Durkheim)及其提倡的实证主义社会学,这一派主张社会现象与自然现象一样能够通过普遍的因果律进行解释,明确提出社会科学应当效仿自然科学建立统一的知识体系。[1]与之相对,马克斯·韦伯(Max Weber)等学者所倡导的诠释途径认为,针对社会现象的绝对客观的科学分析并不存在,社会生活分析需要依赖特定和片面的观点展开。理性选择制度主义所秉持的理性选择路径本质上是对自然科学研究模式的效仿,力图通过达到经验意义上的"可证伪"而成为所谓的"科学"。

　　这种尝试对政治、经济与社会现象进行科学解释而非人文诠释的倾向,往往通过逆向推演(ad hoc)的方式得出此前的行为符合理性选择的结论,反对者批评其仅仅停留在事后解释层面而难以预测未来。对理性选择制度主义极为中肯且富有启发的批评来自诠释政治学派,他们认为理性选择路径的根本缺陷在于忽视了文化和情感因素对政治行为的强大驱动作用,特定情况下文化与情感对行为的影响甚至超过了经济层面的理性选择。[2]对文化与情感的重视意味着个人不再是同质化、原子化的经济人,而是嵌入在特定文化情境中、具有独特情感体验的社会人。诠释主义及其背后的文化转向为理性选择制度主义的革新提供了蓝本,启发流派在理性选择模型中纳入文化、情感、观念、认知等诸多要素,形成兼顾解释与诠释的相对完善的分析框架。概括来看,解释路径是理性选择制度主义的传统优势,诠释路径则是理性选择制度主义在发展过程中尝试整合的研究取向。

---

[1]　安东尼·吉登斯:《社会学方法的新规则》,田佑中、刘江涛译,社会科学文献出版社,2003 年,第 2 页。

[2]　肖晞、郎帅:《文化、情感与理性选择:一个政治学的难题》,《公共管理研究》2010 年第 1 辑。

第三,从社会科学中结构与能动之间的论辩来看,理性选择制度主义的新制度主义定位展现鲜明的结构取向,以能动个体为中心的分析模式则将能动路径推进到新的高度。结构与能动的张力可以简单理解为究竟是"时势造英雄"还是"英雄造时势"的问题,这种张力不但体现为比较政治学中制度规制性与个人能动性之间的紧张关系,而且塑造了历史制度主义的宏大历史、结构取向与理性选择制度主义的微观视角、能动取向之间的重大差异,而建构统一的制度理论则需要这两种取向的有机结合。新制度主义范式在社会科学中的兴起彰显浓厚的结构主义取向,制度所发挥的作用正是一种结构性的规制作用,"结构诱致均衡"对"偏好诱致均衡"的革新正是理性选择制度主义与理性选择理论相揖别的关键。但与其他新制度主义流派相比,理性选择制度主义的特色在于对个体能动性的推崇,这一流派也被称为"以行动者为中心的制度理论"。[1]

作为理性选择与制度分析相结合的产物,理性选择制度主义长期面临结构与能动何者居于主导地位的问题,即制度的结构规制与行动者的能动作用之间的张力问题。结构限制并保障行动者理性选择的范围与选项,重塑行动者关于利益、偏好乃至理性的认知,但个体能动性仍在理性选择制度主义中占据上风。具体来看,制度创设往往是行动者意愿的体现,制度变迁呈现人们根据成本收益预期进行理性选择的结果;个人层面的理性即便是有限的,仍然是政治经济生活中最宝贵的财富。社会科学中的结构取向塑造了理性选择制度主义的制度主义立场,能动取向则反映了理性选择制度主义的个人主义分析模式,它们分别导向制度逻辑与认知分析两大发展方向。

---

[1] Masahiko Aoki, *Toward a Comparative Institutional Analysis*, Cambridge: MIT Press, 2001, p.10.

二、理性选择制度主义的学科背景

如果不能恰当地理解过去的历史与社会科学的基本状况，那么相关学科乃至整个社会科学的发展和重建任务是难以完成的，没有这些知识就可能重复过去的错误。[①]作为政治学与经济学的制度研究交叉融合的结果，理性选择制度主义形成了被视为交叉学科典范的新政治经济学路径，更重要的是理性选择制度主义的学科背景不限于此。在政治学范式演进谱系的基础上，新制度经济学、经济史分析以及认知研究成为理性选择制度主义吸收多学科资源的学术平台，通过引入法学、社会学、管理学、历史学、心理学以及语言学的相关成果，共同推动理性选择制度主义的交叉学科研究。

第一，理性选择制度主义的发展演化是政治学领域行为主义、理性选择理论和新制度主义的范式变革与理论融合的结果，为吸收社会科学领域的丰厚资源提供了对话基础。20世纪以来的政治学经历了从行为主义到理性选择理论再到新制度主义的范式革命，三种范式至今仍对社会科学领域施加重大影响，所催生的理论包括行为主义心理学、行为经济学，经济学、政治学与社会学中的理性选择理论与新制度主义理论。这些理论在当代社会科学研究中同时存在，意味着作为三大范式整合结果的理性选择制度主义在吸收社会科学资源方面具有天然优势。就行为主义范式而言，理性选择制度主义采用了一系列行为主义的研究假设，将可观察的个人行为视为基本的考察对象，行为是行动者固定偏好的工具性体现，行动者在对偏好的多种行为方式进行排序的基础上选择最优策略。[②]有观点据此认为行为主义并未从政治学中完全撤退，理性选择制度主义某种意义上正是行

---

① Geoffrey Hodgson, *How Economics Forgot History: The Problem of Historical Specificity in Social Science*, London: Routledge, 2011, p.3.
② 徐静波、张莉、杨广坤：《理性选择制度主义》，《改革与开放》2012年第20期。

为主义政治学的当代复兴。①就理性选择理论范式而言,理性选择理论构成了理性选择制度主义的基本内核,后者往往被称为理性选择理论的制度分析或制度研究的理性选择路径。具有新古典经济学色彩的理性选择理论不仅是理性选择制度主义得以命名的缘由,还为其赋予实证分析和新古典主义的研究取向。②更重要的是,理性选择理论为理性选择制度主义提供了方法论个人主义和演绎逻辑,巩固了探索制度微观基础的理论视角与分析模式。就新制度主义范式而言,制度的"重新发现"促使理性选择理论的一支蜕变为理性选择制度主义,从鲜明的能动导向转而强调结构与能动的动态平衡。制度是界定和约束个人追求效用最大化过程中所使用策略的规则,集体行动难题的解决很大程度上取决于制度作用的发挥,并且个人的偏好内生于制度、制度重塑个人关于利益的认知。简言之,新制度主义范式对理性选择制度主义而言意味着,"制度是塑造个体行为的规则的合集,但个体能够理性地回应这些规则形成的激励和制约"。③

　　第二,理性选择制度主义对多学科资源的吸收重点依托作为重要组成部分的新制度经济学,产权分析和组织分析促使理性选择制度主义兼顾制度与组织两重路径,并与法学、社会学和管理学的相关成果开展理论对话。科斯意义上的交易费用理论倾向于产权途径,主张从法律层面上设置完善的产权制度来确定所有权,以此消除外部性来降低交易费用。因此科斯也被视为法经济学的奠基人,这种法学与经济学相互交错的研究意识深植于新制度经济学的兴起脉络。同时,科斯指出市场中交易费用的广泛存在促使部分交易选择在采用科层制的企业中进行,意味着控制交易费用的另一种方式在于优化组织管理,从而与注重科层制管理模式的管理学以及组织场域研究

---

①　张春满:《重新思考比较政治学中的范式演进谱系》,《南开学报(哲学社会科学版)》2019 年第 1 期。

②　马雪松:《理性选择制度主义的发生路径、内在逻辑及意义评析》,《社会科学战线》2020年第 6 期。

③　盖伊·彼得斯:《政治科学中的制度理论:新制度主义》,王向民、段红伟译,上海人民出版社,2016 年,第 51 页。

的社会学保持紧密联系。①经济学、管理学与社会学在组织议题上的持续对话促成了聚焦于组织问题的交叉学科，尤其是围绕组织中的决策、组织中的职位、组织的结构与边界、组织中的合同关系以及复杂性组织而展开的组织经济学。新制度经济学对产权分析和组织分析的重视强化了经济学与社会学、管理学的学术对话，新组织经济学和新经济社会学对制度的探索同样为理性选择制度主义提供了可行路径。以嵌入理论为例，卡尔·波兰尼(Karl Polanyi)提出的"嵌入"(embeddedness)意指经济嵌入在社会整体当中并且与政治密不可分，市场交易是社会生活的制度模式之一，主张对经济的考察应当兼顾社会研究和政治分析;马克·格兰诺维特(Mark Granovetter)使用嵌入概念来形容市场中的经济活动置身于特定的社会结构当中，开创了经济学与社会学相互交织的新经济社会学，并演化出个人嵌入在特定关系网络中的开创性观点。②融汇多学科资源的新制度经济学已经打破经济学的学科壁垒而成为制度研究的熔炉，明确提出在等待统一理论的过程中包容多元理论，这就从理论平台层面拓展了理性选择制度主义的学术资源。③概括来看，新制度经济学提升了制度议题在社会科学中的地位，为理性选择制度主义提供了法学、社会学、管理学关于制度分析的知识洞见，并在这一过程中将交易意识、产权分析和组织分析方法引入政治学。

第三,经济史分析作为理性选择制度主义的组成部分，不仅将时间思维和历史素材融入制度分析，还尝试在经济学的学科演化中保留历史学的位置。经济史分析对历史学的重视首先体现为关注时间问题，主要包括华盛顿学派所强调的先发优势与哈佛学派所侧重的后发优势。以诺思、列维为代表的华盛顿学派注重从经济史的角度来把握美国保险制度和南北战争时期的经济制度，推动新经济史分析

①　Ronald Coase,"The Problem of Social Cost,"*The Journal of Law and Economics*,2013(56).
②　符平:《"嵌入性":两种取向及其分歧》,《社会学研究》2009 年第 5 期。
③　Oliver Williamson,"The New Institutional Economics:Taking Stock,Looking Ahead,"*Journal of Economics Literature*,2000(38).

成为经济学中制度分析的基础性工具。这些学者认为英国、美国、法国成为发达国家得益于特定的制度优势较早出现在路径依赖(path dependence)效应下持续强化,形成资本主义国家率先实现经济腾飞的先发优势;他们主张这种成功的制度根源应当并且能够为其他落后国家所效仿,因而主要从经济发达国家制度的共性出发探索普遍适用的发展道路。与之相对,哈佛大学的亚历山大·格申克龙(Alexander Gerschenkron)关注工业发展中落后的国家由于时间优势,不但能够在国家的工业化道路上有选择性地发挥替代性优势、引进先进的技术和资金,而且可以吸收发达国家的先进经验与失败教训,甚至获得比发达国家更快的发展速度。诺思倡导的先发优势与格申克龙提出的后发优势构成新经济史分析的两大分支,为理性选择制度主义从时间维度考察制度议题巩固了理论基础。[1]与此同时,对历史的重视几乎熔铸在经济学的学科脉络当中,有学者据此反思近年来"经济学是如何忘记历史的"。随着美国经济系的历史沿革中历史学家的比重持续降低,有学者主张当代经济学最大的危机在于逐渐忽视历史,经济学很可能退化为"没有历史"的学科。[2]这些学者意识到,理性选择制度主义引入的应当是可理解、可检验、有深度且可对话的历史,其历史分析与历史学之间的交流不应成为"聋子之间的对话"。

第四,在新制度经济学以及经济史分析的基础上,作为学术热点的行为经济学促使理性选择制度主义关注认知议题的系列探讨,尤其是行为主义心理学、认知心理学及其背后语言学的成果。行为经济学和心理学成果的不断涌现,推动政治学认识到早期对行为主义的摒弃可能过于武断,并在吸收新近成果的进程中重新思考行为主义的价值。理性选择制度主义正是批判性继承行为主义的产物,不仅将可观察的行为视为基本的研究对象,还延续了以经验现象为支撑的科学分析路径;正是出于对行为主义价值中立的批判,相关学者在实证方法

---

[1]　马雪松、吴健青:《新政治经济学的华盛顿学派:理论缘起、核心议题与意义评析》,《理论月刊》2021 年第 12 期。

[2]　朱宁:《叙事如何影响经济走势与个人决策:评〈叙事经济学〉》,《比较》2020 年第 3 辑。

中引入价值规范并重点考察制度对行为的规制作用，在新制度经济学的影响下催生了为政治学注入活力的理性选择制度主义。[①]同时，理性选择制度主义对行为分析取向和科学目标的继承，为汲取以行为主义心理学为典型的心理学成果奠定基础。不同于行为主义在政治学界受到的普遍批评，行为主义心理学是当代西方心理学的主要流派之一，它们将研究对象确定为能够被观察和直接测量的行为并明确反对缺乏科学根据的研究，这种科学导向的研究意识至今仍在社会科学研究中占据优势地位。在行为主义心理学的基础上，认知心理学将长期为其所否认的心智引入心理学，主张人们的认知和行为模式由心智所调节，同时使用语言学的成果来理解人们的心智、情感与信念。[②]

这一阶段的认知心理学只是将人们的行为视为特定情境的产物，情境分析的兴起则带来了以诺姆·乔姆斯基（Noam Chomsky）为代表的语言学成果。乔姆斯基将语言视为认知系统的一部分，强调人类在出生时并不是"一块白板"，某些认知特征尤其语言模式是与生俱来的，并注重透过语言现象探讨人类的认知规律。[③]这就打破了理性选择路径关于人和制度都是一块白板的理论预设，从认知层面对个人的理性假设和制度的观念维度进行重构，乔姆斯基的语言学研究开启的"语言学革命"更是推动了政治学中观念分析和话语制度主义的发展。得益于行为主义范式的共通性，理性选择制度主义将以心智、认知、信念为典型的心理学成果融入政治学的研究范畴。[④]

三、理性选择制度主义的焦点议题

以社会科学的基本张力和学科资源为基础，理性选择制度主义

---

①　徐国冲：《政治行动者理性选择的制度范式：理性选择制度主义述评》，《内蒙古大学学报（哲学社会科学版）》2012 年第 4 期。
②　李恒威、黄华新：《"第二代认知科学"的认知观》，《哲学研究》2006 年第 6 期。
③　李其维：《"认知革命"与"第二代认知科学"刍议》，《心理学报》2008 年第 6 期。
④　马雪松、吴健青：《缘由、启示、展望：理性选择制度主义与行为经济学的耦合分析》，《理论探讨》2019 年第 5 期。

形成了具有跨学科研究特征的分析方法与理论议题，这些焦点议题极有可能为流派开启交叉学科研究的新图景。在社会科学丰富资源的启发下，理性选择制度主义不仅承袭了交易费用分析、经济史分析以及政治社会效益分析方法，还重点探索文化因素的作用、人的认知，并将信念纳入制度的基本概念。

第一，理性选择制度主义广泛借鉴社会科学中的多元分析方法，从研究方法层面保障理性选择路径开展制度分析的视野与能力。这些方法主要包括交易费用分析、经济史分析以及政治社会效益分析，理性选择制度主义在灵活使用这些方法的过程中兼顾社会科学中的诸多影响因素。

其一，理性选择制度主义采用具备交叉研究特征的交易费用分析，将控制交易费用的基本目标与产权、组织乃至国家的经济繁荣紧密联系。交易费用理论主张，产权设置与组织建设的目标在于降低交易活动所产生的交易费用，这一共同诉求将政治学、经济学和法学所关注的制度安排以及经济学、社会学和管理学所关注的组织管理联系起来。如前所述，在交易费用分析语境中，抑制交易费用的根本方式是作为权威主体的国家设置清晰的产权制度，通过确定所有权、消除外部性来保障个人的利益。诺思明确指出，以国家的形式设置并维护产权是减少交易费用最权威的方式，产权制度是国家制度建设的重中之重，其效率很大程度上决定了国家的经济发展水平；组织效率的高低也影响着国家的经济建设进程，对政治组织、经济组织与社会组织的分析则揭示了彼此的共性。[1]曼瑟·奥尔森(Mancur Olson)认为个人层面的产权问题关乎国家的经济繁荣，国家兴衰的关键则在于是否具备清晰的产权制度，是否保障个人的权利不受侵犯。[2]关于交易费用的组织分析路径，威廉姆森认为对科层制组织的理解应当从资产专用性、交易频率和不确定性三个维度展开，内部组织对环境的

①　Douglass North, *Structure and Change in Economic History*, New York: W.W.Norton, 1981, pp.20–21.

②　曼瑟·奥尔森：《权力与繁荣》，苏长和、嵇飞译，上海人民出版社，2017 年，第 207–208 页。

适应性决定了组织在市场中所具有的规模经济优势，从而决定组织能够在何种程度上控制交易费用乃至生产成本。①交易费用分析不仅将经济市场中的交易思维带入政治和社会分析，还构建了从个人产权到组织建设、再到国家经济发展的逻辑链条，形成了理性选择制度主义标志性的制度分析进路。

其二，理性选择制度主义的制度研究侧重使用经济史分析方法，历史分析在供应论证材料、强化理论逻辑的过程中兼容社会科学中的多元因素。从历史分析在社会科学中的演进谱系来看，美国社会科学的兴起导致了历史分析的暂时"中断"，直至 20 世纪 60 年代中期之后巴林顿·摩尔（Barrington Moore）提倡的比较历史分析开启历史取向的复兴。②历史取向的复兴与新制度主义政治学中的历史制度主义紧密联系，增强了结构要素在制度分析中的影响力。就理性选择制度主义而言，历史分析不但展现了具体制度的演化历程与动态轨迹，而且描绘了关于未来的相对全面的制度演化图景，这一动态图景通过融合多学科视角而在与计量经济学的较量中脱颖而出。③理性选择制度主义学者强调，他们对历史的重视并不是在重建过去，而是在人们的心智层面构建关于过去的故事。正如查尔斯·蒂利（Charles Tilly）所言，"没有历史的社会学就像是好莱坞道具，有着宏大的布景甚至是绝美的景象，但这些景象背后空空如也，既没有内容也没有人物"，这一论断同样适用于理性选择制度主义。④对于理性选择制度主义而言，理论的建构不应是空洞无物的，历史材料不仅在此意义上发挥支撑性材料和说理性工具的作用，还能够为检验模型提供一个坚实的基点。⑤经济史分析通过"经济史上的结构和变革"供应制度分析的重

①　Michael Riordan and Oliver Williamson, "Asset Specificity and Economic Organization," International *Journal of Industrial Organization*, 1985(3).
②　应星：《经典社会理论与比较历史分析：一个批判性的考察》，《社会学研究》2021 年第 2 期。
③　Douglass North, *Institutions, Institutional Change and Economics Performance*, New York: Cambridge University Press, 1990, p.131.
④　Charles Tilly, "History and Sociological Imagining," *The Tocqueville Review*, 1994(15), p.57.
⑤　Douglass North, *Structure and Change in Economic History*, New York: W. W. Norton, 1981, p.71.

要起点与佐证材料，有助于历史层面的典型案例和结构取向及其背后的多元要素进入理性选择模型。当前的突破点在于，理性选择制度主义的历史分析需要在经济史和制度史的既有优势之上实现与其他学科的融汇贯通，并通过对历史研究的系统学习弱化人工裁剪的痕迹。

其三，理性选择制度主义在成本收益分析的基础上重视政治社会效益分析，打破经济决定论的同时增强了制度研究的政治与社会分析意识。作为扎根于政治学的关键性分析路径，理性选择制度主义并非简单的经济决定论者，而是在分析过程中兼顾行为和制度的政治影响与社会效益，很大程度上反映了交叉学科研究和情境分析的综合影响。贝茨在考察热带非洲国家的农业政策时发现，统治集团并未采用那些经济上有利于国家整体利益的政策，而是在保证政治基本稳定的前提下尽可能地谋求统治集团的私利，这就意味着特定情况下政治结果与权力关系的重要性超过经济利益。同时贝茨提醒研究者，不仅要考虑到国家的政策逆转了市场的正常运转，还应当将关于具体国家的考察置于特定的国际政治经济格局当中，这将进一步增强政治因素在制度分析中的作用。[1]谢普斯勒关注政治人物的政治、经济与社会目标，一方面政治人物任职期间的行为受到民众偏好的激励，另一方面他们往往通过注重政策的社会影响来实现选举目标，因此对政治人物的分析需要充分考虑道德风险和隐蔽问题。[2]格雷夫综合运用政治学、经济学、社会学以及历史学视角分析中世纪后期以来中西之间的大分流，着重从有效率的市场和有利于经济的政治发展两个维度进行把握，形成了整合理性选择立场和社会科学视野的制度性解释。[3]更为影响深远的是，格雷夫的研究为理性选择制

① 罗伯特·贝茨：《热带非洲的市场与国家：农业政策的政治基础》，曹海军、唐吉洪译，吉林人民出版社，2011 年，导论第 2–4 页。

② Kenneth Shepsle, "Rational Choice Institutionalism", in *The Oxford Handbook of Political Institutions*, edited by R. A. W. Rhodes, Sarah Binder and Bert Rochman, Oxford University Press, 2006, pp.28–30.

③ 阿夫纳·格雷夫：《大裂变：中世纪贸易制度比较和西方的兴起》，郑江淮等译，中信出版社，2008 年，前言第 10 页。

度主义提供了一种可能的未来，即以理性选择路径为基础融合社会科学的多元取向，形成一种新的关于理性选择的制度逻辑的分析进路。

第二，凭借多元分析方法的强大支撑和缓解内在张力的驱动作用，理性选择制度主义在具有交叉学科属性的文化议题上取得突破性进展，尤其是关于制度研究中的文化因素、认知的形成机制与制度概念的多层次探讨。广义上的文化议题涵括社会科学中除理性与结构之外的众多关键要素，呈现了理性选择制度主义学者接纳社会科学广泛资源的诸多努力。

其一，在解释与诠释的持续性张力中，理性选择制度主义日益关注文化因素在制度分析中所发挥的作用，这也是顺应社会科学研究中文化转向的重要表现。文化作为社会科学中极具包容性和争议性的概念，揭示了人类复杂行为背后多元化的影响因素，这就要求理性选择制度主义对文化、理性与情感因素进行必要的整合。文化是一种用来组织世界、定位自我与他人的架构，既可以使行动具有意义并将集体身份与政治行动相联系，又能够为制度研究的利益分析提供基础。[1]对于理性选择制度主义而言，理性主义路径的单一变量分析尤其需要文化主义路径的补充作用，有助于放宽对一般理论和普遍规律的盲目追求，并强调案例在文化传承方面的特殊性以及个人与集体的特定政治意义。更重要的是，理性选择制度主义中偏向文化路径的学者已经意识到，被视为理性选择路径核心概念的"理性"需要根据特定背景和行动者之间的相互关系来定义，谋求利益最大化的策略同样被认为具有明显的情境依赖性。简言之，"何为理性"这一命题需要在特定的文化背景中进行理解，手段与目的的合理性同样需要根据具体情境来定义。这就从根本上重构了理性选择制度主义的解释逻辑，提升了特殊案例与具体情境在社会科学研究中的地位，有助

---

① 马克·霍华德·罗斯：《比较政治分析中的文化和身份》，载马克·利希巴赫、阿兰·朱克曼编《比较政治：理性、文化和结构》，储建国等译，中国人民大学出版社，2008年，第57页。

于理解西方"集体行动的逻辑"与"中国人行动的逻辑"的分殊。作为社会科学中最宽泛的概念之一,文化包含语言文字、文学艺术、传统习俗、地理风情、生活方式、宗教信仰、思维方式、价值观念、法律规范、精神图腾等诸多内容,涉及政治学、法学、经济学、社会学、语言学以及人类学,关注文化路径正是理性选择制度主义从解释途径转向诠释路径的关键契机。

其二,在理性与经验的持续性张力中,理性选择制度主义通过探索认知议题来缓和这种张力,其中认知议题汇集了行为经济学、心理学、语言学以及脑科学的突出成果。理性与经验的对立关系部分在于对知识来源问题的争议,认知研究搁置关于知识来源的纠纷而主张知识转化过程的影响更为显著,着重考察外界输入的信息在人脑中进行加工转化为内在心理活动的认知过程。包括理性选择制度主义在内的绝大多数社会科学研究本质上是关于人的研究,这种研究意识与行为科学的复兴促使理性选择制度主义注重认知问题。理性选择制度主义对认知的关注首先在于承认一个基本事实,即人们的行为选择受到认知的重大影响,而认知的形成及其局限仍是有待探索的关键领域。赫伯特·西蒙(Hebert Simon)提出认知科学的主要兴趣和目的在于解释复杂的人类行为,引导生理活动和信息加工过程的更高层次正是思维活动,亦即人们的认知引导着复杂的人类行为。[1]近年来获得诸多关注的行为经济学及其背后的心理学、语言学成果更新了认知研究,促使理性选择制度主义认识到个人的有限理性、有限自利和有限自控,并为这些观点提供了颇具解释力的生活实例以及可重复的心理学和脑科学实验。[2]认知研究推动理性选择制度主义重视人们如何在大脑中形成特定的偏好和决策,持续关注人脑的运作机制及其引导下的行为倾向。其中利他偏好作为社会规范内化的产物根植于人们的认知过程,其所推动的合作行为有助于克服理性

---

[1] 赫伯特·西蒙:《认知:人行为背后的思维与智能》,荆其诚、张厚粲译,中国人民大学出版社,2020 年,第 1–3 页。

[2] 张延、张轶龙:《理查德·塞勒:将心理学引入经济学》,《经济学动态》2017 年第 12 期。

选择制度主义语境中集体行动的困境。理性选择制度主义的认知研究蕴含以行为主义为基本内核的经验研究意识和科学分析方法，有助于增强理论创新的问题意识并开拓行为分析的学科视野。

其三，为了平衡结构与能动之间的张力，理性选择制度主义尝试从制度的基本概念层面融入信念因素，表现为在正式规则与非正式规则的基础上涵括共有信念(shared beliefs)。信念作为经济学中较为常见的概念，主要是指"个体对未来事件的预期或在博弈中对其他博弈对象行为的主观猜测"。①理性选择制度主义将文化取向的共有信念纳入制度的基本概念，从概念层面重塑制度并将文化属性的信念视为流派的核心议题之一。青木昌彦(Masahiko Aoki)指出，当前主流的制度观忽视了人们头脑中真正发挥引导作用的信念，仅仅将制度视为博弈的参与者、特定的博弈规则或自我实施的制度均衡；他主张共有信念实际上是博弈均衡的信息浓缩，制度作为共有信念的维持系统，以人们的意会理解或头脑之外的某种符号表征的形式发挥协调博弈参与人信念的作用。②格雷夫更是直接将信念因素纳入制度的范畴，明确主张制度是由规则、信念、规范和组织共同构成且彼此相互联系的系统，这一系统能够保障、引导乃至激励形式各异的交易活动。在共有信念的基础上，社会中由多种要素共同构成的制度系统产生了共有认知(shared cognition)，在提供信息和协调行为的过程中指明合乎道德且能够为社会所接受的行为。③文化路径涵括了信念与认知及其背后的社会道德议题，跻身制度范畴的文化因素不再只是发挥次要性和补充性作用，而是重构了理性选择制度主义的制度概念，文化本身的不确定性与包容性也为其他要素进入理性选择制度主义的分析视域预留了理论空间。

---

① 王云：《信念、偏好与合作行为：基于博弈论和行为经济学的视角》，中国发展出版社，2020年，第2页。

② Masahiko Aoki, *Toward a Comparative Institutional Analysis*, Cambridge：MIT Press, 2001, pp.4–10.

③ 阿夫纳·格雷夫：《大裂变：中世纪贸易制度比较和西方的兴起》，郑江淮等译，中信出版社，2008年，第26页。

四、理性选择制度主义的发展前景

融合历史取向与案例分析的分析性叙述已经走过了二十多年的发展历程,作为主要倡导者的贝茨也不得不承认,对他而言很难判断分析性叙述在多大程度上取得了成功。但贝茨同时指出,更大的项目仍在启动阶段,年轻学者将继续尝试将理论与观察相结合、逻辑上强有力且经验上可验证的解释方式。[①]社会科学的基本张力与学科资源及其对理性选择制度主义方法更迭和理论创新的重大推动作用,为社会科学视域下理性选择制度主义的未来开启了一种可能的创新视域。这种创新的重心在于处理好理性选择分析模式与社会科学资源之间的紧张关系,并在顺应社会科学整体趋势的过程中探索理性、结构与文化融合背景下个人视角的制度逻辑。

第一,针对相对单一的研究路径与多样化资源之间的张力,理性选择制度主义应当放宽较为严格的分析框架,探索对社会科学资源的适度整合。这是理性选择制度主义接纳社会科学资源迫切需要处理的问题,有利于稳步推进交叉学科研究的创新之路。

其一,理性选择制度主义面临是否引入以及在何种程度上接受社会科学多元理论的问题,拒斥意味着制度分析难度的降低与问题意识的弱化,过度引入则可能导致诸多要素的无序涌入而削弱流派的认同意识。理性选择制度主义长期被视为西方比较政治学的主导性范式,但实际上学界自觉划入这一阵营的学者少之又少,在流派的身份认同亟需加强之际吸收社会科学的多元理论,可能会削弱流派的基本特色乃至侵蚀流派生存发展的根基。对文化和情感因素的排斥则过度简化了人类行为与制度分析的复杂性,忽视了案例本身的特殊性及其背后的问题意识;实际上历史背景与文化底蕴构成个人

---

① 罗伯特·贝茨:《市场、政治与选择——罗伯特·H. 贝茨访谈录》,载赫拉尔多·芒克,理查德·斯奈德编著:《激情、技艺与方法:比较政治访谈录》,汪卫华译,当代世界出版社,2022 年,第 586–587 页。

生活的重要组成部分，个人的心智模式乃至群体记忆由社会和文化结构共同决定。①从流派演化的基本诉求、比较政治学的整合趋势以及社会科学的发展态势来看，理性选择制度主义在既有框架内融入多元理论势在必行。在此基础上，理性选择制度主义还需要处理对社会科学资源的吸收程度问题，即应当注意强化流派认同、保持理论创新与汲取各式资源的动态平衡。举例而言，认知科学的兴起更新了相关研究对人类决策机制的认识，但尚且缺少系统性的替代理论，理性选择制度主义仍需思考如何实现有限理性对理性选择模式的有效补充。

其二，理性选择制度主义面临坚持演绎逻辑与转向情境分析的两难选择，前者是理性选择制度主义长期以来的研究特色，后者则综合回应了社会科学领域比较分析与文化分析的整体趋势。经典的批评认为理性选择路径的问题主要在于方法论上的病症，根源于其坚持"若前提为真，则结论必然为真"的演绎逻辑，"涉及假定概念的方式，假定转换成可检验命题的方法，以及进行检验时对经验结果的解释"。②理性选择制度主义所遭遇的发展危机已经促使其转向情境分析，突出表现为将偏好的形成置于特定情境当中。近年来新制度主义理论普遍主张偏好受到认知、情境以及制度的共同作用，理性选择制度主义基本认可特定历史情境中关于偏好的可信逻辑，并考察给定的制度环境如何在时间流变中限制和塑造偏好的内容。③理性选择制度主义面临的挑战在于，如何在演绎逻辑到情境分析的转向中实现理论驱动到问题驱动的转换，并探讨社会科学研究的"真问题"。社会科学能够赋予理性选择制度主义丰富的理论宝库，但无法指明具体

---

① 理查德·斯科特：《制度与组织：思想观念、利益偏好与身份认同》，姚伟等译，中国人民大学出版社，2020年，第44—45页。

② 格林、沙皮罗：《理性选择理论的病变：政治学应用批判》，徐湘林、袁瑞军译，广西师范大学出版社，2004年，第45页。

③ Ira Katznelson and Barry Weingast，"Intersection Between Historical and Rational Choice Institutionalism，"in *Preferences and Situations：Points of Intersection Between Historical and Rational Choice Institutionalism*，edited by Ira Katznelson and Barry Weingast，Russell Sage Foundation，2005，p.1.

的前进方向，同时情境分析对于理性选择制度主义而言仍是一个有待探索的领域。

第二，在直面现有问题的基础上，丰厚的社会科学资源为理性选择制度主义展示了广阔的发展前景，尤其是顺应社会科学的整体趋势，以及在实现理性、文化与结构有机整合的基础上探索个人层面的制度逻辑。理性选择制度主义的理论更新需要回应社会科学的总体趋势，并以此为基础探寻个人视角下理性选择的制度逻辑。

其一，理性选择制度主义的演化更新首先在于回应社会科学的整体发展趋势，尤其是从理论与方法两个层面推进文化转向、历史转向和认知转向。如前所述，文化转向、历史转向与认知转向在理性选择制度主义的现有研究中已经有所体现，三大趋势相互交织并不断催生更具活力的分析方法，尤其是近年来引发热议的"历史的自然实验"分析法。历史的自然实验方法明确采用多学科的历史案例来探索自然实验方法在社会科学领域的应用，涵括政治学、政治经济学、社会学、人类学等多学科议题，但其核心分析路径仍在于政治学视域中的理性选择模式，并通过与历史情境、文化传统、结构规制等的紧密配合探寻案例细节。[1]理论更迭中最受关注的是认知科学带来的新变化，认知革命打破理性选择制度主义从"一块白板"出发的研究模式，充分肯定物质世界的基础性、心智反应的先天性以及有限计划下行为的无限性。更重要的是，认知科学为理性选择制度主义带来了人工智能、神经科学、计算机科学等多种新兴方法，更新了关于人、人脑以及人的行为机制的系列研究，拓展了社会科学研究的广度与深度。

其二，为了探索制度逻辑与理论整合的统一，理性选择制度主义将在寻求理性、结构与文化取向整合的基础上探寻个人维度的制度逻辑。近年来比较政治学乃至社会科学的理论建构呈现出宏观、中观与微观相整合的总体趋势，个人主义导向的微观视角的基础性作用

---

[1]　Jared Diamond and James Robinson, eds., *Natural Experiments of History*, Cambridge: Harvard University Press, 2010, Prologue 1.

在社会科学领域获得了普遍认可，这正是理性选择制度主义创新的精髓所在。引申来看，比较政治学中的宏观、中观和微观视角往往与新制度主义政治学中的社会学制度主义、历史制度主义、理性选择制度主义相对应，并与比较政治学中的文化、结构、理性三种取向紧密联系。新制度主义理论、比较政治学乃至社会科学对微观视角基础性地位的认可，意味着理性选择制度主义将在统一的制度理论中发挥关键作用，重点是个人主义视角下新制度主义政治学的制度逻辑。对于理性选择制度主义而言，整合多元取向的同时仍需彰显流派的核心特征，其创新之路可能在于简化理性选择路径的制度逻辑，考察理性规制、制度约束以及文化诱导下个人的行动逻辑。[1]制度主义很可能只是一种比较性框架，理性选择制度主义的优势在于对个人行为选择的考察紧紧围绕文化、结构与过程的互动展开，从而有效回应个体行动者的能动性和敏感性，由此探索现实情境与复杂情况下个人选择与集体行动的制度逻辑。[2]

五、结论

基于社会科学视角的审视为理性选择制度主义开辟了新的理论空间，促使后者进一步认识到多元化研究取向对理性选择路径的重大补充作用。从流派的演化历程来看，社会科学的理论资源贯穿理性选择制度主义的演化历程，涵括理论的兴起根源、焦点议题与未来前景。在理性选择制度主义积极寻求突破的当下，以文化主义路径为代表的社会科学研究兼容差异化的研究取向和分析要素，为理性选择制度主义提供了考察复杂性与多样性、简化制度逻辑并实现理论整合的契机。总体而言，社会科学视野为理性选择制度主义的变革提供

---

[1]　Patricia Thornton, William Ocasio and Michael Lounsbury, *The Institutional Logics Perspective: A New Approach to Culture, Structure and Process*, Oxford: Oxford University Press, 2012, pp.1-4.
[2]　马雪松、吴健青：《理性选择制度主义的国家理论：发生路径、内在逻辑及意义评析》，《比较政治学研究》2021年第2辑。

了一种极富生机的可能，这对理性选择制度主义而言或许不是最佳的创新之路,但至少为打破当前困境提供了一种可能。

历史制度主义视域下的制度性权力：
一种渐进性的权力观念 *

韩德睿 **

内容摘要 历史制度主义作为一种看待事物发展的渐进性思想，侧重于观察一段时间中的过程和事件如何影响制度的起源和转变。制度性权力是一种国家持有的，基于已有国际制度，合法且具有渐变性的间接权力。非排他性，非公平性，合法性，间接性和渐变性是制度性权力的五种性质。历史制度主义权力观认为，单一行为体的权力本体存在着时间维度和过程维度，这与权力转移不同；权力依赖甚至依附于和国际制度的关系，这种关系赋予了权力在运用时所需要的便利、隐蔽和国际法基础；保持现有权力的连续性比急于寻找新的权力优势更加具有意义。

关键词 历史制度主义；制度性权力；渐进性；历史制度主义权力观

---

* 本文系作者参与的国家社科基金一般项目 "气候治理机制复杂化和对策研究"(20BGJ018)的阶段性研究成果，以及作者主持的辽宁省教育厅青年项目"中美气候竞合背景下中国的'碳权力'研究"(LJKQR 20222516)的阶段性研究成果。
** 韩德睿，国际政治学博士，复旦大学一带一路及全球治理研究院博士后、大连外国语大学东北亚研究院研究员，研究方向为国际制度、气候政治等。

一、引言

在国际关系中,整体环境的变化呈现出渐进性(gradualism)①的特点,权力的制度转向愈发显著。自1648年威斯特伐利亚体系在欧洲建立至今, 国际政治的演化并没有如同宇宙大爆炸一般使世界完全颠覆,而是遵循了事件发生有其必然后果的规律。这些规律呈现出以下几个特点:首先,在存在激进变迁或重大转折的同时,国际关系中大多数要素的变化是稳定和缓慢的。一个颠覆性的因素很难突然出现,把一切都推倒重来会付出高昂的代价。迄今为止,依然不能把互联网对国际秩序的冲击和两次世界大战对国际秩序的冲击相提并论。第二,特定国家维护其特定利益的特定行为是约束要素变化进程的原因。当既有国际体系受到崛起国的挑战,守成国不可能对这一崛起信号无动于衷。塑造和构建国际体系所耗费的巨大成本,使守成国不会任由国际体系变迁发生, 而是会通过各种可能行为来维护国际体系,延缓权力的转移。第三,国际制度已经成为各国普遍接受的行为合法性来源。例如,在发动伊拉克战争前,美国足可以绕过联合国安理会直接发动战争, 但美国依然不懈地在开战前争取安理会常任理事国和非常任理事国的支持, 这说明安理会这样的制度形式拥有巨大的象征性权力,②包括霸权国在内的所有国家都无法摆脱对象征性权力的依赖,因为所有国家都希望自己的行为是合法的。第四,国际制度一定不是一成不变的,但也并不是千变万化的,完全推翻一项国际制度是非常艰难的。国际制度的有效性不容忽视,它可以降低不确定性, 促进相关各方合作, 同时又可以约束制度框架下各方的行为。但是当制度的利益攸关方这一变量产生变化时,必然会导致制度

---

① 在政治学中,渐进主义是一种假设,即社会变革可以以微小的、不连续的增量方式实现,而不是以革命或起义等突然的打击方式实现。渐进主义是政治自由主义和改良主义(reformism)的基本特征之一。

② I. Hurd, *After Anarchy: Legitimacy and Power in the United Nations Security Council*, Course Book. Princeton, NJ: Princeton University Press, 2008. p.22.

的变化，所以才可以看到几乎每一项国际协议中都包含有修改或者退出机制的条款。

　　基于以上几个特点，本文试图运用历史制度主义理论的渐进性制度变迁思想去理解国际关系中的制度性权力，进而发展出一种国际关系中渐进性的权力观念。除了引言和结论外，文章由三个部分组成：第二章详细探讨了历史制度主义理论的起源和发展以及一些重要的概念，并发掘历史制度主义解释制度性权力的关键点；第三章对国际关系中的制度性权力进行全面的探讨和既有研究成果的梳理，并展现本文对制度性权力的定义，以及制度性权力的五大性质。第四章提出了历史制度主义视域下理解制度性权力的三种观念，以及这三种观念各自的内涵和倾向。

二、历史制度主义及其渐进性制度变迁理论

　　历史制度主义作为一种看待事物发展的思想，很早就出现了。在政治学中以历史的角度去分析制度的经典著作，如马克斯·韦伯，莫里斯·杜瓦杰，亚历西斯·德·托克维尔等人的作品，就可以被看作是历史制度主义的先驱。这些著作也极大的影响了后世的政治学研究。①在此之后，从卡尔·波兰尼的《大转型》②，到巴林顿·摩尔的《专制与民主

---

① 伊丽莎白·桑德斯、张贤明：《历史制度主义：分析框架、三种变体与动力机制》，《学习与探索》，2017(01)。

② 《大转型》是匈牙利裔美国政治经济学家卡尔·波兰尼的著作。它在1944年首次出版，讲述了在市场经济崛起期间发生在英国的社会和政治剧变。波兰尼认为，现代国家的发展与现代市场经济的发展是密切相关的，这两种变化在历史上是不可分割的。现代市场经济和现代民族国家不应被理解为独立的要素，而应被理解为单一的人类发明，他称之为"市场社会"。参见 K. Polanyi, *The Great Transformation*, New York: Farrar & Rinehart, Inc., 1944.

的社会起源》①,菲利普·施密特的《这仍是一个法团主义的世纪吗？》②,
再到西达·斯考切波的《国家与社会革命》③,以及彼得·埃文斯、迪特
里希·鲁施迈耶和西达·斯考切波的《把国家带回来》④都被认为是历
史制度主义者的先驱。他们在后来都被划归为历史制度主义学者。直
到 1989 年,历史制度主义这一术语在美国科罗拉多州博尔德举行的
一个小研讨会上才第一次出现。⑤

　　历史制度主义是一项研究传统,研究一段时间中的过程和事件
如何影响制度的起源和转变。⑥具体而言,历史制度主义者关注于加

---

① 《专制与民主的社会起源》最初出版于 1966 年,是对巴林顿·摩尔认为的一些主要的和
　　最具代表性的世界经济体的比较调查。摩尔探索了为什么经济发展模式产生了不同的
　　政治形式,以及为什么一个社会成为一个相对自由民主的社会,为什么其他国家会变
　　成法西斯主义国家。参见 B. Moore, *Social Origins of Dictatorship and Democracy: Lord
　　and Peasant in the Making of the Modern World*, Boston: Beacon Press, 1966.
② Schmitter, Philippe. "Still the Century of Corporatism?", *The Review of Politics*, Vol.36, No.1,
　　Cambridge University Press, Jan. 1974, pp.85–131.
③ 《国家与社会革命:对法国、俄国和中国的比较分析》是政治学家和社会学家西达·斯考
　　切波的著作,在 1979 年出版。该书通过结构功能主义社会学范式对 1789 年至 19 世纪
　　初的法国大革命、1917 到 1930 年代的俄国革命和 1911 年,1949 年到 1960 年代的中
　　国革命进行了比较历史分析。她认为,社会革命是对一个社会的国家和阶级结构的迅
　　速和基本的转变。她将其与单纯的叛乱和政治革命区别开来。她认为,社会革命的独特
　　之处在于社会结构和政治结构的基本变化是以一种相互加强的方式发生的,而这些变
　　化是通过激烈的社会政治冲突发生的。农民的反叛与国际压力的汇合,一方面造成国
　　家的崩溃,另一方面又引起革命的社会运动。参见 T. Skocpol, *States and Social Revo-
　　lutions: A Comparative Analysis of France, Russia and China*, Cambridge: Cambridge Uni-
　　versity Press, 1979.
④ 《把国家带回来》这本书的每个主要章节都提出了一套有关现代国家的分析问题,这些
　　问题是在一个广泛的时代和地域的背景下探索的,包括当代的和历史的,发展中国家
　　的和发达工业国家的。该书的第一部分考察了新兴发展中国家的国家战略。第二部分
　　分析近代欧洲早期的战争和国家的产生,并讨论国家与二战后国际经济的关系。第三
　　部分探讨了国家如何影响政治分裂和集体行动。参见 P.B. Evans, D. Rueschemeyer, and
　　T. Skocpol, *Bringing the State Back In*, Cambridge: Cambridge University Press, 1985.
⑤ Steinmo, Sven, "Historical Institutionalism." *Approaches and Methodologies in the Social
　　Sciences: A Pluralist Perspective*, edited by Donatella Della Porta and Michael Keating,
　　Cambridge University Press, Cambridge, 2008, pp.118–138.
⑥ S. Steinmo, K. Thelen, and F. Longstreth, eds., *Structuring Politics: Historical Institutional-
　　ism in Comparative Analysis*, Cambridge: Cambridge University Press, 1992; G. John Iken-
　　berry, "Conclusion: An Institutional Approach to American Foreign Economic Policy," in G.
　　John Ikenberry, David A. Lake, and Michael Mastanduno, eds., *The State and American
　　Foreign Economic Policy*, Ithaca, N.Y.: Cornell University Press, 1988, pp.222–223.

强政治学家对跨越时间和地点的人类创造制度的起源、进化和后果的理解。[①]在过去的几十年里，历史制度主义已经确立了自己在政治学中的地位。在起始阶段，历史制度主义有四点主要关注的方向。第一，历史制度主义者倾向于相对广泛的概念化制度和个人行为之间的关系。第二，他们强调与制度运行和发展相关的权力不对称。第三，他们专注于制度发展的观点，强调路径依赖和意想不到的后果。第四，他们特别关注将制度分析与其他因素对政治结果的贡献结合起来。[②]而后，在经过将制度和公共政策如何构建政治和社会行为作为的一段时间的关注焦点问题之后，历史制度主义的研究重点已经转向主要对制度变化和变迁的分析。其中，渐进性制度变迁已经成为近年来历史制度主义研究中最重要的理论前沿之一。[③]

在比较政治学中，从对现代国家、资本主义、法律和经济发展研究，再到对政治制度、有组织的社会行为体和公共政策研究，历史制度主义已经形成了较为广泛的研究议程。在国际关系领域，历史制度主义对国家主权、对外经济政策以及国际安全、国际政治经济学、国际法和全球治理等方面的研究也有着一定涉及。[④]历史制度主义也关注美国政治的发展，聚焦美国政治难以捉摸的特性，以及美国政治中种族和公民斗争遗留下来的问题。在欧洲政治研究中，历史制度主义也为欧洲政党和有组织利益集团的权力，福利国家的属性以及欧洲一体化进程研究提供了独特的见解。

历史制度主义解释力的核心来源在于其致力于分析事件的渐进性，并特别关注制度的渐进式发展。历史制度主义的三个核心概念：

[①]　K. O. Fioretos, T. G. Falleti, and A. D. Sheingate, *The Oxford Handbook of Historical Insti-tutionalism*, Oxford: Oxford University Press, 2016. p.10.

[②]　Hall, Peter A., and Rosemary C. R. Taylor, "Political Science and the Three New Institu-tionalisms," *Political Studies*, Vol.44, No.5, Dec. 1996, pp.936–957.

[③]　Capoccia, Giovanni, "When Do Institutions 'Bite' Historical Institutionalism and the Politics of Institutional Change," *Comparative Political Studies*, Vol.49, No.8, July 2016, pp.1095–1127.

[④]　K. O. Fioretos, T. G. Falleti, and A. D. Sheingate, *The Oxford Handbook of Historical Insti-tutionalism*, Oxford: Oxford University Press, 2016, p.12.

路径依赖、关键节点和次序,都展现出其对渐进性制度变迁的关注。

首先,路径依赖这一概念与历史制度主义联系最紧密,它指的是如果行为体一直在按照一种既定的轨迹发展,则去寻找一条新的发展路径会付出高昂的成本。已有的制度会不断的设置障碍去延缓新道路的选择。[1]也就是说,行为体最初的选择和决定的过程随后会成为行为体的自我约束。在这种情况下,从事某种行为或采用某种规则的回报会随着时间的推移而增加,也就是报酬递增,从而使采用新路径的吸引力降低。[2]这一过程通过内生于制度的变量得到强化。[3]其次,关键节点是用于理解可能导致路径依赖的初始偶发事件。关键节点是外部的决定事件,它打断了长期的稳定,并使制度走上了一条继续发展的道路,而不是另一条新的路径。关键节点的概念为理解制度发展带来了另一个动力因素,因为这些相对结构不确定性使制度的选择是可能的。关键节点也提供了一种思考快速变化和渐进变化之间区别的方法,关键的转折点像间断的平衡概念,它暗示了一种变化模式,在这种模式中,长时间的停滞被短暂的突发变化所打破,而短暂的突发变化又反过来促使了长时间的路径依赖。[4]最后,历史制度主义对一个制度的历史发展的强调,将我们的注意力集中在次序对变革过程结果的重要性上。马霍尼发展了"反应次序"的概念并将其作为事件链,其中触发后续事件的事件是对先前事件的反应。在制度变迁中,随后的制度选择在一定程度上受到先前选择的制约,自由程

---

[1] 道格拉斯·诺斯:《制度、制度变迁与经济绩效》,刘守英译,上海三联书店,1994 年,第 147-149 页。

[2] 参见 Arthur, W. B. *Increasing Returns and Path Dependence in the Economy*, Ann Arbor: University of Michigan Press, 1994; David, Paul, "Path Dependence: A Foundational Concept for Historical Social Science," *Cliometrica*, Vol.1, No.2, Springer Science and Business Media LLC, Apr.2007, pp.91-114; Méndez, Pablo F., et al., "Explaining Path-Dependent Rigidity Traps: Increasing Returns, Power, Discourses, and Entrepreneurship Intertwined in Social-Ecological Systems," *Ecology and Society*, Vol.24, No.2, 2019.

[3] Rixen, T., and Viola, L. A., "Putting Path Dependence in Its Place: Toward a Taxonomy of Institutional Change," *Journal of Theoretical Politics*, 2015, 27(2): 301-323.

[4] Capoccia, Kelemen, "The Study of Critical Junctures: Theory, Narrative, and Counterfactuals in Historical Institutionalism," *World Politics*, Vol.59, No.3, Cambridge University Press, Apr. 2007, pp.341-369.

度较低。通常，基于次序的论证着眼于事件的交叉点或因果链的影响。路径依赖可以被认为是次序的一种情况，次序也可以表征其他动态过程，虽然这些动态过程的特征可能不是以增加回报报酬递增为特征，但对它们来说决定或事件展开的确切次序对结果很重要。[①]

此外，除了上述三个核心概念，沃尔夫冈·斯崔克和凯瑟琳·西伦确定了五种常见的渐进性制度变迁模式：替代(displacement)是指一个制度取代另外一个制度；堆叠(layering)是指制度在原有的功能上采取了了新的功能；漂移(drift)是指一个制度存在的环境发生了变化，但该制度并没有逐步适应；转换(conversion)是指制度承担了新的职能、目标或宗旨；衰竭(exhaustion)则意味着制度的崩溃和失败。[②]

通过对历史制度主义及其渐进性制度变迁理论的梳理可以明显看出渐进性变迁理论的强大说服力。那么，渐进性变迁是否也可以用来解释国际关系中的制度性权力？是否可以形成一种渐进式的历史制度主义权力观念？基于这两个问题，本文将在首先阐述制度性权力，其后提出一种理解权力的历史制度主义渐进性观念路径。

三、国际关系中的制度性权力

本文对制度性权力的定义是：一种国家持有的，基于已有国际制度，合法且具有渐变性的间接权力。

制度性权力的概念在众多学科中都有不同情境下的体现。例如，政治学家对国内政治的制度性权力理论基础进行了广泛研究。他们

[①]　Mahoney, James, "Path Dependence in Historical Sociology." *Theory and Society*, Vol.29, No.4, 2000, pp.507–548.

[②]　参见 Wolfgang Streeck and Kathleen Thelen, "Introduction: Institutional Change in Advanced Political Economics," in Wolfgang Streeck and Kathleen Thelen, eds., *Beyond Continuity: Institutional Change in Advanced Political Economies*, Oxford University Press, 2005, p.31; Steinmo, Sven. "Historical Institutionalism," *Approaches and Methodologies in the Social Sciences: A Pluralist Perspective*, edited by Donatella Della Porta and Michael Keating, Cambridge University Press, 2008, pp.118–138.

认为,国内的制度性权力核心内涵,是像法院[①]、委员会[②]、党团会议或行政机构等各种制度安排所创造了一种否决权,这种权力集中于政府的一个制度分支,赋予了该分支比其他制度更大的权力。[③]即使政党团体、专业团体或者其他形式的团体崛起,政府的每一个分支机构仍将保持大致相等的权力。如果一个分支机构试图通过增加其能力或设立可能的其他否决权来获得对某一政策领域的权力,那么其他分支机构将以同样的方式做出反应。[④]因此从长远来看,国内的行政权力和立法权力作为一个政治制度整体应该是相等以及相互制约的。[⑤]这种国内政治视角下的制度性权力概念凸显了政治权力平衡的在政治决策中的重要性。同时,这种制度性权力概念也向我们展现了政府的分支机构如何通过运用既有制度中赋予其的权力,去维护自身利益和制约其他机构。

在国际关系学中,关于权力和制度之间关系的争论由来已久,大多数研究在初始阶段都注意到了自由主义与现实主义在对权力和制度阐述上的明显分离,这不利于理解权力与制度的关系。一方面,自

---

① 法院维持其高于政治的看法对其决策合法性和制度性权力至关重要。在宪法案件的处理中,随着法院对法律的解释不断深入,除了政策偏好以外,法院的制度性权力也是重要的战略关注点。此外,司法的合法性也对法院的决定产生重大影响,因为合法性与制度性权力紧密相连。参见 Marshall,Curry,"Preserving Institutional Power:The Supreme Court and Strategic Decision Making in the Separation of Powers,"*Politics & Policy(Statesboro, Ga.)*,Vol.42,No.1,Wiley,Feb. 2014,pp.37–76.

② 委员会权力的基础可以概括为把关权、信息优势和提案权。这些基础是一种顺从和对等的制度,根据这种制度,立法者通过在各自的政策管辖范围内授予委员会成员特别和不同的权力来发挥他们的作用。参见 Shepsle,Kenneth A.,and Barry R. Weingast. "The Institutional Foundations of Committee Power,"*The American Political Science Review*,Vol.81,No.1,1987,pp.85–104.

③ 参见 Maisel,L.,"Pivotal Politics:A Theory of U.S. Lawmaking by Keith Krehbiel,"*Political Science Quarterly*,Vol.114,No.3,Academy of Political Science,1999,pp.508–509;Weingast, Marshall,"The Industrial Organization of Congress;or,Why Legislatures,Like Firms,Are Not Organized as Markets,"*The Journal of Political Economy*,Vol.96,No.1,University of Chicago Press,Feb.1988,pp.132–163.

④ Diermeier,Myerson,"Bicameralism and Its Consequences for the Internal Organization of Legislatures,"*The American Economic Review*,Vol.89,No.5,*American Economic Association*,Dec.1999,pp.1182–1196.

⑤ Ansolabehere,Snyder,"Money and Institutional Power,"*Texas Law Review*,Vol.77,No.7, University of Texas at Austin,June 1999,pp.1673–1704.

由主义者不愿承认权力在制度内部和制度周围所发挥的全方位作用。新自由制度主义关注国际制度的行为约束和偏差管理，如何解决相互依赖过程中的博弈，以及国际制度如何帮助解决协调与合作的困境。[1]制度有能力缓冲无政府状态的影响，特别是通过规范武力的使用，从而减少权力的不对称性。[2]这种缓冲的机制通过制度塑造话语权的方式得到加强，[3]因此小国可以确保对强国行使权力的方式有发言权。[4]另一方面，新现实主义者对制度的不感兴趣或怀疑，以至于他们无法认识到制度对于理解权力的重要性。在新现实主义的解释中，制度总是并且不可避免地是国家权力和强国利益的简单反映。制度并不仅仅关心解决共同问题或促进共同的价值观，它们也是权力的场所，反映和巩固权力等级和强国的利益。然而，新现实主义者对制度的看法过于简单化，对权力的看法过于狭隘和唯物主义，因而他们未能认识到制度对权力特别是霸权的稳定和有效的重要性。新现实主义者强调权力很重要，强大的国家总是有更多的选择，他们可以决定哪些问题可以通过正式的制度协商；哪些问题可以通过市场机制管理；既要影响讨价还价游戏的规则，也要影响议事日程上所允许的事项；在谈判过程中使用各种各样的大棒和胡萝卜，包括直接胁迫或间接威胁；他们还可以远离任何变得过于约束自己的机制和制度。权力是一种社会属性。要理解国际关系中的权力，我们必须把它与其他典型的社会概念，如声望、权威和合法性放在一起。[5]

迈克尔·巴尼特和雷蒙德·杜瓦尔第一次将制度性权力的概念系

---

[1]　Keohane, Robert, *After Hegemony: Cooperation and Discord in the World Political Economy*, Princeton, N.J.: Princeton University Press, 1984.

[2]　Wivel, A., "The Security Challenge of Small EU Member States: Interests, Identity and the Development of the EU as a Security Actor," *JCMS*, Vol.43, No.2, pp.393–412.

[3]　Ikenberry, G.J., "Institutions, Strategic Restraint and the Persistance of American Postwar Order," *International Security*, Vol.23, No.3, 1998/99.pp.43–78.

[4]　Grieco, J.M., "State Interests and Institutional Rule Trajectories: A Neorealist Interpretation of the Maastricht Treaty and European Economic and Monetary Union," *Security Studies*, Vol.5, No.3, 1996, pp.261–306.

[5]　Hurrell, Andrew, "Power, Institutions, and the Production of Inequality," *Power in Global Governance*, edited by Michael Barnett and Raymond Duvall, Cambridge University Press, 2004, pp.33–58.

进行了统性分析。在他们 2005 年发表的《国际政治中的权力》这篇文章中,将权力分为四类,第一类是作为一个行为体对另一个行为体直接控制的相互作用关系的权力,即强制性权力;第二类即制度性权力是行为体通过分散的互动关系间接地对他人行使控制的权力;结构性权力是在彼此的直接结构关系中主体能力的构成;生产性权力则是体系中主体性的社会扩散生产。

在对制度性权力的阐述中他们指出,如果说强制性权力意味着一个行为体 A 对另一个行为体 B 行为的直接控制,那么制度性权力则是行为体 A 以间接的方式对 B 进行的控制。这里的概念重点是在A 和 B 之间协调的正式或非正式制度。作为 A,它需要通过规则和程序来定义制度,以约束 B 的行动和存在条件。巴尼特和杜瓦尔提醒人们要区别制度性权力的两种不恰当的内涵:第一,制度本身作为行为体的权力,例如世界银行对借款国的权力;第二,制度在社会主体构成中的作用,例如主权制度影响国家主体的构成。作者认为,对前者的最好理解是强制性权力,而对后者的最好理解是结构性权力或生产性权力。制度性权力不包括制度内在的权力、依附于制度的权力、或者贯穿制度的权力,它是行为体预先的通过制度间接的控制他人。[①]

在巴尼特和杜瓦尔之后,学界并没有停止对制度性权力的探索。例如,国际社会中成员的身份可以被看作是制度性权力的来源;[②]制度性权力是国家建立和倡导各项国际制度和安排的能力;[③]制度性权力是委托化和制度化的权力,制度性权力是由个体代表集体行使的。制度性权力是租借的,它依赖于被行使它的国家的支持,或者说制度性权力是被授予的权力,它从来不完全属于那些行使它的人。制度性

---

① Barnett, Michael, and Raymond Duvall, "Power in International Politics," *International Organization*, Vol.59, No.1, 2005, pp.39–75.
② 丁韶彬:《国际政治中弱者的权力》,《外交评论(外交学院学报)》2007 年第 3 期。
③ 龚铁鹰:《论软权力的维度》,《世界经济与政治》2007 年第 9 期。也有学者表达了相同的观点,参见孔凡伟:《欧盟的国际行为体权力结构分析》,《国际论坛》2008 年第 6 期。谭笑、刘炳香:《中美在东南亚地区的"软实力"评估》,《东南亚南亚研究》2010 年第 3 期。李昕蕾:《跨国城市网络在全球气候治理中的体系反思:"南北分割"视域下的网络等级性》,《太平洋学报》2015 年第 7 期。

权力也可以被看作是一个政治组织的集体运用其累积的政治意愿的能力。虽然制度性权力通常是由少数人行使，但它至少是基于多数人对现有制度的被动容忍。在某种程度上，这是一种制度化的默许或同意。根据社会契约论，个体行动者将其固有的权力让与群体，团体的财产可以由团体授权的个人来行使。这也是制度性权力的体现。[1]信息通信技术是国际体系的一个核心制度，它行使一种制度性权力形式，规定其他国家按照其定立的规则和规范行事。[2]此外，制度性权力也可以被定义为国际制度制定规则、议程、规范和习惯的能力，以促使其他国家做它们不愿做的事情。制度性权力可以从性质、领域、结果和来源四个维度进行进一步界定。[3]

可以发现，上述研究没有特别地去区分国家的制度性权力和国际制度的权力。从这些论述中我们很难确定制度性权力到底是国家所有，还是国际制度所有。虽然国家和国际制度都可以拥有制度性权力，但是行使权力的主体不同可以造成截然不同的后果。所以作者依然要强调的是，本文中的制度性权力是国家的制度性权力。基于以上观点，本文从以下几个方面的性质来论述国家的制度性权力。

国际关系中国家的制度性权力有着以下几种性质：

第一，非排他性。一种商品、服务或资源如果不能阻止或排除社会主体去体验或使用它，就可以被认为是非排他性的。比如一栋感官上令人愉悦的建筑，创造了一种美学上不可排除的优雅，任何碰巧看到它的人都能享受到，任何人都很难阻止人们获得这种好处。又如灯塔对海上的船起着导航辅助的作用，这种作用是不可排除的，因为任何出海的船只都能从中受益。制度性权力的非排他性在于，它能使参

---

① 　Kira Petersen, *Four Types of Power in International Relations*, Paper for IPSA, XXIInd World Congress of Political Science, Madrid, July 2012, Rough Draft, pp.1–25.

② 　McCarthy, Daniel, *Power, Information Technology, and International Relations Theory: the Institutional Power of the Internet and American Foreign Policy*, ProQuest Dissertations Publishing, 1 Jan. 2010.

③ 　Steinmo, Sven, "Historical Institutionalism," *Approaches and Methodologies in the Social Sciences: A Pluralist Perspective*, edited by Donatella Della Porta and Michael Keating, Cambridge University Press, 2008, pp.118–138.

与到国际制度中的任何国家都拥有行使它的能力、权利甚至义务。制度的建立者和后加入制度的国家同等的遵循制度在创设之初所定立的规则;制度中的大国和小国同等的受到制度内一系列规范的束缚。无论是制度的建立者和后加入者,还是制度中的大国和小国①,他们都同等的利用制度内的规则和规范赋予他们的权力去约束他人。不同的是,他们行使权力的效果有着极其显著的差异,也就是制度性权力的非公平性。

第二,非公平性。即使是设计最巧妙和严谨的制度,也无法保证它能使每一个制度参与方都获得他们想要的。更不用说有些制度从创设开始就是为了满足创立者的需求,为创立者约束他人提供便利。制度性权力的非公平性是传统国际关系权力政治的体现,虽然国际制度可以在一定程度上促进国家间的协调和合作,但是实力弱小的国家在国际制度框架下运用权力时仍然会明显受到制度的约束,这是来自制度中强大国家符合规则和规范的约束。而强大的国家虽然也会受到来自弱小国家制度性权力的制约,但这种制约在大多数情况下只是象征性的。强大的国家同时也"希望"获得这些约束,因为这样可以为其制度性权力增加合法性。

第三,合法性。启蒙时期的英国哲学家约翰·洛克认为政治合法性来自于明示或暗示的被统治者的同意,除非得到被统治者的同意,否则政府是不合法的。②美国比较社会学家西摩·利普塞特表示,合法性还涉及一种政治制度产生并维持一种信念的能力,即现有政治制度对社会来说是最合适和最恰当的。③在国际关系中,合法性可以影响到国际制度是否仍然是各国努力协调政策和解决问题的重点场所。在一个充斥着尔虞我诈的世界里,合法性是国际组织抵御多边竞

---

① 参见王剑峰:《小国在联合国中的制度性权力探析》,《国际关系研究》2018 年第 3 期。对小国的制度性权力研究研究还可以参见陈旭:《国际关系中的小国权力论析》,《太平洋学报》2014 年第 10 期。

② Ashcraft, Richard ed., *John Locke: Critical Assessments*, London: Routledge, 1991, p.524.

③ Lipset, Seymour Martin: *Political Man: The Social Bases of Politics 2nd ed.*, London: Heinemann, 1983, p.64.

争和单边行动的关键资源。其次，合法性会影响国际制度制定新规则和规范的能力。当国际制度在国际社会中缺乏合法性时，就更难获得国家政府对雄心勃勃的政策目标的支持，也更难确保新协议获得批准。第三，合法性影响国际制度确保国家遵守国际规则和规范的能力，合法性是一种比强制方式更廉价的确保服从的手段。最后，国际制度的合法性也反映了对全球治理的基本规范的关切，如果国际制度在国际社会中缺乏合法性，就会导致全球治理中的民主缺失。[1]大多数制度性权力都是合法的，因为绝大多数国际制度是被当今世界所接受。所以当国家意图运用权力去达到自己的目标时，他们首先会想到在基于国际制度的框架下去行使权力，即便一定会有阻挠，但是这是一种合法的权力，不会被其他国家无端的职责。而即便一个国家想要运用制度性权力去实现一个非正义的目标，只要这种权力得到制度的合法性背书，那么这一非正义的目标也会在其他人眼中变成有限正义的。

第四，间接性。在生活中，父母可以通过间接的手段获得孩子的服从。与直接的行使对孩子的权力相比，这种间接的策略通常会引发较为微弱的反抗，这样一来，父母和孩子的权力斗争就被最小化了。间接权力策略是一种重要的育儿策略，它是一种操纵性的策略。最重要的间接育儿策略就是树立榜样，例如假设父母不想让孩子说脏话，他们应该至少在孩子面前避免说脏话。如果他们尊重父母的话，孩子们会强烈倾向于模仿父母的行为，因为模仿是最真诚的奉承。[2]和育儿相比，制度性权力的间接性并不是体现在要让一个国家去模仿另外一个国家，而是要让两个国家的权力斗争最小化。或者说，一个国家可以利用制度性权力，以最小的成本对其他国家进行隐性的遏制，

---

[1]　Tallberg, J., Zürn, M., "The Legitimacy and Legitimation of International Organizations: Introduction and Framework," *Review of International Organizations*, Vol.14, No.4, Springer US, Dec. 2019, pp.581–606.

[2]　Bandura, Ross, "Imitation of Film-Mediated Aggressive Models," *Journal of Abnormal and Social Psychology*, Vol.66, No.1, Jan.1963, pp.3–11.

从而实现利益的最大化。其中,制度性权力的非排他性、非公平性和合法性都是国家消减权力运用成本的来源。

第五,渐变性。渐进主义是一种假设、一种理论或一种信条,它假定变化是逐渐发生的,并且是随着时间而发生,而不是大规模的变化。①如果去翻阅当今众多国际组织或国际制度的历史,可以发现一个共有的特点,就是这些制度都在发生着变化,但是这些变化是缓慢的和渐进的。在美国特朗普政府退出了世界卫生组织、《巴黎协定》以及跨太平洋伙伴关系协定等一众多边合作机制之后,这些国际制度并没有因为主导国的退出而崩溃,而是不断的进行自我调整,并且这些自我调整可能会成为像美国这样退出制度的国家重新加入进来的诱因。制度性权力的渐变性源自国际制度的缓慢变化,因为国际制度内的诸如退出机制、协商机制或调整机制等规则和规范赋予了国家转换其制度性权力的权利,国家可以随时根据国内和国际环境来选择制度性权力的运用方式。制度性权力的渐变性也可以催生国际制度的缓慢变化,国家对一个制度的不满导致其可以主动的运用制度赋予的权力促使制度进行改变和调整,最终使制度得到完善,尽管这种完善可能是具有偏袒性质的。无论是国际制度的渐变性还是制度性权力的渐变性,我们都必须在国际关系中的大多数要素变化具有渐进性这种假定下去分析,如果当今国际体系犹如两次世界大战或苏联解体一样经历着剧烈的变革,那么渐变性就不存在了。比如马丁·路德·金就反对用渐进主义来消除种族隔离的想法。他认为美国政府试图让非裔美国人和欧裔美国人慢慢融入同一个社会的方式,是政府推迟对种族隔离采取实际行动的一种策略。他在演讲中说:"现在不是侈谈冷静下来服用渐进主义的镇静剂的时候。现在是实现民主诺言的时候。"②

---

① Brian McGowran, *Biostratigraphy: Microfossils and Geological Time*, Cambridge University Press, 2008. p.384.

② Martin Luther King, Jr., "I Have a Dream," *Presbyterian Outlook (Richmond, Va.)*, Vol.145, No.33, Sept. 1963, p.4.

四、历史制度主义权力观：一种理解权力的观念路径

我们已经探讨了历史制度主义和国际关系中制度性权力的一些基本的概念。历史制度主义是理解制度的观念，制度性权力从制度中汲取力量。然而时至今日，绝大多数历史制度主义研究者们的兴趣都集中在对国内经济、政治和社会制度的分析和探索上。虽然已经出现了一些将历史制度主义和国际关系相结合进行探讨的杰出成果，但和其他方面的研究相比依然处于少数派，而且这些少数派关注的也主要是用历史制度主义的视角去理解国际制度的变迁。[①]本节在这一基础上，本文试图将历史制度主义和国际关系中的制度性权力相结合，也就是说，用历史制度主义的视角去理解和阐释制度性权力，即历史制度主义权力观。

保罗·皮尔森认为，历史制度主义与大多数当代政治科学不同，历史制度主义知道从哪个角度看待权力。相对于专注于微观行为的理性选择制度主义，历史制度主义适合研究权力的原因在于它强调分析宏观层面的结果。历史制度主义对权力有两种主要的观点：第一，关注制度化的优势；第二，理解权力需要关注政治过程的时间和维度的研究。[②]彼得·霍尔认为，历史制度主义坚持认为权力的行使是由历史上偶然的制度所塑造，或者说扩大或限制的。[③]历史制度主义不持有像理性选择制度主义理论那样关注行为体权力的利益或战略计算，它认为权力的逻辑和作用必须是基于对制度的实际构成和功

---

① 国内不乏这方面的研究，参见房乐宪：《历史制度主义及其对欧洲一体化的解释》，《教学与研究》2010 年 6 期；王晨光：《路径依赖、关键节点与北极理事会的制度变迁——基于历史制度主义的分析》，《外交评论（外交学院学报）》2018 年第 4 期；周乔：《论〈里斯本条约〉后欧盟外交的一致性——历史制度主义的分析》，《德国研究》2014 年第 2 期等。

② Paul Pierson, "Power in Historical Institutionalism" in Fioretos, Orfeo, Tulia G. Falleti, and Adam Sheingate, eds., *The Oxford Handbook of Historical Institutionalism*, Oxford University Press, 2016, pp.125–138.

③ Hall, Peter A., and Rosemary C. R. Taylor, "Political Science and the Three New Institutionalisms," *Political Studies*, Vol.44, No.5, Dec. 1996, pp.936–957.

能的分析归纳出来的。①

　　基于已有研究，以及之前内容对历史制度主义和制度性权力的讨论，本文认为历史制度主义的权力观念在国际关系中主要体现在以下几个方面：

（一）权力本体内存在着时间维度和过程维度

　　单一行为体的权力本体存在着时间维度和过程维度。这与权力转移不同。权力转移理论是关于战争本质的理论，国际体系中的是权力转移经常是与军事冲突相伴的。②该理论的创始者奥根斯基认为，政治、经济和军事能力在相互竞争的国家集团之间的平均分配可能会增加战争的可能性；当处于不利地位的国家和处于有利地位的国家之间的国家能力不平衡时，和平才能得到最好的维护；挑衅者往往来自对国际体系不满的强国；而且最有可能成为挑衅者的是相对较弱的一方，而不是相对较强的一方。③由此可见，权力的转移是由国家间的关系变化决定的。但是历史制度主义权力观所指的时间维度和过程维度只包含于国家的自我权力，是权力本体内在的演变，它不囊括权力向其他国家转移的研究范畴。

　　不同理论学派的国际关系在其著作中都或多或少的表现出对国际政治的过程性的关注。例如，汉斯·摩根索在《国家间政治》中指出，国家行为所蕴含的普遍道德原则不应该是一成不变，或是抽象的，而是一定要通过地点和时间等其他条件的筛选和过滤。肯尼斯·华尔兹在《国际政治理论》中也表现出过程性的思想，他认为，互动的单元和结构组成了系统，而系统中的各个所组成部分的排列和排列的规则界定了结构。罗伯特·杰维斯在其威慑理论阐释了安全困境的螺旋模式，即

①　Triantafillou, Peter, "The Dependency and Contingency of Politics: Historical Institutionalism and Genealogy," *Journal of Political Power*, Vol.9, No.1, Jan. 2016, pp.123–138.

②　哈拉尔德·米勒、卡斯滕·劳赫、李亚丽：《管控权力转移：面向 21 世纪的大国协调机制》，《国际安全研究》2016 年第 4 期。

③　A. F. K. Organski, *World Politics*, New York: Knopf, 1958.

一个国家不断的对自我安全的强化同时会带来他国的不安进而导致一种恶性的军备竞赛循环,也同样展现出他对国际政治过程性的思考。①

在任何一种形式的权力中,拥有权力不是一蹴而就的,拥有之后的权力也不是一成不变的,对权力的渴望促使行为体不断调整自我的行为以保证权力的维护,但这种行为调整可能导致权力的强化,也可能导致权力的完全丧失。对时间和过程的考察是历史制度主义权力观最核心的关注点,因为权力是随着时间和过程而发展的事物,这是我们无法忽略的权力的又一种特性。②处于一种制度中的行为体,无论是个人还是集体,可能会随着时间的推移以加强其权威的方式行使权力,他们可能有意或无意采取行动,以发展或强化有利于实现其利益的权力或制度模式。③行为体作为一种外部力量,受到制度的时间维度和过程维度的影响,对权力的内部施加影响,从而导致了权力之中的时间性和过程性。而权力在变化的过程中,反过来会影响行为体在制度中的行为方式和等级地位,进而对制度的整体造成影响。

在历史制度主义视角下,国际关系中的制度性权力可以分为三个过程。首先,当一个国家或几个国家在制度建立之初或较早时间点拥有了制度性权力,那么这些国家一定会尽力维护且并不急于使用它,因为现有的制度赋予了国家权力。在制度建立之前的协商过程中,国家就已经不断的尝试在这一过程中获得权力,所以这一过程可以称为权力的初始过程。其次,在制度运行了一段时间后,由于各种新博弈点的出现,国家会根据需求主动或被动的使用这一权力,这时的权力已经处于第二个过程之中,我们可以称之为中间过程。因为权力的运用会导致权力的变化和增减。需要注意的是,运用权力在制度内进行约束和竞争,可能会导致制度性权力的转移,但本文关注的更多

---

① 高奇琦:《现实主义与建构主义的合流及其发展路向》,《世界经济与政治》2014 年第 3 期。

② Paul Pierson, "Power in Historical Institutionalism" in Fioretos, Orfeo, Tulia G. Falleti, and Adam Sheingate, eds., *The Oxford Handbook of Historical Institutionalism*, Oxford University Press, 2016, pp.125–138.

③ Paul Pierson, *Politics in Time: History, Institutions and Social Analysis*, Princeton, NJ: Princeton University Press, 2004, p.31.

是国家所拥有制度性权力变化的多少,二者有着本质的区别。最后,在经历了制度内互相的约束和竞争后,有些制度可能会被淘汰,建立起新的制度,但大部分制度会被保留,原有的机制、规则和规范等则会有所变化。在这一时间点,被淘汰制度中国家的制度性权力会完全丧失,而保留下来的制度中国家的制度性权力状态会变得和初始过程一样较为稳定,但是经历了中间过程的博弈后,也发生了变化。这一过程可以称为权力的后续过程。后续过程不代表权力过程的结束,而是意味着新的权力过程的开启。

(二)权力依赖甚至依附于和国际制度的关系

理查德·埃默森在其著名的文章《权力–依赖关系》中指出,社会关系通常需要各方之间的相互依赖关系。如果 A 渴望一种目标或满足,而这些目标或满足的实现是由 B 的适当行动促进的,那么 A 就依赖于 B。由于相互依赖,每一方或多或少都必须能够控制或影响另一方的行为。[1]埃默森认为,A 与 B 关系中的权力可以用两个维度来描述:第一,关系中的权力平等或不平等,也就是说行动者对彼此的相对权力,由他们的依赖性的不同决定的;关系中的衔接,即行动者对彼此的绝对权力,由他们相互依赖的总和决定。资源价值和资源可用性这两个因素决定了 B 对 A 的依赖程度,从而决定了 A 对 B 的影响力。B 对 A 的依赖性越大,A 对 B 的权力就越大。[2]随着时间的推移,权力结构对交换利益的频率和分配产生了可预测的影响。行为体越依赖对方,他们之间的关系交换就越频繁;行为体的权力依赖越不平等,他们的关系交换就越不平等,依赖性就越低,权力越大的一方就会以更低的成本获得更多的利益。[3]

---

[1]　Emerson,Richard M,"Power–Dependence Relations,"*American Sociological Review*,Vol.27,No.1,1962,pp.31–41.

[2]　Karen S Cook,*Contemporary Social Psychological Theories*,Redwood City:Stanford University Press,2020,pp.166–193.

[3]　Molm,Linda,"Experiments on Exchange Relations and Exchange Networks in Sociology,"*Laboratory Experiments in the Social Sciences*,2014,pp.199–224.

　　在本文的语境下，权力和制度的关系当然不可以视为行为体 A 和行为体 B 的关系，A 和 B 的关系最起码在关系交换之前是平等的，但是制度和权力是包含于被包含的关系，并不是两个平行的事物。然而，我们可以借鉴埃默森关于权力由关系中产生的理念，也就是说，虽然权力和制度不是两个相互依赖的同性质的行为体，但是权力却依赖于同制度之间产生的这种依附关系。究其原因，是因为这种关系赋予了权力在运用时所需要的便利、隐蔽和国际法基础。国家宁可丧失部分权力，或者即使权力足以颠覆国际制度，也要将权力置于国际制度之下运行，因为这样可以获得更多的权力之外收益，例如国际道义或者国际声誉。这也解释了为什么拜登在获得总统大选的胜利后就急于宣布美国要重返应对气候变化的《巴黎协定》。《巴黎协定》以及围绕其建立的一整套全球气候治理制度，赋予了参与其中的所有国家影响全球事务的权力。无论是国家、国际组织还是国家集团，总能在这一制度框架下找到和气候毫无关联的利益点。它们将《巴黎协定》赋予的碳排放权扩散化，运用其去约束其他国家在国内和国际中的行为，以及在经济、科技和政治等方面进行协商和谈判。在当今的国际体系和大部分国际制度被西方发达国家主导的背景下，气候治理制度已经被世界各国看作成一个绝佳的名利场，一旦切断和这个名利场的关系，国家的权力就会大打折扣。所以，美国必须重返《巴黎协定》，重新塑造在气候治理中的制度性权力，并将这种权力扩散至国际关系中的其他领域。

　　如果我们换一种角度去理解权力对与制度间关系的依赖，则可以认为国家把权力看作一种优势，国家将这种优势与制度紧密的联系在一起，以便在其后的相当长的时间内更加方便的使用。保罗·皮尔森认为，历史制度主义者关于权力的核心主张是，获胜的联盟通常会寻求将他们的优势制度化，也就是说他们会使用他们的权力来改变游戏规则，从而在未来创造更多的优势。强调并试图解释社会中持续存在的结构差异，使得历史制度主义者把他们的研究集中在制度化政治优势的努力上。在现代国家中，将优势制度化的主要机制是公共政策的制定。赢家可以把他们的政策偏好或安排强加给输家。即使输家所在阵营赢得了未来的选举，他们也必须付出成本去调整这些安排。政策可以创造一种事实，这种事实可以持久地改变整个社会的资源配置和激励机制。政策可以增强支持者的力量，削弱反对者的力量。在某些极端情况下，政策甚至可以有效地消除失败者，使之再也不可能成为一股强大的力量。①此外，因为塑造权力的制度包括了正式的规则和思想，价值观和技术，所以行使权力不仅为了自身利益的最大化，还可以使一些规范和价值观更能为其他行为体所接受。②

(三)权力的延续比寻找新的权力优势更重要

　　保持现有权力的连续性比急于寻找新的权力优势更加具有意义。在有关制度变迁的文献中，大多数都指出了导致根本性制度重组的外源性冲击，但是，他们忽视了基于内生发展的变迁，而内生发展往往是渐进展开的。历史制度主义者强调制度的连续性而不是变革。例如，许多关于路径依赖的实证研究，都围绕着解释特定制度模式或结果的持久性而展开，而这种持久性通常持续很长一段时间。③历史制度主义者将制度视为具体历史斗争的政治遗产，因此大多数历史制度主义者接受一种权力政治观点，即强调制度的分配效应，并且他们中的许多人从权力的报酬递增角度来解释制度的持久性。④

　　不妨在此将霸权稳定论的观点拿来作为参考。霸权稳定论认为，当单一民族国家成为占主导地位的世界强国或霸权国时，国际体系更有可能保持稳定。因此，现有霸权国或无霸权国的衰落都会削弱国

①　Paul Pierson, "Power in Historical Institutionalism" in Fioretos, Orfeo, Tulia G. Falleti, and Adam Sheingate, eds., *The Oxford Handbook of Historical Institutionalism*, Oxford University Press, 2016, pp.125–138.

②　Hall, Peter A., and Rosemary C. R. Taylor, "Political Science and the Three New Institutionalisms," *Political Studies*, Vol.44, No.5, Dec. 1996, pp.936–957.

③　Mahoney, James, "Path Dependence in Historical Sociology," *Theory and Society*, Vol.29, No.4, 2000, pp.507–548.

④　J. Mahoney and K. A. Thelen, *Explaining Institutional Change: Ambiguity, Agency, and Power*, Cambridge University Press, 2010.

际体系的稳定性。查尔斯·金德尔伯格是与霸权稳定论关系最为密切的学者之一，被一些人视为霸权稳定论的鼻祖。在1973年出版的《大萧条中的世界：1929—1939》一书中，他认为导致大萧条的第一次世界大战和第二次世界大战之间的经济混乱，在一定程度上归因于缺乏一个具有主导经济的世界领导人。金德尔伯格作为一名经济历史学家，解释了20世纪初大萧条的结果，即英国无力稳定国际体系，而美国虽然足够强大，却不愿这样做。最终，金德尔伯格得出结论认为，要稳定世界经济，就必须有一个稳定器，且只有一个稳定器。这一功能必须由霸权来完成，霸权是体系中的主导力量。[1]罗伯特·基欧汉对霸权稳定论的核心主张做了另一种解释，他认为世界政治秩序通常是由一个单一的主导力量创建的，这种秩序是由机制的形成和公共产品的提供构成的。维持这一秩序需要持续的霸权，这意味着系统内各参与国之间的合作。[2]

　　历史制度主义权力观对权力的连续和稳定的重要性的强调，并不局限于一个制度霸权的拥有者。制度性权力是非排他性的，任何的制度相关方都可以拥有。霸权稳定论强调霸权稳定对体系的重要作用，历史制度主义权力观强调权力稳定对行为体的作用。二者的相同点在于，权力的稳定是可以带来收益的。詹姆斯·马洪尼和凯瑟琳·西伦指出，制度的渐进式变化本身就可能具有重大意义，同时，这种逐渐展开的变化也可能会引起许多其他的后果。[3]寓于制度中的权力也继承了制度的这种特性，相较于行为体对新权力的不懈追求，历史制

---

[1]　C.P.Kindleberger, *The World in Depression, 1929–1939*, Berkeley: University of California Press, 1973. 其他关于霸权稳定论的研究可以参见钟飞腾：《霸权稳定论与国际政治经济学研究》，《世界经济与政治》2010年第4期；周丕启：《霸权稳定：批判与修正》，《太平洋学报》2005年第1期；牛震：《关于霸权稳定论及其评价》，《世界经济与政治》2000年第10期；樊勇明：《霸权稳定论的理论与政策》，《现代国际关系》2000年第9期；王义桅、唐小松：《从霸权稳定论到单极稳定论——冷战后新现实主义的回归》，《世界经济与政治》2000年第9期；郭树永：《评"霸权稳定论"》，《欧洲》1997年第6期。

[2]　Keohane, Robert, *After Hegemony: Cooperation and Discord in the World Political Economy*, Princeton, N.J.: Princeton University Press, 1984, p.10.

[3]　J. Mahoney and K. A. Thelen, *Explaining Institutional Change: Ambiguity, Agency, and Power*, Cambridge: Cambridge University Press, 2010.

度主义的权力观点更加倾向于保持现有权力的稳定，通过发掘权力本体中的过程力量，来实现权力的最大化，这样不但可以消减追逐新权力所产生的效益流失，也可以尽量抵消在追求新权力时不可避免产生的新的成本。

五、结语

无论是历史制度主义还是制度性权力，学界都有着较为全面和深刻的研究，即便是将历史制度主义和权力的观念结合，也对此进行过一定的论述。试图寻找一个开创性的观念甚至理论，并不是本研究的目的。文章只是尽力在既有的研究基础上，较为全面的整合观点，并在众多研究成果中发展出一个较为新颖的论点。本文提出了制度性权力的定义，即一种国家持有的，基于已有国际制度，合法且具有渐变性的间接权力，并在定义的基础上着重探讨了制度性权力的五种性质，包括非排他性、非公平性、合法性、间接性以及渐变性。而渐进性的历史制度主义权力观则认为，单一行为体的权力本体存在着时间维度和过程维度，这是与权力转移有着显著不同的；其次，权力是依赖甚至依附于和国际制度间关系的，这种关系赋予了权力在运用时所需要的便利、隐蔽和国际法基础；最后，维护现有权力的连续性比急于寻找新的权力优势更加符合国家利益。

在国际关系现实中，渐进性的特点愈加明显。虽然特朗普政府宣布退出了世界卫生组织并停止缴纳会费，[1]但该组织仍然在正常运转且得到欧盟和中国的支持；尽管联合国在抗击全球疫情方面无法像国家一样做的那么多，但是众多国家领导人依然选择在第七十五届联大会议上积极发言，显示出这个国际组织依然具有无可替代的象征性权力。全球化方面，在没有革命性的技术出现之前，全球供应链将依然维持它现有的状态。无论处在供应链上游还是处在供应链下

---

① 美国新一届拜登政府已经宣布重返世卫组织，并将恢复履行对世卫组织的财政义务。

游的国家，都无法拒绝全球化所带来的巨大经济红利。当人们无法使用物美价廉的中国制造商品时，即便那些最保守的极右翼美国共和党选民，也会突然意识到原来全球化是如此重要。纵使国家在抗疫过程中展现出无可取代的地位，联合国和世卫组织在全球抗疫中的角色显著被边缘化，但是新冠疫苗和药物的全球大采购和全球大配给，已经成为全人类回归正常生活唯一希望。所有这些都告诉我们，用渐进性的视角去理解国际关系是多么的重要。本文的研究意义在于，用历史制度主义的视角，去分析国际制度之内的制度性权力。将制度性权力和历史制度主义结合起来，在强调了制度性权力在当今国际关系中重要性的同时，也可以让人们更多的关注国际关系中的稳定性和渐进性的变迁。

西方民主转型的历史与逻辑

——以罗伯特·达尔的民主转型理论为例的考察*

牟　硕**

内容摘要:根据西方民主发展的历史与逻辑,达尔提出了民主转型三次浪潮的理论,包括了古代的城邦民主、现代民族国家的民主和当代全球化的民主,是人类政治实践在时间演进和空间拓展上变化的结果。一方面,民主的程序规定、参与渠道发生了变化,另一方面,人们的公民资格和自由权利、文化多样性也发生了变化。古代的城邦民主在公民资格上表现出排它性,在文化上保持了一致性,体现为直接民主,更倾向政治自由。现代民族国家的民主则倾向于包容的公民资格,在文化上表现为多样性,体现为代议制民主,更倾向于保护个人自由。当代的全球化民主强调以国家为个体,在文化上更加多元、在公民资格上更加包容,表现出国际组织民主化的趋势,越来越强调超越民族国家的自由。民主化转型展现了人类追求民主的大趋势,也体现了民主的多样性。

关键词:民主;民主化;民族国家;全球化

---

*　本文为国家社科基金一般项目“当代西方民主治理的理论与实践研究”(20BZZ015)的阶段性研究成果。
**　牟硕,法学博士,天津师范大学马克思主义学院副教授,主要研究方向为民主理论。

历史与逻辑是统一的。从这一原理出发，要搞清楚西式民主的逻辑，我们就必须追溯西式民主的历史。在当代民主理论的争论当中，无论是民主理论与实践的古今之争，还是全球化背景中的民主与民主化，总是能吸引人们的高度关注，不仅成为政治思想史聚讼纷争的重大主题，同时也是政治制度研究的重要基础。本文以历史和逻辑相结合的分析方法，以罗伯特?达尔(Robert Dahl)民主转型理论为个案，来探讨西方民主转型的三次浪潮。

一、古代的城邦民主

人们总是会把民主的产生追溯到古希腊。古希腊，尤其是古雅典政治当中产生了民主政治的原型，在人类历史上第一次形成了民主的城邦，其实质是，无论从思想上，抑或是实践上，实现了从少数人统治到多数人统治的变迁。达尔总结了希腊人的民主观，即：公民是一个完整的人，对他而言，政治是一种不能与其它生活截然分开的自然的社会活动，城邦并非是远离公民的共同体。政治生活则是自我的延伸，且与自我融合在一起。各种价值一以贯之，而非支离破碎：幸福与美德是统一的，美德与正义是统一的，正义与幸福是统一的。

古希腊的民主并没有想象中的那种贡献。在有些人看来，民主是从 2500 年前古希腊不断地发展而来，从"弹丸之地"传播到了每个大陆，并最终成为人类文明的一个重要组成部分。然而，达尔并不同意这种观点。在达尔看来，虽然这一说法描绘了一幅美妙的情景，但是它并不是事实，第一，在古代社会，民主政体只是存续了很短的一段时间，很快即走向衰落。第二，民主不像发明蒸汽机那样一下子发明出来，而是不断发展的结果。[①]事实上，如果我们将民主按时间的传播绘制一个图表的话，我们会发现，有典型民主存在的时间大致如图 1 所示[②]。

---

① 罗伯特·达尔：《论民主》，李柏光、林猛译，商务印书馆，1999 年，第 9—10 页。
② 佟德志：《现代西方民主的困境与趋势》，人民出版社，2018 年，第 14 页。

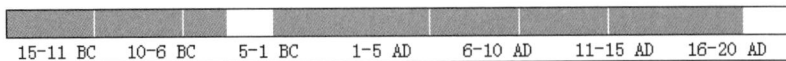

15-11 BC	10-6 BC	5-1 BC	1-5 AD	6-10 AD	11-15 AD	16-20 AD

图例：
　　□ 没有典型民主存在的时间（阴影）
　　□ 有典型民主存在的时间

图 1　民主存续时间示意图

　　从这一时间表来看，古代民主主要存在于古代希腊的一段很短的时间里，并且仅仅是在古代希腊的某些地方存在着特定形式的民主。此后的时间里，古代罗马只能说有一点民主的影子，中世纪则毫无民主可言。近代资产阶级革命胜利后，现代民主也只是在某些地区出现，并时断时续。达尔在对民主化浪潮感到欢欣和鼓舞的同时也清晰地认识到："历史经验告诉我们，民主在人类的历程中，是极稀罕的东西。"[1]与民主政治相比，等级制则"更为古老"。即便是到了 20 世纪后期，"人民的统治"也常常是口惠而实不至，现代意义上的民主也只是存在于少数国家、少数人民那里。[2]

　　古代民主之所以成功，主要还是具备了民主存在的条件，这些条件正是古希腊历史反映出来的逻辑。古希腊的民主满足了六项基本要求：①公民之间的利益必须足够和谐。②公民之间必须具备高度的同质性特征。③公民团体必须相当小。④公民们必须能够召开公民大会并直接决定法律以及政策的决策。⑤公民参与并不仅是公民大会，还包括对城邦管理的积极参与。⑥城邦保持了充分的自主性。[3]这些条件是古希腊民主存在的重要前提。透过这些条件，我们可以清楚地看到古希腊民主的基本特征。达尔对古代希腊民主的描述，不仅勾画了古代希腊民主的特征，而且厘清了古代希腊民主的条件。这些条件得以满足，并且最终形成的过程，构成了达尔对第一次转型的逻辑清理。

---

[1]　罗伯特·达尔：《论民主》，李柏光、林猛译，商务印书馆，1999 年，第 188 页。

[2]　Robert Dahl, *Democracy and its Critics*, New Haven and London: Yale University Press, 1989, p.52.

[3]　Robert Dahl, *Democracy and its Critics*, New Haven and London: Yale University Press, 1989, pp.18–19.

如果将包括古代罗马、古代意大利的城市共和国等其他形式的古代民主也加进来，我们仍然很难发现这些民选政府与现代代议制之间在重要特征上的相同之处。比如，通过抽签来推举公职人员的雅典制度也没能成为选举代表的一种可以接受的选举方法的替代物。[1]达尔明确地区分了古代民主与现代民主："无论是称为民主政体还是共和国，古希腊、罗马和意大利城邦的那些民选政府体制都缺乏某些现代代议制政府所具有的某些重要特征。"[2]这是达尔对民主的"古今之争"做出的基本判断。

事实上，正是这一基本判断使得达尔能够对古代希腊的民主保持冷静的清醒，从而能够更为公允地指出古代希腊民主的局限性。在达尔看来，古希腊的民主无论是在理论上还是在实践上都存在着局限性。

首先，古希腊的公民资格具有高度排他性，与现代民主的包容性格格不入。现代民主的一个明显特征就是包容。一个民主体制如果要让人能够接受，它必须符合包容性这项标准，但实际上，希腊人不会同意这项标准。[3]在城邦内部，包括妇女、奴隶在内的大批成年人不具备公民资格；在城邦外部，希腊民主对外也具有排他性而非包容性。这种排外的特性"致命性"地削弱了城邦民主向更大规模发展的可能，使得古代希腊的民主只能限于城邦的政治实践。当然，当代民主也仍然具有"排他性"，但是，这两种排他性是不一样的。在古代的雅典，一半以上的成年人没有完整的公民权，对于这样一种政治体制，今天的许多人会以"非民主"加以拒斥。但在古代希腊，这是司空见惯的。

其次，古代希腊民主漠视个人的自由与权利，这是现代民主理论家批评古代民主的一个最为核心的靶子。古希腊民主并不承认存在着普遍的自由、平等或权利，无论是政治权利，或者更宽泛的说是人权。贡斯当对这一点也有着较为清晰地认识。他指出，古希腊人享有

---

[1]　Robert Dahl, *On Democracy*, New Haven and London: Yale University Press, 1998, p.12.

[2]　罗伯特·达尔：《论民主》，李柏光、林猛译，商务印书馆，1999年，第20页。

[3]　罗伯特·达尔：《论民主》，李柏光、林猛译，商务印书馆，1999年，第111–112页。

全面参与的自由,但他们的个人并不享有自由,"个人在公共事务中几乎永远是主权者,但在所有私人关系中却是奴隶,作为公民他可以决定战争与和平;作为个人他的所有行动都受到限制、监视与压制。"①当代民主理论家萨托利之所以将雅典这个"民主圣地"视为"恐惧之国",原因正是在于古希腊的"社会不允许给独立性留出余地,也不允许个人得到保护,它完全吞没了个人"。②

再次,古代希腊民主存在着规模的限制。古代希腊的民主只能在一个非常小的规模内才能成立,这使古代希腊的民主不具备现代性。在规模方面审视古今民主,是达尔的一个创见。在达尔看来,希腊民主受到规模的内在限制,而这是一个"不可救药的缺陷"。其结果是,"所有的希腊人都居住在只有一个单一政府的国家里。"③

最后,受规模的影响,古希腊可以实行直接民主,但现代民主却只能采取代议制。现代民主与代议制是划等号的,代表被选举出来,赋予这些代表立法权。这在希腊人看来不仅纯属多余,而且绝对无法接受。达尔认为,希腊人的政治体制是一种初级阶段的民主,没有建立我们今天所理解的代议制民主。④古代的雅典人肯定会为普选权、政党和立法权让渡给当选的代议士而感到困惑,更不用提现代民主国家那巨大无边的规模。⑤

古希腊的民主与现代民主相去甚远。两者之间差别如此之大,以至于如果古希腊的公民穿越到现代,他会认为,"现代民主根本就不是民主"。⑥达尔对古今民主之间差别的认识和著名的民主理论家乔万尼·萨托利的观点有着异曲同工之美。这位民主理论家以相反的方式设想了现代人到了雅典会是什么样子:"假如我们某个早晨醒来时

① 雅曼·贡斯当:《古代人的自由与现代人的自由》,阎克文、刘满贵译,商务印书馆,1999年,第 305 页。
② 萨托利:《民主新论》,冯克利、阎克文译,东方出版社,1998 年,第 322 页。
③ 罗伯特·达尔:《论民主》,李柏光、林猛译,商务印书馆,1999 年,第 14 页。
④ 罗伯特·达尔:《论民主》,李柏光、林猛译,商务印书馆,1999 年,第 111–112 页。
⑤ 罗伯特·达尔:《民主理论的前言》,顾昕译,东方出版社,2006 年,第 6 页。
⑥ Robert Dahl, *Democracy and its Critics*, New Haven and London: Yale University Press, 1989, p.20.

已置身古代雅典,我们很可能会发现那里的民主是侵略成性(要远甚于我们的竞争性市场社会)、令人窒息和不安全的(就我们早已习惯的个人权利而言);此外,我们肯定不会免于政治恐惧。"①这实际上非常清楚地指出了古代民主与现代民主之间的差异。

二、现代的民族国家民主

从古代民主与现代民主的区别当中,我们可以顺理成章地推进到现代民主的建构,那就是第二次民主转型。通过这次民主转型,西方人建立了现代民主。第二次民主转型使得民主走出古代希腊和中世纪意大利的城市国家,走进现代民族国家的历史场域,从而奠定了现代民主的基本框架。达尔主要从规模的角度阐释了第二次民主转型,这在一定程度上是标新立异的。这一转型使民主观念遭遇了巨大的挑战:民主能否超越城邦及城市国家的规模限制从而迈向更为广阔的民族国家,这是决定民主生死存亡的至关重要的挑战。

两次转型形成了两种民主形态,而这两种形态,就是民主的古今形态,一个是城邦的民主,一个是民族国家的民主。城邦的民主是小规模的,民族国家的民主则彻底改变了国家的规模,从而创造了一种多头政体。古代人建立的民主打破了先前的"少数人的统治",产生了一种新的信仰,即"多数人的统治"。在这一基础上,也同时产生了新的制度,即在城市国家中建立了由多数人统治的政府。第二次民主转型的突出标志是民主走出城邦的历史角落,迈向了民族国家这个更为辽阔的领域,民主观念、民主制度被广泛地应用于民族国家,从而打破了先前制度与信仰的所有限制,结果多头政体取而代之。如果做仔细的对比,我们就会发现,第二次转型影响极为深远,以至于一名古代雅典的公民如果突然出现在我们当中,他可能会发现,我们称之为民主的事物是"无法辨识"的、"缺乏吸引力"的和"不民主"的。对于

---

① 萨托利:《民主新论》,冯克利、阎克文译,东方出版社,1998 年,第 444 页。

伯利克里时代的雅典人来说，我们视为民主的事物可能看起来根本
不像民主。①

　　一般学者更愿意从社会经济状况以及当时的文化观念变迁的角
度来解释两次民主转型的不同。达尔也提出了现代民主转型的现代
动态多元社会、市场经济、文化一致性等诸多要素②。但是，达尔的创
见在于他对规模的重视上。当然，达尔也并不是否认社会经济状况和
文化观念变迁。达尔认为，古代民主与现代民主的区别在某种程度上
是由于城邦和民族国家在规模上存在着巨大差异而造成的。第二次
民主转型形成的民主制度与第一次相去甚远，这主要是由于政治生
活的影响以及政治制度的规模变化所导致的，政治制度的规模从小
型的、更具私人性的以及更具参与性的城邦转向了今天的大型的、更
少私人色彩的以及更具间接性的政府形式。③达尔指出了这一规模变
化带来的八个主要后果：代议制、无限扩张、对参与民主的限制、更大
的差异、分裂以及冲突的增加、多头政治、社会的和组织的多元主义、
个人权利的增加。④在达尔看来，正是这八个后果综合起来设定了现
代民主，与古代民主的理论与实践形成了鲜明的对比。

　　正是规模的扩张，民主必须采取代议制这一在古代人看来"不民
主"的方式来完成民主。而且，正是代议制使现代民主可以摆脱规模
的限制，走出古代希腊的城邦和中世纪的城市国家，实现看起来不可
思议的扩张，使得城邦设置的民主规模的界线不复存在。但是，这一
扩张也有一个负面的结果，那就是个人的权利实际上受到了限制，公

① Robert Dahl, *Democracy and its Critics*, New Haven and London：Yale University Press, 1989, Introduction, p.5.
② 牟硕：《民主转型的结构要素——达尔民主转型理论的要素条件理论评析》，《比较政治学研究》，2019 年第 2 期。
③ Robert Dahl, *Democracy and its Critics*, New Haven and London：Yale University Press, 1989, Introduction, p.5.
④ Robert Dahl, Polyarchy, Pluralism, and Scale, *Scandinavian Political Studies*, Vol.7, No.4, 1984, pp.226–227.另外参见《民主及其批评者》第十五章。在《多头政体、多元主义和规模》一文中，达尔提出了第二次民主转型的七个结果；在撰写《民主及其批评者》时，达尔在此基础上，提出了第八个结果，即个人权利的增加，并对这八个结果进行了详细论述。

民的直接参与受到各种限制,甚至是越来越少。同时,这种扩张必然带来民主的多样性,体现在地域忠诚、族群身份、宗教信仰、政治信仰和意识形态、职位、生活方式等诸多方面,这明显区别于古代民主的高度同质化。同时,多样性也使得政治分裂、政治冲突成为为常态。为了解决冲突,多头政体就成为可能。

这八大变化当中最重要的变化还是代议制,代议制取代古代的公民集会,这是古代民主与现代民主最大的变化。

由于规模的变化,现代民主不可能将所有公民都集合在公民大会上,代议制就成为必然。尽管一些古代民主的迷恋者如卢梭,还是明确反对代议的制度设计,但是,代议制还是成为大规模政治体制不可避免的后果。如果说民主与共和奠定了现代民主的基本框架的话,那么,代议制民主的最终确立实际上是将这一框架进行了一次革命性的改造。麦迪逊曾经明确地将共和与代议制等同起来,而密尔则称代议制为"现代的伟大发现"。当密尔最终宣称"一个完善政府的理想类型一定是代议制政府"[①]时,代议制政府不但在实践中,而且在理论上得到确立。与古代民主相比,代议制是一个神奇的、划时代的发明。代议制方案的施行从根本上使民主适应了第二次转型的需要。

另外一个明显的特征是个人权利的增加,这成为现代民主区别于古代民主最为显著的特征。这一特征成为民主古今之争的一个核心议题,对它的反思不但划清了两种权利,从而最终为"两种自由"理论的产生提供了现实基础,而且厘定了古代民主与现代民主之间的关系,澄清了两种民主与两种权利之间盘根错节的联系。雅典并不是没有自由;古代雅典的成年男子拥有民主权利,有了能够参与城邦事务的政治自由。但是,对于以个人权利为特征的个人自由,雅典就乏善可陈了。只有现代民主才通过扩大权利,并进一步将基本的权利,如生命、自由、财产等权利列入宪法,实现了现代人的自由。这种权利的变化界定了民主发展的古今界线,从而成为第二次民主转型最为

---

① 约翰·密尔:《代议制政府》,汪瑄译,商务印书馆,1997 年,第 55 页。

引人注目的特征。

古代城邦民主与现代民族国家民主之间存在着巨大差异。那么，古代民主与现代民主是一种断裂吗？这个判断也是有问题的。事实上，古代民主与现代民主之间在制度形式、应用规模等各个方面有多大的差异，值得关注，但是，现代民主对古代民主的继承也是非常明显的，两者在精神上还是互相支持的。这在一定程度上是因为，现代民主有着重要的资源，包括古代希腊、源于罗马以及中世纪和文艺复兴时期的意大利城市国家的共和主义传统、代议制政府的理念和制度以及政治平等的逻辑。①

作为现代民主来源之一的代议制几乎成了民主的代名词。然而，代议制最初产生与民主无关，反而是脱胎于中世纪的君主制或贵族制。在君主或贵族召集的会议中，他们很早就已经开始运用这种方式来解决一些涉及到国家的重大问题，比如，征税、战争、王位继承等。事实上，在孟德斯鸠和卢梭那几代人中，民主主义者和共和主义者都广泛地接受了代议制。作为一种解决方案，代议制消除了古代民主的规模困境，民主学说也不再仅仅适用于小型的、消失了的城邦，而是进而适用于现代的大型民族国家。②通过引入代议制，民主获得了全新的形式和内涵。在那里，"无论是理论上的还是实践上的一切难题的解决办法或许都能找到。"③

民主制与代议制结合产生了深刻的后果，它解决了由城邦走向民族国家的民主转型问题，但同时亦带来了一系列新的问题，推动着民主观念的更新。例如，代议制民主越来越使民主远离民众，它还存在着民主的合法性吗？人们又应该如何去理解内部自治、党派之争、利益多元等一系列与古代民主完全南辕北辙的政治现象？对这些问

---

① Robert Dahl, *Democracy and its Critics*, New Haven and London: Yale University Press, 1989, p.13.
② 罗伯特·达尔：《民主及其批评者》，曹海军、佟德志译，吉林人民出版社，2006 年，第28页。
③ Robert Dahl, *Democracy and its Critics*, New Haven and London: Yale University Press, 1989, p.29.

题的思考与回答使得现代民主与古代民主之间的差距被越拉越大。
共和主义传统是现代民主的重要理论来源。如果说古希腊民主为现
代民主贡献了原型的话，那么，来源于古代罗马、中世纪和文艺复兴
的共和主义传统则为现代民主贡献了另外一渊源。共和主义传统最
早来源于亚里士多德对古希腊民主的批评，这实际上为古代民主提
供了一个反题。这也在一定程度上表明，现代民主不仅仅来源于古希
腊，而且还从古罗马的政治制度当中获得灵感。

　　共和主义是在对古代希腊民主进行反思的基础上形成的，然而，
这一观念仍然存在着四个问题需要解决，比如，正统共和主义中的利
益或诸多利益的概念过于简单，如何设计一个共和国以便应付看似
不可避免的多种多样的利益。尤其重要的可能是共和主义的可行性。
达尔担心，如果共和国政府倚重于其公民的美德，并且美德就是献身
于公共善的话，那么，一个共和国是否真的可能？还有就是，共和主义
理论是否可以在民族国家的规模上加以应用？[1]不仅如此，现代西方
的多头政体存在着固化政治不平等、扭曲公民意识、歪曲公共议程、
让渡最终控制等多种内在困境。[2]

三、当代的全球民主

　　无论是多头政体国家，抑或是非多头政体国家，它们都将在第三
次民主转型中朝着更加民主的方向迈进。达尔思考了产生第三次民
主转型的三种可能的变化：1.多头政体的条件在不同国家的变化可能
导致多头政体数量上的变化。2.政治生活规模的变化可能又一次根本
改变了民主进程的界限和可能性。3.制度和意识的变化可能会促进一

---

①　Robert Dahl, *Democracy and its Critics*, New Haven and London: Yale University Press, 1989, pp.27-28.
②　牟硕:《当代西方的多头政体及其内在困境——以达尔多头政体理论的发展线索、特征条件为中心的分析》,《比较政治学研究》,2020 年第 1 期。

些现在实行多头政体的国家的政治生活更加民主一些。①这三种可能性最后落实到政治实践当中,在 20 世纪后半期的世界政治范围内引起了四个明显的变化。

第一个变化,仍然是在规模领域。在第二次转型中,民主从城市国家的狭窄领域走出来,进入到民族国家的范畴。在此基础上,第三次转型则很可能推动民主从民族国家走向全球化。在这一过程中,范围和规模得到不断扩大。这实际上构成了民主政治转型更加重要的一个规模变化,接续古代民主向现代民主的转型,民主的范围"已经超越了民族国家,扩大到跨国界制度的影响和权力。"②

第二个变化,是民主的合法性得到前所未有的扩张。在第二次转型时,反对民主的声音仍然占主流,对民主的批评随处而见。然而,到了 20 世纪末期,几乎全世界所有的统治者,包括非民主国家的统治者,他们几乎无一例外地支持民主,赞美民主,声称自己的统治是民主的,以便为他们的统治的合法性提供解释。这实际上从一个侧面说明了民主的合法性,但同时也使得本来简单的民主理论越来越复杂。达尔明确指出:"现代意义上的民主作为一种政治理念、一种抱负和一种意识形态,几乎赢得了普遍的影响力。"③

第三个变化与第二个变化联系在一起。民主的合法性越高,对那些还没有实现民主的国家,吸引力就越大,民主政治越来越成为全球各国家政治改革追求的目标。达尔指出,那些进入现代化的国家"为世界上的其他国家提供一个虽然可能在时间上很遥远但却相当诱人的具体形式。"④与民主化的乐观主义者相比,达尔对民主化的进程表示了谨慎的乐观。达尔指出,世界上只有不足三分之一的国家实行多

---

① Robert Dahl, *Democracy and its Critics*, New Haven and London: Yale University Press, 1989, pp.312-313.
② 罗伯特·达尔:《民主及其批评者》,曹海军、佟德志译,吉林人民出版社,2006 年,第445页。
③ Robert Dahl, *Democracy and its Critics*, New Haven and London: Yale University Press, 1989, p.213.
④ 罗伯特·达尔:《民主及其批评者》,曹海军、佟德志译,吉林人民出版社,2006 年,第446页。

头政体,这并不足为怪。另一方面,如果这一比例在未来的20年发生巨大变化那将是令人惊讶的。然而民主观念有可能对非民主国家的公民保持着强烈的吸引力,那么,现代的、发展的而且更加多元的社会在某些国家发展起来,独裁主义政府就会发现,抵御更进一步民主化的压力会越来越难。①

第四个变化是民主国家的世界影响越来越大。随着全球化的不断深入,对全球事务占据主导权的,不是专制,而是民主,尤其是那些进入现代社会的民主国家,他们"对经济活动、军事和安全事务、大众和精英文化以及其他许多问题发挥巨大而直接的影响力与控制力"。②

我们看到,第三次民主转型主要是在全球化背景下展开的,逐渐从民族国家走向全球政治。这一逻辑也遵循了达尔一贯的从规模的角度分析民主变迁的基本思路,形成了从城市国家到民族国家到全球政治的一条主线。达尔深刻地分析了这一变化带来的一些特征。

民主规模的不断扩展将会使公民参与集体决策的机会变小。至少在理论上,人们可以合理地推断,在民主由城邦国家向民族国家过渡的过程中,公民充分参与集体决策的机会是越来越少了。在规模的问题上,达尔做出了进一步的展望,那就是,在全球化的当代社会,民主将会走向何方?一个不容否认的事实是,跨国力量正在侵蚀国家方面的自治。民主思想与实践如何适应规模的最新变化?从民族国家的民主到跨国的民主,或者说国际组织民主是否可行?

全球化的迅速发展让达尔意识到民主规模的再一次变化。从历史的角度来看,由古代民主向现代民主的转型,主要来自规模的扩大;而现在,人类的历史进程让民主再次面临一个新的规模上的挑战,那就是,超越民族国家,进入国际民主的范畴。这一新变化会极大地改变民主的范围和可能。事实上,达尔看到,国家的边界,即使像美

① Robert Dahl, *Democracy and its Critics*, New Haven and London: Yale University Press, 1989, p.264.
② Robert Dahl, *Democracy and its Critics*, New Haven and London: Yale University Press, 1989, p.313.

国这样的大国边界，现在也比影响公民基本利益的决策范围的边界小得多。一个国家的政治、经济、文化、社会、自然环境，甚至是国家安全都越来越依赖于这个国家以外的人和事。这样，民众就不能让他们国家的政府，更不用说地方政府，来施行对外面的行为人的控制了，而这些行为人的决策对他们的生活有着极其重要的影响。达尔甚至认为，这个结果很像第二次转型对世界规模的显著影响。跨国行为与决策的激增必然会削弱一国公民通过其国家政府控制对他们而言至关重要事务的能力。从这个意义上说，民族国家的政府正在成为地方政府。①

　　跨国力量侵蚀国家方面的自治。达尔判断，在可以预见的未来，这种侵蚀还会继续，因此，"跨国政治体系应当存在并且应当民主化。"②然而，我们是否可以在更大规模上效仿第二次转型：从民族国家的民主到跨国的民主？ 达尔认为，"根据历史进行类推太欠完美，不能这样轻易得出结论"。③他甚至直接得出结论，"民主不可能发展到国际这一层面"。④不仅如此，达尔还进一步指出："它们现在没有、将来也不太可能被民主管理。反之，我相信，它们将会继续通过官僚与政治精英之间的讨价还价来管理，在由条约与国际协定所设定的宽泛限制内操作。"⑤

　　达尔以欧盟为例批驳了那些对国际组织民主化持乐观态度的人们。达尔指出，欧盟虽然成立了人民选举和议会这样的机构，但是，它依然存在着巨大的"民主赤字"。⑥情况之所以如此，是因为欧盟的"一些关键性决策主要还是通过政治精英和官僚精英的讨价还价产生

---

① Robert Dahl, *Democracy and its Critics*, New Haven and London: Yale University Press, 1989, Introduction, p.319.
② 罗伯特·达尔：《多元主义民主的困境——自治与控制》，周华军译，吉林人民出版社，2006 年，第 14 页。
③ Robert Dahl, *Democracy and its Critics*, New Haven and London: Yale University Press, 1989, p.320.
④ Robert Dahl, *On Democracy*, New Haven and London: Yale University Press, 1998, p.117.
⑤ 罗伯特·达尔：《论政治平等》，谢岳译，上海人民出版社，2010 年，第 124–125 页。
⑥ 罗伯特·达尔：《论民主》，李风华译，中国人民大学出版社，2012 年，第 97 页。

的；民主过程对此没有影响，而主要是谈判各方的能力，以及考虑对国内与国际市场可能造成的影响。讨价还价、等级制度和市场决定着最后的结果；而除了对最终结果的认可以外，民主过程几乎不起作用。"①欧盟尚且如此，其他国际组织的民主化就更加遥遥无期了。

国际组织民主化面临着一系列困境。比如，1.政治领袖必须建立新的政治制度，为公民提供参与政治、发挥影响、行使支配权的机会，使其与民主国家已有的水平大体相近。2.假定由跨越国界的公民来选举代表，那么，不同国家席位分配则又是一个问题。考虑到不同国家人口数量存在巨大差异，因此，我们无法找到一种代议制度，"它既能够给予每个公民平等的投票权，又能防止小国总是被大国以多数票击败。3.缺少普遍认同感。②在达尔看来，发展一种政治文化来支持这些专门的制度，有助于国际组织克服这些紧张继续存在，但这种政治文化的发展又非一朝一夕之功。

由于上述一系列困境的存在，达尔断言，国际组织民主化所需要的这些重要的条件，在现实世界中全部实现几乎是不可能的。在达尔看来，国际事务的决策"主要是通过行政首脑、部长、外交官、政府官员和非政府机构成员、企业领导人等政治精英和官僚精英之间的讨价还价得以实现"。③因此，达尔得出结论认为，"国际化很可能会以牺牲民主控制为代价从而扩大政治精英和官僚精英的决策范围。"④

对全球化趋势给民主带来的影响，达尔并不乐观。达尔指出，除了欧洲共同体，即使是跨国政治组织的适度的"民主政府"，其前景看上去也相当黯淡。即使跨国政治制度得到极大加强，但在即将到来的很长的一段时间内，决策很可能由各国政府任命的代表作出。这样，代表和民众之间的联系依然薄弱；民主进程甚至比现存的多头政体更多地被削弱。至于对有关重要的国际事务的决策，危险在于，第三

---

①　Robert Dahl, *On Democracy*, New Haven and London：Yale University Press，1998，p.115.

②　Robert Dahl, *On Democracy*, New Haven and London：Yale University Press，1998，p.116.

③　Robert Dahl, *On Democracy*, New Haven and London：Yale University Press，1998，p.117.

④　Robert Dahl, *On Democracy*, New Haven and London：Yale University Press，1998，p.183.

次转型不会使民主思想的扩展超出民族国家的范围，而这事实上是监护制的胜利。①

在这种规模走向全球化的时代，应该如何保持民主化的生命力呢？达尔指出，"为了保持民主进程的生命力，国家内部的民主制度需要加强。一方面，加强的民主制度可以规定无论哪一种民主控制都可能对委托给跨国决策者的权力进行控制。民主控制有助于防止代表异化。更强有力的民主制度还有助于在民主国家依然拥有相对自治权的大范围内提供健康的民主政治生活。"②

第三次转型仍然是值得商榷的。虽然民主的规模超越了民族国家，但是，公民资格并没有在全球范围内形成，以国家为单位的公民权是根深蒂固的。针对国家为单位的国际组织民主化虽然获得一定程度的发展，但前景并不是非常乐观，公民有更多的跨国自由，但这种自由限于经济和交往意义上的，并没有扩展到政治领域。文化上多样性更加发展，出现了以国家为单位的多元文化。在全球化的范围内，没有个人权利的参与，公民参与到全球民主中来的参与渠道是非常有限的。

四、结论与讨论

根据达尔对三次民主化的描述，我们可以看到三次民主化转型的历史背后的逻辑，基本的趋势如表1所示。

表1　三次民主化浪潮的历史与逻辑

	第一次转型	第二次转型	第三次转型
时间	古代	现代	当代
规模大小	城邦	民族国家	全球化
公民资格	排他的	包容的	更加包容
程序规定	直接民主	代议制民主	国际组织民主化

---

① Robert Dahl, *Democracy and its Critics*, New Haven and London: Yale University Press, 1989, p.320.
② Robert Dahl, *Democracy and its Critics*, New Haven and London: Yale University Press, 1989, pp.320-321.

	第一次转型	第二次转型	第三次转型
自由权利	政治自由	个人自由	跨国自由
文化多样	一致性	国家内多元	国家间多元
参与渠道	无限制	有限制	有限
个人权利	受限制	得到发展	受限制

　　从三次民主化浪潮的发展，我们可以看出，民主的理论与实践，历史与逻辑是统一的。现代民主的观念与实践，并不是一蹴而就的，也不是谁的发明创造，而是政治生活中重大转变的结果。无论是从古代的城邦民主到现代的民族国家民主，还是从现代民主到当代的全球民主，都经历了各种曲折，这与人类对民主的认识和理论有关，但主要是人类政治实践的结果。三次民主化浪潮形成了三种不同的民主理论模式，这些民主理论的模式也是政治发展实践的结果，是三次民主化历史总结和提升的逻辑。

　　无论是长周期的时间，还是大范围的空间，宏大政治发展都昭示了一个趋势，民主是事所必至、天意使然。从古代的城邦民主到现代的民族国家民主，再到当代的全球民主，民主政治的时间和空间发生了巨大的变化，但人类自我管理的民主精神并没有变。从城邦到民族国家，再到全球化的当代世界，人类生存的空间发生了巨大的变化，其具体的民主模式也会有所变化，但是，其背后蕴含的民主精神是一以贯之的。

　　每一次民主的转型，都不是直线的，而是呈现出波浪式前进，螺旋式上升的发展趋势。古希腊的民主是古代民主的典型，其重要性无与伦比。在此后的很长一段时间里，古代雅典的民主都被视为民主的经典，甚至有"谈民主，言必称希腊"的现象。然而，经过民主古今之争的最终落定，现代民主最终浮出水面，辉煌一时的古希腊民主却在向现代转化的过程中被抛弃了。而现代民主也在随着民族国家的起起落落，面临着新的转型。进入新世纪，特朗普当选、英国脱欧等黑天鹅事件层出不穷，民粹主义、民族主义的兴起也表明，全球民主的转型仍然前景不明。

国家建构优先于民主转型

——福山对"转型范式"的反思及其超越 *

漆程成**

内容摘要 第三波民主化浪潮催生了"转型范式"的兴起。"转型范式"对民主化过程存在线性认识，也把现代国家视为理所当然，这对发展中国家的民主转型具有一定误导性。福山在反思"转型范式"的基础上明确提出了国家建构优先于民主转型的理论主张。现代国家建构非常重要，其涉及塑造国家认同意识、建立现代官僚体系、形成均衡的宪制结构等多个维度的制度建设。正是在现代国家建构的过程中，一个国家才真正获得了现代意义上的制度体系和国家能力，这决定了现代国家建构在政治现代化中的优先性。新兴民主国家在民主转型之后之所以出现了民主治理困境，很大程度上就是现代国家建构滞后的结果。对发展中国家来说，要重视现代国家建构，采取切实可行的方案提升国家治理的水平。总之，福山的理论主张对发展中国家的政治现代化具有重要参考价值，相较于"转型范式"是一种明显超越。

关键词 弗朗西斯·福山；国家建构；民主转型；转型范式

---

* 本文系国家社科基金重点项目"当代西方民主治理的困境与趋势研究"（21AZZ003），天津市教委科研计划项目"大变局背景下福山民主观的转变研究"（2021SK165）的研究成果。

** 漆程成，政治学博士，天津师范大学政治与行政学院讲师，研究方向为政治学理论。

20 世纪 70 年代开始的世界民主化浪潮改变了人们对民主远景的悲观情绪,伴随着民主在世界各地的传播,民主也成为后冷战时代占主导地位的政治正当性原则。在世界民主化浪潮的推动下,越来越多的威权体制垮台,一大批新兴民主国家建立,历史的发展似乎印证了福山的"历史终结论"①。但好景不长,当人类历史步入 21 世纪,在世界民主化进程中出现了一定程度的民主衰退现象,越来越多的学者加入到相关讨论中。②福山也意识到,当今世界的民主图景要黑暗得多:虽然取得了一些民主成果,但民主在俄罗斯、拉丁美洲和撒哈拉以南非洲却遭遇了严重挫折。中东阿拉伯国家不仅仍然是民主发展大趋势的例外,而且还催生了一种极度反自由的伊斯兰极端主义。③在此背景下,福山批评了"转型范式"对民主转型的线性认识,明确提出国家建构优先于民主转型的理论主张。本文旨在分析福山对"转型范式"的反思及其超越,以期深化我们对福山民主理论的认识。

一、"转型范式"的理论缺陷

福山在《政治秩序的起源》开篇就指出,21 世纪第二个十年伊始,民主政治就出现了若干形式的病状:一是,取得民主进展的某些国家出现彻底逆转,民选领袖忙于拆除各式民主机构、操纵选举、关闭或吞并独立的电视和报纸、取缔反对派的活动;二是,那些似乎走出威权政府的国家又陷入了既非民主又非威权的"灰色地带";三是,民主政府未能向民众提供所需的公共服务,影响了民主治理的绩效;四

---

① Francis Fukuyama, "The End of History?" *The National Interest*, No.16, 1989, pp.3–18.

② See Richard Rose and Doh Chull Shin, "Democratization Backwards: The Problem of Third–Wave Democracies," *British Journal of Political Science*, Vol.31, No.2, 2001, pp.331–354; Larry Diamond, "Facing Up to the Democratic Recession," *Journal of Democracy*, Vol.26, No.1, 2015, pp.141–155; Francis Fukuyama, "Why is Democracy Performing so Poorly?" *Journal of Democracy*, Vol.26, No.1, 2015, pp.11–20; Nancy Bermeo, "On Democratic Backsliding," *Journal of Democracy*, Vol.27, No.1, 2016, pp.5–19; Michael Haas, *Why Democracies Flounder and Fail: Remedying Mass Society Politics*, Palgrave Macmillan, 2019.

③ Francis Fukuyama, "Building Democracy After Conflict: 'Stateness' First," *Journal of Democracy*, Vol.16, No.1, 2005, p.84.

是,全球资本主义仍未找到避免大幅波动的良方。①福山认为在新兴民主国家出现的民主衰退,在很大程度上是民主转型先于国家建构的后果,"在强大国家巩固之前就出现民主的地方,从政府质量的角度看,结果都不太理想。"②所以,福山认为现代国家的存在是民主转型的前提;而"转型范式"基于西方国家的经验把现代国家的存在视为理所当然,这恰恰犯了先入为主的错误。

卡罗瑟斯的研究有力地支持了福山的判断。他认为第三波民主化浪潮催生了"转型范式",即任何独裁或威权国家的政治转型都将朝着自由民主的方向直线前进。五个核心假设定义了"转型范式":一是,任何国家脱离独裁统治都可以被认为是向民主转型的国家;二是,民主化倾向于按一定的阶段顺序展开;三是,对选举的决定性重要价值的信念;四是,转型期国家的基本条件,比如经济水平、政治历史、制度遗产、族裔构成、社会文化传统或其他结构性特征,并不是影响民主转型开始或结束的主要因素;五是,第三波民主化浪潮是建立在协调一致、正常运转的国家之上的。但事实证明,大多数第三波民主国家并没有实现运转良好的民主,反而进入了既非独裁又非民主的"灰色地带"。③实际上,正是"转型范式"的理论假设存在谬误,那么在实践中就不可避免地给发展中国家的民主转型带来误导性。

第一,在很多发展中国家,威权统治垮台并不必然走向民主,而是出现了各种形式的非民主政体或民主变体。福山就指出,取得民主进展的某些国家出现彻底逆转,比如委内瑞拉和俄罗斯等国家属于竞争性威权政体(competitive authoritarian regimes)而不是真正的民主

① 弗朗西斯·福山:《政治秩序的起源》,毛俊杰译,广西师范大学出版社,2014 年,第 10—12 页。
② 弗朗西斯·福山:《政治秩序与政治衰败》,毛俊杰译,广西师范大学出版社,2015 年,第 71 页。
③ Thomas Carothers,"The End of The Transition Paradigm,"*Journal of Democracy*,Vol.13,No.1,2002,pp.6–8.

政体,所以"民主的质量可能是我们现在面临的核心问题"。①第三波"后期"的显著特征之一是,那些既不是明显的民主政体,也不是传统的威权政体的数量出现前所未有的增长。如果我们使用一种非常严格的民主标准,不仅包括民主选举,而且还包括强有力的法治下对公民自由的切实保护,那么"两不像政体"②(hybrid regimes)的比例就会大幅上升,因为第三波民主化浪潮中的许多新的"民主国家"都是"不自由的"。③今天世界上几乎所有的两不像政体都是有意采取伪民主的形式,"因为正式民主的政治制度的存在,例如多党选举竞争,掩盖了(通常部分是合法的)专制统治的现实。"④因此,威权政体的解体并不必然走向民主,而是出现了各种各样的民主变种。

第二,民主转型的过程非常复杂且存在诸多不确定性,因而未必会呈现出明确的阶段顺序。福山认为民主转型是一系列因素综合作用的结果,具体来说,劳动分工促进了经济增长并产生了新的社会动员,而社会动员反过来又对法治和民主提出更多的要求。主导旧农业秩序的传统精英经常试图阻止新的群体进入政治体制。只有当这些新动员起来的群体成功地融入体制并允许政治参与,才会出现稳定的民主体制。相反,如果这些群体没有制度化的参与渠道,就会出现不稳定和混乱。⑤在经济发展孕育社会动员的同时,事实上也带来了

① Francis Fukuyama, "Democracy Before and After the State,"in Jean-Paul Gagnon ed., *Democratic Theorists in Conversation:Turns in Contemporary Thought*,London:Palgrave Macmillan,2014,pp.42-55.
② 包刚升教授在《民主的逻辑》一书中强调应该将 hybrid regimes 译为"两不像政体",从而区别于西方政治思想史研究中的混合政体,笔者赞同这一译法。参见包刚升:《民主的逻辑》,社会科学文献出版社,2018 年,第 328 页。
③ See Guillermo O'Donnell, "Delegative Democracy,"*Journal of Democracy*,Vol.5,No.1,1994,pp.55-69;Larry Diamond, "Democracy in Latin America:Degrees,Illusions,and Directions for Consolidation,"in Tom Farer,ed.,*Beyond Sovereignty:Collectively Defending Democracy in the Americas*,Baltimore:Johns Hopkins University Press,1996,pp.52-104;Fareed Zakaria, "The Rise of Illiberal Democracy,"*Foreign Affairs*,Vol.76,No.6,1997,pp.22-43;Larry Diamond, *Developing Democracy:Toward Consolidation*,Baltimore:Johns Hopkins University Press,1999,pp.42-50.
④ Larry Diamond,Juan J. Linz,and Seymour Martin Lipset eds.,*Democracy in Developing Countries:Latin America*,Boulder,Colo.:Lynne Rienner,1989,p.xviii.
⑤ 弗朗西斯·福山:《政治秩序与政治衰败》,毛俊杰译,广西师范大学出版社,2015 年,第 373 页。

权利意识的觉醒,民众为了自由和解放开始向旧社会发起抗争。蒂利对欧洲民主转型过程的经验分析指出:"民主源于抗争,并且动员和重塑民众抗争。"①当社会动员的速度超过现有制度应付政治参与需求的能力时,就会引发政治衰败。②因此,民主转型的真实过程并不像"转型范式"所描绘是线性的,而是非常复杂的。

第三,"转型范式"把竞争性选举作为评价民主与否的尺度是很成问题的,因为在选举的外衣下可能实行的是威权统治。从第三波民主化的经验来看,竞争性选举带来的是威权统治而非民主政治,这是"转型范式"没有预料到的。谢德勒发现,自第三波民主化以来,许多国家非但没有建立民主政体,反而建立了选举式威权政体(electoral authoritarian regimes)。从本质上来看,"选举式威权政体既不实行民主,也不经常诉诸赤裸裸的镇压。通过组织定期选举,他们试图至少获得一个民主合法性的外衣,希望满足外部和内部行为者。同时,通过将这些选举置于严格的独裁控制之下,他们试图巩固他们对权力的持续控制。"③与选举式威权政体相近的是竞争性威权政体。在非洲和前苏联的大部分地区,以及东欧、亚洲和美洲的部分地区,新政权将竞争性选举与不同程度的威权主义结合在一起。竞争环境的不公平,使得现任者能通过选举操纵、不公平的媒体准入、滥用国家资源以及不同程度的骚扰和暴力压制反对派,在这种情况下,民主转型过程很难带来民主的结果,这种政体就是竞争性威权政体。④竞争性威权政体虽然具有竞争性,但它们并不民主,因为竞争环境严重偏向现任者。如表 1 所示,以竞争性威权政体为代表的"两不像政体"可能会出现三种不同的趋势:一是转向完全的民主政体;二是维系竞争性威

① 查尔斯·蒂利:《欧洲的抗争与民主(1650–2000)》,陈周旺、李辉、熊易寒译,上海世纪出版集团,2015 年,第 29 页。
② 参见塞缪尔·亨廷顿:《变化社会中的政治秩序》,王冠华等译,上海人民出版社,2015 年,第 25–70 页。
③ Andreas Schedler, "Elections Without Democracy:The Menu of Manipulation," *Journal of Democracy*, Vol.13, No.2, 2002, pp.36–37.
④ Steven Levitsky and Lucan Way, "Why Democracy Needs A Level Playing Field," *Journal of Democracy*, Vol.21, No.1, 2010, pp.57–68.

权政体;三是蜕变为完全的威权政体。

表1　民主政体、竞争性威权政体和完全的威权政体比较

	民主政体	竞争性威权政体	完全的威权政体
核心民主制度的地位(选举、公民自由)	完全尊重	存在且有意义,但系统地违反并使其有利于现任者	不存在或仅为装点门面
	被广泛认为是获得权力的唯一途径	被广泛认为是获得权力的主要途径	不被认为是获得权力的可行途径
反对派的地位	或多或少能够与现任者平等竞争	主要的反对派是合法的,可以公开竞争,但由于现任者的滥权而处于不利地位	主要的反对派被禁止,或主要在地下活动或流亡中
不确定性	高	低于民主,但高于完全的威权政体	低

资料来源:Steven Levitsky and Lucan Way, *Competitive Authoritarianism:Hybrid Regimes After the Cold War*, p.13.

在许多民主转型国家,举行了相当规律的民主选举,但投票之外的政治参与仍然很少,政府问责也很薄弱。在福山看来,自由公正的选举那样的正式民主程序就是为实现民主问责制而设计的。但是,选举本身并不能保证政府会真正交出符合民意的政绩。选举和选民有可能受到操纵,根深蒂固的政党可能无法向选民提供足够的选择,政治参与的程度可能很低。同时政府与公民之间的沟通可能因为官僚体系的运作过程,在中间环节可能出现信息失真或失效的情况。[①]在这种情况下,福山认为其中一种解决方案是缩短问责制的途径,下放权力到尽可能低的层级,从而更好地回应民意;另一种方案是让政府各分支相互平衡,利用司法部门来迫使行政部门回应公众的诉求。

第四,民主转型过程中也需要具备一些基础条件,不同条件下民主转型的结果也会存在差异。一是经济条件。马丁·李普塞特曾明确

① 弗朗西斯·福山:《政治秩序与政治衰败》,毛俊杰译,广西师范大学出版社,2015年,第474页。

认为经济发展与民主转型之间存在很强的相关性。[1]福山也认为经济
发展水平与民主转型之间存在相关性：经历过民主转型的大多数国
家在过去几代人的时间里从主要是农业社会发展到城市化、劳动力
流动、教育水平高等程度的现代工业社会。[2]当然，李普塞特的观点也
受到诸多批评。二是社会条件。一般来说，同质化的社会更有助于民
主转型，多元的亚文化分裂会加剧整个社会的离心力，如果缺乏有效
的政治整合，任由这种文化心理层面的社会裂痕持续的话，就会把社
会从内部撕裂。安努姆对尼日利亚民主转型的研究认为，培养民主的
传统势在必行，但不可能在族群冲突的背景下开花结果。[3]三是文化
条件。阿尔蒙德和维巴认为，"除非政治文化能够支持民主系统，否
则，这种系统获得成功的机会将是渺茫的。"[4]英格尔哈特进一步指
出，大众民主的出现和生存与经济发展密切相关，但结果取决于特定
的文化变迁，除非文化和社会结构发生具体变化，否则经济发展可能
不会带来民主的结果。[5]此外，制度选择对民主的存续也有重要影响。
林茨明确指出，议会制比总统制更有利于维持稳定的民主制度。[6]梅
因沃林和舒格特则反驳了林茨的观点，在其他条件相同的情况下，总
统制往往会更好地发挥作用，因为总统的立法权很弱，政党至少受到
适度的约束，政党制度并不高度分散。而且，从总统制向议会制的转
变，可能会加剧政党不受约束国家的治理问题。即使议会制政府更有

①　Seymour Martin Lipset, "Some Social Requisites of Democracy：Economic Development and Political Legitimacy," *The American Political Science Review*, Vol.53, No.1, 1959, pp.69 - 105.

②　Francis Fukuyama, "Liberal Democracy as a Global Phenomenon," *Political Science & Politics*, Vol.24, No.4, 1991, pp.659-660.

③　Edlyne Anugwom, "Ethnic Conflict and Democracy in Nigeria：The Marginalisation Question," *Journal of social development in Africa*, Vol.15, No.1, 2000, pp.61-78.

④　阿尔蒙德、维巴：《公民文化——五个国家的政治态度和民主制》，徐湘林等译，东方出版社，2008年，第443页。

⑤　Ronald Inglehart, "The Renaissance of Political Culture," *The American Political Science Review*, Vol.82, No.4, 1988, p.1229.

⑥　Juan Linz, "The Perils of Presidentialism," *Journal of Democracy*, Vol.1, No.1, 1990, p.52.

利于民主,很大程度上取决于实行什么样的议会制和总统制。①因此,不同的条件对民主化进程会产生重要影响,其并非可有可无。

第五,第三波民主化国家并非是建立在良好运转的国家之上,正因如此很多国家在民主转型之后出现了有民主而无治理的局面。运转良好的现代国家是民主转型的前提,这一点恰恰被"转型范式"忽视。福山指出,我们说自由民主的传播存在一种广泛的、长达数百年的趋势是一回事,预言民主或繁荣可以在给定的社会中出现是另一回事。在一个社会能够从对自由的模糊渴望转向一个具有现代经济的、运转良好和巩固的民主政治制度之前,作为关键性变量的制度必须到位。民主转型和政治发展的经验表明,制度是很难建立的。因此,"在你能有民主之前,你必须有国家:国家建设仅仅是一个部分与促进民主制相重合的活动。"②林茨和斯泰潘的研究肯定了福山的观点,他们同样认为,民主是现代国家的一种治理形式,"民主需要国家的地位。没有主权国家,不可能有可靠的民主制度"。③因此,不同于"转型范式"的是,福山特别强调国家建构在政治现代化进程中的优先性。

二、现代国家建构的逻辑

人们往往孤立地认识福山的国家建构理论,实际上应该把他对国家建构问题的思考放在其民主理论的整体框架中去理解。福山在反思"转型范式"的基础上明确提出了国家建构优先于民主转型的理论主张。在福山看来,如果缺乏有效的现代国家制度,那么要实现成功的民主转型几乎是不可能的。从《国家构建》(2004年)、《美国处在

---

① Scott Mainwaring and Matthew S. Shugart, "Juan Linz, Presidentialism, and Democracy: A Critical Appraisal," *Comparative Politics*, Vol.29, No.4, 1997, p.449.
② 弗朗西斯·福山:《美国处在十字路口:民主、权力与新保守主义的遗产》,周琪译,中国社会科学出版社,2008年,第111页。
③ 胡安·林茨、阿尔弗莱德·斯泰潘:《民主转型与巩固的问题:南欧、南美和后共产主义欧洲》,孙龙等译,浙江人出版社,2008年,第17—20页。

十字路口》(2006 年)到《政治秩序的起源》(2011 年)和《政治秩序与政治衰败》(2014 年),福山一直在强调国家建构的重要性。因此,在政治现代化的进程中,现代国家建构不仅非常重要而且还具有议程上的优先性。

(一)现代国家建构的重要性

在福山看来,在过去一代人的时间里,许多民主衰退现象发生的关键取决于一个重要的因素,它与制度的失败有关,这一事实就是许多新兴民主国家和老牌民主国家的国家能力跟不上民众对民主问责制的要求。相较于从一个威权国家转变为一个定期的、自由的和公正的选举民主国家,从世袭制或新世袭制的国家转变为官僚制现代国家要更加困难。未能建立起现代的、治理良好的国家是当前民主转型的"阿喀琉斯之踵"。[1]在此基础上,福山从多个维度深刻分析了现代国家建构的重要性。

首先,现代国家是民族国家,国家认同意识和归属感提供了国家内聚力的源泉。福山认为现代国家建构之所以重要,就在于民族国家赋予现代国家以强大的政治整合能力,其不仅拥有对国家暴力的合法垄断,而且通过塑造国家认同意识使民众甘愿服从国家的政治统治和政治管理。因此,福山认为民族建设是国家建构成功的关键,"国家作为合法暴力的组织者,有时呼吁自己的公民,甘冒生命危险来保家卫国。"[2]在福山之前,韦伯、哈贝马斯等思想家对这一问题曾做过经典论述。韦伯指出,生死存亡的政治斗争联结着共同的回忆,其比共同的文化、语言和身世的纽带更强有力,这种回忆给"民族意识"以决定性的特色。[3]哈贝马斯则认为,作为现代意识形态,民族认同一方面表现为克服地域主义局限的趋势;另一方面,这样一种抽象的一体

---

① Francis Fukuyama, "Why is Democracy Performing so Poorly?" *Journal of Democracy*, Vol. 26, No.1, 2015, pp.11–20.

② 弗朗西斯·福山:《政治秩序与政治衰败》,毛俊杰译,广西师范大学出版社,2014 年,第 168 页。

③ 马克斯·韦伯:《经济与社会》下卷,林荣远译,商务印书馆,1997 年,第 219 页。

化形式又表现为随时准备为了祖国而打击敌人、牺牲自己的精神和勇气。①现代民族国家正是借助民族意识和民族认同强化了公民对政治共同体的归属感和认同感。

在这个意义上,国家认同也成为现代国家建构的关键,但并非所有的国家拥有强烈的国家认同。福山指出,虽然强烈的国家认同的存在是欧洲现代国家建构成功的关键,但在发展中国家脆弱国家或失败国家往往成为国家认同脆弱或缺失的副产品。在撒哈拉以南非洲地区,独立国家是殖民当局的发明,国家边界划分是任意的,不符合单一的民族、语言或文化共同体,人们没有共通的文化归属感和认同感。同时,那里存在着广泛的"新家族制",其拥有现代政府的外壳,但实质上政治权力用于服务国家领导人支持的依附网络, 如亲友、部落、地区和族群等利益群体。这就导致非洲缺乏强烈的国家认同。②此外, 福山认为非洲缺乏国家认同的一个重要原因是欧洲殖民者实行的间接统治,殖民统治虽然削弱了既有社会结构,但没有植入现代国家制度。

其次,现代国家是官僚制国家,非人格化的官僚体系赋予国家在治理中的自主性。马克斯·韦伯指出,"合法型统治的最纯粹类型,是那种借助官僚体制的行政管理班子进行的统治。"③福山是在韦伯的意义上认识现代国家的,"国家是一个等级森严的中央集权组织,在一个确定的领土上拥有对合法暴力的垄断权。除了复杂性和适应性等特征外,国家也或多或少是非人格的:早期的国家与统治者的家政没有区别,被描述为'家族制',因为它们偏爱依附统治者的亲友。相比之下, 更为发达的现代国家则将统治者的私人利益和整个共同体的公共利益区分开来。它们努力在更客观的基础上对待公民,适用法

---

① 尤尔根·哈贝马斯:《包容他者》,曹卫东译,上海人民出版社,2018 年,第 181 页。
② 参见弗朗西斯·福山:《政治秩序与政治衰败》,毛俊杰译, 广西师范大学出版社,2014 年,第 294 页;弗朗西斯·福山:《国家构建:21 世纪的国家治理与世界秩序》,郭华译,学林出版社,2017 年,第 27—28 页。
③ 韦伯:《经济与社会》(上卷),林荣远译,商务印书馆,1997 年,第 245 页。

律,招聘官员,不偏袒地执行政策。"①因此,福山认为现代国家是非常重要的,其不仅在确定的领土上实现了对暴力的合法垄断,而且更为重要的是在国家治理中区分了公共领域和私人领域的界限,使公共权力能够更好地服务于公共利益。

与此同时,福山认为现代国家的产生并不会完全取代前现代的国家观念,一旦官僚制式微,家族制就会死灰复燃。基于血缘、亲戚关系基础上形成的家族制,在国家能力不足的情况下,成为可以与公共权力相抗衡的力量,并给现代国家建构带来巨大障碍。在许多发展中国家,国家官僚机构的领导人"往往会是各式庇护网的领导者,他们把周围社会的规范带入组织,而不是在现代国家内部打造自我复制的领导力生产机制"②。张长东、刘瑾认为非洲国家中族群结构往往与庇护政治交织在一起,正式机构过于弱小而无法实现利益聚合、动员和代表功能,并连接统治者和公众,权力只能通过庇护关系才能运行,这使得族群间有效的权力分享机制无法建立,最终阻碍了国家建构进程。③

最后,现代国家还是宪制国家,需要协调好国家、法治和民主三种权力之间的关系。福山认为现代国家建构的过程是非常复杂的,一方面,在国家建构过程中要在形式上构建统一的国家权力体系,使国家的权力和意志能够贯彻到其管辖的领土范围内,能够控制社会暴力并维持基本国家秩序;另一方面,促进自由民主涉及对这种权力施加限制,使其分散到受法治限制的地方,最终要服从公共问责和民众同意。④其实,福山在这里提出了现代国家建构的多重目标:一是,要通过民族国家建构实现对暴力的合法垄断,即现代国家建构要实现

① 弗朗西斯·福山:《政治秩序与政治衰败》,毛俊杰译,广西师范大学出版社,2014年,第19页。
② 弗朗西斯·福山:《国家构建:21世纪的国家治理与世界秩序》,郭华译,学林出版社,2017年,第77页。
③ 张长东、刘瑾:《非洲国家建构历史与"失败国家"》,《比较政治学研究》,2021年第1辑,第24-27页。
④ Francis Fukuyama, "Building Democracy After Conflict: 'Stateness' First,"*Journal of Democracy*, Vol.16, No.1, 2005, p.87.

对社会暴力的垄断性;二是,要通过建立非人格化的官僚制使国家意志能够贯彻到其管辖的领土范围内,即现代国家建构要实现国家治理的有效性;三是,国家权力要受到法治和民主的约束并使其真正运用于公共的目的,即现代国家建构要实现对公共权力的可问责性。正是现代国家建构的多重目标规定性,这就决定了建立强大的现代国家并非易事。

　　在福山看来,国家制度集中权力,并允许国家机关运用这种权力来执行法律、维持和平、抵御外敌以及提供必要的公共产品;相比之下,法治和民主问责制则背道而驰:它们限制国家权力,并确保只以受控和协商一致的方式行使国家权力。现代政治的奇迹就在于,我们既可以拥有强大又有能力的政治秩序,同时又被限制在法治和民主的范围内行事。[①]福山之所以将英国、美国、丹麦等国视为现代国家的典范,主要是因为在这些国家中国家、法治、民主问责制处于均衡状态,最终形成了复合型的国家权力结构。但是,一个民主国家要处理好国家、法治、民主问责制之间的关系绝非易事。在看到国家、法治、民主问责制协调性的同时,也不能忽视三者之间的张力,这种张力恰恰是常态。

(二)现代国家建构的优先性

　　早在冷战开始时,民主的意义和用法就已经发生了重大转变。克鲁格尔就指出,民主越来越等同于欧美国家目前的政治制度安排。民主开始几乎完全意味着自由民主或代议制民主,并意味着一套特定的政府安排,更普遍地说,是西方的经验"现实"。[②]熊彼特通过对古典民主理论进行重构,提出了程序民主概念:"民主方法就是那种为作出政治决定而实行的制度安排,在这种制度安排中,某些人通过争

---

① 弗朗西斯·福山:《政治秩序与政治衰败》,毛俊杰译,广西师范大学出版社,2014年,第20-21页。

② Jean Grugel, *Democratization: A Critical Introduction*, New York: Palgrave, 2002, p.17.

取人民选票取得作决定的权力。"①在第三波民主化浪潮中,以民主选举为主要内容的程序民主逐渐取代民主的古典学说,形式化的选举民主成为衡量一个国家民主与否的标准。"转型范式"把程序性的选举民主视为民主的要义,同时忽视了国家建构的重要性,认为西式民主可以在任何时候移植到西方以外的地区,这种简单化认识带来了严重的政治后果。第三波民主化浪潮反映了竞争性选举在发展中国家的蔓延,无论这些国家是否已经完全实现了现代国家建构。②

正因如此,福山认为现代政治转型应当遵循相应的次序,这是因为发展是一个复杂的过程,贯穿人类生活的多个层面。一个方面是经济增长,这包括在稳定增长的生产力基础上增加人均产出。与此同时,政治发展则涉及三种制度的变化:一是国家在整个领土上集中和使用权力执行规则;二是法治限制政府作出武断决定的能力;三是确保政府反映人民意愿和利益的民主问责制。虽然这四个维度(即经济增长、国家能力、法治和民主)同时发生积极变化会很好,但这种情况很少发生。③因而在福山看来,政治发展应当遵循确定的顺序,其中现代国家建构是首要的。

福山也在不断深化其对政治发展次序的认识,在《政治秩序的起源》一书中他把政治转型的次序总结为国家—法治—民主,并在《政治秩序与政治衰败》一书中作了进一步完善。福山认为,如果一个社会在政治转型的过程中没有遵循国家、法治和民主问责制的次序,那么就会出现一系列的民主治理困境,这是因为,"国家、法治和负责制都会阻碍彼此的发展。所以说,引进不同制度的先后次序至关重

---

① 约瑟夫·熊彼特:《资本主义、社会主义与民主》,吴良健译,商务印书馆 1999 年版,第 395-396 页。
② Guy Hermet, Richard Rose and Alain Rouquie, eds, *Elections without Choice*, London: Macmillan, 1978; Jorgen Elklit and Palle Svensson, "What Makes Elections Free and Fair?" *Journal of Democracy*, Vol.8, No.3, 1997, pp.32-46.
③ Francis Fukuyama, "Is There a Proper Sequence in Democratic Transitions," *Current History*, Nov., 2011, p.308.

要。"①斯奈德的研究证实了福山的研究,在没有完成现代国家建构的多元社会,"国家凝聚力较弱,选举变成了一次人口普查而非公民审议的机会。这种情况发生后,民主化可能会启动种族民族主义对立"。②科利尔也认为,在现代国家建构没有完成的情况下,过早地开放民主选举,那么"族裔身份就是一切",族裔身份极大地扭曲了投票的动机,人们只按照族裔身份投票,选举本身不能起到规范政府责任和提供执政合法性的功能。③

为了说明现代国家建构与民主转型的先后次序,福山还梳理了欧美国家的民主化过程。美国是第一个在现代国家建立之前向所有白人男性公民开放选举权的民主国家,结果搞出了依附主义的惯例,在 19 世纪的大部分时间只有软弱无能的全国政府。世界上其他的新兴民主国家正处于 19 世纪美国的处境。它们在国家非常软弱的条件下采纳了民主选举,开放了选举权。结果形成了依附主义的政治体制,通过个人好处而不是纲领性政策,来换取选票和政治支持。④在国家建构缺位的情况下,依附主义使得族群身份变成了方便的动员机制,以及庇护人和依附者之间的承诺机制。而福山认为过早引进民主会助长依附主义,今天的强大国家,往往是在引进民主之前就打造完成的。这些事实也许进一步表明,当代发展中国家应尽量遵循与欧美国家相同的政治转型次序。但是一个国家的发展轨迹并非是人为设定的,很多时候恰恰是制度遗产和外部力量强加的,在这种情况下刻意安排政治制度的引进次序大有问题,"不管是好还是坏,现代发展中国家在先后次序上并无现实可行的选择,必须像美国一样,在民主

---

① 弗朗西斯·福山:《政治秩序与政治衰败》,毛俊杰译,广西师范大学出版社,2015 年,第 487 页。
② 杰克·斯奈德:《从投票到暴力:民主化和民族主义冲突》,吴强译,中央编译出版社,2017 年,第 278—279 页。
③ 保罗·科利尔:《战争、枪炮与选票》,吴遥译,南京大学出版社,2018 年,第 70 页。
④ 弗朗西斯·福山:《政治秩序与政治衰败》,毛俊杰译,广西师范大学出版社,2015 年,第 166 页。

政治体制的背景下建设强大国家。"①

　　可见,国家建构与民主转型是两种完全不同的政治发展进程。前者要求集中国家权力,实现国家权力对社会领域的政治渗透,建构现代国家认同,并通过国家权力实现在确定领土范围内的政治整合;后者要求分散国家权力,将权力让渡给市场、民间社会乃至公民,这就使得国家权力分散到多元化的治理主体手中。部分新兴民主国家在现代国家制度没有建立之前,已经实行了自由选举和民主问责制。这些新兴民主国家的治理者面临着双重挑战:在自由选举中与反对派竞争的同时,还要完成现代国家建构的任务。②正是国家建构的集权过程与民主转型的分权过程之间的矛盾使得新兴民主国家往往比较脆弱,缺乏有效的国家能力履行基本的国家职能。③这就要求我们理顺国家建构与民主转型的关系,将国家建构置于民主转型之前,"在有民主或经济发展之前,必须要有一个国家。"④

三、现代国家建构的可行方案

　　在政治现代化的过程中,国家建构与民主转型是两种完全不同的政治过程,这也决定了政治转型次序的重要性。不同的政治转型次序在很大程度上决定了政治发展的质量。国家建构优先于民主转型是福山对政治现代化过程的经验总结。一些发展中国家在民主转型之后,仅建立了民主的制度而缺乏有效的民主治理。究其原因来说,主要还是忽视了现代国家建构问题。因此,对于发展中国家来说,要重视现代国家建构,采取切实可行的方案提升国家治理的水平。

---

① 弗朗西斯·福山:《政治秩序与政治衰败》,毛俊杰译,广西师范大学出版社,2015 年,第191–193 页。

② Richard Rose and Doh Chull Shin, "Democratization Backwards:The Problem of Third–Wave Democracies,"*British Journal of Political Science*, Vol.31, No.2, 2001, p.336.

③ 漆程成:《当代西方民主治理困境的比较分析》,《比较政治学研究》,2021 年第 2 辑,第244 页。

④ Francis Fukuyama, "Building Democracy After Conflict: 'Stateness' First,"*Journal of Democracy*, Vol.16, No.1, 2005, p.84.

(一)加强制度建设,提升治理的有效性

首先,福山认为应当构建精干的现代国家制度。在福山看来,特殊的地理环境、历史上缺乏国家制度建设的传统以及殖民主义的不良遗产等多种因素相互作用,最终导致了脆弱国家和失败国家的现状。国家有效性的缺乏使得国家既不能合法垄断暴力,也不能提供基本的公共产品。在这种情况下,整个社会陷入"霍布斯丛林"式的集体行动困境中。因此,福山认为对个别社会和全球社会来说,"国家的消亡不是乌托邦的序曲,而是灾难的前奏。贫穷国家面对的至关重要的、抑制它们经济发展可能的问题是,它们制度发展的程度太低。它们不需要范围广泛的国家,但需要在有限范围内强大而有效的国家"。[①]

其次,福山更强调内源性制度建设在国家建构中的作用。一方面,在现代国家建构过程中,国内社会的制度需求是制度建设的起点。福山在《国家构建》一书中指出,纵观大多数国家建构和制度改革的成功案例,其发生的时机往往是该社会内部已经有了对制度的强劲内需,然后抑或整体打造,抑或从国外照搬,抑或因地制宜地使用他国模式。[②]另一方面,在国家建构过程中,对外国做法的借鉴要以本土传统为基础,外部力量干预下进行的制度建设鲜有成功的案例。因此,福山认为,"每个社会必须以本土传统为出发点,让那些发展模式适应自己的条件。"[③]

再次,福山也强调国家建构过程中要合理发挥官僚自主性的作用。全世界都讨厌官僚机构的墨守成规、僵化和文牍主义。但是官僚机构可以在操纵规则中获得权力和权威,允许更大的官僚自主性有

[①] 弗朗西斯·福山:《国家构建:21世纪的国家治理与世界秩序》,郭华译,学林出版社,2017年,第128页。
[②] 弗朗西斯·福山:《国家构建:21世纪的国家治理与世界秩序》,郭华译,学林出版社,2017年,第46页。
[③] 弗朗西斯·福山:《政治秩序与政治衰败》,毛俊杰译,广西师范大学出版社,2015年,第292页。

利于提升国家能力，所以说，"缺乏自主性是导致低劣政府的主要原因"①。另一方面，官僚机构可能拥有过多自主性，这个时候并不会提升政府质量。正因如此，福山认为需要适当的官僚自主性来造就优质的政府。如图 1 所示，在完全服从的一端，官僚机构没有自由裁量权或独立判断，完全受政治委托人规则的约束。在水平轴的另一端，即完全自治的一端，治理结果也会非常糟糕，因为官僚机构逃脱了所有的政治控制，不仅设定内部程序，还设定其目标。②与此同时，福山认为设置组织目标过程中的有限理性、代理人行为监控方法的可选择性以及自由裁量权授予程度的不确定性决定了组织的模糊性。组织模糊性意味着没一个组织在理论上没有最佳的决策权指定方式，需要根据情境在一系列连续权衡中进行设计。③

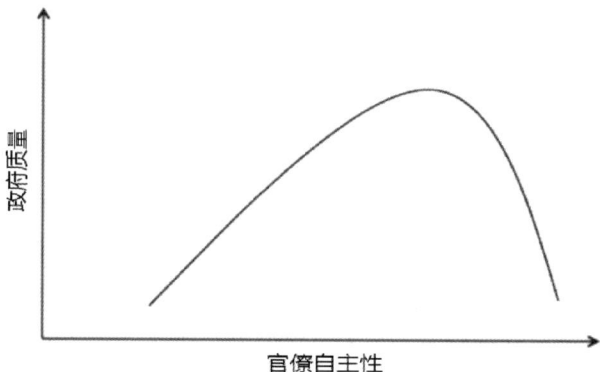

图 1 官僚自主性与政府的质量

资料来源：Francis Fukuyama，"What Is Governance?"Governance：An International Journal of Policy，Administration，and Institutions，Vol.26，No.3，2013，p.358.

最后，在国家建构的过程中，福山不仅强调正式制度的作用，也

① 弗朗西斯·福山：《政治秩序与政治衰败》，毛俊杰译，广西师范大学出版社，2015 年，第 467 页。
② Francis Fukuyama，"What Is Governance?"Governance：An International Journal of Policy，Administration，and Institutions，Vol.26，No.3，2013，pp.357–358.
③ 弗朗西斯·福山：《国家构建：21 世纪的国家治理与世界秩序》，郭华译，学林出版社，2017 年，第 85–86 页。

不忽视非正式制度。福山在比较美国和拉美国家发展差距的过程中发现,发展方面最显著的差别与政治制度有关。要想缩小拉美国家同美国之间的差距,首先需要完成一个更具挑战性的任务,即利用政治来改善一些潜在的社会结构问题,同时创造出一种更加重视团结和谐与法治建设的政治文化。另外,在重视正式制度建设的同时,也要关注非正式制度的作用。①古德诺也注意到了非正式制度,"与仅能提供法律框架的法律形式相比,法外制度对政治体制产生的影响更大"②。与此同时,非正式制度在政治现代化过程中往往呈现出两副面孔,因而在现代国家建构中要趋利避害,合理发挥非正式制度的积极作用。

(二)塑造国家认同,增强国家的向心力

除了国家制度建设之外,福山也非常强调民族建构的重要性。福山指出,仅建立正式的国家制度是远远不够的,国家建构还需要辅之以并行的民族建构才能有效。民族建构增加了一项道德因素,即共享的规范和文化,从而巩固了国家的合法性。③同时,民族建构是创造个人忠诚的民族认同感,这种认同感将取代他们对部落、村庄、地区或种族群体的忠诚;与国家建构不同,民族建构需要创造无形的东西,如民族传统、象征、共同的历史记忆和共同的文化参照点。④正因为民族建设本身就是借助一些无形的东西进行构建的,安德森遂将民族视为"一种想象的政治共同体"⑤。同时,国家认同与国家建构会产生相互作用,尤其是国家权力结构对少数族裔的吸纳对于现代国家的政治整合会产生非常重要的作用,"如果族群共同体在中央政府中有

① 弗朗西斯·福山:《不健全的制度能否解释美国和拉美之间的发展差距》,载弗朗西斯·福山编著:《落后之源:诠释拉美和美国的发展鸿沟》,刘伟译,中信出版社,2015年,第195页。
② 古德诺:《政治与行政——政府之研究》,丰俊功译,北京大学出版社,2012年,第3页。
③ 弗朗西斯·福山:《政治秩序与政治衰败》,毛俊杰译,广西师范大学出版社,2015年,第293页。
④ 弗朗西斯·福山:《政治秩序与政治衰败》,毛俊杰译,广西师范大学出版社,2015年,第168页。
⑤ 本尼迪克特·安德森:《想象的共同体:民族主义的起源与散布》,吴叡人译,上海人民出版社,2016年,第6页。

代表,公民们开始更多地认同国家",任何精心的爱国教育都不足以代替"当人们看到和自己同类的人在政府中有席位"。①

在福山看来,国家认同远不是社会建设那样的开放式过程,它的形成要通过四个基本过程:第一,重新确定政治边界,以适应现存的语言或文化群体;第二,跨越一个特定国家的政治界限转移人口,要么通过将定居者送到新的领土,要么通过强行驱逐住在某个领土上的人,要么通过简单地将他们杀死,或者三者兼而有之,从而创建更为同质的政治共同体;第三,通过文化同化政策,将少数族裔同化为现有种族或语言群体的文化;第四,重塑国家身份,以适应所涉社会的现有特征。②在这四个过程中,有的是公开自上而下的政治行为,主要依靠国家的强制执行;有的自下而上,是人们自发行动的结果。在国家认同形成的过程中, 自上而下与自下而上的过程之间要有某种互补性,要不然国家认同也不会生根。

应该看到,民族国家认同虽然能够提升国家的政治整合能力,但很少有国家是纯粹由单一民族组成的,"一国一族"的情况极为罕见,大多数都发生在多民族的背景下。根据沃克·唐纳在 20 世纪 70 年代的估计,只有大约 10% 的国家能够说是真正的"民族国家",即国家主权的边界与民族认同的边界完全一致, 并且国家的全部人口共享一种单一的族裔文化。③在这种情况下,还需要在现代民族认同的基础上建构现代国家认同,加深各民族人民对国家的效忠和归属。当然,也要清醒认识到民族国家观念背后的张力。正如马德普所言:"民族国家观念及其背后的民族主义意识形态, 是导致多民族国家民族分裂和民族仇杀的重要思想根源。"④因此,在塑造现代国家认同的过程中,要认识到民族国家观念背后正反两方面的作用。

---

① 安德烈亚斯·威默:《国家建构:聚合与崩溃》,叶江译,上海人民出版社,2019 年,第 296 页。
② 弗朗西斯·福山:《政治秩序与政治衰败》,毛俊杰译,广西师范大学出版社,2015 年,第 175 页。
③ Walker Connor, "Nation-building or Nation-destroying?", *World Politics*, Vol.24, 1972, pp. 319–355.
④ 马德普:《跳出西方"民族国家"的话语寨臼》,《政治学研究》,2019 年第 2 期,第 19 页。

(三)培育社会资本,促进社会的凝聚力

除了建构刚性的政治制度之外，福山也非常强调社会资本在国家建构中的作用。他早年认为，"社会资本是由社会或社会的一部分普遍信任所产生的一种力量。它不仅体现在家庭这种最小、最基本的社会群体中,还体现在国家这个最大的群体中,其他群体也同样体现这种资本"。[①]此后他进一步指出,"社会资本是一套具体化的非正式规范,它促进两个或更多个人之间的合作。"[②]在此基础上,福山认为体现社会资本的所有群体都有一定的信任半径, 也就是合作规范在其中起作用的人群, 现代社会可以被认为是一系列的同心圆和重叠的信任半径构成(如图 2 所示)。因此,建立在社会资本基础上的信任、规范以及网络在促进社会合作和群体认同方面是非常重要的,其有助于增强整个社会的凝聚力。

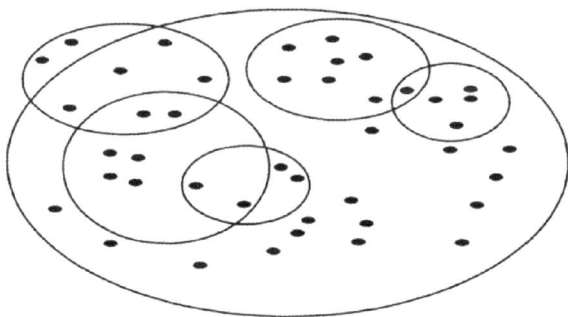

图 2　信任网络

资料来源:Francis Fukuyama, "Social Capital, Civil Society and Development," *Third World Quarterly*, Vol.22, No.1, 2001, p.9.

社会资本在现代国家建构中发挥了何种作用呢? 福山比较了英国、美国、希腊和意大利的现代国家建构历程后发现:一方面英国和

[①]　弗朗西斯·福山:《信任:社会美德与创造经济繁荣》,彭志华译,海南出版社,2001 年,第 30 页。

[②]　Francis Fukuyama, "Social Capital, Civil Society and Development," *Third World Quarterly*, Vol.22, No.1, 2001, p.7.

美国有着很深的宗教传统,宗教组织提供了可靠的信任网络,无需依赖中央集权的等级制度;另一方面英国和美国有着强烈的国家认同,虽然人们不信任国家权威,但是人们认为政府是合法的,人们表现出对国家的广泛忠诚。相较之下,希腊社会在种族、文化和宗教层面上都是非常同质的,但民众把国家视为外国势力的工具,人们并不信任国家;在意大利,国家统一之后并未建立起让南部同化于北方的中央集权,地区忠诚往往超越了国家认同,并形成了迥异的文化传统:北方有良好的信任基础并促进了社会合作;南方则缺乏合法制度,信任半径仅限于亲友圈,黑手党则强化了该趋势。比较遗憾的是,希腊和意大利南部的情形并非个例,不信任的文化传统也广泛存在于发展中国家。

在很多发展中国家,历史文化传统并没有为现代国家建构留下多少积极的社会资本。但改善社会资本并非没有可能:一方面,需要通过社会精英的精诚合作,在理性的和审慎的基础上重塑现代国家的正式制度,并在此基础上提升制度绩效和政府公信力;另一方面,需要完善法治,通过逐步提升执法水平,逐渐形成整个社会崇尚法治的文化传统,这方面新加坡提供了很好的典范。可见,优良的制度设计有助于增强人们的社会信任,但也需要优良的法治作为后盾,如果违法成本很低就没有人愿意合作。

四、结语

在"转型范式"的推动之下,极简主义的程序民主逐渐取代了民主的实质,并将多样化的民主实践简化为选举民主的普世范式,使得新兴民主国家徒有民主之表而缺乏民主之实,最终出现了民主治理困境。福山通过对"转型范式"的反思纠正了其理论谬误,强调了国家建构的重要性,明确提出国家建构优先于民主转型的理论主张,对发展中国家的政治现代化具有重要借鉴价值。但从本质上来看,福山提供的政治现代化方案主要源于西方国家的经验,并没有充分考虑到发展中国家的国情和不同国家之间的差异性，因此他提供的解决方案并不能具体地解决发展中国家在政治现代化进程中遇到的现实问题。总的来说，福山在反思"转型范式"基础上明确提出国家建构优先于民主转型的理论主张，有助于深化对发展中国家政治现代化问题的认识。但也要看到，福山对国家建构重要性的强调仍然没有突破西方国家政治现代化的历史叙事，这也影响了其理论的解释力。

数字时代民主的迷思

——数字技术的影响及其限度 *

关　爽 **

内容摘要　数字技术的迭代发展及其在政治领域的广泛渗透，催生了数字民主的产生与发展。数字民主试图在生产协商实践机会、推动个体化政治与集体行动的形成、增进理性辩论与共识、提升普通民众政治参与的效能感等方面寻求优化民主政治的可行方案，深刻改变了西方民主政治的运行。然而，对数字技术影响民主政治的评估，深受国家的社会政治背景的影响，需要将数字技术与民主的类型具体化，同时由于数字集权、政治与技术精英的控制、群体极化等消极影响的存在，削弱了数字技术的民主潜能。走出数字民主的迷思，理论上，需要探索数字技术影响民主政治的因果机制和具体路径；实践上，进行必要的公共干预和治理改革，同时注重更具包容性和更负责任的制度体系建设，推进民主进程。

关键词　数字民主；政治参与；公共领域；数字集权

---

* 本文系国家社会科学基金一般项目"数字时代社会治理共同体建设的实践模式、影响因素与体制机制研究"（21BZZ046），教育部人文社会科学研究青年基金项目"信息技术驱动的服务型政府建设研究"（20YJC810003）的阶段性研究成果。

** 关爽，浙江大学管理学博士，清华大学社会科学学院博士后，上海师范大学哲学与法政学院副教授，主要研究方向为数字政府和技术治理。

一、问题的提出

数字技术已经对国家与社会的运行产生了深远影响，影响着政治交流与过程、政治权力关系、政府组织结构、政治参与和社会交往模式，并进一步重塑了政治生态、政治议题与公共舆论。

在技术与民主关系的讨论上，一些研究倾向于将信息技术与报纸电视等传统媒介进行比较，进而技术被认为具有影响政治实践与民主进程的潜力，如网络空间正在推动政治的民主化，社交媒体更有助于进行社会动员与集体行动，为西方政治参与提供了重要平台。尤其是数字技术对传统信息技术的补充和延伸，以及智能革命进程的加快，再次引发了对"数字技术的民主意义"这一话题的深刻讨论，同时因为数字技术的双重性，又展现出此类讨论的复杂性。

一方面，具有"民主"特质的数字技术在赋能与意见表达、提供公共讨论平台或以公共论坛的形式，在政府与公民之间提供交流通道[1]和弹性的参与方式等方面表现出媒介优势，满足了不同层次和群体的信息需求，为普通公众制造表达与行动的机会，使公民成为"开放民主中知情的决策者"，[2]由此被寄希望于以参与式、协商式民主的方式修正代议制民主的缺陷，弥补选举式民主的不足。特别是数字民主对技术的政治化使用以及由此带来的政治影响，被认为是新型民主的实践形态。另一方面，数字技术的民主功能有被夸大的嫌疑，如"数字鸿沟"的加深有可能带来政治参与的严重不平等；政治精英与技术精英对技术的垄断与不当使用导致的政治权力集中和扩大化趋势；[3]互联网导致的个性化信息阅读方式将会削弱社会融合，以及引发政

---

[1]　Kneuer Marianne, "E-democracy: A New Challenge for Measuring Democracy," *International Political Science Review*, 2016(37), p.666.

[2]　高奇琦、张鹏:《从算法民粹到算法民主:数字时代下民主政治的平衡》,《华中科技大学学报(社会科学版)》2021年第4期。

[3]　徐琳、徐超:《人工智能时代政治权力的双重面相》,《兰州大学学报(社会科学版)》2020年第1期。

治极化与极端主义①,进而导致反公共性。

　　基于此,本文的核心议题是,面对数字时代的到来,数字技术如何赋能民主运作? 数字民主呈现何种技术特征和民主特征? 数字民主能否帮助西方国家走出政治参与和决策的困境,实现民主流程再造,进而推进民主进程,巩固民主的合法性? 为此,文章探讨了数字技术与民主变迁的内在联系, 分析了数字技术的驱动如何为现代民主发展提供新手段和新空间, 同时对数字民主影响西方民主政治的限度进行了阐释,最后讨论了数字民主的发展前景与研究方向。

二、数字民主的隐喻:数字技术对民主的赋能效应

　　数字民主被用来概括数字技术对民主政治的重要影响。汉克(Hacker)和范迪克(Jan van Dijk)认为,数字民主即是"克服时间、空间和其他物理条件的限制,使用信息和通讯技术或网络交往,而去努力实践民主,对传统的政治实践来说……不是替代,而是丰富"。英国的汉萨德学会将数字民主定义为:与拓宽政治参与的努力相关联,通过新信息和交流技术使公民之间、公民和代表之间相互联系。②从20世纪中叶开始, 学者们开始从多个维度来分析数字民主对于民主政治的具体影响, 主要聚焦于数字民主如何突破现有民主政治和线下民主的某种局限,为民主发展提供新的信息空间,或者认为数字民主预示了某种新的民主实践形态等内容的讨论。

(一) 公民的直接参与和代表性的提升助推协商实践机会的再生产

　　二战结束之后,西方民主国家已经开始批判代议制民主。由于代

---

① Paul DiMaggio, Eszter Hargittai, W. Russell Neuman, and John P. Robinson, "Social Implications of the Internet," *Annual Review of Sociology*, 2001(27), p.321.
② 安德鲁·查德威克:《互联网政治学:国家、公民与新传播技术》,任孟山译,华夏出版社,2010年,第111页。

议制民主的精英化导向与专家治国模式,其在实践过程中日益淡化为选举民主,[①]导致普通民众的民主权利与政治参与难以得到有效保障。进而,在数字技术的迭代发展中,代议制民主模式进一步暴露出这种局限性,并且普通民众也要求超越这种"最低限度"的政治参与。

民主不只是一个讨价还价与整合偏见的过程,它还应该努力扩充普通公民的政治表达,允许公民之间的直接讨论。尤其是在因特网所提供的技术支撑与政治影响之下,扩展公共空间、扩大讨论的意见范围和参与讨论的公民人数均成为民主协商的核心期待,[②]以此推动以普通民众为中心的参与模式,更好地实现公民的民主权利。有学者进一步强调,在发达的民主国家中,互联网的低成本性使大量的人际交流成为可能,这也许意味着传统精英政治的落幕和公共辩论的民主化。[③]

此外,网络空间具有一定的时空弹性,更加尊重个性化与异质性,因此虚拟公共空间所讨论的议题也更具多元性与包容性,同时结合数字技术的互动反馈特征,促成了网络空间中协商实践机会的生产;[④]由网络所创造的没有决策负担的公共领域实现了不受限制的非正式化交往,其所产生的公共舆论能够对建制化机构的决策提供导向,[⑤]因而有助于增强民主实践中的协商性,促进公民协商成为一种常态化活动。

总的来讲,技术条件的改善至少在程序上优化了民主形式与过程。特别是针对日渐被边缘化的普通民众所提供的技术手段有助于满足不同个体或群体的政治诉求,提高了平等参与的机会,让更多的民众直接参与到各种政治过程中去,直接表达自身的政治主张,有助

---

① 陈炳辉:《国家治理复杂性视野下的协商民主》,《中国社会科学》2016 年第 5 期。
② 马修·辛德曼:《数字民主的迷思》,唐杰译,中国政法大学出版社,2015 年,第 9–10 页。
③ Henry Farrell,"The Consequences of the Internet for Politics," *Annual Review of Political Science*, 2012(15), p.37.
④ 唐庆鹏:《网络协商民主的成长轨迹及障碍研究》,《当代世界与社会主义》2015 年第 5 期。
⑤ 聂智琪:《互联网时代的民主重构:基于协商民主的视角》,《国外理论动态》2018 年第 2 期。

于回归民主本源。因此,数字技术为代议制民主在信息化、数字化和智能化的宏观发展环境中注入了开放性、代表性、参与、协商等程序性要素,创新了民主机制的运行方式,提高了民主实践的覆盖范围,也有助于提升公共政策制定与政治权力运行的民主化。

(二)社会资本、个体化政治与集体行动的形成

社会资本是民主政治运行重要的社会基础,其关键要素在于人与人之间的信任、互惠与合作。郑永年认为,现代信息技术的自发性和多元化产生了电子公共领域和独立的、多元的和活跃的公民社会,互联网技术的分权本质对互联网用户中形成社会资本具有重要影响,[1]用户通过分享信息和协商合作提升创造性解决问题的能力,有助于建立政治自信。

数字技术已经成为个体表达政治主张,开展政治动员与集体行动的催化剂与协调工具,拓展了组织资源和传统的社会动员模式。部分研究已经揭示出社交媒体承担着传递信息、意见表达与引发行动等多重角色,有助于推动直接的政治行动。[2]比如,Twitter 在激发个体网民参与社会抗议中具有的动员作用,即在运用 Twitter 所建立的关系网络中,那些与有强烈参与抗议动机者建立直接而多样化联系的用户,更有可能亲身参与抗议活动。[3]进一步讲,社会碎片化、群体忠诚度下降等因素共同催生了个体化政治(personalization of politics)时代的到来。社交媒体提供的跨越物理空间的实时在线数据与政治参与的低成本性,助推了个体化政治放大化的倾向。同时,政治参与的个性化方式改变了这个时代的政治文化,即个体围绕公平贸易、不平

① 郑永年:《技术赋权:中国的互联网,国家与社会》,邱道隆译,东方出版社,2014 年,第 109、116 页。
② Sebastian Valenzuela, "Unpacking the Use of Social Media for Protest Behavior:The Roles of Information,Opinion Expression,and Activism," *American Behavioral Scientist*,2013 (57),pp.920–942.
③ Jennifer M. Larson,Jonathan Nagler,Jonathan Ronen,Joshua A. Tucker, "Social Networks and Protest Participation:Evidence from 130 Million Twitter Users," *American Journal of Political Science*,2019(63),pp.690–705.

等、发展政策、环境保护、工人和人权等多元化的议题而被动员起来，进而借助数字媒介技术进行协调。①在多样化的数字技术和高度个性化的社交网络支持下，这种类型的集体行动可以诉诸更广泛的政治议题，并有机会建立更为平等的社会。

(三)数字空间与物理空间相互补充,增进理性辩论与共识达成

公共领域的核心力量在于，公民在交流的自主领域中能够自由参与理性辩论，远离国家、大媒体公司以及侵犯他们日常生活的社会不平等结构的控制与影响，在经过自由讨论与协商之后，将共识带到政府层面。②因此,公共领域模型强调促进政治讨论、凝聚政治理性与生成公共舆论,最终形成辩论共识。

传统媒体因受到政治和商业因素的裹挟，"公共领域"逐渐式微。数字时代激活了公共领域的重建，为相对自发的、灵活的、自治的公共辩论提供了多样性的场所。③数字技术所营造的虚拟空间成为向所有人开放的民主空间，包容个体话语的复杂性与异质性。凯尔乐(Kellner)就此提出,互联网推动了新的公共领域的产生，因为在论坛、聊天室、网页等媒介中讨论的各式话题能够形成一种松散的非正式的公共话语,且批评性的意见得以在网络讨论中不断完善,④由此激发了互联网的民主潜力。拜厄姆(Nancy K. Baym)将空间感、共享性实践、共享性资源和支持、共享性身份和人际关系等视为虚拟社区或网

① Lance W. Bennett, "The Personalization of Politics:Political Identity,Social Media,and Changing Patterns of Participation,"*The ANNALS of the American Academy of Political and Social Science*,2012(644),pp.20-39.

② 安德鲁·查德威克:《互联网政治学:国家、公民与新传播技术》,任孟山译,华夏出版社,2010 年,第 117 页。

③ Peter Dahlgren, "The Internet and the Democratization of Civic Culture,"*Political Communication*,2000(17),pp.335-340.

④ Douglas Kellner, "Intellectuals,the New Public Spheres,and Techno-politics,"in *The Politics of Cyberspace:A New Political Science Reader*,edited by Chris Toulouse and Timothy W. Luke,Routledge,1998,pp.167-186.

络公共空间的五种特质,①表明线上社区有助于超越传统地理社区的限制和行政控制,开辟一种新的人际交往模式。

(四)"用户驱动"的信息传播模式与公民角色变迁提升了政治效能感

数字民主推动了政治积极分子、公民意识较强的人士与政治体系之间的交流,通过投票、开展在线志愿活动与参与在线政治讨论等象征性赋权的方式鼓励积极的政治参与。②对此,辛德曼指出,"民主化"的描述性定义,其首要假定在于技术会放大普通民众的政治表达,"使公民涉足那些之前对他们封闭的政治活动,并且挑战传统精英们的垄断"③。在这方面,一个重要的案例是 2007 年的尼日利亚民主选举,被视为该国历史上第一次平民政府之间的权力交接。伊芙柯(Presley Ifukor)对选举期间的 245 条博文和 923 条推文展开的研究表明,选民除了使用 weblog 和 Twitter 的动员功能以外,也被社交媒体赋能。这种赋能效应赋予选民在民主治理中成为更活跃的角色,鼓励政治领域的公共讨论和参与性政治的发展,助推了民主追求与实践的自由化。④

政治与社交媒体的联姻使得民众放弃了"无法回应"的传统政治与媒体,公民角色也相应地发生了重要转变:公众有了前所未有的存取信息的能力,有助于拓展社会群体的横向交流通道,瓦解政治精英对一般公众进行的自上而下的单项传播渠道;⑤由于数字技术在传递信息与吸引参与度方面更有效率,将逐步推动建立以"用户驱动"为

---

① 南希·K.拜厄姆:《交往在云端:数字时代的人际关系(第 2 版)》,董晨宇、唐悦哲译,中国人民大学出版社,2020 年,第 83 页。
② 陈家喜、陈硕:《数字时代的西方政治参与变革:社交媒体的影响及限度》,《经济社会体制比较》2020 年第 4 期。
③ 马修·辛德曼:《数字民主的迷思》,唐杰译,中国政法大学出版社,2015 年,第 7 页。
④ Presley Ifukor,"'Elections'or'Selections'Blogging and Twittering the Nigerian 2007 General Elections,"*Bulletin of Science,Technology & Society*,2010(30),pp.398–414.
⑤ 詹姆斯·柯兰、娜塔莉·芬顿、德斯·弗里德曼:《互联网的误读》,何道宽译,中国人民大学出版社,2014 年,第 13 页。

基础的互动式信息传播模式，普通民众将有更多选择信息的空间与主动权；公民不再是服务与信息内容的被动消费者，而是被赋予"内容提供者"（content provider）或者"市民新闻记者"（citizen journalist）的新角色，[①]尤其提升了边缘群体政治参与的效能感。

以美国总统选举中出现的重要政治现象——政治的媒介化为例。从1996年开始，美国出现了政治竞选人创建个人网站并发起竞选活动的政治新现象；2004年，blog在美国总统选举中扮演了重要角色；2008年的美国总统选举中，年轻选民在Facebook上为每位政党候选人创建了1000多个群组，Facebook和Twitter扮演了关键性角色。借此，公民可以利用新的信息渠道和社交网站了解候选人，也可以参与到政治讨论中，尤其是活跃在Facebook和Twitter上的年轻人尤为受到社交媒体的影响。[②]这无疑有助于促进公民信息意识的觉醒，改变社会与国家的互动方式，形成数字时代公共沟通的新模式，构成了民主参与的重要基础。

除了以上分析维度，数字技术也改变了现代政党政治的运行方式。对此，查德威克（Andrew Chadwick）认为，西方国家的政党在调试自身以适应新的数字环境，竞选精英越来越多地使用实验数据科学方法，收集来自选民记录和数字媒介环境中大规模的行为信息，目的是组织和动员选民的关键部分进行投票。[③]同时，借助智能媒介，民众诉求也会对政治精英产生影响，从而拉近政治精英与普通民众的关系，实现更广泛的民主。[④]此外，数字技术在某些方面也发挥了民主巩固的效能，比如增强社会的民主潜力。社会的民主潜力强调一个社会的政治文化的变迁，即支持民主巩固的那些新的价值观、政治态度与

① Kneuer Marianne, "E-democracy: A New Challenge for Measuring Democracy," *International Political Science Review*, 2016(37), p.666.

② 帕维卡·谢尔顿：《社交媒体：原理与应用》，张振维译，复旦大学出版社，2018，第79-80页。

③ Andrew Chadwick and Jennifer Stromer-Galley, "Digital Media, Power, and Democracy in Parties and Election Campaigns: Party Decline or Party Renewal?", *The International Journal of Press/Politics*, 2016(21), p.284.

④ 孙会岩、郝宇青：《人工智能时代的西方政党政治：机遇、发展与困境》，《国外社会科学》2019年第5期。

行为规则的确立,①尤其体现在个体态度层面。Placek 以中东欧的民主变迁为例,讨论了社交媒体在民主转型到民主巩固中的作用,并发现社交媒体的使用不仅支持了民主, 同时也积极影响了民众的民主态度,提升了个体对于中东欧国家民主转型与新的民主政体的支持度,在一定程度上实现了民主巩固的目标。②

　　总之,从以上分析中可以看到,从规范意义上讲,政治体系通过运用数字技术来确保民主价值的实现,技术有可能在改善民主表达、公共讨论、投票与政策制定等环节影响民主的操作与运行。对民主体系而言,数字技术的作用主要体现为两方面:一是提升民主质量,如推动公民深度参与公共事务,提升社会力量参与公共讨论的范围,完善责任政府等;二是数字民主被视为替代代议制民主的一种直接民主的新形式,涉及议会、政党、媒体以及相关组织机构的角色调整,同时鼓励公民的直接参与,以此在公民之间、公民与政府之间建立新的关系。③

三、数字民主的困境:数字技术及其应用的限度

　　数字技术作为一种直接的、互动性媒介,并不意味着理想的民主体系可以直接建构于其上, 也并不是所有的研究都认可数字技术对民主政治的积极影响。

(一)评估数字民主需要考虑民主与技术的具体类型

　　对数字民主的政治效应及其未来发展的评估离不开对数字技术

---

① Magdalena Karolak, "Social Media in Democratic Transitions and Consolidations:What Can We Learn from the Case of Tunisia?", *The Journal of North African Studies*, 2018(25), p.10.

② Matthew A. Placek, "Democracy:Social Media Use and Democratic Legitimacy in Central and Eastern Europe," *Democratization*, 2017(24), pp.13–14.

③ Michel Catinat and Thierry Vedes, "Public Policies for Digital Democracy," In *Digital Democracy:Issues of Theory and Practice*, edited by Kenneth L. Hacker and Jan van Dijk, Sage, 2000, p.185.

两面性的认知。在乐观主义者看来,技术将会迅速改革社会、政治与商业。但是,数字媒介无法自动、有效解决政治激励、社会不平等、物质不平等这些与民主化实现程度高度相关的因素。

事实上,数字技术并非可以自由选取,或是一种完全开放的政治选择。它可以被进行不同的设计与应用,在某些情况下会刻意形塑我们的选择与偏好。相关研究指出,社交媒体的规则从来都不是价值中立的,"社交媒体中的政治"是常态。社交媒体的政治是指在社交媒体平台上,行动者们为了实现自身的利益和价值观而展开的权力互动,从而影响个体和群体的行为、偏好和价值体系。据此,社交媒体具有三种权力模型①:第一种是权力能够影响社会行动者的决策。以Facebook为例,在大多数情况下,理想的隐私设置和用户的实际控制权限之间存在差距,即Facebook可以对用户施加权力,影响他们设置隐私和向谁展示相关内容的决定。第二种是权力对政治议程的塑造和控制,它决定了社交媒体如何设计和运行,以及如何将潜在的问题排除在政治进程和公共领域之外。例如Twitter可以进行实时事件的更新,同时它又设置了推文的固定字符数,以此将特定类型的内容(比如一些涉及复杂和微妙论点的实时帖子)置于其他内容之上。第三种权力模型聚焦于旨在形塑和影响个体观点、认知和偏好的行动与非行动。

对于技术与民主的关系,一些学者持谨慎态度。范迪克(Jan Van Dijk)认为,应该基于民主的具体形式讨论数字技术的效应与意义。在他看来,公投民主(plebiscitary democracy)建立在直接民主的话语基础之上,其核心在于扩大和增强公民声音,并以全民公决或公民投票的方式产生公共政策。对多元民主而言,新媒体的吸引力在于其独立性和信息渠道的增加共同支持了政治信息与讨论的多元性。不仅如此,数字时代交互式的沟通网络特征与多元民主对跨部门信息流动

---

① Karine Nahon,"Where There Is Social Media There Is Politics,"in *The Routledge Companion to Social Media and Politics*,edited by Axel Bruns,Gunn Enli,Eli Skogerbø,Anders Olof Larsson and Christian Christensen,New York:Routledge,2016,pp.39–55.

的诉求具有一致性。参与式民主与多元民主最大的不同在于它更强调公民角色与公民权的实现，通过教育和训练公民能够使其成为社区建构中的积极行动者。因此，数字技术应用于此种民主形式所要解决的核心问题便是解决网络不平等与网络鸿沟，实现用户友好型的信息系统建设；确保民众的知情权和信息权，激活公民参与；借助电子讨论(electronic discussion)形式，实现公众意见的表达与共识形成。作者总结道，多元民主、公投民主和参与式民主等民主形式要通过运用新媒体远离制度政治，因为这些民主形式偏爱公民网络、公共讨论、社区建构、独立的政治信息提供与电话投票。[1]

此外，学者 Zittle 对美国众议院、德国联邦议院和瑞典议会中议会成员个人网站的使用情况进行了比较分析，讨论议会成员个人网站使用对民主的影响，进而分析了在美国和欧洲不同制度环境下，互联网技术、政治情境与政治代表之间的关系。研究发现，虽然这三个国家的信息化程度水平均较高，但议会成员对互联网技术的使用都采用了次优的方式，并未充分发挥互联网技术的核心功能。即便如此，相比于欧洲国家，美国的制度环境更支持数字民主，强调对于互联网的使用出于战略考虑，并且指出选举动机是议会成员利用互联网与选民进行沟通的重要原因。在瑞典和德国，立法结构、缺乏相关的资源等因素影响了议会成员个人的行为模式。这一研究表明，讨论技术与民主的关系，在宏观层面的政治分析之外，需要嵌入社会行动者视角，以便理解连接宏观制度变量与个人选择的机制，这样才有可能解释技术所带来的机会结构对一个国家的民主发展究竟意味着什么。[2]

---

[1] Jan Van Dijk, "Models of Democracy and Concepts of Communication," In *Digital Democracy: Issues of Theory and Practice*, edited by Kenneth L. Hacker and Jan van Dijk, Sage, 2000, pp.41-44.

[2] Thomas Zittel, "Political Communication and Electronic Democracy: American Exceptionalism or Global Trend?", *Comparing Political Communication*, 2004, pp.231-250.

(二)数字技术民主效应的发挥深受社会政治背景的影响

社会政治背景的差异决定了数字技术能否以及在多大程度上产生民主影响,其影响路径也呈现差异化特征。

其一,在传统媒体仍旧占有主导地位的国家,其主要的信息框架依然是报纸、广播和电视,数字技术对传统政治结构和民主政治的影响非常有限。特别是掌握传统媒介的政治精英因其既有的资源、经验和权势的影响,很快成为数字媒介的掌控者。即使数字技术的应用与试验有利于提升现有西方政治系统的参与性、代表性和协商性等民主要素,然而大部分案例表明技术经常被用于增强当前的政治实践、现存的社会和政治的运行方式,因此无法形成新的民主政治体系。

政治体系对数字媒介的使用,并不是简单地将传统媒体替换为新媒体,而是新旧媒体逻辑的互动、适应和共同演变。[1]哈林和曼奇尼在《比较媒介体制:媒介与政治的三种模式》的著作中探讨了传统媒介与政治的关系,提出了三种媒介模式:自由主义模式(Liberal Model)、民主法团主义模式(Democratic Corporatist Model)以及极化多元主义模式(Polarized Pluralist Model),但并未将互联网效应纳入分析框架。需要说明的是,两位学者的比较媒介体制研究明确反对夸大技术的影响力,一方面,技术的实际影响需要与技术在其中被改造和实施的社会语境相结合进行综合评估。另一方面,"技术是走向同质化的另一股'外来'力量",每一种技术革新最终都会导致个人和社会公共机构的大范围改造。[2]

2017 年,在回顾《比较媒介体制》发表十周年的文章中,两位学者审视了新传播技术的崛起对媒体与国家关系的影响,在学界的质疑

① Andrew Chadwick, James Dennis, and Amy P. Smith, "Politics in the Age of Hybrid Media: Power, Systems, and Media Logics," in *The Routledge Companion to Social Media and Politics*, edited by Axel Bruns, Gunn Enli, Eli Skogerbø, Anders Olof Larsson and Christian Christensen, New York: Routledge, 2016, pp.7–22.
② 丹尼尔·C.哈林,保罗·曼奇尼:《比较媒介体制:媒介与政治的三种模式》,陈娟、展江等译,中国人民大学出版社,2011 年,第 257 页。

声中开始回应新技术与媒介体制之间的关系问题。一方面,他们认为基于传统媒介的研究,部分结论可以在新媒体或信息技术的环境中得到延续。另一方面,两位学者提出了三项假设,一是基于互联网的媒体可能是一种促进融合的力量,从而削弱现有媒介体制的国家差异。二是由于受到现有社会结构与实践的影响,媒介体制的差异形塑了互联网媒体的作用。三是新媒介的发展路径有可能不同于传统媒介,从某种程度上来说可能与先前模式并不具有连续性。①事实上,对于互联网技术与不同媒介体制之间的关系,这些假设在相关研究中均有不同的论据予以支撑。比如在意大利的极化多元主义模式中,互联网强化了新闻媒体的政治平行性,表明新闻媒体作为政治行动者的重要作用。②在自由主义模式的美国与极化多元主义模式的法国,技术使用对两国记者的影响也存在差异性。③

　　此外,关于网络对全球民主影响的讨论中,政府监管同样存在国别差异。福山(Francis Fukuyama)等学者探讨了自由民主国家在网络内容监管方面的努力,并放入传统媒体监管视角中进行比较和分析。研究发现,同样是将媒体多元化视为基本政策目标的法国和德国,由于两国对待媒体多元化的具体态度不同,导致国家监管角色的不同。对法国而言,媒体多元化不仅意味着媒体市场的竞争性,同时也意味着在由美国文化主导的全球媒介市场上,法国政治文化价值观的维护和传递。因此,法国强调国家要发挥更直接、更具干预主义的监管作用。但对德国来说,媒体多元化的政策目标在于抵御极权主义的回归。因此,德国要避免类似的国家直接干预媒体发展的方式,防止政府可能滥用权力削弱多元主义。当转向数字领域的媒体监管时,法国

---

① Daniel C. Hallin and Paolo Mancini, "Ten Years After Comparing Media Systems：What Have We Learned?", *Political Communication*, 2017, 34(2), pp.155-171.

② Cristian Vaccari, "The News Media as Networked Political Actors：How Italian Media Are Reclaiming Political Ground by Harnessing Online Participation," *Information, Communication & Society*, 2011(14), pp.981-997.

③ Angèle Christin, "Counting Clicks：Quantification and Variation in Web Journalism in the United States and France," *American Journal of Sociology*, 2018(123), pp.1382-1415.

通过法律建立快速的司法程序，对包括法国政府在内的个人和组织就对声称的"假新闻"投诉迅速做出裁决。但德国并未赋予联邦政府发起和裁决投诉的新权力，而是认定平台是首要负责人，即由服务提供商决定被举报的内容是否违法和删除。①这体现了两国针对错误信息和内容的政府监管模式延续了传统媒介的监管经验。

其二，已有的研究成果已经反映出制度对数字技术民主效应的不同影响。一般认为，信息技术促进政治参与度的提升，然而这种现象如果发生在制度化程度较低的国家，利益表达的碎片化和参与者的不稳定性反而导致政治协商的复杂性，提升社会融合的难度。②互联网有助于通过集体行动促进民主，但是在支持非民主国家网络民主的积极活动人士时，有可能导致互联网政治化，反而加大了这些国家的政府封锁互联网的可能性。③此外，由于商业化趋势、新技术发展与互联网的盛行，媒体与受众都呈现了不同程度的碎片化与分割状态，这将加剧社会和政治的极化现象，进而对民主的结构与功能产生不利影响。这些影响在意大利、地中海国家和中东欧等公共服务提供参与程度较低的国家尤为明显：由于缺乏充足的资源、服务和政策，这些国家的民众不仅基本权利没有得到普遍保障，民主规则还要根据不同的情况进行调整。④

(三)数字民主有可能导向数字集权，削弱民主绩效

网络生活本身就体现为一种等级制或者金字塔结构。数字技术可以提供新的分权式参与、民主与公民权的可能性，但它同样加剧了

① Francis Fukuyama and Andrew Grotto,"Comparative Media Regulation in the United States and Europe,"*in Social Media and Democracy:The State of the Field*,Prospects for Reform, edited by Nathaniel Persily and Joshua A. Tucker,Cambridge University Press,2020,pp. 203–205.
② Paolo Mancini, "Media Fragmentation,Party System,and Democracy,"*The International Journal of Press/Politics*,2013(18),p.56.
③ Clay Shirky, "The Political Power of Social Media:Technology,the Public Sphere,and Political Change,"*Foreign Affairs*,2011(90),pp.28–41.
④ Paolo Mancini, "Media Fragmentation,Party System,and Democracy,"*The International Journal of Press/Politics*,2013(18),pp.49–50.

数字时代的权力失衡,甚至形成数字集权,创造着新的不平等。

首先,物质世界中带有结构性、经济性和社会性的等级制在数字空间的延伸,便形成了网络上的社会精英。他们"自然垄断"了话语权和关注度,这种过度的代表权打破了数字技术正在从政治精英手里移走权力的幻想,并未导向更广泛的民主化。[1]此外,在戴伯格看来,网络空间的商业化发展、网络审议赤字、缺少聆听他人的品质、难以核实网络身份和信息、线上政治论坛对边缘群体的排斥、某些个体或群体对网络话语讨论的主导性等因素的存在都不利于数字空间成为"健康的公共领域"。[2]

其次,政府干预和信息独裁异化了数字技术的使用。桑斯坦(Cass Sunstein)曾指出,"当信息是自由的,专政就不可能有存在的空间。这也就是为什么网络是民主自治的大引擎"。[3]然而数字技术的发展受到强大的政治与经济力量的驱使,"不是人类新建的一个更自由、更美好、更民主的另类天地"。[4]网络容易成为政府管理公民的控制工具,强化掌握政府信息系统的公务员群体的权力,从而直接支持了集中政治的企图。[5]

作为一种新的权力力量,数字技术容易被政治权力和资本逻辑所侵蚀,通过技术垄断与隐形控制,成为加强专制统治和获取商业利润的工具,导致其异化为一种社会控制技术。例如,选举大数据的应用可以预测公民的政治倾向,但这些庞大的用户数据被西方政党用来进一步分析和掌握普通用户的政治立场和偏好,并且在社交媒体平台个性化网络推送的影响下,改变、监控、预测和管理公民的政治参与和政治选择等行为,试图巩固普通公众的政策倾向。经此,数字

[1] 马修·辛德曼:《数字民主的迷思》,唐杰译,中国政法大学出版社,2015 年,第 24、173 页。
[2] Lincoln Dahlberg, "Computer-mediated Communication and the Public Sphere:A Critical Analysis,"*Journal of Computer-Mediated Communications*,2007(3),pp.47-64.
[3] 凯斯·桑斯坦:《网络共和国:网络社会中的民主问题》,黄维明译,上海人民出版社,2003 年,第 139 页。
[4] 丹·希勒:《数字资本主义》,杨立平译,江西人民出版社,2001 年,第 287 页。
[5] 简·梵·迪克:《网络社会》(第三版),蔡静译,清华大学出版社,2020 年,第 120 页。

技术由促进政治参与、开放民主空间的技术工具演变成监控型的、集权型的数字技术，为数字民主致力于实现网络分权、信息平权和政治参与的努力设置了隐形障碍。

再次，对肩负推动民主治理使命的政府部门而言，其民主绩效表现不如预期。韦斯特对新技术是否促进了公共部门的民主绩效心存疑虑。他的研究表明，电子政府在政治上的变化是小规模和渐进的，它与政治民主化之间存在微弱的联系：一是制度安排、预算不足、集团冲突、文化准则，以及社会与政治行为的主导方式等因素调和了政府行为，限制了数字技术改造政治与社会的能力；二是政策制定者和政府官员并没有将数字技术看成是提高公民参与能力和公众回应性的工具，而是用提供服务传递的思路代替改革政治体系和提高民主运行的图景，以维持代表制民主。这就导致数字政府建设中缺乏能够增强民主问责和互动式协商的民主环节，损害了数字技术改善民主运行的能力。[1]因此，范迪克犀利地指出，在民主的意义上，绝大多数的公共部门和管理机构并没有足够的机制和能力来对接或者说适应数字技术驱动的参与浪潮。[2]

（四）数字技术并不必然促进民主交流与对话

政治参与的内在价值和对社会整合的贡献，部分依赖于信息的可接近性、可靠性和有效性，并进行以信息为基础的交流与互动，这也是塑造健康的民主生态、实现民主政治的必要条件。然而，以"公共资源"面貌出现的数字技术，由于政治与商业资本的深度嵌入造成数字空间有可能偏离公共领域的属性。甚至，网络并没有消除政治生活的排他性，它只是调整了排他性的设置障碍：从政治信息的生产转移到了政治信息的过滤层面。[3]

---

[1]　达雷尔·韦斯特：《数字政府：技术与公共领域绩效》，郑钟扬译，王克迪校，科学出版社，2010年，第8、186–187、194–196、203页。
[2]　简·梵·迪克：《网络社会》（第三版），蔡静译，清华大学出版社，2020年，第135页。
[3]　马修·辛德曼：《数字民主的迷思》，唐杰译，中国政法大学出版社，2015年，第17页。

　　比如网络的链接结构和站点能见度形成了政治信息的筛选和过滤环节,限制了公民的自由选择和认知资源。尤其是在定向的政治活动中,这些经过被选中、被过滤的议题、新闻片段和信息影响了公民注意力的分配,致使公民注意力的高度集聚化。搜索引擎的排他性设置再一次约束了公民能见到的政治内容,同时决定了"谁在网上被听到"。[①]在知识民主化的外衣之下,搜索引擎滥用了用户的信任与信息接收的权利,加剧信息的非均衡分发和对信息环境的垄断,形成"信息茧房"和"过滤泡",[②]堵塞和减少了群体之间共享经验的通道。这就在事实上导致了网络空间的窄化和用户信息接触的封闭性,不同程度地压缩了政治参与的空间,牺牲了多元主体之间平等交流与共识性公共利益达成的可能性,制约着民主空间的拓展。

(五) 数字技术驱动的公民参与不一定被纳入改善政策制定的民主流程

　　从公民参与的角度来看,数字民主假设增强了政治决策中的公民参与,然而这种看法可能简化了政治系统的复杂性,以及政治体系与数字技术应用之间的复杂关系。

　　例如,参与式民主希望借助数字技术增强公民的直接参与,实现公民对公共事务的直接决定。然而一方面,此种类型的民主形式已经遭到了一些批评和质疑:如在实施范围上,较多出现在地方政治和工作场所的小规模群体(workplace groups)中;这种参与形式是否真正对政策制定产生实质性影响;未充分考虑到一些没有持续性意愿参与政治讨论与行动的民众。[③]另一方面,即使通过数字技术提升了政府与社区组织、公民个体之间政治信息交流与直接沟通的多元渠道,可

[①]　马修·辛德曼:《数字民主的迷思》,唐杰译,中国政法大学出版社,2015 年,第 171–172 页。
[②]　伊莱·帕里泽:《过滤泡:互联网对我们的隐秘操纵》,方师师、杨媛译,中国人民大学出版社,2020 年,导读第 4 页。
[③]　Barry N. Hague and Brian D. Loader, "Digital Democracy: An Introduction,"in *Digital Democracy: Discourse and Decision Making in the Information Age*, edited by Barry N. Hague and Brian D. Loader, Routledge, 1999, pp.5–6.

以实现公众参与的扩大化,但是公众的声音"被听到"并不意味着公民获得了影响政策制定的真正通道,因为在"被听到"和"被采纳"之间依然存在较远的距离。目前,并没有充分的证据表明公众的意见能够顺利进入公共政策的制定环节甚至影响公共政策结果。公众对政策制定产生影响较多取决于:公民个体获取信息与利用信息的偏好;公民获得的信息是否会进一步转化为政治行动;政治体系与媒介中的权力关系等因素。①

此外,数字技术虽然有助于缓解公民政治参与的高成本问题,但并没有改变网络的政治结构和参与者行为,普通民众的政治作用依然未得到政治决策体系的足够重视。以印度的 Aadhaar 综合身份识别系统为例,Aadhaar 储存了印度每个公民的指纹、虹膜扫描和人口统计数据,最初被宣传为消除贪污和有效提供福利服务的工具。但是,目前的 Aadhaar 系统已经成为新兴大规模监控基础设施的基础,而那些被强行治理的普通民众却无法参与塑造治理条款的行动或逃避代码统治。②这表明一些数字平台已经成为社会资源分配的工具,公民遭遇了系统性失权。最后,议题的政治化在民主政治中难以避免,这就人为地忽视了其他社会群体的利益诉求,致使政治讨论缺乏足够的代表性和多元化声音,甚至会造成公众被迫退出公共讨论与公共生活的局面。

(六)群体极化的潜在风险

技术所塑造的健康的公共领域应该充满观点的相互碰撞和冲突,并能挑战共识,③进而在平等、公开、理性的公共讨论中形成群体认同,这也是民主政治的核心要素。然而,团体认同容易形成集体性

① Jan van Dijk and Kenneth L. Hacker, "Summary," In *Digital Democracy:Issues of Theory and Practice*,edited by Kenneth L. Hacker and Jan van Dijk,Sage,2000,pp.214–218.
② Jenna Burrell and Marion Fourcade,"The Society of Algorithms,"*Annual Review of Sociology*,2021(47),p.225.
③ 安德鲁·查德威克:《互联网政治学:国家、公民与新传播技术》,任孟山译,华夏出版社,2010 年,第 34 页。

行动,但也容易导致群内同质化、群际异质的群体极化现象。在桑斯坦看来,群体极化是指经过协商之后,人们极可能朝着群体成员最初倾向的方向发展出一个更为极端的观点, 从志趣相投走向集体性观点和行为的极端化和碎片化。①进一步地,Barberá 区分了两类政治极化,即意识形态层面的政治极化(ideological polarization)和情感层面的政治极化(affective polarization),前者涉及政治观点和议题立场的分歧,后者涉及对其他党派群体的态度。②

在社交媒体与极化效应关系的研究方面, 早期专注于讨论过滤泡和回音壁的影响。实际上,数字技术所营造的环境是高度被选择过的,如互联网的互动界面可以被控制,用户可以被选择,用户所接触的信息内容可以被操纵;Twitter 构建标签和群组的能力促使高度专业化的网站、讨论组以及网络订阅源的不断产生,社交平台的"标签"功能经由内容过滤发挥了激发群体极化的作用,③屏蔽了公共理性与民主协商的可能性。

桑斯坦认为, 人们倾向于和自己政治观点相近的群体或个人分享信息,并有可能采取更极端的立场从而放大极端观点,因为"网络对许多人而言,正是极端主义的温床,因为志同道合的人可以在网上轻易且频繁地沟通, 但听不到不同的看法。持续暴露于极端的立场中,听取这些人的意见,会让人逐渐相信这个立场"④。并且,民众自由使用社交媒体的同时有可能也在进行着自觉或不自觉的信息过滤行为,导致他们最终生活在自己塑造的"回音室"里,变得愈加封闭和对立。对此,桑斯坦表达了他的担忧:公民无法再控制他们所接触到的

① 凯斯·桑斯坦:《标签:社交媒体时代的众声喧哗》,陈颀、孙竞超译,中国民主法制出版社,2021 年,第 94 页。

② Pablo Barberá, "Social Media, Echo Chambers, and Political Polarization," in *Social Media and Democracy: The State of the Field and Prospects for Reform*, edited by Nathaniel Persily and Joshua A. Tucker, Cambridge University Press, 2020, p.46.

③ 凯斯·桑斯坦:《标签:社交媒体时代的众声喧哗》,陈颀、孙竞超译,中国民主法制出版社,2021 年,第 82–83 页。

④ 凯斯·桑斯坦:《网络共和国:网络社会中的民主问题》,黄维明译,上海人民出版社,2003 年,第 50–51 页。

信息,即使人们不会自愿选择使用回音室,但他们可能别无选择,因为各种社交媒体和数字平台成为人们所见所闻的仲裁者。[①]

　　然而,后续研究显示,社交媒体同时也增加了来自"弱关系"的各种政治观点的曝光, 即不同群体之间或政治观点不同的个体之间也会进行信息的分享而非封锁。[②]更重要的研究发现在于,"弱关系"不一定意味着它对政治极化没有影响, 因为反复接触交叉信息也会造成群体极化。这其中的一个重要变量便是党派身份,比如有党派倾向的 Twitter 用户更有可能传播与他们意识形态立场相符的信息,[③]党派身份容易导致情感层面的政治极化[④]。

　　基于此,帕布洛·巴伯拉(Pablo Barberá)指出,在认识社交媒体与极化效应关系的问题上, 社交媒体对不同群体具有异质性影响。但是,如果考虑到他们的政治倾向和党派身份,社交媒体与极化效应关系的经验性研究及其结论会更加复杂。[⑤]据此研究方向,约翰内斯·凯泽尔(Johannes Kaiser)等人的最新研究从个体层面确认了党派封锁(partisan blocking)助长了网络两极化的研究发现。研究者们指出,如果社交媒体用户"屏蔽"或"取消关注"他们认为在政治上不同的虚假信息分享者,他们就不太可能切断与政治上相似的人的联系。随着时间的推移,这些行为可能会导致社交媒体沿着党派路线的网络极化,进而党派封锁可能会减少用户接触政治上不同的人和信息的机会。

① Pablo Barberá, "Social Media, Echo Chambers, and Political Polarization," in *Social Media and Democracy: The State of the Field and Prospects for Reform*, edited by Nathaniel Persily and Joshua A. Tucker, Cambridge University Press, 2020, p.42.

② Pablo Barberá, "Social Media, Echo Chambers, and Political Polarization," in *Social Media and Democracy: The State of the Field and Prospects for Reform*, edited by Nathaniel Persily and Joshua A. Tucker, Cambridge University Press, 2020, p.35.

③ Michael D. Conover, Bruno Gonalves, Alessandro Flammini and Filippo Menczer, "Partisan Asymmetries in Online Political Activity," *EPJ Data Science*, 2012(1), https://doi.org/10.1140/epjds6.

④ Shanto Iyengar, Gaurav Sood and Yphtach Lelkes, "Affect, Not Ideology: A Social Identity Perspective on Polarization," *Public Opinion Quarterly*, 2012(76), pp.405–431.

⑤ Pablo Barberá, "Social Media, Echo Chambers, and Political Polarization," in *Social Media and Democracy: The State of the Field and Prospects for Reform*, edited by Nathaniel Persily and Joshua A. Tucker, Cambridge University Press, 2020, p.46.

在这其中,党派隔离可以说是网络极化的一个强大驱动因素。因此,"屏蔽"或"取消关注"违反社交媒体规范的网友,表面上可以减少有害内容在社交媒体上的传播,但可能会以一个更加碎片化的网络公共领域为代价,而这不利于发展跨越意识形态分歧的共识。[①]

四、结语:数字民主的发展与研究

数字民主致力于推动开放的参与机制、技术应用的平等性和为普通民众提供准确的政治信息,承载着优化民主实践的政治价值,试图为精英治国和公众参与相结合的民主政治寻求有效的实践路径。然而,数字技术对民主来说到底意味着什么,似乎是不确定和充满争议的:数字技术既能巩固民主规范,实现民主价值,同时也是民主发展的压力型因素,使民主陷入困境。

数字民主的迷思,一方面源于技术崇拜导致的民主幻象。这种将数字技术视为民主工具的观点,并未摆脱技术中心主义的桎梏,由此产生对数字民主及其发展前景的误读。另一方面,数字技术与民主政治内在关联的研究大多偏好规范描述的路径,仍缺乏足够的以因果机制为基础的经验研究。从研究层面讲,一些关键性的议题亟待解决:如何评估数字民主的质量?何种类型的数字技术和制度安排更有助于实现数字民主,协助西方国家走出政治参与的危机?这些都需要进行深入的分类讨论、比较研究与机制研究。

在发展数字民主方面,首先,公共干预是必需的。这不仅源于应对数字鸿沟、大型技术企业的信息垄断等风险,也在于数字民主的运行依赖于特定的政治环境与权力关系。其次,数字民主的具体运行模

---

① Johannes Kaiser, Cristian Vaccari, and Andrew Chadwick, "Partisan Blocking: Biased Responses to Shared Misinformation Contribute to Network Polarization on Social Media," *Journal of Communication*, https://www.lboro.ac.uk/media/media/research/o3c/pdf/Kaiser_Vaccari_Chadwick_Partisan_Blocking_and_Network_Polarization_on_Social%20Media_-_Journal_of_Communication_2022.pdf, in Press.

式与民主实践的类型、国家对公民权和公民身份的认知等因素高度相关。再次,包容性与更负责任的制度体系必不可少。对此,公共部门应该将数字技术视为重要的输入渠道,把握公民群体所关心的议题,进而发展出针对特定政策议题的协商性讨论。[1]最后,数字民主需要运转良好的数字政府,将数字政府的实践纳入更广泛的公共治理改革框架,以推动公共行政系统的整体性变迁。

　　最后需要指出的是,就目前来看,数字民主依然是一个探索与实验的过程,它不是一种民主形式,而是特定民主形式的一种补充性机制安排。虽然创新性使用数字技术以追求民主理想存在被过分夸大的现象,但是数字技术已经延伸与拓展了民主实践的积极面向。政治体系的变迁与民主的实现体现为一种长期的历史过程,数字技术的演变和扩散不仅为数字民主实践提供坚实的技术基础,同时决定了数字民主实践过程的拓展性,进而推动现代民主的良性发展。

---

[1]　Marius R. Johannessen, øYstein Sæbø and Leif S. Flak, "Social Media as Public Sphere: A Stakeholder Perspective," *Transforming Government: People, Process and Policy*, 2016(10), p.212.

多元文化背景下民族主义思潮探析
——基于自由主义的视角

王晓飞 *

内容摘要 民族主义是当今世界最主要的意识形态之一,民族国家也是最为基本的国家形态。民族主义的类型是多样性的,都介于公民民族主义和族裔民族主义两种谱系之间,不同类型的民族主义都要求一定程度的民族自决,但自决并不等同于要求政治主权。在多元文化背景下,民族主义呈现出了新的内涵。在国内层面,少数族群试图在民族国家内部寻求更多的群体权利, 为了保持多民族国家政治团结,在政治共同体内需要更加关注少数族群的需求。在全球层面,全球化挑战了民族国家的地位,西方自由主义理论试图超越民族主义,或为民族主义的正当性辩护,体现了民族主义思潮的新发展。

关键词 民族主义;民族认同;多元文化;民族国家;自由主义

民族性诉求是现代认同的主要形式之一,在意识形态之争衰弱之后,后发国家的民族主义问题逐渐凸显出来,并且成为地区性冲突的重要导火索。民族认同是现代国家建构的必要部分,也是族群暴力冲突的根源。弗朗西斯·福山(Francis Fukuyama)指出:"民族认同经常形

---

* 王晓飞,上海师范大学哲学与法政学院博士研究生,上海政法学院上海合作组织研究院助理研究员,主要研究方向为中西政治思想比较研究。

成于对其他群体的故意反对,一方面加强内部凝聚力,另一方面被用来延续冲突。"①民族主义的多面性,使得我们在认知过程中,试图去构建一种可以接受的民族主义理论,从而更能够兼容关注个人权利与自由的现代社会。对于民族主义而言,问题并不是去超越民族主义的争论,而是如何保持民族主义好的一面,去创造有凝聚力的民族国家共同体。

一、民族主义的内涵

民族主义作为一种认知世界的一般方法, 是一种现代性的意识形态,与个人和民族自由密切相关。民族主义主张群体内所有的人应该都归属于一个民族,并且对民族忠诚。它的本质要求是每个民族组成一个主权国家。现代国家建构所需要的国家认同直接从民族认同中获得合法性。盖尔纳(Ernest Geller)、霍布斯鲍姆(Eric Hobsbawm)等学者认为民族本质上是一种现代性的人为产物:并不是民族创造了国家和民族主义,而是国家和民族主义创造了民族。②

(一)民族主义的多元性

民族主义内涵是多元的, 它也涉及关于对民族本身和民族认同的理解,公民民族主义(civic nationalism)和族裔民族主义(ethnic nationalism)的两分法是最有影响力的区分。从 20 世纪 60 年代开始,文化意义的族裔(族群)概念 (ethnicity)作为一个比较中性的术语,得到了广泛应用。族裔民族主义成为民族主义领域中的重要类别。公民民族主义相对族裔民族主义而言,强调的是公民权与民族属性的分离,基于公民身份的认同,不论种族、语言或信仰如何划分,公民都享有同样的政治权利。安东尼·史密斯(Anthony Smith)认为标准的西方民

① 弗朗西斯·福山:《政治秩序与政治衰败——从工业革命到民主全球化》,毛俊杰译,广西师范大学出版社,2015 年,第 169 页。
② 埃里克·霍布斯鲍姆:《民族与民族主义》,李金梅译,上海人民出版社,2006 年,第 9 页。

族模型的构成要素包括四方面:历史性的领土,法律—政治意义上的共同体,全体成员在法律—政治意义上的平等关系以及共同的公民文化与意识形态。族裔民族主义更强调血缘共同体,同时也兼具文化的要素。如果你来自一个共同体,那么不论如何迁移,永远是共同体的一份子,一个民族首先且主要是一个拥有相同血缘的共同体。①

族裔民族主义相比公民民族主义,通常被认为是前现代性的,但二者并非截然对立。史蒂芬·舒尔曼(Stephen Shulman)通过对 15 个国家公民的民族认同感调查研究认为,对公民民族主义和族裔民族主义两分法的标准观点夸大了两者之间的区别,也放大了东西方国家内民族认同的差异。西方的民族认同比通常认为的更具有文化性,而中欧和东欧国家的也更具有公民性。②在每一种民族主义的核心理念中,都存在着一种二元性,以不同形式包含着公民的与族裔的两种要素。族裔是民族构成的本质性要素,从古代延续至今的民族,大部分都具有本民族的一套神话体系,拥有本民族共同的历史记忆,并不断被形塑。如果没有一些关于领土家园的共同神话与记忆,民族就是不可理解的。③民族不是完全凭空构建起来的。盖尔纳不认为现代民族主义就是对某种过去隐藏的民族主义情绪的"唤醒",而更可以称之为是对民族素材的一种重构。它是一种新的社会组织形式的结果,这种社会组织形式以深刻内化的、依赖于教育的并且受到各自国家保护的高层次文化为基础。④

在多元文化环境中,民族的认同形式也是复合的,注重个体成员和集体之间的关系。民族认同作为群体认同的一种形式,并不具有本真性,而是基于社会构建,民族认同并不是一成不变的。一个群体的认同经常是在于其他群体的关系中形成,并随着群体相对地位的变

① 安东尼·D.史密斯:《民族认同》,王娟译,译林出版社,2018 年,第 18 页。

② Stephen Shulman, "Challenging the Civic/Ethnic and West/East Dichotomies in the Study of Nationalism", *Comparative Political Studies*, 2002(355), pp.554–555.

③ 安东尼·D.史密斯:《民族认同》,王娟译,译林出版社,2018 年,第 52 页。

④ 欧内斯特·盖尔纳:《民族与民族主义》,韩红译,上海人民出版社,2021 年,第 52 页。

化而发展的。① 讲法语的魁北克人在大多数是讲英语的加拿大人中间的确是特殊的存在,但如果背景换成魁北克地区,那么讲法语的人就不再是十分重要的存在,反而是讲英语的群体或土著才需要给予特别关注。有机论的民族主义认为民族是建立在一种强化的族类概念基础之上的,认为民族作为整体有自身的个性与使命。这种民族主义观念强调血缘、语言、文化等要素对民族权利的重要性,排斥个人选择,从这种观念衍生出民族精神,带有民族宿命论的色彩;并且,这种民族主义论带有宗教的意味,把民族精神永恒化和客观化,反对外部敌对民族。从历史上来看,根深蒂固的民族之间的矛盾是极少的。民族主义情绪的爆发基本上是和所谓的民族之间的"古老仇恨"是不相关的,几乎没有学者将民族主义和族群冲突归因于古老的文化仇恨。② 文化和族群团体之间的偶然冲突,才是历史的常态。

在共同体内部,民族认同可以起到凝聚的作用,但并不必然导致共同体的团结。虽然两个人都具有同一的族裔身份,但这种只能够在对抗外来力量时呈现出来。在民族内部,他们必然会因为资源的不同分配,而处在相互竞争的地位。所以族裔身份在内部,并起不到团结的作用。共同族群自身并不创造社会凝聚力或共同体。③ 当族裔民族主义并不能够为政治共同体提供团结时,民族主义政权必然会采取暴力形式来维持政权的稳定。在新兴的民族国家建立初期,国家认同仍待建构,国家会倾向于采取威权的统治方式来加强内部团结。

(二)民族主义与民族自决

民族主义的基本理想是实现民族的自治和自我表达,与个体自由是一致的。民族意识的产生与民主权利的扩展密切相关,只有个人意识的觉醒,个人才能真正成为民族的一员。在此之前,"人民"只是

---

① 戴维·米勒:《论民族性》,刘曙辉译,译林出版社,2010 年,第 135 页。
② 杰克·斯奈德:《从投票到暴力:民主化和民族主义冲突》,吴强译,中央编译出版社,2017 年,第 9 页。
③ 叶礼庭:《血缘与归属:探寻新民族主义之旅》,成起宏译,中央编译出版社,2017 年,第 7 页。

包含少部分拥有政治权利的阶层。随着现代技术的扩展,人们可以通过想象自己是民族的一员,从而才能产生近代的民族观念。民族的属性以及民族主义,是一种特殊类型的文化的人造物。①

查尔斯·泰勒(Charles Taylor)在此基础上阐释了现代个人是如何"直接进入社会",把个人到社会观念的扩展理解为是一种社会想象。他赞同本尼迪克特·安德森(Benedict Anderson)对于"想象共同体"的社会叙事,即印刷术在近代的发展,以及其他传播方式,使得原本分散的社会成员之间产生了这种同时性。并且,世俗的时间的扩展是在社会中水平展开的,使得每个人都能够不依赖于传统政治权威而直接进入到社会领域。②现世的社会想象代替了古老的神话,成为民族产生的基础之一。现代科学技术的发展和现代国家治理体系,改变了古老社会中政治权力所涉及的范围,使得任何个体,只要具有基本的社会需求,就会被卷入到现代化过程中去。

民族主义大部分都是围绕民族自决的诉求展开,但并不总是合理的。当所处的情境发生变化时,较小的族群文化之间的差异可能被放大,从而形成一种不可跨越的区分。叶礼庭(Michael Ignatieff)在考察了原南斯拉夫后,对该地区克罗地亚和塞尔维亚民族冲突的总结中谈到了这一点。他认为,种族差异本身不对 20 世纪 80 年代南斯拉夫出现的民族主义政治负责。③民族主义情绪的稳定,在旧的体制中建立在政治权威相对稳固的基础之上。但是一旦政治权威崩塌,则民族之间细小的差距也被放大。

因此,民族之间的差异并不是导致冲突的直接原因,只有当这种差异被政治精英所利用,从而操纵民族情绪时,才会导致暴力冲突。当"种族差异的花言巧语"成为唯一能够动员民众参与政治生活的话语时,民族主义就占据了绝对的地位,宽容也就不再可能,社会的民

---

① 本尼迪克特·安德森:《想象的共同体:民族主义的起源与散布》,吴叡人译,上海人民出版社,2003 年,第 4 页。
② 查尔斯·泰勒:《现代社会想象》,林曼红译,译林出版社,2014 年,第 134–139 页。
③ 叶礼庭:《血缘与归属:探寻新民族主义之旅》,成起宏译,中央编译出版社,2017 年,第 32 页。

主化进程遭到破坏;来自不同民族、群体的呼声便不再被接受,社会沿着族群的边界分化,从而割裂了社会。就公民身份而言,福山认为,只要民族或种族不会成为公民资格和法律权利的惟一依据, 就可以用来表现自治和自由的欲望。①一个独立的民族国家,只要能够保障内部少数族群的公民权利和相应的族群文化权利,那么它也就是一个自由的国家。民族文化的存续并不意味着需要建立自治的民族实体,通过赋予民族自治权、降低民族的主权需求等手段都可以有效遏制激进的民族主义。②

民族自决可以是政治的, 但是理解为是一种文化诉求更符合当今世界大多数民族的自由关切。在现代民族国家中,少数族群往往谋求某种程度的自治,甚至是领土的独立。戴维·米勒(David Miller)认为, 没有一种同时满足所有民族自决要求的可行的划分国家界限的方式。③因此,随意把民族自决原则和划分清晰的民族边界等同起来的做法,都不可避免地会造成政治混乱。历史上传统国家有所谓的边陲地区,并没有明确的国界之分,有边陲而无国界。④有学者也从与民族相对应的民族国家概念出发进行批判,把民族国家有时候界定为单一的民族国家,而在另外情况下又界定为主权国家。现有的国家大部分都是多民族的,在种族、文化异质程度较高的国家中,使用民族国家的概念是有历史局限性的。⑤虽然民族主义特别指向政治性,但是并不意味着每个民族都需要拥有国家主权。尼尔·麦考密克(Neil MacCormick) 明确反对那种认为一个民族应当拥有一个主权国家的观念,他称之为是主权国家民族主义(sovereign-state nationalism),这

---

① 弗朗西斯·福山:《历史的终结及最后之人》,黄胜强等译, 中国社会科学出版社,2003年,第246页。
② 迈克尔·赫克特:《遏制民族主义》,韩召颖译,中国人民大学出版社,2012年,第23-24页。
③ 戴维·米勒:《论民族性》,刘曙辉译,译林出版社,2010 年, 第108页。
④ 安东尼·吉登斯:《民族-国家与暴力》,胡宗泽等译,生活·读书·新知三联书店,1998年,第4页。
⑤ 马德普:《跳出西方"民族国家"的话语窠臼》,《政治学研究》2019年第2期。

种民族主义致力于用西方公民的理念来教化人民。①

二、民族主义与民族国家建构

当代民族国家建构面临的挑战，在内部体现在多族群与国家之间的关系。现代的民族国家大多都是多元化的，并成为了现代政治的先决条件之一。理论上国家与族群文化的重合是可能的，但是多数情况下，一个政治共同体中包含了不同文化、不同语言的两个或多个群体。多元文化国家是普遍的现象，现代社会并不是要求我们成为多元主义者，这已经成为现代社会的特征，重要的是我们如何认知和回应这种内部多元文化现象。

民族主义并不是强加同质性。民族主义的现代论者是基于现代性带来的社会结构、政治文化变迁这一立场，来讨论的民族主义的现代性。在民族主义产生之前的社会，具有一种多元化的复杂结构，低层次文化统治着大多数人。而民族主义则意味着一种统一的、相似性程度更高的高层级文化，但是何种文化将是国家的高层级文化，则是带有很大的偶然性。民族国家所具有的同质性，是一种客观的需求，是统一国家的象征。民族主义并没有出于文化上的权力需求而强制推行同质性，这是民族主义体现出的对同质性的客观需求。②安东尼·史密斯也认为，民族主义追求集体的统一，这种统一性不能与文化同质性相混淆。在法国大革命中，这种民族、国家的统一使得能够打破国内的关税壁垒和地方制度文化，创建统一的法兰西公共文化；并且，这种民族统一性也是抵制外部反法联盟对抗法国、维护革命成果的重要精神力量。民族主义者并不要求个体成员应该是一个模样，而只是要求他们应该感受到一种深切的团结纽带。③民族主义成为国家

---

① 尼尔·麦考密克：《民族需要国家吗？对自由民族主义的反思》，载爱德华·莫迪默、罗伯特·法恩主编：《人民·民族·国家》，刘泓等译，中央民族大学出版社，2009 年，第 155 页。
② 欧内斯特·盖尔纳：《民族与民族主义》，韩红译，上海人民出版社，2021 年，第 50 页。
③ 安东尼·史密斯：《民族主义：理论、意识形态、历史》，叶江译，上海人民出版社，2011 年，第 29 页。

和民族团结的粘合剂,使得成员能够在重要的行动中联合一致。

在现代多民族国家中,少数民族等特殊群体权利的维护者坚持认为,需要确保所有公民得到真正平等的待遇。按照这种观点,包容差别才是真正平等的本质。如果没有这些权利,许多少数民族就面临着文化的衰亡。这种差异有时候甚至是要追求一种特殊权利,包括女性的、少数族群等在内的各种社会运动都认为,在法律面前人人平等的标语背后,现代国家的公民身份存在系统的支配与压迫形式,以至于这些群体都遭遇着实际上的不平等对待。威尔·金里卡(Will Kymlicka)认为,现代自由民主体制从许多方面获益于自身同民族性的联系,但是少数族群却为此付出了相当大的代价。他们可能遭到同化或排斥,甚至是种族灭绝。[1]所谓的“善意的忽略”(benign neglect),仅仅承诺保障个体的平等权利,而不关心族群之间的权利。宪法保障了作为个人的公民的平等政治权利,但是对公民的文化身份显然是忽略的,因此很容易侵犯公民个人或群体的文化身份权利。原因在于,对少数群体文化的保护仅仅变成了公民个人的行为,公共部门在权利、资源等方面不给予少数群体任何支持,认为个人应该为自己的选择负责。

但是,个人难以摆脱自身的文化身份,少数群体面临的劣势反映了国家和民族分离的理由并不充分。政府不可避免决定何种社会文化将得到支持,典型的是,政府通过在学校和公共机构使用多数人的语言标榜了多数族群的文化,而作为少数文化的成员会面临这种无声的困境。因此,金里卡认为,不能把少数群体权利包含在人权的范畴之内。[2]普遍主义的人权理论无法解决共同体内少数族群的权利问题。不论群体的个人如何进行选择,少数民族文化的成员在文化市场上处于系统性的不利地位,因此,只有群体差异化的自治权利才能弥

---

[1]　Will Kymlicka,"Solidarity in Diverse Societies:Beyond Neoliberal Multiculturalism and Welfare Chauvinism,"*Comparative Migration Studies*,2015(173),p.5.

[2]　威尔·金里卡:《多元文化公民权:一种有关少数族群权利的自由主义理论》,杨立峰译,上海人民出版社,2009年,第5-6页。

补这种不平等的情况。因此,真正的平等并不要求相同对待而是要求有差别的对待,目的是包容不同的需要。①

自由主义体制下的公民民族主义理论的解决方案是族群的去政治化。具体而言,国家将会对所有的民族团体一视同仁,不偏袒任何强势的族群, 也不会在政治参与过程中忽略少数族群或弱势族群的利益,公民能够平等参与政治过程。自由主义者相信通过这种手段,公民可以把对政治的认同和对民族文化的追求结合在一起。这种中立性原则,也可以理解为是一种法律面前人人平等的原则。但是,任何国家的民族政策都具有一定的倾向性,不论是官方语言和文字,还是政治社会化的方式选择等,都会充分体现主体民族的文化因素。一些看似中立的立场,其实削弱了少数族群或弱势族群的群体权利,造成了歧视,不同文化间的公平关系是不可能存在的。②国家的严格中立性是不成立的。

自由主义模式在解决多族群国家上是存在缺陷的。有学者在深入分析捷克斯洛伐克共和国联邦体制崩溃的经验教训时指出, 当捷克人认为存在一个统一的"捷克斯洛伐克"民族、捷克是"捷克斯洛伐克"民族的一部分的时候,斯洛伐克人却认为这是捷克民族对斯洛伐克民族的压制和消解。③不管是在经济还是政治上,捷克都在联邦中占据显著的优势地位,这也加深了捷克与斯洛伐克人的分歧,由此可见,对族群身份和民族认同的回避并不总是最佳的选择。

主张尊重民族与文化差异是合理的,但是与此同时,也不能够在差异政治的道路上走得过远。艾丽斯·杨(Iris M.Young)反对将差异政治还原为"身份政治"(identity politics)。在她看来,个人是在自身所处的社会背景下来构建身份和认同的。群体差异应该被认为是关系性

---

① 威尔·金里卡:《多元文化公民权:一种有关少数族群权利的自由主义理论》,杨立峰译,上海人民出版社,2009 年,第 146 页。
② 威尔·金里卡:《自由主义、社群与文化》,应奇等译,上海译文出版社,2005 年,第 200 页。
③ 郑非:《"天鹅绒分离"二十年——捷克斯洛伐克国家分裂的经验与教训》,《开放时代》2013 年第 1 期。

的,并不由实质性的范畴和属性来定义。①她区分了两类形式的社会群体:文化意义上的社会群体和结构性的社会群体。对社会公平正义而言,结构性的社会群体是更为重要的。各种关于性别、种族或者能力的差异更像阶级方面的差异,而不是族群属性的差异,因为它们涉及权力、资源配置和话语权方面的结构性关系。②即使群体差异的基础更多是文化意义上的,这类群体诉诸民族、文化等方面的主张,更多也是基于一种工具和手段的理性主义。社会群体在公共议题上强调民族与文化方面的差异性,只是为了更好地谋求潜在的支持及获得更多的利益妥协。

在文化多元社会中,民族相关的群体认同和国家层面的认同可以共存,但是,认同政治必须要"发展与彼此一致的认同形式"。③换言之,维持一种国家共同的文化是必须的,是民族国家内部族群多元现状下国家认同形成和巩固的根基。只有构建一种国家共同的文化价值,才能避免多元价值观的侵蚀。国家认同的构建已经成为民族国家国家建设的核心任务。④对多民族国家而言,差异化的权利是不可避免存在的,但是必须要处理好族群差异与国家认同之间的关系。对少数族群权利的保障并不总是首要的,它受到国家的历史文化传统、现实政治考量等多方面因素的限制。差异和认同政治的发展对多元文化社会是重要的,但是这并不意味着,满足少数群体的要求,要以牺牲其他群体及整个共同体利益为代价。西方多元文化社会在这方面有时候走得过远,以至于以损害整个共同体的团结和凝聚力为代价。

民族主义问题对后发国家的国家建构更具有现实意义。这些国家普遍面临着民主化的压力,同时也存在着不同族群文化和国家认同整合的问题。因此,对国家领土、主权完整的追求,在许多后发国家政治发展中占据了主导因素,而不得不牺牲部分的多元化要素。土耳

---

① 艾丽斯·M.杨:《正义与差异政治》,李诚予等译,中国政法大学出版社,2017 年,第 208 页。
② 艾丽斯·M.杨:《包容与民主》,彭斌等译,江苏人民出版社,2013 年,第 103 页。
③ 戴维·米勒:《论民族性》,刘曙辉译,译林出版社,2010 年,第 156 页。
④ 周平:《民族国家认同构建的逻辑》,《政治学研究》2017 年第 2 期。

其的族群冲突一直是其国家建构的不稳定因素，作为一个多民族国家，土耳其宣称除了希腊人、亚美尼亚人和犹太人三个宗教少数群体以外，不存在任何其他少数族群；一方面承认存在多元主义文化的传统，另一方面又否认库尔德人等少数族群差异化的群体权利主张。土耳其认为多元文化理念无益于民族国家的统一性，一旦发现其政策将导致对少数族群地位的承认，便会退回到一元化的传统路径上。[1]

在这些国家中，多元性也反映在国家政党政治的发展中。战后建立的东南亚地区民族主义政党几乎都反映了多元族群社会的特征，在组织上尽可能吸收各民族的成员入党，在民族政策上不论族群大小，都享有平等的政治、社会权利。由于新兴国家的政党组织上不如欧美国家成熟，使得政党之间的竞争方式往往不是按照民主政体下的规则来运行的，而是以宗教、文化和族群之间的对抗为内容或以争夺权力为目的的非制度化的竞争。[2]二战之后的马来西亚，少数族群中华裔和印度裔在人口中占据了相当比例，且华人在经济上明显优于占主体的马来族。虽然马来西亚实行一种地方高度自治的联邦体制，但是马来族依然致力于实现"马来人的马来西亚"，政党组织的族群性也很强，多民族问题一直是马来西亚政治中敏感的部分，而族群矛盾也是最终造成新加坡"不情愿"的独立的重要因素。正是由于族群问题未能有效解决、国家的合法性未能真正建立，才会引起冲突甚至战争…因此民族问题是研究该地区国家建构的重要因素。[3]

三、全球化时代民族主义的转向

冷战结束后，全球的民族主义正处在复兴阶段，超越民族主义或者为民族主义的正当性进行论证，成为了重要的议题。福山曾经十分

---

[1] 周少青、和红梅：《土耳其族群政策和立法中的价值理念问题》，《学术界》2021 年第 7 期。

[2] 李路曲：《当代东亚政党政治的发展》，学林出版社，2005 年，第 149 页。

[3] 吴泽民、王志浩：《东南亚国家建构理论研究述评》，《比较政治学研究》2021 年第 1 辑，商务印书馆，第 125 页。

乐观地以为历史将被终结,自由主义将赢得最后的意识形态的胜利。但是,地域化和非自由主义文化仍然大行其道。昆廷·斯金纳(Quentin Skinner)认为福山的作品在这个意义上是有些荒谬的。现代化并不仅仅只存在单向的维度。现代性并不意味着走向全球化和同质化,他认为西方的历史在经历一种逆转,被各种形式的民族主义、欧美以及美国的极端反民主势力所代替。[1]后帝国主义时代的全球主义只让那些有幸生活在富裕西方的世界主义者享有后民族主义的感觉。[2]换言之,对全球化和后民族主义感受是不对等的。经济富裕、政治稳定等因素,很大程度上削弱了民族主义的重要性。而在大部分非西方地区,有些民族和国家过于弱小,无法建立起有效的国内统治,导致的结果是不断的政治衰败。正如塞缪尔·亨廷顿(Samuel P. Huntington)所说,有的国家政通人和,具有合法性、组织性、有效性和稳定性,另一些国家在政治上则缺乏这些素质;这两类国家的差异,比民主国家和独裁国家之间的差异更大。[3]对于发展中国家而言,政治秩序压倒了自由,并非是一个首要的问题。人当然可以有秩序而无自由,但不能有自由而无秩序。必须先存在权威,而后才谈得上限制权威。[4]民族主义的合理诉求仍将契合现代国家建构目标。

宪法爱国主义代表了自由主义试图超越民族主义狭隘性的努力,来应对现代民族国家多元认同所面临的政治整合问题。哈贝马斯(Jürgen Habermas)认为,现代民族国家都面临着文化模式多元化的现实,自由平等的公民身份如果过多依赖民族认同这一形式,过分地强调民族的同质性,那么它将会撕裂多元化的现代社会,而不利于政治共同体的稳定与统一,同时还会危及到共同体内少数群体的权利。在外部关系上,尤其是在欧洲一体化过程中,宪法爱国主义可以为跨国的政治合作、区域一体化提供必要的集体认同基础,而不是诉诸于一

---

① 昆廷·斯金纳:《国家与自由:斯金纳访华讲演录》,李强等主编,北京大学出版社,2018年,第57页。
② 叶礼庭:《血缘与归属:探寻新民族主义之旅》,成起宏译,中央编译出版社,2017年,第13页。
③ 塞缪尔·P.亨廷顿:《变化社会中的政治秩序》,王冠华等译,上海人民出版社,2008年,第1页。
④ 塞缪尔·P.亨廷顿:《变化社会中的政治秩序》,王冠华等译,上海人民出版社,2008年,第6页。

种虚构的前政治的民族主义的认同形式。

哈贝马斯认为宪法爱国主义可以用来替代民族主义的认同形式。现代民族国家存在的内部矛盾,一方面,民族国家致力于实现自由民主的政治共同体,实现政治权利的平等;另一方面,民族国家又试图从自身的文化、历史中寻找归属感,强调自身是文化血缘的历史命运共同体。宪法爱国主义可以调和现代民族国家中包含着的这种普遍主义和特殊主义的紧张关系。民族和民族精神在法国大革命以来,就成为了现代集体认同的主要形式。但是,这种认同形式所追求的往往是同质性的,并与文化、种族密切相关。因此,民族主义才会容易导致暴力和战争。民族国家并不是通过和平的手段逐步建立起来的,而是意味着对亚文化群体,包括少数族群、宗教共同体等群体的吸纳。在现代国家中, 民族观念几乎没有加强民众对法治国家的忠诚,反而更多的是动员大众,去追逐那些与共和主义原则格格不入的目标。[1]公民的身份认同可能依赖于特定的民族文化,但公民之间的团结关系可以用政治手段建立起来。他以美国为例,认为共和主义的国家形式在缺乏文化一体化的基础上也能建立起来, 通过政治参与的抽象法律形式和民主程序确立的公民地位, 也可以保证社会的一体化。

宪法对一个民族国家的政治原则表达是有价值的。由于历史等原因,不同国家对宪法的解释是不同的。这种特殊性也就解释了不同社会团结的基础。任何一种民族文化在自身的历史发展过程中,对于反映在不同宪法中的原则,如人民主权和人权等,有着各自不同的理解。[2]因此,哈贝马斯也赞同由民族、宗教不同所产生的认同与国家的共同的政治认同可以相互并存,只要这种认同在宪法的框架内。宪法原则对共同体共享的价值和原则的维持,是约束政府权力、宣言人民主权的规范性纲领, 宪法爱国主义使得公民对集体的归属感不至于

---

① 尤尔根·哈贝马斯:《包容他者》,曹卫东译,上海人民出版社,2018 年,第 166 页。
② 尤尔根·哈贝马斯:《包容他者》,曹卫东译,上海人民出版社,2018 年,第 168 页。

滑落到对血缘共同体的诉求。现代多元化的社会,国家内不同民族文化的同质性只能够通过不宽容和种族清洗才能实现,这是不可接受的。因此,宪法爱国主义将会代替民族主义起到团结稳定的作用,对民族国家的情感归属转移到了对宪法的情感归属,普遍主义的宪法原则在某种程度上获得了优先于各国国家民族历史语境的地位。[1]

与试图超越民族主义的理论不同的是,自由民族主义(liberal nationalism)理论认为现代国家中公民的民族归属是重要的,而怀疑宪法爱国主义对民族认同的可替代性。民族主义者强调历史和命运,而自由主义者关注个人拥有的选择权利。但是,能够拥有这种选择机会的人是极少的,大部分人无法对自己的出身阶层、所属民族和国家进行选择。耶尔·塔米尔(Yael Tamir)等自由民族主义者试图用自由主义的理念来消解民族主义中幽暗的部分,使自由主义成为解构民族主义理念的合适工具。他们认为一种温和的民族主义可以更好地解释民族权利、民族自决、国家边界等政治概念,如果没有这些,自由主义对个人自由和社会正义等问题的追求将会不切实际。自由民族主义试图融合自由主义和民族主义两种看起来截然相反的意识形态,为民族国家的存在辩护,因为民族主义在起源之初,就支持一种公民自由平等和民族文化特殊性的看法,这与现代自由主义理念是吻合的。就如塔米尔所说,绝大多数的自由主义者都是自由主义的民族主义者。[2]

如果对国家建构、意识建构等方面完全忽略,完全退出公共领域,不愿意培养一种统一的文化和政治叙事,那么,公民就无法适应不断变化的社会和经济状况。当前的社会和政治混乱,暴露了民族国家消亡所造成的理论和政治空白的破坏性后果。[3]当国家退出时,留下的是政治社会和文化的真空,传统的社会组织不足以承担起国家在公共领域内的绝对地位,也缺乏权威性。公共领域中不存在能够促

---

① 尤尔根·哈贝马斯:《分裂的西方》,郁喆隽译,上海译文出版社,2019年,第86页。

② 耶尔·塔米尔:《自由主义的民族主义》,陶东风译,上海译文出版社,2005年,第142页。

③ Yael Tamir, *Why Nationalism*, Princeton : Princeton University Press, 2019, p.7.

进社会团结和建立必要机制以消除日益严重的社会疏离感的意识形态和激励力量。塔米尔因此认为，民族主义并不是一种人性阴暗面的不可控爆发，而毋宁是作为当今社会政治经济环境的一种合理的反应。个人所采取的立场，很大程度上取决于道德和社会的运气成分。①如果人们可以从全球化得益，那么就会倾向于一个开放的市场环境，就更有可能成为一个全球主义者、世界主义者；而如果人们并不能够从领土分离中得到什么实质性的好处，那么分裂势力可能得不到支持。

在全球化时代，较大的政治共同体正在从上层对民族国家的权威性构成威胁，而较小的族群文化群体则从下层对民族国家的政治认同和内部团结提出了挑战。在国家内部，尽管许多西方国家内部的少数族群已经取得了相当大程度的自治权利，但是并没有消耗掉民族主义的激情，例如加拿大的魁北克人，西班牙的加泰罗尼亚人，比利时的弗莱芒人等等。在外部，全球化使得民族主义的影响并没有减少，实际上促进了民族主义的传播，并且鼓励民族成为更有参与性和更为独特的群体。②威尔·金里卡也认为，世界主义的吸引力远远比不上那些更加特殊的认同特征的吸引力。③世界主义经常同民族主义展开斗争，但民族主义往往更占据上风。2020 年英国正式脱离了欧盟成员身份，基于的也是一种族裔民族身份的国家认同。他们担心欧盟和移民潮可能威胁英国经济自由和传统价值观，本质上持一种反全球化的族群民族主义文化立场。④

自由民族主义最终落脚点是一种反思性的文化民族主义。这种文化权利本质上是个体的，并且悬置了民族主义中的政治因素。自由民族主义的理论招致了许多批评，因为民族主义象征着集体主义和

①　Yael Tamir, *Why Nationalism*, Princeton：Princeton University Press, 2019, pp.10–11.
②　安东尼·史密斯：《民族主义：理论、意识形态、历史》，叶江译，上海人民出版社，2011 年，第 152 页。
③　威尔·金里卡：《少数的权利：民族主义、多元文化主义和公民》，邓红风译，上海人民出版社，2005，第 217 页。
④　林红：《族群民族主义的复归与民族国家的选择》，《教学与研究》2020 年第 9 期。

特殊主义,而自由主义则相反,这一结合是从现实需要出发而非从理论发展本身需要,它并非自由主义或民族主义自身发展的逻辑所致。[①]也有观点认为,对民族认同的关注可能会分散人们对自由民主体制需要进行的结构性修复的注意力,在他们看来,对民主理论与实践的改进是更具价值的;比起自由民族主义,应当聚焦于更具有参与和协商性的而非更民族主义化的自由民主体制。[②]

四、结语

全球化背景下,讨论民族主义与超国家共同体、世界主义是并行不悖的。民族特性将会始终伴随现代国家建构进程,民族国家将仍然在今后的世界体系中扮演重要角色,这些都会为我们理解现实政治增加新的思考维度。在文化多元化的时代,某种温和的民族主义是亟需的,民族认同的形式也将继续与宗教、地域等其他形式的认同共存。多民族国家内的少数群体的权利主张应当得到足够多的重视,并且在某种程度上,他们都可以成为宪法爱国主义者,同时他们又能够坚持自身的文化,保持对特定文化的归属感。对一些民族而言,只需要放弃在民族自决与民族应该享有独立国家地位二者之间划等号的观念,那么发展多元文化与强调国家内部凝聚力的各种自由主义模型是不相冲突的,可以体现在某种自由民族主义理论之中。民族主义离不开自由主义理论和民主理论的修正,它们为民族主义理论提供了必要的张力。如何让民族主义理论变得更具有包容性,是需要不断探索的长久问题。

---

① 张继亮:《自由民族主义:证成与反驳》,《国外理论动态》2016 年第 11 期。
② Albert W. Dzur, "Nationalism, Liberalism, and Democracy," *Political Research Quarterly*, 2002, p.209.

国家治理与政治稳定

——东南亚威权主义国家发展路径与前景探究 *

刘稚　李致斐 **

内容提要　"第三波民主化浪潮"已蔓延近五十年,但威权主义在东南亚却展现出顽强生命力。本文以国家治理为视角,借鉴定性比较分析法对东南亚威权国家治理状况与政治稳定进行横向比较,并通过对典型国家的治理发展与政权演变进行纵向梳理,证明国家治理体系与治理能力现代化影响威权体制维持。于国家而言进行治理和维护秩序的能力比政体类型更重要。东南亚后发国家实现"善治"的前提是建立自主性高的强政府,提升国家治理能力,而非生搬硬套西方党争选举和自由主义经济模式。否则,就算实现了民主转型,由于未完成政府权威构建,国家也将长期处于治理失效状态,陷入周期性政治动荡。

关键词　国家治理;政治稳定;威权主义;东南亚

---

*　本文系国家社科基金重大项目"'一带一路'视野下的跨界民族及边疆治理国际经验比较研究"(15ZDB112)的研究成果。

**　刘稚,云南大学中国周边外交研究中心研究员,博士生导师;李致斐,云南大学国际关系研究院博士研究生,云南财经大学讲师,主要研究方向为东南亚国际关系。

一、问题的提出

二战结束后,东南亚国家先后取得民族独立,多效仿前宗主国建立起西式民主体制。[①]然而,国家发展进程中民主政体在东南亚出现"水土不服",未能发挥维护社会秩序、促进经济繁荣的应有效用。20世纪50年代起,菲律宾、缅甸、泰国、印尼先后通过政变确立起军人政权,马来西亚也对英式民主进行了改造,1965年新加坡从马来西亚独立后建立起一党独大体制。彼时,随着第三波民主化浪潮推进,政治发展研究主要集中于民主转型。由于1986年菲律宾马科斯威权统治终结、1992年泰国议会民主政治恢复、柬埔寨确立民主选举制度,人们曾乐观认为东南亚各国也会回归西式民主轨道。

但40多年过去了,民主政体发展不如预期,世界上选择威权体制的国家未大幅度减少。[②]在东南亚,走过转型程序,按照所谓"民主"规则运行的菲律宾、印尼等政府治理乏力、社会矛盾尖锐。新加坡、马来西亚、柬埔寨长期采用"竞争性威权主义"体制,文莱、老挝、越南保持着"封闭式威权主义"政体,[③]缅甸和泰国近年则出现了由封闭性向竞争性威权转换的趋势。托马斯·卡罗瑟斯(Thomas Carothers)提出"民主转型范式的终结"[④],一度处于政治学边缘的威权主义走向主流视线,对东南亚威权体制的研究增多。是什么原因使得威权主义在东南亚具有如此强大的稳定性?能够长期维持威权统治的东南亚国家具有什么共性?东南亚国家威权主义的发展前景如何?这些既是学者们探究的核心议题,也是相关研究的最终指向。在现有研究基础上,本文从国家治理视角出发,寻找威权稳定的充分和必要条件,考察治

---

① 全文出现的民主均指代西式党争民主。
② Beatriz Magaloni and Ruth Kricheli,"Political Order and One-Party Rule,"*Annual Review of Political Science*,2010(13).
③ Aurel Croissant and Philip Lorenz,*Comparative Politics of Southeast Asia:An Introduction to Governments and Political Regimes*,Springer,2018.
④ Thomas Carothers, "The End of the Transition Paradigm," *Journal of Democracy*,2002(13).

理体系和治理能力现代化对东南亚威权体制保持的作用机制。

二、文献综述

(一)东南亚威权稳定的既有解释

威权主义(authoritarianism)又称权威主义,是现代化进程中介于极权与民主间的一种混合政体。林茨(Juan Linz)认为在这种政体下经济和社会存在一定多元性,但政治参与和竞争大多受限,没有详尽的意识形态指导、政治动员度低,政权更迭被少数精英控制。[1]随着时代进步学者们提出了新威权主义的概念。新威权主义体制下,权力不再归统治者私人所有而具有了集体特征,大众可通过代议机构等渠道参与国家政治生活,社会经济发展更加现代化。[2]二战后各国建立的威权体制基本属于新威权主义范畴。

东南亚威权政体比例较高、存续时间长。詹妮弗·甘地(Jennifer Gandhi)和亚当·普沃斯基(Adam Przeworski)提到政治制度是决定威权国家兴衰存亡的核心因素。[3]首先,保持和行驶"强制力"是威权巩固的重要手段。暴力镇压、监禁和威胁等能协助当权者打击反对派。[4]其次,早期学者认为威权国家若重复选举,可能出现民主转型。但随着竞争性威权主义的提出,研究发现威权统治者若能在选举中保持优势,竞争不仅不会威胁其统治,还利于提升程序合法性。[5]再次,统治者若能对政党、议会、行政机关进行合理安排,吸纳社会精英,能更

[1] Juan Linz,"An Authoritarian Regime Spain,"in Mass Polities:Studies in Political Sociology, edited by Erik Allardl and Stein Rokkan,Free Press,1970.

[2] 许嫣然、袁媛:《拉美的竞争性威权主义:以秘鲁为例》,《拉丁美洲研究》2019 年第 1 期。

[3] Jennifer Gandhi and Adam Przeworsk,"Authoritarian Institutions and the Survival of Auto-crats,"Comparative Political Studies,2007(40).

[4] 张长东:《混合型政体与威权主义韧性研究》,《国外理论动态》2014 年第 5 期。

[5] Steven Levitsky and Lucan Way,Competitive Authoritarianism: Hybrid Regimes after the Cold War,NY: Cambridge University Press,2010.

好的抑制权力竞争。①税收制度也被认为是解释威权稳定性的重要因素,税收制度能提高国家渗透和监控力,充足的税收能支撑政府提供更好的公共服务。②

　　作为特定时期流行的政治态度、信仰和感情,政治文化会影响民众对统治者的认知和评价。许多学者认为,东南亚各国不约而同的选择威权道路,和该地区受到儒家传统的"大一统"中央集权思想、等级服从等政治文化观念的熏陶有必然联系。不过,此类观点受到弗朗西斯·福山(Francis Fukuyama)质疑,他认为儒家思想和民主体制并非完全对立,对于儒家政治文化和东南亚威权统治的关系还应辩证看待。③

　　民主转型论认为伴随经济发展,工业化、教育普及和中产阶级壮大会导致威权国家民主化。然而普沃斯基发现经济增长能解释民主存续,但不必然带来民主。④强势的威权政府能给经济发展提供安全保障,人民物质生活改善又增强了统治合法性。东南亚威权国家的政治精英与经济精英通过"社会契约"等方式建立联盟。二者间庇护网络越稳固,越利于威权延续。⑤如果联盟分裂,统治集团应对危机的能力就会随之下降,威权体制可能崩溃。

　　政治发展不是封闭孤立的,宗主国政治遗产和周边国家等都左右着东南亚国家政治发展模式。有分析人士认为俄罗斯和中国等非西式民主国家发展态势向好,对东南亚后发国家起到了示范作用。⑥还有研究者指出东盟不干涉内政原则使威权统治能够在东南亚长期

---

① 唐睿:《制度性吸纳与东亚威权主义政府执政地位的保持——对韩国、新加坡和菲律宾的比较分析》,《东南亚研究》2019 年第 3 期。
② Dan Slater and Sofia Fenner, "State Power and Staying Power: Infrastructural Mechanisms and Authoritarian Durability," *Journal of International Affairs*, 2011(65).
③ Francis Fukuyama, "Confucianism and Democracy," *Journal of Democracy*, 1995(6).
④ 马群:《民主转型与经济发展——亚当·普沃斯基民主理论研究》,《社会科学战线》2010年第 4 期。
⑤ Richard Doner, Bryan Ritchie and Dan Slater, "Systemic Vulnerability and the Origins of Developmental States: Northeast and Southeast Asia in Comparative Perspective," *International Organization*, 2005(59).
⑥ Ben Barber, "A New Breed of Autocrat Seems to be Taking Root in Southeast Asia Today. Is the Domino Theory Finally Playing Out?", https://www.afsa.org/authoritarianism-gains-southeast-asia, accessed June 20, 2021.

存在。[1]卢坎·威(Lucan Way)提出与西方政治、经济、社会文化关联度低的威权国家更易保持统治,若能从其他威权国家获得援助一定程度也能抵消民主转型压力。[2]

学者们已探讨了东南亚威权体制得以延续的多种原因,但现有成果多关注特定因素对威权稳定影响,少有对多因互动的考察。就威权稳定性而言,单因解释力具有局限性。如新加坡无论政府还是社会都和西方保持着密切关系,但建国以来人民行动党统治不曾动摇,说明国际干预在各国转化效果存异。[3]税收能力与威权稳定的因果假说也不能充分解释文莱的情况。世界银行(World Bank)认为政府税收总额超过国内生产总值(GDP)15%才能维持经济增长,提供有效的公共服务。[4]然而,文莱政府税收总额占 GDP 比例常年保持在 3%以下,[5]在低税收条件下其绝对君主制仍展现出较高稳定性。可见,威权稳定并非单因导致的结果,在各国不同因素影响程度不尽相同。需要引入更具统摄性的分析框架和能反应多重并发性因果关系的研究方法对东南亚威权稳定的原因与机制进行说明。

(二)国家治理与政治稳定的研究现状

国家治理是政治学中相对较新的概念,学界尚未就其形成统一定义。早期治理理论强调“治理”和“统治”的区别,詹姆斯·罗西瑙(James Rosenau)提出治理是实现共同目标的活动,其实施主体未必是政府。[6]国家治理的核心参与者是企业、非政府组织等私人部门,他

① Erik Martinez Kuhonta, "Walking a Tightrope: Democracy versus Sovereignty in ASEAN's Illiberal Peace," *The Pacific Review*, 2017(19).

② Lucan Way, "The Real Causes of the Color Revolutions," *Journal of Democracy*, 2008(19).

③ Su Mei Ooi, "Rethinking Linkage to the West: What Authoritarian Stability in Singapore Tells Us," *International Journal of Asia Pacific Studies*, 2016(12).

④ World Bank, "Getting to 15 Percent: Addressing the Largest Tax Gaps," https://blogs.worldbank.org/governance/getting-15-percent-addressing-largest-tax-gaps, accessed April 9, 2022.

⑤ CEIC Data, "Brunei Tax Revenue: % of GDP," https://www.ceicdata.com/en/indicator/brunei/tax-revenue--of-gdp, accessed April 9, 2022.

⑥ James Rosenau, "Governance, Order and Change in World Politics," in *Governance without Government: Order and Change in World Politics*, edited by James Rosenau and Ernst Otto Czempiel, NY: Cambridge University Press, 1992.

们和政府平等合作、制定并执行政策。社会中心主义的治理理论是基于西方实践产生的,根本目标是实现政治民主化、经济自由化和治理社会化。但这种治理模型不适应所有国家需求。一些发展中国家长期处于"强社会弱国家"状态,若赋予社会更多权力,可能造成政治失序。因此,丹尼尔·考夫曼(Daniel Kaufmann)等学者提出国家中心主义的分析路径。国家中心主义承认治理行为体多样性,但重申由于政府具有独占性、强制性权力在治理中居于主导地位,只有通过政府将其他行为体组织到治理机制中来,才能最大程度维持社会秩序、提供公共服务。[1]将国家中心主义与社会中心主义路径整合可知,国家治理是指政府通过机制设计,借助公民、市场等多元力量对国家事务进行有效管理,使它们能够协调发展,实现公共利益最大化。

建立和维持稳定的政治秩序是国家治理的首要目标,国家治理现代化是政治稳定的基础。塞缪尔·亨廷顿(Samuel Huntington)指出"现代化进程中的国家,首要问题不是自由,而是建立合法的公共秩序。"[2]进入21世纪美国加紧在全球推行民主战略致使部分国家政治动荡。全球金融危机爆发后,一些西方国家也出现民主衰退迹象。围绕国家治理与政治稳定的讨论再次兴起。福山提出无法建立优良的治理体系已成为民主转型国家的"阿喀琉斯之踵"。他认为强政府、法治和民主问责是良治社会三要素。理想状况是先建立强政府,推进法治发展,最后进行民主问责。[3]近年这种以国家治理能力和治理体系建设时序性为核心的观点受到学界广泛认同。爱德华·曼斯菲尔德(Edward Mansfield)与杰克·斯奈德(Jack Snyder)也强调若在制度化程度较低的国家进行民主动员,可能激化种族、宗教和地方矛盾。[4]杨

[1] Daniel Kaufmann, Aart Kraay and Massimo Mastruzzi, "The Worldwide Governance Indicators: Methodology and Analytical Issues," *Hague Journal on the Rule of Law*, 2011(3).
[2] 塞缪尔·亨廷顿:《变化社会中的政治秩序》,王冠华、刘为等译,上海人民出版社,2015年,第6页。
[3] Fukuyama Francies, "Why Is Democracy Performing so Poorly?", *Journal of Democracy*, 2015(26).
[4] Edward Mansfield and Jack Snyder, "The Sequencing 'Fallacy'," *Journal of Democracy*, 2007(18).

光斌提出不同权利实现的"时间性"很重要,在没有社会和经济权利时谈政治权利,会使社会陷入混乱。民主虽好,但更关键是国家得到治理。①

　　对特定地区的实证研究也证明了以上观点。苏东剧变后,部分中东欧国家政府权威不足、执政能力低下,政治制度化和政治参与比例失调,陷入治理困境。②有学者发现在西方胁迫下展开民主改革、移植自由主义经济模式的非洲国家,不仅未摆脱贫困,反而对外部援助产生依赖,国家治理状况迟迟得不到改善。③还有研究发现尽管东南亚民主和威权国家都面临治理问题,但东南亚威权政体的治理绩效总体优于民主政体。丹·斯莱特(Dan Slater)提出马来西亚与新加坡的国家机器异常强势,"强国家"保证了威权统治的长期稳定。④而一度被誉为"美式民主橱窗"的菲律宾则因"弱国家"治理能力低下,经济发展低迷、社会问题丛生,成为西式民主推广失败的典型案例。⑤不过,现有探讨东南亚国家治理的文章以国别研究居多,集中于完全符合理论预期的案例如新加坡,对越南和缅甸等国讨论有限,缺乏区域性综合比较。研究方法多停留在对各国政治体制、社会经济状况等的描述归纳,具有量化特质的定性比较分析较少。上述成果对理解东南亚威权国家的治理与稳定提供了有益启发,也给后续研究留下了拓展空间。本文使用定性比较分析技术甄别对东南亚威权主义政府执政地位保持影响最为显著的治理因素。通过案例梳理检验强政府及治理体系构建的先后顺序是否会对威权稳定产生影响。

---

① 杨光斌:《观念的民主与实践的民主:比较历史视野下的民主与国家治理》,中国社会科学出版社,2015 年。
② Jeffrey Karp and Caitlin Milazzo, "Democratic Scepticism and Political Participation in Europe," *Journal of Elections, Public Opinion and Parties*, 2015(25).
③ Rita Abrahamsen, *Disciplining Democracy: Development Discourse and Good Governance in Africa*, London: Zed Books, 2000.
④ 丹·斯莱特、凌海:《马来西亚和新加坡:强国家的民主化》,《比较政治学研究》2015 年第 1 期。
⑤ David Kang, *Crony Capitalism: Corruption and Development in South Korea and the Philippines*, New York: Cambridge University Press, 2002.

三、分析框架与研究假设

为考察国家治理能力与治理体系相互作用影响威权稳定的机制,首先要对国家治理能力和治理体系内涵做出界定。国家治理能力指"政府在治理活动中显示出的活动质量"①,即中央政府规范社会关系、对国家资源进行有效分配和利用,维护社会秩序的能力。随着国家现代化持续推进,人类思想和行动在所有领域都会经历变革,政治稳定容易受到挑战,需要强有力、高度有效的中央政权维护秩序与法律,确保公共安全和经济发展,提供必要的公共服务,避免政治动荡。所以,拥有足够权威的政府是进行国家治理的前提条件。

国家治理体系即规范政府、市场、社会行为,维护公共秩序的制度和程序。由政府支配的治理至多是善政,而非善治。单纯依靠政府来开展治理可能出现过度汲取资源、过度使用暴力等问题,需要制度体系来约束政府,同时引导多元行为体有序参与。法治、赋权和经济是国家治理体系三大支柱。②宪法和法律是一个国家最重要的制度形式,基于此建立的法治体系能够生成社会秩序、明确治理目标,为国家治理提供根本保障。强政府如果没有法治制约,容易滑向精英独裁;公民参与若没有法治约束会变成"多数人的暴政";经济部门过于强大、缺少法治管控,国家就可能被利益集团俘获。③以上情况出现,政治稳定都难以持久。法治在政府、公民社会和市场之间发挥着调节作用,有着"固根本、稳预期、利长远"的效果。④

---

① 李景鹏:《关于推进国家治理体系和治理能力现代化——"四个现代化"之后的第五个"现代化"》,《天津社会科学》2014 年第 2 期。

② 高奇琦:《试论比较政治学与国家治理研究的二元互动》,《当代世界与社会主义》2015年第 2 期。

③ 乔尔·赫尔曼、叶谦、宾建成:《转型经济中对抗政府俘获和行政腐败的策略》,《经济社会体制比较》2009 年第 2 期。

④ 尚俊颖、何增科:《国家治理体系衰变如何引起反腐败回潮》,《公共行政评论》2020 年第6 期。

现代国家发展到一定水平后,社会力量会出现改组分化,各种利益集团政治参与的诉求扩大, 现有制度若无法满足人们参政议政的要求、缓和社会矛盾,就可能引发骚乱并最终侵蚀政权根基。所以,国家治理过程中需要建立合法的表达和问责渠道,赋予民众有序参与国家治理的权利,引导其监督政府治理。不过赋权体系是双向性的,在依法赋予公民权利时也要给政府保留充足权力。不仅要保证政府依法施政、对人民负责,也要避免过度社会动员导致政治失序。赋权体系形式多样,世界上不存在放之四海而皆准的模式。[1]

如果说赋权体系协调政府与公民社会关系,那么经济体系主要体现的就是政府与市场的有机融合。良性的经济体系应理顺政府与市场的关系,使市场配置资源的功能得到充分发挥,同时强化政府的"无为之手"弥补市场失灵和缺陷,最大限度消除经济活动负面影响,推动国民经济健康发展。经济发展能为国家治理活动奠定物质基础,为治理体系的改革提供技术支撑。政府若能对发展成果进行公平、合理的分配,使社会各阶层都有所获益,就更易获得绩效合法性,从而稳固统治。具有强大经济能力的国家在应对自然灾害或社会子系统治理失败所引发的危机时也会更加自如。

国家治理能力和国家治理体系具有内在统一性,良好的治理体系有益于提升治理能力,而治理能力高才能充分发挥治理体系的效能。[2]本文的核心假设是只有协调好政府—社会—市场间治理关系,实现治理活动中强政府、法治、赋权和经济体系的动态平衡,不断提升国家治理水平、持续释放制度红利、更新政权的社会基础,才能打牢威权稳定的基石。主假设可分为四个子假设,即保持威权稳定的条件:有为的政府、有力的法治、有序的赋权、有效的经济。为了对理论框架的解释力进行检验,我们使用定性比较分析法(qualitative com-

① 韩志明:《选举民主与协商民主的比较——以民意信息处理为中心的技术分析》,《清华大学学报》2019 年第 1 期。
② 俞可平:《论国家治理现代化》,社会科学文献出版社,2015 年。

parative analysis，QCA)①对东南亚威权国家的治理能力、治理体系及政权稳定性进行跨案例研究。

四、定性比较分析对假设的检验

QCA 是以案例和原因为导向，寻找结果产生的必要、充分条件和条件组合的社会科学研究方法。本文结果变量为威权主义体制是否稳定，条件变量是国家治理能力和治理体系。其中，国家治理能力测量政府效能，而治理体系测量指标为国家法治水平、赋权程度和经济状况。运用清晰集定性比较分析需把变量用真值表量化，并进行布尔运算。下面对案例选择、变量赋值和支撑数据做具体说明。

(一)变量操作与数据处理

1. 结果变量

本文将 1996–2020 年间出现威权主义政府的 8 个东南亚国家②作为比较案例。聚焦这一时段原因有二。第一，冷战期间部分东南亚国家尚未完成国家构建，没有建立相对稳固的制度体系，评估国家治理绩效为时尚早。第二，世界银行等国际组织提供的可用分析数据，从 1996 年开始才比较完整，此前个别国家数据存在不同程度的缺失。

我们采用当今最具权威性的治理评价体系——世界银行建立的世界治理指数(WGI)中的政治稳定与暴力程度(Political Stability and Absence of Violence，PV)得分来度量国家威权体制的稳定性。该指数基于政权交接的有序性、国家内部矛盾、外部冲突等多维度考察，给

---

① Charles C. Ragin, *The Comparative Method: Moving beyond Qualitative and Quantitative Strategies*, Berkeley: University of California Press, 1987.
② 其中 6 个国家取用 1996 至 2020 年的连续数据。泰国取用的是 2006 至 2008 年、2014 至 2019 年军政府及其政党当权时的数据，文官政府的数据被排除。缅甸取用的是 1996 至 2015 年民盟上台执政前，军政府及其代理党统治时期的数据。

各国打分来表示其政府因为违宪或暴力冲击丧失稳定的可能。分值
为-2.5 到 2.5 分,越接近 2.5 分统治越稳固,越接近-2.5 分政府稳定
性越差,学界通常以 0 分作为政治稳定最低限。[1]案例国考察年限内
PV 得分均值等于或高于 0 分赋值为 1,低于 0 分则赋值为 0。

表 1　1996-2020 年东南亚国家威权主义体制稳定性情况

国家	均值	变量赋值	是否稳定
新加坡	1.25	1	是
文莱	1.19	1	是
越南	0.24	1	是
马来西亚	0.22	1	是
老挝	−0.03	0	否
柬埔寨	−0.36	0	否
泰国	−0.84	0	否
缅甸	−1.17	0	否

　　按上述操作,新加坡、文莱、越南和马来西亚建立了较稳固的威
权政府。新加坡独立后实行党争选举,但人民行动党在历次大选中从
未失手,蝉联执政。文莱是一个马来伊斯兰君主制国家,第 29 世苏丹
哈吉·哈桑纳尔·博尔基亚(Haji Hassanal Bolkiah)从 1984 年文莱独
立后担任首相至今。1975 年抗美战争胜利,越南社会主义共和国实现
南北统一,越南共产党成为该国唯一合法执政党。长期以来,以马来
民族统一组织(巫统)为核心的国民阵线联盟掌握着马来西亚的国家
政权。虽然 2018 年马来西亚第一次迎来反对派执政,但 2021 年巫统
重新夺回相位。[2]老挝、柬埔寨、泰国和缅甸都未建立稳固的威权政
府,但他们的政治稳定得分也不同。人民革命党领导的老挝始终沿着
社会主义方向前进,但老挝经济落后、贫富差距较大,海外反政府组
织及跨境犯罪集团对其社会安定构成潜在威胁。洪森领导的人民党

[1]　Worldwide Governance Indicators, "Political Stability and Absence of Violence," https://in-fo.worldbank.org/governance/wgi/Home/downLoadFile?fileName =pv.pdf, accessed October 14,2021.

[2]　Sebastian Dettman, "Authoritarian Innovations and Democratic Reform in the New Malaysia," *Democratization*,2020(27).

长期把持柬埔寨执政权。当前柬埔寨国家建设取得重大进展,但经济基础依然薄弱。以救国党为代表的反对派势力壮大,人民党执政压力日渐上升。1992 年泰国迎来短暂民主恢复期,但 2006 年军队发动政变后,泰国再次陷入"军人专制—文官政府"交替反覆的怪圈。[①]缅甸政治稳定得分最低,自 1962 年以来缅甸长期保持军事威权统治,尽管民盟于 2015 年上台结束军人及其代理政党连续执政的历史。但军队仍控制着国家暴力机器,在处理"民地武"等问题时扮演核心角色。2021 年,缅甸国防军拘禁总统吴温敏、国务资政昂山素季等民盟领导,重新接管国家权力机关。

2. 条件变量

国家治理能力、法治和赋权分别采用 WGI 数据库中的政府效能(Government Effectiveness,GE)、法治(Rule of Law,RL)和表达与问责(Voice and Accountability,VA)三个指数作为测量标准。GE 得分衡量一国政府独立性、政策制定能力和公共服务质量,RL 得分体现国家成员对法制规则的信心和遵循程度,VA 得分衡量一国公民选举、言论、结社和媒体自由。其中,国家能力和法治分别取考察年限内全球平均分–0.2 和–0.03 作为分界值。但观测年限内,8 个东南亚国家没有任何一国 VA 得分均值高于世界平均水平,若使用世界均分作为标准进行赋值难以体现各国差异性。因此本文选用东盟 10 国的平均得分–0.68 作为临界值。国家经济状况测量未使用国内生产总值这一主流指标,因为国家治理视角下健康的经济体系不仅要保证经济总量与增速,还要推动发展成果惠及民生需求,人类发展指数(Human Development Index,HDI)是更合适的指标,0.67 为考察年限内世界中等发展水平国家的最低线均值。[②]

---

①　张锡镇:《泰国民主政治的怪圈》,《东南亚研究》2009 年第 3 期。

②　United Nations Development Program,"Human Development Report 1990–2020," http://hdr.undp.org/en/global–reports,accessed October 14,2021.

表 2　条件变量赋值标准

条件变量		变量测量指标	变量赋值
国家治理能力		政府效能 GE	均分高于或等于 −0.2 赋值为 1,低于 0 分赋值为 0
国家治理体系	法治	法治水平 RL	均分高于或等于 −0.03 分赋值为 1,低于 0 分赋值为 0
	赋权	表达与问责 VA	均分高于或等于 −0.68 分赋值为 1,低于 −0.68 分赋值为 0
	经济	人类发展指数 HDI	均分高于或等于 0.67 分赋值为 1,低于 0.67 分赋值为 0

(二)分析结果讨论

本文使用 fsQCA3.0 软件对原始数据进行分析。首先,对威权稳定的必要/充分条件进行检验。当条件变量吻合度达 0.9,可判定其为导致结果的必要条件。在 4 个条件变量中,政府效能和经济状况吻合度为 1,即东南亚建立稳定威权体制的国家治理能力都比较强,且保持经济健康发展。法治和赋权吻合度高于 0.5,说明它们是影响威权稳定性的充分条件。从“非”威权稳定的必要条件分析结果可知,威权不稳定的国家治理能力较弱、法治和赋权体系不完善,经济水平有待提高。以上结果说明国家治理能力强弱和国家体系是否健全对威权稳定性有重要影响。

表 3　威权稳定的必要／充分条件检测

威权稳定			~[1]威权稳定		
变量名	吻合度	覆盖度	变量名	吻合度	覆盖度
GE	1.00	1.00	GE	0.00	0.00
~GE	0.00	0.00	~GE	1.00	1.00
RL	0.75	1.00	RL	0.00	0.00
~RL	0.25	0.20	~RL	1.00	0.80
VA	0.50	0.67	VA	0.25	0.33
~VA	0.50	0.40	~VA	0.75	0.60
HDI	1.00	0.80	HDI	0.25	0.20
~HDI	0.00	0.00	~HDI	0.75	1.00

① 说明:“~”表示逻辑“非”。

其次,测量不同条件组合对结果的影响,导出国家治理影响东南亚国家威权稳定性的因果路径。国家治理现代化提升威权稳定性的路径有二:1、强政府 * 高法治 *①高水平经济发展,即国家治理能力强且治理体系健全,对应新加坡、马来西亚和文莱;2、强政府 * 弱赋权 * 高水平经济发展,即国家治理能力强但治理体系有待完善,对应越南和文莱。而国家治理落后导致威权体制不稳的两条路径为:3、弱政府 * 低法治 * 强赋权 * 高水平经济发展,即国家治理能力弱但治理体系相对健全, 对应泰国;4、弱政府 * 低法治 * 弱赋权 * 低水平经济发展,即国家治理能力与治理体系双重虚弱,对应缅甸、柬埔寨和老挝。接下来本文围绕新加坡、越南、泰国和缅甸,探讨国家治理能力和治理体系如何在具体情境下互动引发威权稳定性的波动。

表4　条件组合分析结果(中间解)

威权稳定				~威权稳定			
条件组合	覆盖率	净覆盖率	吻合度	条件组合	覆盖率	净覆盖率	吻合度
GE*RL*HDI	0.75	0.5	1	~GE*~RL*VA*HDI	0.25	0.25	1
GE*~VA*HDI	0.5	0.25	1	~GE*~RL*~VA*~HDI	0.75	0.75	1
整体覆盖率	1			整体覆盖率	1		
整体吻合度	1			整体吻合度	1		

五、案例情境中的国家治理与威权稳定

选择新加坡作为路径1代表案例是因其威权稳定性、政府效能、法治、赋权和经济各项得分为东南亚最高,是印证国家治理与威权稳定因果机制的正面典型。文莱同时出现在两条路径中,作为任何一条路径的代表案例都不够充分,后续需引入其他变量进行讨论,因此选择越南来进行路径2剖析。泰国是路径3对应的唯一案例, 必然入选。缅甸各项指标得分为东南亚最低,是路径4的代表案例、论证因

---

① 说明:"*"表示逻辑"并且"。

果机制的反面典型。

(一)新加坡:全能善治对威权的巩固

　　新加坡是国家治理的"优等生","强政府"是其国家治理的核心。人民行动党很早就实现了从革命党向执政党的转换,其不直接以党的名义行使权力,而是通过政府和议会体现党的意志。[①]形成了"政党小,政府强"、"政府在台前,政党在幕后"的治理模式。新加坡政府维护社会秩序和提供公共产品能力强、官僚体系廉洁高效。新加坡建国初期族群矛盾尖锐,严重威胁政治稳定。政府一面推行族群和谐政策,保证各族在法律上地位平等、发展机会均等、宗教信仰自由,一面以维护国家利益为由加强威权统治,严厉打击破坏族群和谐的行为。在其引领下,散沙般的移民社会被改造成了具有强烈认同感的民族国家。新加坡政府秉持为民服务理念,在 1995 年出台"21 世纪公共服务计划",倡导各部门以良好的服务回应公众需求。运用先进管理技术制定并实施了一系列公共服务政策,使公共交通、基础教育、环境卫生等多方面服务水平大幅度提升,人民生活质量得到明显改善。能在提供完善服务的同时控制行政成本,是因为新加坡政府层级和机构设置精简,拥有成熟官僚制度和清正的执政队伍。政府通过考试为各个部门输送技术精英,采取严格的绩效考评制度。[②]在防止贪污腐败的同时,使政策传达更加通畅、快捷,提高了政府执行力,达到了高效治理的目的。

　　新加坡是世界上法律法规最完备的国家之一。盖洛普(Gallup)2020 年发布的《全球法治》报告中新加坡法治得分全球第一。[③]新加坡现行法律有 500 多种,从国家体制到政府权力,从民族宗教到商业活动,从城市管理到公民生活,保证了政府、公民社会和市场在完善的

①　李路曲:《体制内民主化范式的形成及其类型学意义》,《政治学研究》2017 年第 1 期。
②　房宁等:《自由威权多元:东亚政治发展研究报告》,社会科学文献出版社,2011 年。
③　Julie Ray, "Most of the World Remains Confident in Police, Feels Safe," https://news.gallup.com/poll/322565/world-remains-confident-police.aspx#, accessed October 25, 2021.

法律框架内开展合作。通过严密立法、严格执法，人民行动党领袖、政府高官带头遵法，把政府权力锁在了制度牢笼中。同时，新加坡政府深知治国要以经济发展为先。独立后，政府根据新加坡国土狭小、资源匮乏、工业基础薄弱的国情提出了"生存第一、经济立国"的经济政策，确立以经济建设为中心的施政纲领。①在政府领导下新加坡建立了以制造、贸易、金融、运输和旅游五大产业为支柱的国民经济体系，成为世界级金融中心和交通枢纽，迈进了亚洲乃至世界富裕国家的行列。

新加坡的双向赋权机制在给民众提供参政议政渠道同时也维护了人民行动党的统治。建国以来，人民行动党是新加坡唯一执政党，其权力是通过民众定期选举赋予的。人民行动党政府没有取缔反对党，其他政党也可参与竞选，只是苦于影响力有限，获得议席较少。为此，政府专门设置官委议员和非选区议员制度吸纳反对党。人民行动党还扶持一些拥护其领导的在野党，让他们对国家治理建言献策。②除了引导各党派以维护国家利益为目标协同合作，新加坡政府还保障遵纪守法、具有实际办事能力的社会组织发展。人民协会、全国职工总会和妇女组织理事会等公民组织都获得了政府在经费、组织建设、活动开展等方面的帮助。③

虽然随着工业化和经济发展增速，人民行动党政府也面临利益诉求多元化、反对派壮大、选民支持率下滑等挑战。但其坚持提升治理能力，改革国家治理体系，在新加坡逐步构建起政府、社会和市场三者合作的治理格局。这种自由与规范兼具的治理模式整合了各方诉求，一定程度消弭了社会和市场对威权的不信任感，缓和了社会多元化和经济市场化对政治体制的冲击。人民行动党凭借多年来良好的治理业绩、广泛厚实的民意基础持续巩固统治地位。

① 王瑾、季正矩：《新加坡人民行动党长期执政的基本经验》，《当代世界与社会主义》2012年第6期。
② 孙景峰：《试论新加坡一党独大的政治体制》，《国际问题研究》2007年第5期。
③ 欧树军、王绍光：《小邦大治：新加坡的国家基本制度建设》，社会科学文献出版社，2017年。

(二)越南:治理体系不平衡与威权稳定的潜在威胁

共产党领导下的越南国家治理能力较强。越南政权是越共与外来侵略者进行长期斗争获得的。在不同历史阶段,越共都较为及时、主动的进行了自我变革。1976 年全国统一后由于对内推行激进改造、对外入侵柬埔寨受到国际制裁,越共统治合法性曾被削弱。但通过全面革新开放,越共政府治理能力得到显著提升,统治合法性得以强化。①越南拥有一支由军队、公安和民兵组成的人民武装力量,越共对其有全面、直接的领导权。由于实现了对暴力的完全垄断,越共能果断处理容易导致恶性冲突的社会问题。越南政府长期保持着对教育、医疗卫生和社会救济等公共领域的财政投入,旨在使发展成果普惠人民。政府相信教育发展可使民众摆脱贫困,因此越南对教育事业的投入高于很多同等经济水平的国家。②1991 年越共"七大"提出"消饥减贫"战略,明确在经济增长同时维护社会公平,避免贫富分化扩大。

越南国家治理体系建设始于经济领域。1986 年越共"六大"确立经济开放与革新方针,逐渐向市场经济过渡。20 世纪 90 年代以来,越南经济年均增长率保持在 6% 以上。③2001 年,越共"九大"提出建立社会主义市场经济体制,确定以工业化和现代化为中心,发展多种经济成分,发挥国有经济主导地位,建立市场经济配套管理体制。2006 年越共"十大"召开,在"积极主动融入国际"的路线指导下,加入世界贸易组织,扩大了对外开放的步伐。截至 2020 年,越南已签订《区域全面经济伙伴关系协定》《越南欧盟自由贸易安排》等多个自由贸易协定。同年,越南发布《越南工业 4.0 战略》和《越南数字转型规划》,旨在

①　Le Hong Hiep, "Performance-based Legitimacy:The Case of Communist Party of Vietnam and Doi Moi,"*Contemporary Southeast Asia*,2012(34).

②　World Bank, "Government Expenditure on Education of GDP, " http://data.worldbank.org/indicator/SE.XPD.TOTL.GD.ZS,accessed October 25,2021.

③　World Bank, "GDP growth-Vietnam, " https://data.worldbank.org/indicator/NY.GDP.MKTP.KD.ZG?locations=VN,accessed October 28,2021.

借力第四次工业革命优化产业结构、推动经济发展模式升级。[1]

革新开放后，越共有意识完善赋权体系。1992 年越南新宪法出台，国会开始进行代表选举制改革。此前越南国会代表实行等额选举，改革后实行差额直选。[2]改革措施提升了民众合法参政意识，使国会权力和职能增强，一定程度上起到了监督、制衡政府的作用。另外，祖国阵线是由越共领导的社会政党、团体组成的联盟，在国家独立、民族统一过程中发挥了重要作用。同年，祖国阵线被赋予维护人民正当利益、监督政府公务活动的职责，逐渐从单一的社会统一战线组织转变成了越南人民权益的发言人、党政机关的监督者。[3]越共允许祖国阵线独立组织合法的社会活动，吸纳祖国阵线中央委员会主席进入中央领导机构、担任中央政治局委员。祖国阵线影响力加强，为其与越共政府进行平等协商奠定了基础。

然而进入 21 世纪越南各类社会组织爆发式增长，打着"维护民主和人权""捍卫宗教信仰自由"等旗号的反政府活动频发，不时引发群体性事件。[4]尽管目前没有证据表明，社会运动能冲击越共统治基础，但如何对待社会组织、如何通过制度安排调控公民社会发展节奏和方向是当前政府面临的严峻问题。如果说社会运动发展对越共统治形成了"体制外"威胁，那么政治改革则带来了"体制内"挑战。随着国会和祖国阵线的权力增长，他们与党、政府也出现了"争权"与"限权"的斗争。近年，越南国会多次否决党和政府重大决策，阻止越南主办 2019 年亚运会，[5]叫停中越合作铝土矿项目。如何在推进赋权改革

---

[1] Julia Nguyen, "Vietnam Sets Ambitious Goals in New National Industrial Policy but Can It Stay Competitive?", https://www.vietnam-briefing.com/news/vietnam-sets-ambitious-goals-in-new-national-industrial-policy.html/, accessed October 28, 2021.

[2] 黄云静等：《发展与稳定：反思东南亚国家现代化》，时事出版社，2011 年。

[3] 闫杰花、吕晓凤：《革新以来越南祖国阵线的现代化嬗变》，《当代世界社会主义问题》2018 年第 2 期。

[4] Carlyle A. Thayer, "Vietnam and the Challenge of Political Civil Society," *Contemporary Southeast Asia*, 2009(31).

[5] Thanh Nien News, "Vietnam PM pulls plug on Asian Games," http://www.thanhniennews.com/sports/vietnam-pm-pulls-plug-on-asian-games-25086.html, accessed November 2, 2021.

时,坚持"改革不改色"是对越共领导的重大考验。

(三)泰国:国家治理能力低下与威权交替

泰国是东南亚唯一没有完全沦为西方殖民地的国家,1932 年就建立了君主立宪制。尽管率先走上民主道路,但学界普遍认为泰国政治体制具有"威权为主,民主为用"的特征。①长久以来泰国政局动荡,政权交替反覆,根本原因就是泰国中央政府权威性不足、治理能力低下,治理体系中的多元行为体没能形成良性互动关系,未建立起稳定的政治秩序。

泰国虽是中央集权的单一制国家,但政府常遭受王权、军队、强人领袖等干预,无法充分发挥国家治理领导作用,使得泰国涉及国计民生的众多问题得不到根本解决。即使某届政府就特定问题达成解决方案,也会由于执政时间短、政治环境复杂、反对派牵制,而付之东流。典型案例当属政府对泰国南部族群和宗教冲突的治理。泰国南部穆斯林有着不同于主体民族的宗教信仰、语言文化和生活方式,由于泰国政府曾强推同化政策,引起穆斯林反抗。100 多年里泰南社会冲突频发,进入新世纪后南部分离主义与恐怖主义合流,暴力事件呈上升趋势。2001 年他信上台后,一边加大对南部的投资开发,实行惠民政策,一边重兵平息暴乱。其改革南部安全管理机制时,裁撤了由军方控制的治安管理机构,军方与政府矛盾加剧,犯罪分子乘虚而入掀起了泰南暴力活动的新高潮。②2006 年军事政变后,穆斯林出身的颂提将军和临时政府总理素拉育主张以和平方式处理南部问题,为政府过度使用武力道歉,并对受害的穆斯林同胞增加赔偿。素拉育的和解主张受到欢迎,可他还未来得及落实具体政策就匆匆下台。③

泰国法治体系制度化水平较低,难以协调、整合各社会阶层的利

① 任一雄:《泰国威权政治的前景:进入了"转型期"还是"威权为体,民主为用"的延续?》,《国际论坛》2002 年第 2 期。
② 郭雷庆:《论泰国政治转型对马来穆斯林分离问题的影响》,《东南亚研究》2019 年第 6 期。
③ Simon Montlake, "Violence tests soft strategy in Thailand's Southern Fire," *Contemporary Southeast Asia*, 2010(32).

益诉求。不同政治集团上台后为维护自己权益,频繁修改法律。2018年泰国完成了《政党法》《选举法》等法律的新一轮修订。根据新选举法,泰国上议院 250 个议席全由军方遴选人士占据。这 250 位上议院议员与新选举产生的 500 名下议院议员一道投票选举总理。哪位候选人得票率过半,就成为新总理。支持者认为改革可以防止一党独大,避免出现候选人凭借民粹主义浪潮赢得大选的情况。但也有批判者认为此举可能削弱政党力量,大选后组成的多党联合政府或因党派分歧引发政权更迭。[①]尽管泰国政党、选举法条经历了多次修改,但这些制度并未从根本上为各派力量划定明确的权力和利益界限,无法避免政治竞争导致的矛盾与冲突。正是因为对泰国现行选举制度不抱希望,越来越多的利益团体通过街头政治、政变来表达和实现自身诉求。近年来泰国公民社会发展迅速,城市精英阶层、中产阶级以及草根农民的政治参与意识逐渐觉醒,纷纷发动街头政治运动,引发社会紊乱,使泰国本就脆弱的政治生态遭到严重摧残。亨廷顿有言,"高度政治动员的公众,若置身于制度化程度较低的政治体系中,结果往往是失序甚至暴力"[②],而泰国的情况正好验证了这一观点。

(四)缅甸:治理失灵与政局周期性动荡

1962 年国防军发动政变后,无论执政党和作为最高权力机关的委员会如何更名,缅甸国家政权长期掌握在军队及其代理党手中。军方掌权时,缅甸中央政府权威性、合法性较低,国家治理能力弱。突出表现就是缅甸民族众多,受地域分布、宗教信仰等影响,少数民族对国家认同淡漠。独立后缅族精英在制定和实施民族政策时未做到公正平等,致使民族问题激化发展成武装冲突。"民地武"为增强与政府对抗的实力,依靠种、制、贩毒获取活动资金。而政府规管能力弱,执

---

① Jitsiree Thongnoi, "Thailand enacts laws that pave way for 2019 elections,"https://www.strait-stimes.com/asia/se-asia/thailand-enacts-laws-that-pave-way-for-2019-elections,accessed November 2,2021.

② 塞缪尔·亨廷顿:《变化社会中的政治秩序》,王冠华、刘为等译,上海人民出版社,2015年,第 44 页。

法漏洞百出,致使跨国贩毒、武器走私等非传统安全问题泛滥,威胁本国稳定和周边地区安全。

　　缅甸法治、经济和赋权体系发展滞后,难以应对国家不同时期出现的治理问题。缅甸法律透明度低,法律知识通常只在小范围的专家中共享。由于审判经常处于秘密状态,不时出现没有法律代理、缺乏证据,法官随意判决的情况。[①]缅甸经济发展落后,处于贫困线以下的人口基数大,被联合国列为世界最不发达国家。尽管 1988 年进入新军人执政时期后,政府改革经济体制,加大对外开放力度,经济出现较快增长。但同时也出现了贸易逆差扩大和通货膨胀等问题。加之缅甸经济体量有限,对外依赖性强,一旦国际资本及大宗商品市场出现波动,经济发展就会受到影响。1997 年亚洲金融危机冲击下,缅甸经济增速明显放缓,进入 21 世纪又因西方加大制裁陷入低迷。缅甸赋权改革历程坎坷,2003 年后迫于国内外压力,政府开始推进政治转型,恢复制宪国民大会,全民公决通过新宪法,在 2010 年举行了多党大选。但直至 2015 年民盟赢得大选,缅甸才真正建立起民选文官政府。

　　民盟上台后履行改革承诺,制定并推进打击腐败、振兴经济、民族和解等议程,取得阶段性成果。然而,多年来缅甸官僚体系都是为操控资源和服务特殊利益而设,民盟政府很难在短时间对其进行彻底改造。[②]且宪法保留了军队在国家政治活动中的特权,民盟政府在解决民族矛盾等棘手问题时受到军方掣肘,无法充分发挥领导作用。[③]罗兴亚人问题恶化、若开民族冲突再发酵都说明民盟政府治理能力未获得质的提升。新冠疫情爆发后,政府低下的治理能力越发暴露。缅甸防疫资源有限、疫情检测滞后、救治效果不佳。疫情下缅甸出口贸易近乎停滞,服务业经营惨淡。于是 2021 年军方以选举舞弊为由,对民盟政府的统治合法性发起挑战。此后缅甸国内政治危机持续恶

---

① 付文侠:《从中国边民缅北伐木案看缅甸的法治》,《东南亚研究》2016 年第 3 期。
② Thompson Chau and John Lu, "Campaigning Parties ignore Myanmar's economic plight," https://www.mmtimes.com/news/campaigning-parties-ignore-myanmars-economic-plight.html, accessed November 2, 2021.
③ 王冠兴:《缅甸民盟政府的国家治理及面临的挑战》,《东南亚研究》2017 年第 4 期。

化,国家治理能力加速衰退,进一步滑向失效国家。

　　缅甸独立以来,国家政权组织形式频繁异变,最高权力多次流转,归根结底反映的是国家治理能力和治理体系的双重虚弱。开启政治转型后,缅甸出现二元权力中心,民盟政府和军方明争暗斗阻碍了国家治理状况改善。一方面,缅甸国家强制力不完全服从于民盟政府,政府合法性未得到军方等社会势力认可。另一方面,国家治理体系设计和建设落后,无论是民盟还是军队掌权都未能有效协调政府、公民社会和市场的关系,社会经济活动长期处于失序状态。

六、结语

　　本文以新加坡、越南、泰国和缅甸为例讨论了东南亚威权国家政治稳定与国家治理的关系。新加坡和越南国家治理水平高于泰国和缅甸,威权体制长期稳定。泰国和缅甸无论是威权统治还是民主转型期,其政权都具有脆弱性、短暂性特征。可见,国家治理与政治稳定呈正相关性。新加坡和越南的成功经验还说明国家治理能力和治理体系现代化具有时序性,东南亚政治秩序较稳定的国家多是先形成了治理能力较强的中央政府,在政府领导下逐步完善治理体系。强政府是国家治理稳定器,高度集权的中央政府有能力根据社会整体利益设定国家发展目标。而国家发展计划得到贯彻落实后,政府合法性又会进一步提升,统治更加稳固。泰国和缅甸在国家初始构建时受传统因素、外部势力等干扰,中央政府自主性较弱。至今仍未完成政府权威的塑造,国家治理能力低下、治理体系适应性差、治理绩效不佳,导致政局出现周期性动荡。

　　不过,国家治理能力强且治理体系健全是一种理想状态,现实中各国都有治理短板。同是国家治理能力强,新加坡的治理体系比越南完备。同是国家治理能力弱,泰国赋权和经济发展状况比缅甸好。且国家治理水平具有流变性,政权巩固不是一劳永逸的。新加坡和越南目前国家治理状况总体向好,政治体制趋于稳定。但执政者须居安思危,适时调整治理机制以适应发展需求。但若改革速度过快、动作过大、超出可控范围,也不能排除威权体制被替换的可能。于泰国和缅甸而言,国家治理困境是各种问题长期积累所致,国家治理水平提升不是一朝一夕能完成的,短期内政治动荡局面仍会持续。但如果社会各阶层、各集团可以摒弃狭隘私利,从国家全局出发合作,也可能在未来摸索出具有本国特色的治理模式,共建良好的政治社会秩序。

东南亚政治发展的现代性论争：
区域化的视角 *

赵银亮　韩雨筱 **

内容摘要　东南亚政治发展与话语叙事在地区精英擘画下重新书写。在区域一体化视域下，东南亚精英群体所要构建的不是一些相互独立的思想概念，而是一系列彼此关联的思想体系，其中包括地区精英政治共识的形成、地区国家的价值取向、精英和大众的认同重构，以及区域化进程中发展空间的拓展等。本文拟从制度变迁的学理层面，研究区域一体化视域下东南亚政治发展的思想、实践及内在动力机制。

关键词　东南亚；政治发展；现代性；区域化

一、研究缘起与学术价值

从晚近几十年东南亚政治发展实践考察，主动或被动的地区一体化正在形塑东南亚国家的现代世界观。围绕"现代世界"的话语叙

---

*　本文系上海市哲学社会科学规划项目"'海上丝路'视域下中国对东南亚话语叙事构建策略研究"（2019BGJ007）的阶段性研究成果。

**　作者简介：赵银亮，上海师范大学亚洲学研究中心副主任、上海师范大学哲学与法政学院教授，法学博士，政治学博士后，主要研究方向为东南亚政治发展、区域一体化研究。韩雨筱，上海师范大学哲学与法政学院硕士研究生，主要研究方向为比较政治。

事,东南亚关涉"现代世界"的构想主要体现在拒绝思想世界的殖民意图,以地区稳定发展为关怀,突破了政治发展理论在其它国家形成和发展的最初语境,逐渐通过漫长而艰难的区域化实践和制度变迁,构筑起现代世界历史的新地标。

　　东南亚政治发展与话语叙事,抑或是地区历史上不同政治思潮的演进,都与该地区错综复杂的形势演化密切相关。①过往几十年地区实践加速推进的背后,蕴含的是地区精英对于地区主权和国家认同的深刻认知。②同时,在地区化迅猛发展的大背景下,民族主义思潮并未有片刻耗散,在整个地区层面也渐次呈现全球化与地区化齐头并进的普遍态势。③对此发展态势需要追问:当转型中的东南亚社会面临一系列不确定、过渡态、弥散性、多变异等客观现象的挑战时,传统与现实的话语叙事逻辑是否已然失去了存在的价值和空间? 地区民族主义在倚重本土传统的同时,是否需认真审视地区化和全球化所带来的机遇和挑战? ④无疑,从东南亚地区国际政治和国内政治发展的叙事模式展开审视和反思,始终是需要深入研究的重大问题。⑤

　　近年来随着地区局势的"非常规发展",尤其是美国"印太战略"的深入推进,地区权力格局和区域主义思潮也经历着深刻的嬗变。从东南亚地区晚近几十年的历史发展来看,地区政治发展的演进逻辑及路径,是在不同领域尤其是地区经济合作方面长期累积和铺垫而渐进形成的。值得关注的问题还有,地区大国力量变迁、地区化力量

---

① 关于政治发展的概念可参见格林斯潘、波尔斯比主编:《政治学手册精选》(下卷),储复耘译,商务印书馆,1996 年;相关文献还包括:派伊主编的《沟通与政治发展》《政治发展的诸方面》、派伊和唯巴主编的《政治文化与政治发展》、拉巴隆巴拉和维纳主编的《政党与政治发展》、阿尔蒙德和鲍威尔合著的《比较政治学:发展研究》、亨廷顿所著的《变化社会中的政治秩序》等。
② 肖克:《亚洲威权国家民主转型的可行路径选择:基于西班牙与缅甸的比较》,《比较政治学研究》(2014 年第 1 辑),中央编译出版社,2014 年,第 95 页。
③ 李峰:《国家身份如何塑造区域认同——以东南亚区域大国"身份地位化"为例》,《南洋问题研究》2018 年第 2 期。
④ 梁雪村:《民族国家的身份政治:多样性与族群冲突》,《教学与研究》2018 年第 12 期。
⑤ 李路曲:《新加坡道路》,中国社会科学出版社,2018 年,第 236–254 页。

的增强等因素,正在如何深度影响地区内各国的政治发展实践的。①

本文正是依托世界范围内深层次的政治和社会变革,以及由此带来的理论突破而进行的探索性研究。国际社会纷繁复杂的政治演进丰富了本文的研究视域,也赋予了此项研究显在的现实意义。从未来研究指向而言,基于本文研究所涉及一系列理论命题和核心概念的广泛性,不仅涵盖了区域化和全球化等传统议题,而且也涉及政治转型与发展、制度变迁和民主化等交叉视域和多个学科。事实上,包括东南亚、拉美、中东和俄罗斯等转型国家及地区在内,大都呈现这样一个现象或事实:这些国家和地区大都希望在现代化进程和传统要素之间找寻密切关联,进而探索联通未来与过去的逻辑纽带。对于世界上那些拥有丰富历史和复杂国情,而今又面临区域和全球性挑战的国家而言,这些内在关联和逻辑要素都是需要认真思考的议题。

从另一个角度思考,无论是某个国家对参与区域一体化政策的决策与调整,还是在此过程中精英与大众之间围绕政治共识的耦合与衔接,其内在紧密关联的主要议题是如何平衡不同行为体之间的利益问题。本文旨在从国家政治发展的思想谱段定位、围绕现代性问题的精英及大众价值取向、国家发展空间的优先选择等维度,探寻区域一体化和政治发展的话语叙事逻辑,阐释国家对外政策对国内政治发展的影响路径及深刻意涵。

二、东南亚区域一体化的发展逻辑及路径探索

从区域化的角度探讨东南亚政治发展问题,不仅必要,而且国内外学界亦有较多积累。其一,通过"比较-结构"的方法探究东南亚区域化进程中不同国家、不同行为主体的密切互动,也即,从东南亚地区不同历史时段条件下多民族、多文明样态的聚合性、传统治理模式对于地区概貌的构建、文明所处的区域独特性等多方面的差异,以比

---

① 赵银亮:《制度变迁与对外政策:聚焦东南亚》,江西人民出版社,2008年,第12-25页。

较的视域观察区域化进程中东南亚各国的探索实践；其二，世纪之交以来，关于东南亚地区跨国力量的研究、作为政治发展实践的"人民导向"的东盟研究、以及基于文明和地缘关系等领域的开拓性研究，指出东南亚地区突出"人民导向"的特性，国家和地区安全、经济一体化推进在地区合作议程中的重要地位等，是我们观察和透视东南亚区域化成效的核心。至于把东南亚区域化进程作为新形势下一个重要事件和现象来系统考察，从中把握区域化进程中多民族地区的特性、思想文化与意识形态建设以及如何处理外部关系，乃是东南亚区域化进程中的关键问题。

(一)东南亚区域化发展的进程及特点

近年来对于"东南亚"区域化议题的研究，无论从对相关概念的定义还是对区域化的丰富内涵的剖析，学界均有着不同的逻辑认知。如果尝试对"东南亚"这一作为政治实体的概念进行科学阐释，就需要将其置于 19 世纪中期的历史时空中进行考察。按照东南亚问题研究专家、新西兰学者尼古拉斯·塔林在其名著《剑桥东南亚史》中对于"东南亚"的理解，要追溯到 1943 年的魁北克会议，当时西方盟国决定在东南亚地区设立一个单独的"东南亚战区（SEAC）"，其范围大致包括缅甸、马来亚、苏门答腊和泰国，1945 年召开的波茨坦会议又把这一范围扩及到包括荷属东印度地区及印度支那北纬 16 度以南地区。由此可以看出，"东南亚"这一概念最初是作为一个政治实体在二战期间提出来的。[①]

进而，东南亚作为一个单独的地理政治区域纳入学界的研究视野。从历史维度来看，长期以来，东南亚地区基本是作为西方帝国主义统治的殖民地或保护领地的角色存在。基于西方列强在这一历史丰厚、国情差异较大、思想和文化内涵较为丰富的东南亚地区的政治实践和制度安排，这段漫长的历史记忆依然对东南亚国家间的彼此

---

① 尼古拉斯·塔林：《剑桥东南亚史》(下卷)，王士录等译，云南人民出版社，2003 年，第 464 页。

认知，以及各国独立后与外部世界的关系都产生了深远而复杂的影响。19世纪中期以来的东南亚区域化发展，很大程度上带有深深的殖民统治和帝国治理的烙印，当然也凝聚着东南亚地区政治精英数百年来的艰难求索和精神追求。尽管二战前东南亚部分国家民族主义情绪高涨，但帝国统治和殖民治理所带来的创伤却未能广泛地激起地区精英寻求区域合作的热情和勇气。不可否认的是，在此后较长一段历史时期中，东南亚民族主义和区域合作意识以不同形式、不同速度缓慢地向前迈进①。对于这样一个具有丰富多元的哲学与宗教等思想文化传统、多样化的价值取向和心理习俗为表征的地区而言，在当时的特殊时代背景下，如何审慎地调处不同阶层、民族和国家间的关系，继而实现战后民族国家秩序重建，恐怕是东南亚政治精英迫切需要思考和解决的重大议题。

这一特殊时期区域化合作意识滞后、区域化合作进展迟缓的另一深层原因，需要从文明史的角度进行阐发和理解。随着殖民主义和帝国主义力量的广泛推进，外来意识形态和宗教思想对东南亚地区的共同体意识建构及民族国家观念产生深远影响，唯有从文明和地区特性入手，才能超越一般意义上东南亚地区问题研究范式，才能超越基于普遍意义上的大国地缘政治研究思路，并从东南亚历史过往与现实困境的对话中，抽取出区域化发展的内生动力。诚然，东南亚地区多重文明样态在千百年来的学习求索和抗争博弈之中，势必伴随着不同文明之间的彼此审视和竞争。随着1970年代全球局势及地区安全环境的重大变化，直接参与地区化进程的不仅包括带有鲜明文明特色、不同诉求的区域内国家，更有来自外部空间新老国际行为主体的深度参与和博弈，这些都事关未来东南亚地区的区域化发展进程和形态。

对上述东南亚区域化历史性演进的逻辑梳理，有助于我们从学

---

① 罗伯特·基欧汉:《局部全球化世界中的自由主义、权力与治理》,门洪华译,北京大学出版社,2004年,第168–169页。

理和实践层面进行更加细致和深入的考察。衡量一个地区区域化水平的概念包括地区主义和地区性，从内涵和外延分析，区域化、地区主义与地区性范畴虽密切相关但却有着不同的意涵。如何理解具有内在特质的东南亚地区的"地区性"和"地区主义"：东南亚"地区主义"是否如欧洲地区主义一样有着类似的发展理念和运行逻辑？对这些问题的回答恐怕都需要结合历史文化和现实实践进行比较探究。另外，长期以来被国际学界和政治精英忽略的问题还有：东南亚有着不同形式、处于不同进程之中的区域化实践，是否能够表明东南亚已然成为真正意义上的"地区"，正在催生极富区域特点和时代特征的"东南亚世界"？

从目前有关东南亚区域化的研究成果来看，一个地区的区域化进程主要取决于经济（市场）力量和政治（民族国家）两种力量的综合作用及构成特征，市场力量能够带来经济区域一体化的发展，但在政治权力对经济力量虽有所钳制、但又无法有效管理市场力量的情势下，区域化更多呈现的是一种客观进程；而当政治力量通过有效制度设计、积极引领并渐趋形成市场要素有效整合的框架下，区域化就能够演变为一种能动的自觉过程，由此我们可以判断区域化发展的进程及特点，也能够观察"区域主义"思潮的发展和实践。

对于"地区性（regionness）"的理解，学界普遍沿用瑞典哥德堡大学教授比约恩·赫特内（Bjorn Hettne）和弗雷德里克·索德巴姆（Fredrik Soderbaum）?的定义，他们将"地区性"看作是与"国家性"和"民族性"同一研究论域中的概念加以辨析。在《地区主义崛起的理论阐释》一文中，两位学者从建构主义的视角对地区性的内涵做了如下解读：地区总是处于建构的动态过程之中，如果说地区化（区域化）是一个多向度演进的过程，那么地区性就在这样的演进中逐渐萌生、定型和扩展，犹如晴雨表，地区性深刻地揭示一个地区区域化水平的广度和深度。①借助赫特内等人对于区域化和区域性研究的成果来观察东南亚的区域化进程不难发现,19世纪中期以来,东南亚地区就已存在"事实上的经济一体化(De Facto Economic Integration)",虽然这些初期的"经济一体化"并未像欧洲区域合作那样拥有强大的法理支持和制度保障,但零散的、应对外部挑战式的地区合作依然在东南亚精英中形成共识并得以快速推进,很大程度上,1997年东南亚金融危机的影响深刻推动者地区精英对于区域化合作的思考。②

　　20世纪末的金融危机是东南亚区域化合作的重要转折点或关节点,通过在危机处理中的制度性学习和反思,东南亚精英逐步开启具有显著"地区性"和"地区主义"意识的区域化探索,其后的发展历程大致也沿循地区空间、地区国家复合体、有组织的区域合作和地区共同体等路径前进。本世纪初以来,东南亚的区域合作在有效制度安排、明确发展目标的指引下高歌猛进,围绕安全、文化、经济与贸易等议题,东南亚地区精英借助东盟合作的一系列制度平台,通过"10+1""10+3"、东盟经济、安全和文化共同体等一系列制度创设,稳步拓展区域合作的广阔空间。在这一进程中,与东南亚区域化合作相关的、亟待思考的问题还有很多,其中,作为一个长久以来深受殖民主义影响、并与外部行为体有着密切关联的多样化地区,东南亚如何探索与东北亚和欧美等国合作共赢、相伴共生的区域化协同发展道路,如何进一步深化凸显东南亚地区国家合作意愿和能力的"区域主义",如何在区域化进程中打造新型的、符合时代特色和地区发展的"地区认同"与集体身份,都是东南亚精英需要审慎思考的重大命题。

① Bjorn Hettne,"Global Market Versus Regionalism,"in David Held and Anthony McGrew,eds.,The Global Transformation Reader:An Introduction to the Global Debate,Policy Press,2000,pp.156-166;Bjorn Hettne and Fredrik Soderbaum,"Theorising the Rise of Region-ness,"in Shaum Breslin et al,eds.,New Regionalism in the Global Political Economy,Warwich Studies in Global Studies in Globalisation,Roultedge,2002,pp.33-47.
② Bjorn Hettne and Fredrik Soderbaum,"Theorising the Rise of Regionness,"in Shaum Bres-lin et al.,eds.,New Regionalism in the Global Political Economy,Warwich Studies in Global Studies in Globalization,Roultedge,2002,p.38.

(二)新地区主义发展视域下"东盟方式"的演进

当前,东南亚的区域化(或区域意识)发展正朝着新地区主义方向迈进。与此前学界和政治精英所理解的地区主义不同,新地区主义更加强调从国际机制（international regimes）的视角来描述当今区域化发展的性质、面向和进程。如果说地区主义是地区范围内不同行为体围绕共同利益和挑战而开展地区整合的思想与实践活动的呈现,那么新地区主义则更加强调时代新意涵和地区合作新愿景,[①]当下的东南亚区域化发展更具多元化和包容性。自东盟成立以来,地区领导人就逐步形成一套基于互信、包容、互利互惠的合作模式,这一模式又进一步推动东盟内部的凝聚和整合,围绕地区热点问题、安全合作和经济发展等议题,东盟渐趋形成维系联盟发展的"东盟方式",推动地区合作全方位开展。

尽管在 1990 年代中后期东南亚区域化发展遭遇一系列挑战和危机,但在东盟领导下,东南亚国家在制度建构和地区合作方面依然取得重大进展。近年来,美国印太战略渐趋成形并付诸地区实践,东南亚地区局势必然经历深刻变化,基于弹性、包容和灵活磋商基础上的"东盟方式"也在经历深层次调整。东盟主导的区域化进程面临着全球化和区域化的压力,使得地区精英开始认真思考区域社会合作、政治与安全合作的紧迫性和现实挑战。面对纷繁复杂的全球及地区形势,东南亚精英需要努力追寻集体认同和共享观念基础之上的有机统一,而旨在处理与调和调处地区安全与外交文化的"东盟方式"也必将加以内涵的提升与重构。

"东盟方式"逐渐发展成为指导东盟处理内部及外部关系的独特外交模式,这一模式强调以共同磋商和平等对话来加强成员国之间的合作、处理内部和外部相关问题,其主要原则包括不干预成员国内部事务、平等外交、不适用武力或以武力相威胁、通过磋商的方式解

---

① 　Joseph Nye,ed.,"International Regionalism",Boston:Little,Brown & Co.,1968,p.7.

决领土争端等,这些原则构成了"东盟方式"的核心主体,上述四项原则密切相关、相互支撑,推动东盟灵活有效地处理特定情况下的安全和外交问题。①这种方式强调组织方式和决策的非正式性和协商一致的精神,这一精神意识源自于印尼爪哇农村地区的决策传统,成型于东南亚国家在漫长的历史时期所营造、积累的治理经验和行为互动。正如区域问题研究专家阿米塔夫·阿查亚(Amitav Acharya)所强调的,在不同的政治制度和历史文化环境中,东盟方式有助于以灵活、富有弹性的方式培育东南亚地区的身份认同。同样不容忽视的是,对于复杂而多元的东南亚地区而言,东盟方式必将经历深刻嬗变,尤其是在构建安全、文化和外交、经济等共同体的征途中,更需要东盟精英以极大的智慧和勇气捍卫、发展东盟方式的核心理念,②这对于东南亚政治发展和现代性拓展无疑具有深远意义。

三、政治发展的现代性论争:东南亚研究的价值

冷战结束之后学界有关制度变迁和政治发展的研究论域,大都关涉地区主义和地区化进程所直接或间接产生的推动力量, 这样的推动力量可以概括为影响国内制度变迁的国际维度或国际因素,这些国际因素包含但不限于西方制度的传播、涵盖人工智能技术在内的新技术革命、跨国行为体的作用等等。有学者进一步研究指出,上述影响因素对不同国家的政治发展所产生的作用不同, 在不同地区和国家的实践呈现出显著差异;但也有学者认为,包括美国在内的西方国家的对外经济政策、外交政策和发展战略等因素,对于非洲、中东和中亚等国家的政治发展并未产生持续的推动作用。

---

① Der Derion,James,"On Diplomacy:A Genealogy of Western Estrangment,"Oxford:Basil Black-well,p.90;Tim Dunne, "Inventing International Society:A History of the English School, Basingstoke:Macmillan,1998;Robertson,B.A.ed.,"The Structure of International Society," London:Pinter,1998.
② Amitav Acharya, "Constructing a Security community in Southeast Asia:ASEAN and the problem of Regional Order,"London: Routledge,2001,p.105.

　　总体来看,晚近几十年国际环境尤其是区域化的快速推进,对于不同国家政治发展究竟将产生怎样的直接或间接影响, 学界依然难以定论。在当前国际新形势下所出现的不同面向和逻辑关联的现代性及其发展实践,则因制度和价值体系的差异而有显著不同。学界当前关于现代性和政治发展的论述, 不仅关系到不同地区和国家经济发展水平、历史和文化传统,而且也与根植于历史文化之中的文明特性有内在关联。

　　近十余年的学界围绕多元现代性范式的争论有一个鲜明的聚焦,那就是如何评判现代性、国家政治发展与外部因素三者之间的关联性。①至少从目前来看,如果说,有关这些议题的内在逻辑依然在寻求理论方面的突破,那么我们是否可以重新拟定新的分析框架,探索其中的内在机理? 简言之,当前的学术研究主要探索西方力量与发展中国家或转型国家间所产生的密切关联, 如何深刻而又缓慢地改变着后者的政治发展进程;从实践层面来看,包括跨国行为体在内的西方力量又是如何通过构设“制度之网”以加强跨国贸易、投资、服务的融通交流,继而依照与发展中国家关联度的不同,寻求对其国内精英及大众力量的压迫或诱导,这些恐怕都是值得深入研究的宏大命题。②

　　对于上述论题的思考,引发了学界较大的争议和讨论。这些争议不仅普遍呈现于发展中国家政治发展、制度变革的议题领域,也渐次出现于更为广阔的空间比较和地区案例研究之中。但无论存在怎样的争议,目前学界渐已达成初步共识,即认为包括西方力量的影响、与西方的关联性等维度, 是影响发展中国家政治发展进程和方向的国际要素,在某种程度上甚至发挥重要作用。曾经备受关注的路径依

---

① 关于现代性的研究,参见米歇尔·福柯:《规训与惩罚》,刘北成译,生活·读书·新知三联书店,2012 年;齐格蒙特·鲍曼:《流动的现代性》,欧阳景根译,上海三联书店,2002 年;安东尼·吉登斯:《现代性的后果》,田禾译,译林出版社,2000 年;尤尔根·哈贝马斯:《后现代主义文化与美学》,王岳川译,北京大学出版社,1992 年。

② Gerffrey Pridham, "International Influences and Democratic Transition:Problems of Theory and Practice in Linkage Politics,"In Geoffrey Pridham, *Encouraging Democracy:The International Context of Regime Transition in Southern Europe*, Leicester:Leicester University Press,2017.

赖假说似乎有着丰富的实践能够加以验证，随着西方国家与发展中国家关联度的日益加强，西方国家对于推进发展中国家的政治发展效果显著。学界进一步围绕西方关联度和发展中国家的政治发展做进一步深入研究，通过对拉美国家、东亚和中亚等地区的比较思考，又进一步得出结论：西方国家的影响力如何以及在何种程度上影响发展中国家的政治发展进程，不仅取决于与西方关联度高的产业领域和精英群体，更重要的是，也不可避免受制于发展中国家的政治制度、政治文化等政治因素的影响。另有部分学者采用实证分析的路径，对俄罗斯、墨西哥及部分非洲国家开展深入的比较研究，结果表明，在墨西哥和斯洛伐克等受西方影响较大的国家，后冷战时期的民主化和政治发展进程较为平稳和顺利，而在受西方影响不太显著的俄罗斯等国，其政治发展进程与墨西哥和斯洛伐克相比有较大的差异。①

　　诚然，仅仅通过对少数国家的案例比较无法构成对本文基本结论的完整验证，但仅从上述学者的研究视角和分析论域来看，已大致触及到了地区一体化和政治发展之逻辑机理的根本，甚至关涉更深层次的理论范式思考。而本文的探索性研究，即在于尝试为这一议题的研究提供新的理论分析思路，并努力推导一种普遍意义的假设，未来或将进一步通过更多案例的比较研究，深化地区化和政治发展两者间科学严谨的相关性分析。从这个意义上讲，当下国际学界有关地区化和政治发展的研究范式，有助于推动关于上述两者关联性的逻辑重构，或将成为包括东南亚在内的发展中国家话语叙事构建领域的一个重要方面。

四、转型与重构：
区域化视域下的东南亚政治发展逻辑

　　客观而言，对于地区基本规范（尊重国家主权、不干涉他国内部

---

① 周忠丽：《比较政治学研究中的个案方法：特征、类型及应用》，《比较政治学研究》（2011年第1辑），中央编译出版社，2011年。

事务等）的尊重很大程度上受到瞬息万变、重叠交织的地区情势影响,再加上地区精英的国际视野和国内政局等因素,东南亚国家的政治发展进程经常被"涣散且复杂状态下的地区舆论"所左右。东南亚国家在政治变革和外交决策等领域的主体性功能实现,很大程度上受到国内外不同行为体的影响,其中包括东南亚国家的政党、宗教团体、跨国公司及其它社会力量等。

(一)区域化视域下东南亚政治发展的转向

当前的学术研究深刻揭示了东南亚政治发展的基本动力,其中主要包括外部力量的"催化"及地区内部力量的"诱引",这也是东南亚政治发展的两种诱发力量。无论是早期东南亚国家对于西方制度体系的简单移植,还是当前各国对自身政治发展的深切思考,都体现了东南亚精英面对新的历史方位的艰难抉择。

追根溯源,东南亚政治发展无疑带有地区历史、文化和政治结构的显著特征,无不渗透着地区精英和大众对于民族独立和国家主权的美好期待。冷战结束以后,东南亚各国开始重新审视新的地区情势与国际格局,地区精英普遍意识到,一个饱经战争创伤和主权沦落的东南亚不仅需要经济的迅速发展,更重要的是,需要结合特定的政治文化和地区实际探寻适当的政治发展之路。对于主权、民主、发展和分权等理念的思考,成为冷战之后尤其是 1960 年代特定时空背景下东南亚精英的深刻关切。对于东南亚而言,战后几十年不仅是需要重新思考东南亚国际定位的关键时期, 也是新旧体系发生嬗变的重要时期。对于民族独立和国家主权的热切渴盼,推动着地区精英通过广泛接触并追求民主、分权和有限政府等形态,并借助制度化的安排实现政治发展。[①]

二战后几十年的政治发展, 不仅见证了东南亚各国政治制度的巨变,也呈现了地区各国在政治传统与西方制度选择、耦合、离聚进

---

① 李路曲:《新加坡现代化之路:进程、模式与文化选择》,新华出版社,1996 年,第 34—43 页。

程中的艰难选择。如果说曾经的被殖民经历渐次唤醒了地区精英和大众对于民族主权的热切期待，从而推动他们积极展望与设计符合地区发展的制度形态;那么,经过漫长历史时期经济发展之后的东南亚精英更深刻地意识到,仅仅移植西方的政治制度和体制,恐怕无法彻底解决困扰地区许久的贫富分化、宗教和种族冲突等一系列深层次矛盾，这些现实困境都刺激并推动着地区精英努力探索属于自己的政治变革之路。

　　几十年来，政治发展的叙事逻辑沿着东南亚国家的内在特质缓慢前行。20世纪50年代末至80年代,东南亚经历了制度体系和政治发展秩序的解构与重建，昭示着一个后现代的东南亚新地区体系的萌芽，新的体系更多是从东南亚国家政治体制的变革和国家发展导向等方面进行重构。这一时期，威权主义政治体制的方兴未艾,折射出地区精英对于前期盲目仿效西方体制而遭受创伤的深刻反思;而普遍建立的以经济发展为导向、寻求强政府和高度集中管理机制的转型之路，又深刻反映了地区精英在摒弃西方体制、探寻自我发展道路时的无奈选择。这也就不难理解,为何在此后一段较长时期,印尼和菲律宾等国对于威权主义政体的褒扬和坚守，以及由此引发的持续的社会民主震荡。

　　20世纪80年代后半期,基于地区化的发展新态势以及地区权力结构变迁，东南亚政治发展方向和路径进一步调整。在充分领略并享受威权主义政体给地区精英所带来的巨大经济和政治收益的同时，这一体制的弊端和不利影响也日益显现,大众对于发展、社会福利和国家安全等公共产品的诉求与精英的政策取向之间逐渐出现偏离。这些态势对东南亚国家的政治体制和发展模式提出了严峻挑战,推动着地区精英重新审视既有的制度安排,迫使执政精英以制度创新来满足社会大众的诉求。

　　进入1990年代，原本在政治发展道路上踟蹰前行的东南亚各国，迎来了金融危机的全面爆发和随后弥散于转型国家及地区的民主化浪潮。国际环境和地区权力格局的深刻调整,构成了东南亚政治发展新一轮变迁的宏阔背景。对于经济议题的关注和对国家稳定发展的期盼，推动东南亚各国审视并调整其地区一体化政策和政治发展议程。这一时期东南亚多国的政治体制改革旨在回应地区形势的深刻变化，旨在顺应地区一体化进程的深入发展。[①]客观而言，该时期东南亚颇具戏剧性的政治变革实践，极大地推动着地区国家的民主化进程，但令国际观察家感到忧虑的是，这种基于特定情势而产生的政治变迁是否具有其可持续性和延展性。目前来看这些担忧并非杞人忧天，东南亚地区晚近几十年的政治发展之扑朔迷离和瞬息万变，跳脱不了其特殊的、长期根植于东南亚地区的政治文化。

在急剧变化的社会结构和政党组织的竞合博弈过程中，东南亚各国政府遭遇了来自内外力量的强烈冲击，不同国家的地区政策和政治发展议程不断摇摆和变幻，这也折射出各国精英在地区治理、政治变革和地区政策等多重议题上的思想困惑和能力匮乏。面对地区新形势所带来的复杂、异质、分裂和矛盾的社会组织和大众力量，多数东南亚国家选择了不断强化和扩大政治权力，执政精英倾向于从提供公共产品、增进政治共识之外的路径寻求合法性依据，部分政府甚至采取高压政策来应对社会组织和其它力量所带来的挑战，这些变化一定程度上体现了地区政治发展的多样化图景和面向。

(二)以菲律宾和缅甸为例的比较研究

学界对于东南亚区域化进程与政治发展相关性的研究，主要侧重于从制度变迁、政治发展与现代性、国家内部政治联盟变革等维度进行思考。虽然相关研究还只是初成格局，仍有一些问题存在争议，但当前研究的理论命题、视角和方法仍然可供参考。

将曾经作为西方殖民地的菲律宾和缅甸抽取出来进行比较研究，能够更为清晰地透视东南亚国家在实现民族自决、国家独立、区域化发展和制度建设等议题的逻辑理路。西方的殖民统治不仅唤醒

---

① 孙立平：《现代化与社会转型》，北京大学出版社，2005 年，第 21—34 页。

了包括菲律宾和缅甸在内的东南亚国家的民族主义思想，而且也推动着地区政治精英携手打造适合国情和地区发展的制度设计。1950年代东南亚地区威权主义体制蓬勃发展，这一体制在推动地区经济取得巨大发展的同时，也始终面临着亟待解决的贫富差距、社会不平等、宗教和种族矛盾等问题。如何通过区域一体化的推进，改良既有的国家制度和经济发展模式，进而营造有利于国家稳定和个体权利发展的整体制度环境，就成为东盟地区精英需要思考并解决的议题。①

　　长期受到殖民统治和威权主义政体影响的菲律宾，在地区一体化的实践中为东南亚政治发展提供了研究样本：一方面，晚近几十年东南亚区域化发展为菲律宾重构国内精英和大众关系及决策体系，提供了区域性的制度环境，深刻影响着菲律宾精英阶层的地区意识萌生及拓展；另一方面，在区域化进程中获得长足发展的菲律宾精英和跨国行为体，也围绕公众所关注的发展、人权和民主等议题不断扩大公共话语空间，努力推动菲律宾政治发展和转型。

　　首先，地区一体化实践有力地推动者菲律宾精英联盟的调整与重组。如果将时光拉回到1990年代时期深入观察就会发现，随着地区一体化快速推进，菲律宾国家经济体制也在加速调整，后马科斯时代的菲律宾政府积极参与地区经济合作，并为此后阿基诺政府的改革奠定了物质基础。1990年代菲律宾在推动国际投资和地区贸易自由化方面取得了长足进步。作为吸引外来投资的重要举措，1995年拉莫斯政府颁布《特殊经济区法案》，该法案旨在加强国内40个左右的特殊经济区建设。数据显示，1995-2001年之间菲律宾特殊经济区的总投资额高达7676亿比索。这些投资中的39.6%来自日本，17.3%来自菲律宾本国，13.3%来自美国，还有8.4%来自荷兰。②外国投资的不断增加，推动着菲律宾政府进一步出台《外国投资法案》，全面开启投资自由化和贸易便利化进程。此外，在后续数年间，菲律宾又完善了

① 赵银亮：《地区一体化与政治发展研究：基于东南亚的考察》，《学术界》2021年第6期。
② Scholastica David Cororation，"Amending the Foreign Investments Act of 1991," *Economic Papers*，No.4，University of Asia and the Pacific，Pasig City，1994，pp.4-10.

一系列旨在加速地区合作的政治、经济和法律制度,不断改善地区和国家营商环境。众多改革措施的出台和对外交往活动的增加,一方面增强了菲律宾抵御外来资本侵蚀的能力,另一方面又为国内自由化改革营造了良好的舆论氛围。在此基础上,菲律宾政府借助经济自由化改革的契机,又推出一系列扶植私有企业的政策措施,此举大大提升和优化了菲律宾经济自由化改革的制度空间。①

其次,在参与地区一体化和全球化进程的同时,菲律宾国内政治体制和社会组织机构改革也同步展开。从菲律宾的实践来看,在数十年的地区一体化进程中,其推进的土地制度改革方案、工业化发展战略和社会保障措施等,对于该国政治发展和现代性培育具有奠基性作用。②随着马科斯统治的垮台,菲律宾国内政治参与的制度空间得以极大改善,民间力量的政治参与积极,代表着不同利益团体、阶层和行业的力量渐次兴起,转型时期的菲律宾呈现出政治氛围活跃、大众参与兴盛的蓬勃景象,央地权力加速重构、非政府组织也如雨后春笋般涌现。总体观察,随着东南亚区域化进程的加速,菲律宾国内的政治团体和利益集团必将进一步加深分化与重整,军事精英和少数特权阶层掌控国家政治发展的时代已然远去,大众联盟正在重构菲律宾的政治生活空间。③

与菲律宾政治发展道路不同的是,作为晚近参与东南亚区域化发展的缅甸探索并走出了一条极为艰辛的道路。日渐融入地区一体化发展的缅甸,通过一系列政治、经济和社会层面的制度设计,推动着国内军事精英、政治精英与大众关系的重构与嬗变,在此基础上进一步扩大了国内各阶层的政治参与,推动着各方力量携手共建国内政治发展模式。

按照西方学界和政治精英的理解,对于缅甸这样被普遍认为是

---

① 李文:《东南亚:政治变革与社会转型》,中国社会科学出版社,2006 年,第 125 页。
② Jaime Faustino, *Traditions in Private Philanthropy*, Manila: Philippine Business for Social Progress, 1997, p.271
③ 赵银亮:《地区一体化、政治联盟与菲律宾政治发展》,《比较政治学研究》(2018 年第 1 辑),中央编译出版社,2018 年。

长期"封闭"的威权主义政体,是否能够以及如何融入地区经济合作进程,对于缅甸军事精英和政治精英来说是一个严峻的考验。从近20余年的政治实践来看,缅甸积极参与国际贸易和国际生产、积极融入地区一体化经济合作进程,这些都给该国的政治生活带来了多样化的、深远的影响,1990年代缅甸的国际贸易政策对该国的政治变革具有积极而深远的意义。据统计,1990年代中期,缅甸出口和进口总额分别达到4.72亿美元和8.8亿美元;到2005年,则分别攀升到35亿美元和19亿美元。从贸易结构来看,2002年缅甸扭转了长期的贸易逆差状况,开始实现贸易顺差,2005年总量达到16亿美元。①

缅甸积极参与国际贸易和国际投资,对于本国国内政治权力结构产生了积极影响。从生产要素的角度来看缅甸国内已出现积极转向,资本对于国家政治权力的控制和影响大为增加,而贸易政策的改革也极大地拓展了大众参与政治生活的公共空间。②尽管长期以来面临强大的国际制裁压力,但近年来缅甸政府通过与外部社会的贸易往来不断挖掘地区经济资源,并与部分地区内国家建立了密切的经济联系,大大提升了体制改革和政治发展的内生动力。

总体来看,缅甸与菲律宾有着不同的历史背景和国内政治改革基础,尽管在未来政治发展和现代化改革道路上缅甸仍将面临诸多内部和外部的风险挑战,但缅甸精英通过在区域化进程中的积极谋划与参与,已在国内民主、政治发展和地区一体化改革等方面初步形成共识,这些都将深刻地推动缅甸国内的政治参与和政治转型,推动着国内精英和大众在区域化力量感召下携手谱写缅甸政治发展的新征程。

---

① Myat Thein, "Economic Development of Myanmar," *Singapore: Institute of Southeast Asian Studies*, 2004, p.80.
② 赵银亮:《地区一体化进程中缅甸精英联盟的变革》,《比较政治学研究》(2016年第2辑),中央编译出版社,2016年。

五、东南亚政治发展与精英–大众的话语叙事

对于东南亚地区政治发展的话语叙事，尤其是对于该地区现代性问题的思辨考量，有一些值得注意的问题，若从文献层面对有关政治发展和现代性的概念及理论进行梳理，便能够发现学理层面的差异依然十分显著。而当我们站在新的历史起点观察和透视东南亚政治发展进程时，至少存在某些不同于拉美和中亚等转型地区的研究视域：通过对现代性和政治发展这一带有较强西方话语色彩的解构，东南亚国家试图找寻自身现代特的特征和内涵；地区国家能够在几十年地区发展和政治进步同向而行的背景下，深度挖掘地区多种传统文化和思想元素，进而创造出不同于世界其它地区的多样化形态。

（一）"以人民为中心"的东南亚政治发展叙事

如此复杂多样的方法论和视角研究表明，无论是对东南亚地区政治发展多元现代性立场的恪守，还是对传统体制的弘扬，都必须将该地区的政治发展与地区一体化的历史实践、制度嬗变和地区环境演进综合起来进行分析，唯有如此，才能得出较为客观的逻辑理路和观点。

新世纪以来，东南亚地区一体化的深入推进，深刻地勾勒出地区的民主化图景，其中最主要的表现即是跨国组织和力量的成长。东南亚跨国力量的发展主要体现在国际组织或跨国公司数量的快速增长，以及这些跨国行为体影响力的日趋增加。学界普遍关注这些跨国力量对于地区政治氛围的影响与建构，他们思考的不仅是这些跨国力量通过何种平台或机制发挥自身功能，而且也尝试搭建有利于跨国力量成长的制度空间。具有"人民导向"的东盟对于地区将产生怎样的政治影响，或者说将对东南亚地区的政治生态构成怎样的挑战，

都是需要认真思考的议题。①

通过对现有文献的梳理可以发现，地区精英和大众围绕地区发展和现代性的成长，内在地蕴含着一条较为清晰的逻辑线索，那就是怎样将精英的意志与大众的诉求实现高度契合，换言之，如何将地区精英对于国家政治发展的思考，有机地融入大众对于国家发展和现代化的深切期待之中，如何将大众利益纳入精英和国家的政治议程之中，将东盟打造成为引领地区政治发展方向、突出"人民导向"的新型地区组织，成为东南亚地区精英需要审慎思考的重要议题。②除了以"人民导向"为核心东南亚政治发展转向之外，还需要加以审视的是，在地区一体化迅速发展的当下，地区内贸易创造和贸易转移效应凸显，如果说这些因素和力量正在深刻勾勒地区的政治发展生态，那么，精英主导的地区一体化和政治发展进程，又在多大程度上和多大场域中能够与大众导向的地区政治发展高度契合？③

（二）"东南亚世界"的政治发展与现代性重构

在当前新的历史时空背景下，东南亚地区正在重构其话语叙事逻辑。如同现代性和政治发展的概念界定一样，对于东南亚地区政治发展路径之研究仍存在着诸多不确定性。在地区政治实践、精英与大众互动等理论和实践中，也还存在着大量值得探讨的理论学术问题。不可忽视的一点是，东南亚各国精英对于地区主导权的意识前所未有地得以呈现，极大地重构地区政治发展的话语叙事逻辑。

如果说"东南亚世界"这一想象的空间或共同体的打造，需要精英的大众凝练政治共识和政治价值，那么，关涉地域空间或共同体的

① ASEAN Secretariat, "ASEAN Charter,"13,January 2018,http://www.aseansec.org/ASEAN-Charter.pdf.
② Alan Collins, "Security and Southeast Asia:Domestic,Regional and Global Issues",Boulder:Lynne Rienner,2003.
③ Alexander C.Chandra and Jenina Joy Chevez, "Civil Society Engagement with ASEAN:An Overview",in *Civil Society Reflections on South East Asian Regionalisms:ASEAN@40 eds.*,Quezon City:South East Asia Communities for Advocacy,2008,p.27.

构建，就需要充分借助并尊重区域外的机制或力量与地区精英共同绘就发展蓝图。事实上，无论是从政治空间或地域空间的充分想象和谋划，还是仅从经济层面的地区一体化整合，近年来东南亚的政治发展实践也见证了跨国力量从萌芽到成长的过程。更重要的是，这些跨国力量已呈现出一个令人振奋的迹象：作为主要行为体，这些跨国力量比较注重从制度建设的角度，着力将东南亚打造成为具有强烈时代特征和鲜明地方特色的统一行为体，而"东南亚世界"这一概念也更多地从政治发展、地区一体化等多维度视角出发，全面营造地区化蓬勃发展的氛围和空间。这一空间和进程的构建已初具规模：从东盟共同体构想的提出，到一系列战略规划的拟订，都极大地开拓了东盟共同体决策的宏伟空间，而跨国力量则在新的机制创设中焕发勃勃生机。[1]

当前东南亚地区面临着社会和文化共同体构建的艰巨挑战，破解这些挑战的根本遵循及路径，即在于如何全方位动员并调动精英和大众的一致行动。在东南亚地区打造和动员可持续的社会力量，对于地区政治发展前景无疑具有重要现实意义。地区精英已普遍意识到，东南亚共同体的构建与地区多元利益的维护和弘扬有着密切的关联。[2]

当然，从"精英东盟"到"大众东盟"的折冲、组合与重构，体现的是对不同语境下"东南亚世界"的不同构想。面对不同时期的东南亚地区擘画，精英和大众之间存在激烈争论，从地区实践来看，这场争论所涉及的维度不仅包括经济一体化的具体路径，而且也涉及到区域主义思潮的演进、地区治理的向度和路径；不仅有关短期内国家内部决策机制的运行效率，也涉及诸多深层次和需要持续关注的问题。诚然，对于东南亚而言，或许正在经历地区局势大变革的新时代，或将开启各国政治发展艰难选择和实践的新征程，这也是东南亚推进

---

[1] [2]　ASEAN Secretariat, ASEAN Socio-Cultural Community Plan of Action, 2004, www. aseansec.org/16833.htm.

区域化合作与政治发展空间所必须经历的历程。显然,无论从理论构建还是实践等层面,都需要强有力的智识支撑和辅佐,也需要地区精英和大众的创造性谋划与构建。

结　语

本研究所蕴含的另一层意义在于,在当前理论视域尚未完全展开的前提下,对于地区一体化和政治发展这一宏大且意义深远之议题,如何从知识谱系的阐发、理论的系统性视野,阐释不同区域制度演进的世界性影响。诚然,这一初步的研究或许包含独特的理论价值和实践意义:一方面,从文化相对主义视角分析需要追问的是,东南亚的政治发展史已经并将经历怎样的演进路径,尤其是在新的历史方位下,东南亚未来政治之路如何跳脱路径以来的窠臼;另一方面,对东南亚政治发展的思考,实际映射的非西方、欠发达地区和国家的政治演进之路。从比较政治学的视角进行研究,需要进一步拓宽视野,以更为多样化的区域空间投射不同的政治发展实验,以求得理论方面的完善和突破。仅就东南亚地区而言,当下不同国家的政治发展之路是趋同还是趋异,依然难以给出确切的答案。但显然,开放性、包容性、人民性等特质,已显著地影响并描绘着东南亚政治发展的时代图谱。

客观来看,以历史和文化、并基于现代性和政治发展的并行推进,是东南亚政治转型的话语叙事体系形成过程的一个重要方面。对于东南亚地区这样具有较大发展差异和丰富历史传统的区域来说,不仅需要重构符合现代发展趋势及地区实际的主权国家认同,而且,更需要以地区文化和思想为根基,不断强化和凸显地区共同体的文明归属。囿于当前研究视域和范式的转型,下一步的研究议程或将包括如下议题:在当前复杂的地区形势下,"东南亚世界"这一理念有着怎样独特的时代意义和地区价值,其内在蕴含和直接指向的又是怎样一个推动自我认同形成的公共空间。从地区实践来看,"东南亚世界"这一概念的提出,能为东南亚地区精英提供多少可以探索的空间,并在多大程度上影响着地区精英的政治发展愿景,抑或是这一概念仅仅是地区精英为实现自身狭隘的政治利益而虚构的政治工具?尽管重构地区话语叙事有着共同的历史记忆和相互依赖,但面对复杂的大国利益博弈和地缘政治经济的潜在变数,更需要地区精英在"东南亚世界"这一理念的感召下,深度思考地区治理、区域发展和政治演进的逻辑理路,并加以切合实际的探索与实践。

基于摩尔理论视角的美国政治激进走向分析 *

冯　莉　胡晓波 **

内容摘要　新世纪以来,世界金融危机、特朗普政府上台和新冠疫情的冲击都在不断加速推动以美国为首的西方政治和社会向自我解构和不断重构的新阶段转变。面对世界大变局带来的诸多挑战,西方发达国家应对危机的国内外政策显得扑朔迷离,政治发展走向也显得复杂多变。不断叠加的危机效应带来的是美国社会不平等和贫富差距持续扩大,种族主义和逆全球化势力不断崛起,危机应对正在通过边缘化中间力量并促成精英和民众必要的政策合作等方式转向"精英－民粹"模式。与此同时,作为社会中间力量主体的美国中产阶级正在被进一步分化和弱化,中产阶级的力量正迅速萎缩,社会上层及下层和中产阶级之间的对立日益加剧。这表明,美国传统意义上的左、右政策已经趋向极端化。而当必须要通过联合民众或消弭贫富差距来应对危机时,美国就陷入了解决资本主义这个问题本身,依照摩尔理论的分析逻辑,这样的模式最终必将导致典型的民粹政治。

关键词　美式民主;政治重组;民粹主义;激进政治

---

*　本文系国家社科基金重点项目"西方垄断资本主义发展新动向及对华影响研究"(22AGJ001)的阶段性研究成果。

**　冯莉,法学博士,上海社会科学院教授,主要研究方向为当代世界与资本主义。胡晓波,政治学博士,美国克莱姆森大学教授,主要研究方向为比较政治学。

一、问题的提出

自从"民主"①被作为研究对象以来,关于民主的阐释和因此带来的各种争论一直都是学界热点。随着资本主义世界体系的确立,欧美发达国家的民主理论和民主实践也获得了几乎是一边倒的理论优势和话语优势,民主已经变成了评判一个国家政治发展现代化程度高低和国家-社会治理优劣的唯一标尺。而在公共认知中,"人类意识形态演进的终点和作为人类最后的政府形式就是西方自由民主的普遍化",民主就是历史的"终结",民主不会倒退。②与此同时,选举程序被夸大为几乎是民主的全部,未来的领导者都需要通过自由竞争夺取选民手中的选票,"人民对每一个问题都有明确而合理的主张,在民主政治中,人民以挑选能保证他们意见得以'贯彻'的代表来实现这个主张……某些人通过争取选民选票取得做决定的权力。"③但是过于依赖程序民主不仅放大了程序民主的缺陷,而且带来了更深层次的结构性危机。

随着以美国为首的资本主义国家内部矛盾的累积和叠加,逆全球化和种族主义运动达到新的顶峰,特朗普主义应运而生,民主的主要机制将西方政治"选"入了当代民粹主义的漩涡。由此,西方各国迅速向自我解构和不断重构的新阶段转变。但从实践中看,这非但不是朝着民主驶近,反而使得民主逻辑和民主政治产生了动摇。联想到德国魏玛时期的民主选举以及之后的德国政治走向,"民主向何处去"的问题正引起越来越多学者的反思:民主一定是会走向更加美好的未来吗? 还是会走向不断的往复甚至是倒退? 在多重危机面前,民主的未来走向正变得越来越扑朔迷离。

---

① 若未加明确说明,为论述便宜,本文所说的"民主"指现代西式民主。
② Francis Fukuyama,"The End of History?",*National Interest*,summer 1989,p.4.
③ [美]约瑟夫·熊彼特:《资本主义、社会主义与民主》,吴良健译,商务印书馆,1999 年,第 395–396 页。

因此，全面而深入地研究和把握当前以美国为首的西方发达国家的新变化不仅是深刻复杂的现实问题，也是亟待回答的理论课题。而如果对作为西方现代政治核心要素和集中表现的民主只是停留在"程序"上的理解，那么就无法认清目前美国政治变化的根源和本质，更谈不上对美国政治未来发展的预期。其中的关键是对西方政治危机应对的逻辑和规律的分析，对当代发达资本主义国家应对危机的模式及其深层的社会背景进行深入而全面的研究。在这方面，美国著名学者小巴灵顿·摩尔（Barrington Moore Jr.）有关三种现代化发展模式的经典分析[1]对把握世界大变局视角下美国民主政治走势有着非同一般的借鉴意义。

二、文献综述

特朗普政府的上台进一步推动了美国民主政治"反传统""反建制""反精英"的实质性转向。虽然民主的程序依然保留，但从此一些长期以来被美国遵循的民主政治基本法则被打破了，政治分裂和极化也愈加严重。这一切的发生至少应该从 2008 年全球金融危机引发的一系列反应进行考察。从既有的研究来看，学者们对美国民主政治走向的研判主要有以下三种：

第一，美国民主政治的新"变革"带来剧烈社会变动。一方面，2008 年奥巴马成功入住白宫打破了美国总统均出身于中上层白人的政治惯例，被美国前国务卿赖斯认为这"突破了美国政治的最后一个堡垒"[2]。而在 2016 年的美国大选中，"白人蓝领阶层倒向共和党"这一"最具戏剧性、并将重塑今后美国政治地图的'突变'现象"显现出

---

[1]   Barrington Moore, *Social Origins of Dictatorship and Democracy：Lord and Peasant in the Making of the Modern World*, Boston：Beacon Press, 1966.

[2]   Peter Baker and Jeff Zeleny, "For Obama, No Time to Bask in Victory As He Starts to Build a Transition Team," *The New York Times*, November 5, 2008, https://www.nytimes.com/2008/11/06/us/politics/06elect.html, accessed May 13, 2022.

"'特朗普现象'及其蕴含的政党政治重组趋势"①。于是,伴随着行政权力的进一步扩张,美国政治的固有理念、制度和模式正在出现历史性"突破"②。另一方面,中产阶级的力量无论在经济上还是政治上都面临大幅萎缩,特别是在新冠疫情爆发以后。法国总统马克龙直言不讳,认为现代资本主义与市场经济为中产阶级提供了"进步"的机会,但这个体系如今已经"破败",面临"深刻的道德与经济危机"③。

第二,疫情冲击下美国政治的危机与调适效果有限。学者们认为,当前资本主义正在"从旧的系统性危机走向新的系统性危机"④,国家治理危机是当前西方面临的重要问题,而特朗普主义主张的逆全球化并不能解决西方发达国家的发展失衡危机,也不能从根本上消除美国国内的基本矛盾。⑤轮番出现的保守主义、孤立主义、加速主义、改良资本主义或替代主义等反而使得美国政治的分裂趋势愈加严重,疫情危机已经累积变成政治危机,正迫使美国退回到门罗主义式的孤立,均表现出特朗普政府的"无能"⑥。同时,美国新旧精英集团的竞争形势逐渐明朗化,经济危机与国内政治重组的模式极有可能倒向"新的威权–民粹联盟"⑦,甚至民粹主义也成为可替代的选择项,即便资本主义世界体系的结构性危机不可能由此得到解决。⑧

第三,美国民主政治正在走向新的历史阶段。有些学者坚信资本

---

① 王浩:《"特朗普现象"与美国政治变迁的逻辑及趋势》,《复旦学报(社会科学版)》2017年第 6 期。

② 刘杰:《当代美国政治》,社会科学文献出版社,2011 年,第 42 页。

③ 此为法国总统马克龙在 2021 年 1 月 26 日通过视频参加世界经济论坛"达沃斯议程"并演讲后的提问环节的特别讲话。转引自郭涵:《马克龙达沃斯发言,有内味儿了》,https://www.thepaper.cn/newsDetail_forward_10971862,最后访问日期:2022 年 6 月 12 日。

④ 朱安东、孙洁民:《新冠病毒、新自由主义与资本主义的未来》,《马克思主义与现实》2020 年第 4 期,第 155 页。

⑤ 亓为康、丁涛:《新冠肺炎疫情、逆全球化与资本主义发展失衡危机》,《世界社会主义研究》2020 第 8 期。

⑥ Francis Fukuyama, "The Thing that the Determines a Country's Resistance to the Coronavirus," https://www.thealantic.com/ideas/archive/2020/03/thing-determines-how-well-countries-respond-coronavirus/609025/, accessed May 13, 2022.

⑦ 周强、陈兆源:《经济危机、政治重组与西方民粹主义——基于国内政治联盟的形式模型与经验检验》,《世界经济与政治》2019 年第 11 期。

⑧ 鲁道夫·克雷斯波:《资本主义世界体系的结构性危机不可能解决》,《红旗文稿》2016 年第 7 期。

主义会再次"化腐朽为神奇"①,认为疫情危机无异于以前的任何一场流行病,并不会导致资本主义发生根本性的改变。②病毒不会打败资本主义,从历史经验看,疫情将是重建资本主义更好的新政治体和新经济体的重大机遇,"替代性社会模式"将会缓解日益公开化和尖锐化的矛盾并正在被推动成为现实。③这实际上考验的是美国民主政治的韧性或者说生命力,因为从某种程度上说,学者们试图理解的不是"民主政体是如何消亡的"而是"它们是如何忍受的:它们如何面对威胁它们的核心挑战,包括极端的政治两极分化,种族和民族冲突经济不平等加剧,行政权力集中"等挑战下"是什么让民主国家恢复活力"④。

可以看出,学界当前研究的重点是如何在保证现有制度的同时去化解其政治和社会矛盾,寄希望于危机之后出现资本主义的新生。在这个过程中,民粹主义也成了药方之一。学者们不但对中产阶级的地位和作用进行了再评估而且对倾向于边缘化中产阶级的既有秩序表示"失望",而当各种经济政策无法彻底消除危机的时候,民粹主义裹挟下的美国政治重组就成了应对危机扩大化和体系化的必然。但目前分析中最缺乏的是对美国政治和社会力量变动的深层探讨及其所带来的政治层面重新组合的剖析。这些缺憾使得我们对美国政治倒向精英-民粹联盟的预测展现出更有价值的追问:美国的民主化进程到底是直线上升的还是可以循环往复的? 在这个更深层更重要的问题上,通过对美国政治重组(Political Realignment)的研究从而把握美国政治走向就显得极为迫切。

目前已经有学者通过研究民粹主义给予了尝试性回答, 认为民

① Francis Fukuyama, "The Pandemic and Political Order:It Takes a State," https://www.foreignaffairs.com/articles/world/2020-06-09/pandemic-and-political-order, accessed May 13, 2022.
② Alain Badiou, "On the Epidemic Situation," https://www.versobooks.com/blogs/4608-on-the-epidemic-situation,?2020/03/23, accessed May 13, 2022.
③ [英]乌苏拉·胡斯等:《新冠肺炎疫情危机下的数字化、资本重组和社会动员》,《国外理论动态》2021年第1期。
④ Robert C. Lieberman, ed., *Democratic Resilience:Can United States Withstand Rising Polarization*, Cambridge:Cambridge University Press, 2021, p.xviii.

粹主义折射的是民主制度的代表性危机,它能够"激发边缘群体的政治参与,通过表达遭受排斥的利益诉求重塑政策议程"。①按此分析,如果美国的激进政治是因为传统精英内部分裂带来新的阶级关系,即分裂出来的精英和底层民众重新组合而产生的, 那么在摩尔的理论逻辑中会认为美国的政治前景就不是民主的修正而更可能是民主的背叛。②而进入 21 世纪以来,美国的民粹主义主要表现为以"占领华尔街"运动等为代表的左翼民粹主义和以特朗普为代表的右翼民粹主义,但右翼民粹主义表现出鲜明的政党"新秀"(政治精英内部的分裂)和民粹(特别是底层民众)的联合,并进而成功转型为执政党,这成为美国政治走向激进的重要表现。虽然摩尔的理论是解释不同政体形成的原因或者说是不同政体起源的学说, 但是摩尔的论证恰恰是对不同政体形成过程中因为诸种政治和社会力量不断产生和分别交叉组合从而出现差异性结果的经验主义分析。由此,结合美国应对危机过程中"精英–民粹"模式的出现,摩尔的理论对于分析和预测美国当下社会现状和未来政治走向提供了重要的逻辑支撑(图 1)。

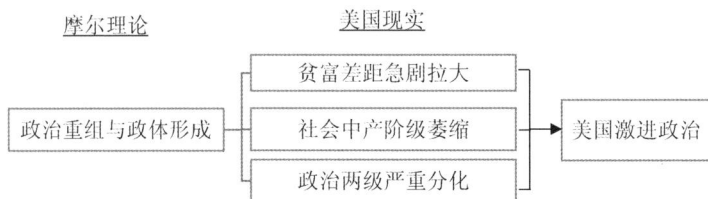

图 1　美国民主政治的精英 – 民粹主义趋势及成因

三、摩尔视角下政治力量的三种组合及启示

1966 年,美国著名历史学家和政治学家小巴林顿·摩尔出版了成

---

① 高春芽:《政党代表性危机与西方国家民粹主义的兴起》,《政治学研究》2020 年第 1 期。
② Barrington Moore, *Social Origins of Dictatorship and Democracy: Lord and Peasant in the Making of the Modern World*, Boston: Beacon Press, 1966, pp.413–508.

名之作《专制和民主的社会起源》。在书中,摩尔不仅研究了不同阶级,而且还研究了阶级转型和重组。在摩尔看来,西方资本主义国家在走向现代化的过程中,不同阶级关系及其政治联盟会造成不同的政治发展过程及结果,不同阶层的政治联合导致了不同现代政治制度的产生。摩尔系统地考察了包括英、美、日在内等六个国家的近代阶级在经济发展过程中的产生或衰落,这些阶级在商业和工业化过程中又逐渐转变并相互结盟,这些结盟进而决定了现有政体转变的典型形式。因此,正是社会群体之间的特定联盟引导了每个国家走向或现代民主或法西斯或共产主义的道路。可以看出,摩尔提出了一套有关制度变迁的全面理论,从社会群体重组的角度为即将到来的政治变迁提供预测能力,其中关于中产阶级地位和力量的分析对于把握当前美国政治走向激进的核心要素更是大有裨益。

摩尔的分析元素包括三个群体:上层,中产和平民。中产阶级的地位和作用是其中的风向标。他认为,当上层与中产联盟,他们所建立的制度趋向于保守,进而发展为议会制民主。当中产与平民联盟,特别是在中产较弱势时,其所建立的制度趋向于激进而强调公平分配,进而创建共产主义政权。而当中产阶级缺失,上层煽动平民并与其联盟,他们所采纳的制度会趋向更加激进并寻找国内外敌人为其面临现代化挑战的替罪羊,使得民粹主义产生,从而导致法西斯政权的建立。这就是现代化发展的三种组合模式(见图2)。

依此逻辑,我们也可以看到影响政治制度的因素往往受到上层、中产和平民之间联盟的影响。而历史经验表明,对民主而言,中产阶级在现代政治发展过程中发挥了重大但又因地不同的作用。[1]在摩尔研究的案例中,它可以推动民主的发展也可以推动共产主义的发展,但弱势的中产似乎无法阻止民粹主义的产生。换言之,民主制度并不杜绝上层精英与社会底层的政治结合,或与任何利益集团的政治重

---

[1]　Xiaobo Hu, "Chinese Democratization:The Nature and Role of the Middle Class,"*East Asian Policy*,Vol.5,No.3,2013,pp.57-66.

组。但是不同的组合,所导致的后果是不同的,甚至是大相径庭。因此,作为民主发展或民主的阶段性表现,不同的发展道路实际上并不是不可转化或不可相交,而是只要其中的主体所面对的内外环境或自身利益有了变动,则完全有可能转换政治联盟,从而可能走向民主的反面。

摩尔发现,德国纳粹主义和日本军国主义的产生都是随着国内外局势的发展,中产阶级极度萎缩,传统精英分裂后又与底层大众结盟,从而走向了民主现代化的反面。[①]在微弱的中产阶级面前,日本传统精英依赖于底层平民的支持,利用其民粹主义的成分回击现代化的挑战,将日本最终带上了法西斯军国主义的发展道路。对摩尔来说这也正是希特勒德国的发展道路,即德国上层与平民的政治联盟产生了民粹主义。虽然德国经历过魏玛共和国时期的民主,但是程序上的民主并不能排除社会群体中激进分子的产生,也无法遏制上层利用下层的民粹主义成分并与其激进分子筑建政治联盟。程序民主并没有彻底排除法西斯主义产生的社会根基和制度锲机。虽然现代化的发展起初迫使德国和日本上层接纳了程序民主,但由于其传统精英绑架了社会底层并与其建立了政治同盟,这使得其所建立的民主制度并不稳固。[②]从这一逻辑出发,就当前美国政治的民粹主义走向看,其发展路径和上个世纪德、日走向激进政治的历史非常相似,甚至极有可能会成为德、日曾经的历史翻版。即以摩尔的分析为参照,美国民粹主义政治发展的意识形态取向将是法西斯主义,即有可能

[①]　Barrington Moore, *Social Origins of Dictatorship and Democracy: Lord and Peasant in the Making of the Modern World*, Boston: Beacon Press, 1966, pp.228–313, 484–508.

[②]　Barrington Moore, *Social Origins of Dictatorship and Democracy: Lord and Peasant in the Making of the Modern World*, Boston: Beacon Press, 1966, p.293.

走上日本和德国的老路。①

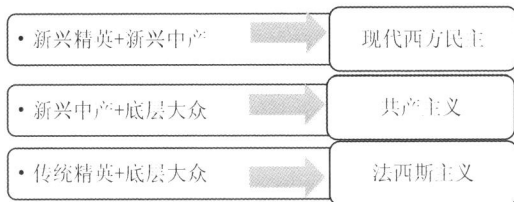

图2　摩尔对于现代化过程中的三种阶级组合及其后果的理论分析

摩尔的理论是解释不同政体起源的学说，但他对社会阶层变化及其政治重组的分析框架给予分析当代包括美国在内的政治发展趋势有独到之处，即因为上层与底层的联盟在面临外部威胁时更容易走激进路线，而这激进路线会使得两者的政治联盟更加顽固。②从当前美国的政治、经济和社会发展形势看，美国正行走在此边缘。不难推断，即使在和平时期，上层和底层的联盟也会伺机推动好战性政策，因为军事主义似乎是这一联盟解决现代化挑战的唯一出路。③对在现代化过程中形成的现代西方民主而言，无疑这条道路是传统精英利用其与底层百姓的激进联盟挤兑保守的中产阶级而形成的一种反动的和倒退的政治形式。而进入新世纪以后美国经济、政治和社会

---

① Jason Stanley,"American Is Now in Fascism's Legal Phase,"*The Guardian*,December 22, 2021,see https://www.pbs.org/wnet/amanpour-and-company/video/jason-stanley-america-is-now-in-fascisms-legal-phase/?gclid=EAIaIQobChMIkpew_tSt-AIVcfvjBx1w1g7NEAAY ASAAEgL-6fD_BwE,accessed February 9,2022,and *How Fascism Works:The Politics of Us and Them*,New York:Random House,2018;Ewan McGaughey,"Fascism-Lite in America(or the Social Ideal of Donald Trump),"*British Journal of American Legal Studies*,Vol. 7,No.2,2018,pp.291-315;Robert Paxton,"I've Hesitated to Call Donald Trump a Fascist, Until Now,"*Newsweek*,January 11,2021,see https://www.newsweek.com/robert-paxton-trump-fascist-1560652,accessed March 1,2022;Michael Gerson,"Trumpism Is American Fascism,"*The Washington Post*,February 1,2021,see https://www.washingtonpost.com/opinions/trumpism-is-american-fascism/2021/02/01/c410f662-64b2-11eb-8c64-9595888ca a15_story.html,accessed March 22,2022;and Gerald Horne,*The Color of Fascism:Lawrence Dennis,Racial Passing,and the Rise of Right-Wing Extremism in the United States*,New York:New York University Press,2009.

② Barrington Moore,*Social Origins of Dictatorship and Democracy:Lord and Peasant in the Making of the Modern World*,Boston:Beacon Press,1966,pp.440-442.

③ Barrington Moore,*Social Origins of Dictatorship and Democracy:Lord and Peasant in the Making of the Modern World*,Boston:Beacon Press,1966,pp.300-313.

累积的危机正在把美国政治推向新的爆发点，它正在颠覆美国传统政治的"民主化精髓"。

四、美国民主政治的激进走向

摩尔关于政治重组和新政体形成问题的剖析无疑是经验主义的结果，并不十分完善，但是他关于日本和德国的法西斯化过程的分析对当下美国政治的走向却体现出重要的方法论意义，尤其是摩尔就政治重组所带来的对新政体形成之决定性影响的分析有助于确切并深层次地把握当代美国政治走向，因为正是当前美国社会的中产阶级萎缩、社会持续裂变和极端化、内外政策实施效果有限等，导致美国的民主政治走上了"传统精英–底层大众"模式的民粹化道路。当然美国当代的"传统精英"不是摩尔所研究的日本或英国传统精英的一一对照，但其政治地位以及与另外两个社会阶层的关系，加之他们对既得利益的"保守"其实与摩尔分析框架中的传统精英并没有本质上的区别。归根结底，"承袭制资本主义"①抑制了新兴精英的产生，而传统精英内部分裂后又难以各自"独立支撑"，于是特朗普入住白宫后的一系列政策推动了民粹主义走上台面，并与传统精英结合加速了美国政治的激进走向。

(一)贫富差距拉大与中产阶级的萎缩

当前欧美社会表现出来更深层的矛盾是横亘在精英阶层和大众阶层之间的贫富差距和社会不平等。皮尤研究中心的调查显示，美国公众对经济的评价因收入和政治立场差异而褒贬不一，约七成的人

---

① "承袭制资本主义"理论认为，资本主义发展到 21 世纪,正在倒退回"承袭制资本主义"的时代,在这样的时代条件下,富人的巨额财富并非来源于他们的工作,而是他们已拥有的财产;经济的制高点不仅由财富决定,还由继承的财富决定,因而出身要比后天的努力和才能更重要;企业家不可避免地渐渐变为食利者,越来越强势地支配那些除了劳动能力以外一无所有的人。参见[法]Thomas Piketty, *Capital in the Twenty-First Century*, The Belknap Press,2014.

认为目前的经济状况对富人有很大(53%)或某些(16%)的帮助,而仅
10%的人认为它损害了富人的利益。近六成(58%)人数认为当前经济
状况对中产阶级不利;近三分之二(64%)的人认为当前经济状况对贫
困人口不利。[1]来自美国国家经济研究局经济学教授爱德华·沃尔夫
(Edward N. Wolff)运用资本净值、财富和收入等三种基尼系数,把从
20世纪60年代以来,美国的财富和收入差距进行比较后表示:最近
半个多世纪以来,美国的贫富差距一直在稳步拉大,已经逼近经济学
意义上的崩溃临界点(见图3)。按此趋势,今后一段时间内美国的贫
富差别不易乐观,而且还会加剧。即便中间差距有所缩小,那也纯粹
是"源于战争以及为应对战争冲击而出台的一系列政策"[2]强力作用
的结果,而资本主义真正的常态是贫富差距会持续拉大。沃尔夫的数
据还显示,到2019年,美国最上层1%的人口掌握着全国44.5%的财
富,前20%的人口掌握着全国95.4%的财富。中产阶级财富不断萎缩,
底层平民人数迅速扩大,[3]来自社会底层的绝望具有反历史的诉求,
不断通过联合新的执政精英使其对政治的影响空前加大。但很显然
只要继续放任金融资本无序扩张,资本逻辑所主导的价值观就难以
有效解决社会不平等和中产阶级的重建。按照摩尔的理论推导,中产
阶级的萎缩会导致政治走向两个极端,激进左转或激进右转。这为美
国政治走向极右专制提供了必要的社会基础和"社会起源"。

---

[1] Pew Research Center, *Most Americans Say the Current Economy Is Helping the Rich, Hurting the Poor and Middle Class*, December 11, 2019, https://yubanet.com/usa/pew-most-americans-say-the-current-economy-is-helping-the-rich-hurting-the-poor-and-middle-class/, accessed May 13, 2021

[2] 托马斯·皮凯蒂:《21世纪资本论》,巴曙松等译,中信出版社,2014年,第21页。

[3] 数据来源:根据爱德华·沃尔夫:《美国家庭财富趋势,1962-2019:财富中值反弹,但还不够》(Edward N. Wolff, "Household Wealth Trends in the United States, 1962 to 2019: Median wealth rebounds…but not enough", NBER Working Paper Series, http://www.nber.org/papers/w28383, accessed January 30, 2021.

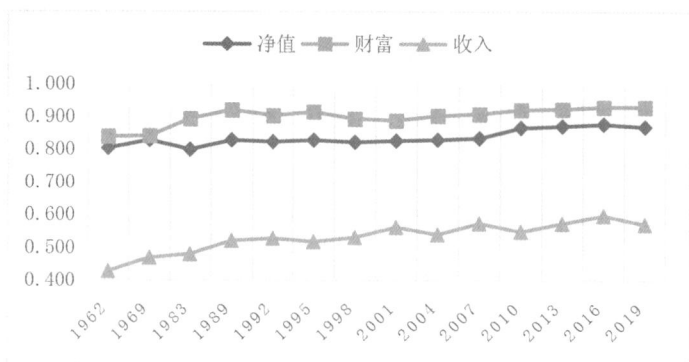

图 3　美国的财富和收入不平等，1962—2019（基尼系数）

数据来源：根据爱德华·沃尔夫：《美国家庭财富趋势，1962—2019：财富种值反弹，但还不够》(Edward N. Wolff, "Household Wealth Trends in the United States, 1962 to 2019: Median wealth rebounds…but not enough", NBER Working Paper Series, http://www.nber.org/papers/w28383, January 2021)公布的数据制作而成。资本净值、财富和收入三种基尼系数，越靠近 1，贫富差距越大，越是趋向不平等，其中国际上通常把 0.4 作为收入基尼系数的警戒线，大于这一数值就易出现社会动荡。

　　更为严重的是，在美国无论是经济权力还是政治权力都越来越被占据美国人口 1% 的上层财富所垄断和操控，经济精英和政治精英高度重合。这突出表现在总统选举上，即为了保证政治权力不会旁落资本家集团之外，就必须设计一套以具备一定财富为前提条件才有资格和机会接近权力中心和获取政治权力的制度，而要维护政治权力，也必须要有足够的财富相匹配即资本支持。因此，在美国总统大选期间，宣扬代表不同群体利益的美国共和党和民主党都敦促其各级组织开足马力为选战募款，"不少党务工作者日常工作的中心就是筹款、筹更多的款"，候选人的竞选经费"是直接来自那些拥有金钱的特殊利益集团"，因此"为了赢得一场场永不休止的选战，他们必须对特殊利益集团的诉求小心伺候"，正如 1895 年身兼参议员的大富豪马克·汉纳(Mark Hanna)就曾说过的："政治中只有两样东西最重要，第一是金钱，第二样我记不起来了。"[①]根据美国联邦选举委员会的统

---

① 赵忆宁：《探访美国政党政治——美国两党精英访谈》，中国人民大学出版社，2014 年，序，第 IV 页。

计,2016 年的美国总统大选总共花费近约 72 亿美元,而到 2020 年 10 月 25 日,这个数字已经逼近 110 亿美元(见图 4),到 2020 年 11 月 11 日,就直逼 140 亿美元。

	2000	2004	2008	2012	2016	2020
□总花费	4.10	5.50	6.40	7.10	7.20	10.90
▨共和党	0.19	0.35	0.24	0.48	0.93	0.76
▧民主党	0.12	0.33	0.35	0.74	1.40	1.07

图 4　美国总统竞选花费(2000-2020)(单位:十亿美元)

数据来源:根据德国 Statista 公司(https://www.statista.com,1960-2012、1976-2016 年数据)及美国超党派机构"响应政治中心"(Center for Responsive Politics, https://www.opensecrets.org)等公布的 2020 年数据综合制作而成。需要说明的是,民主和共和两党的花费仅指总统候选人的竞选花费,而总花费则包括总统候选人、国会候选人、政党及外部支出等。其中,2020 年数据截至 2020 年 10 月 25 日。

由此可见,资本决定了政党及其掌控下的权力的产生、本质和目的,两者已经成为连体婴。国家治理不再是选出一个对国家和全体民众负责的成熟的政治家,而沦为政党内部只代表一部分人利益的"高价"权力拍卖秀,选举成了国家政权和政客们的程序式综合表演。其中的重要原因是"在经过了 2010 年'公民联合会诉联邦选举委员会案(Citizens United v. Federal Election Commission)[①]和 2014 年美国最高法院裁决取消了个人对联邦候选人及政党参与竞选活动最高捐款总额的上限后,美国的金钱政治大门彻底打开。由此,这不仅赋予了权力寻租的合法性,而且无限制地放纵了资本驾驭权力并追逐更大利益的能力和便利。"[②]在这一以"程序"为主导的民主过程中,"保守

---

① "公民联合会"是一个非常活跃的右翼政治组织,其金主包括科赫兄弟(Koch Brothers)。
② 冯莉、肖巍:《资本、战争与全球治理》,《复旦学报》(社会科学院版)2018 年第 6 期。

的"中产阶级失去了资本也失去了资格和话语,使其难以阻止其他政治联盟的激进化。这与摩尔对德意日的分析相同。摩尔没有解释民主化之后的政治发展,但他对社会阶层及政治重组的分析有助于学者穿透程序或标签深入社会结构进行客观分析。

(二)美国社会的深层分裂与对立。

面对美国社会开始出现的分裂和对立,胡佛研究所资深研究员莫瑞斯·费奥里纳(Morris Fiorina)曾认为,从 20 世纪 80 年代以来美国出现的政见对立只是表面现象,绝大部分美国民众依然对普世价值持有共鸣。[1]但几年后,美国次贷危机引发了全球金融危机,沿海蓝州和内陆红州、市区与郊区、公立学校与私立学校的分裂和对立将美国社会推向了更加危险的深渊。更甚者,这一政治地理式的分裂又被虚拟社会加强了,即现代网络及自媒体软件的发展促使三观不同的人们生活在各自的虚拟空间,而各个虚拟空间又分别在信息传递和社交媒体中不断加强其本身固有的认知偏好和政治倾向。如果说以往来自不同背景、阶层或社区的人们通过工作和公共媒体来了解对方并中和不同偏见以达成社会共识,那么如今则是网络信息和自媒体的爆炸式发展占满了人们几乎所有的时空,使得人们即使在同一地理空间都未必能认知同一现实:右派只看福克斯新闻,左派只看MSNBC 等新闻。

而随着危机的叠加,美国社会中的劳工下层和被当代金融精英忽视的保守主义者,对美国两党政治日趋不满。特朗普所代表的美国共和党精英则借势持续以身份认同政治把美国的"一分为二"趋势推向了新高潮,通过极力煽动底层的愤怒来重构美国的社会架构。其典型特征表现在有着充足网络表达欲望的特朗普对教育程度较低的群体有着特殊的吸引力和号召力。没有任何从政背景和经验的特朗普反而带给弱势群体以"新鲜感""信念感"和"真实感"。他们只寻求如

---

[1]　Morris Fiorina, *Culture War? The Myth of a Polarized America* (*1ˢᵗ ed.*), Longman, 2004.

何表达自己的声音,而把因为美国的多民族多种族历史和现实所遵循或默认的反歧视红线撇在了一边。这直接导致在特朗普执政期间,美国社会的撕裂更加严重。尤其是特朗普对白人种族主义暴力游行示威的支持,改变了特朗普所在共和党本身已有的核心要素,造成了"共和党分裂国家、转移民众注意力,却不真正回应普通美国人的需求"①的事实。以反民主传统、反建制、反知识精英、反种族平等、反全球化等为特征的特朗普主义迎合了充满反叛精神并已经深陷网络世界的部分群体的生活方式和生活习惯,获得了包括蓝领青年群体在内的关注和支持。

与此同时,激进的左派占据道德制高点,长期用其政治正确的伦理观念压缩底层白人(尤其是男性白人)以往的社会上升空间和渠道,使他们对社会的包容性和多元化发展产生极大的抵触和反弹并时常走向极端。这同样使得美国中产阶级沿着种族曲线开始产生分裂和对立,有更多的中产阶级白人开始站在底层白人一边,与其他少数族裔形成种族对峙。

很明显,美国社会的深层分裂和对立持续消弱了支撑美国民主传统的"中间力量"。传统的中产阶级在财富和权力持续集中下不断萎缩,以往强大的政治声音在左和右的极端撕裂中被迅速消弱。甚至包括美国主流媒体,为了抗拒和平衡特朗普及民粹主义的谎言也开始走向另一个极端,一边倒地批判共和党政策。实事求是的新闻报道被带有强烈政治倾向的新闻分析所取代;事实真相被"选择性事实"(alternative facts)所取代。作为以往美式民主平衡器的中产阶级失去力量,作为传统美式民主支柱的中产阶级不复存在,而作为民主政治第四独立分支的媒体也被财富精英和民粹主义所绑架。按照摩尔的理论逻辑,美国社会的分裂和对立为其政治重组提供了社会资源和逻辑性契机,使得美国各大政治势力能有机会寻找新的政治盟友。中产阶级的萎缩使得上层精英和底层大众获得了结合的契机和一条危险的政治

---

① 雅各布·哈克、保罗·皮尔森:《推特治国:美国的财阀统治与极端不平等》,法意译,当代世界出版社,2020,引言,第6页。

捷径。底层大众成为上层精英的工具,而上层精英则通过引导和控制底层大众收获了党派利益和个人威望以及某种意义上的政治专横。这实际是当前美国民主政治不稳定的起源。摩尔当年无法预见到一个自由、敞开的虚拟世界竟能牢牢地把选民绑架在分裂和对立两端。但很显然,这种现象的产生是多年来美国社会不平等和贫富差距矛盾积累的结果,这也是摩尔当初的研究所给予我们的启示。

(三)民粹主义的复兴与美国的政治重组。

当代美国的右翼民粹主义建立在反民权、反少数族裔、反移民和民族主义之上,它与白人至上的种族优越论殊途同归。[①]其民族主义似乎是爱国主义和仇视外国情绪的自然叠加变种,并为反全球化和反非盎撒族裔提供了便利的情感基础。当横扫全球的新冠病毒被这些人认定始于中国,全面和彻底的反华在政治上对民粹主义者来说似乎就变得更加理直气壮。实际上,19 世纪的美国曾经有一段时间民粹主义比较活跃,但它本身并没有以单枪匹马之力将美国的民主演变为激进民粹之治。自 20 世纪末以来,随着美国国家治理越加系统化和专业化,底层民众的话语权和外界对底层民众的关注越来越弱。因此,与其说特朗普能够上台和特朗普政府的国内外政策发生重大转变的重要原因是因为特朗普本人的个性或党派斗争使然,毋宁说是美国的右翼民粹主义正在内外因素的双重推动下获得了新的复兴,是世界经济政治演变进程中以美国为首的发达资本主义国家步入新发展阶段的重要表现。美国右翼民粹主义作为一股社会思潮,其复兴体现在近年的一些大型事件上,这包括 2015 年的查尔斯顿黑人教堂屠杀案、2017 年在夏洛兹威尔的白人至上主义者示威游行及其暴力冲突、2018 年有超过六千名南美儿童在美国边境被迫与移民家庭长期分离、2020 年的黑人弗洛伊德遇害案、多名极右共和党代表被选入

① 参见 Jan-Werner Muller, *What Is Populism?* Philadelphia:University of Pennsylvania Press, 2016 年;刘瑜:《民粹与民主:论美国政治中的民粹主义》,《探索与争鸣》2016 年第 10 期。

美国国会，以及新冠疫情暴发以来全美反亚裔事件以每年上万起的速度剧增。

与此同时，底层平民人数不断扩大，底层生活长期得不到改善，[①]包括白人蓝领群体，甚至众多中南部的白人群体都成为特朗普主义的积极支持者。而随着 2020 年初新冠疫情在世界范围内的蔓延给本就趋于下行的世界经济带来了更大压力，美国经济受到巨大冲击，社会分裂加剧。民粹主义成为一股强劲的社会思潮实际凝聚着贪婪与绝望的两组不同人群。按西方的政治术语，这就是"异梦同床"[②]。不过这一"异梦同床"并没有缓冲底层平民的绝望，而中产阶级的萎缩却不断消解着特朗普谋求连任所必需的经济尤其是金融领域的发展业绩。这又迫使因为获得民粹主义支持而上台的特朗普促使民粹主义复兴的社会土壤得以继续发酵，并加强右翼精英和底层平民两者的政治联盟。[③]

底层平民被卷入极端右翼并转向民粹显然不是特朗普入住白宫才开始的。正如哈克和皮尔森所认为的，"记者和学者一般都将特朗普视为分析人士所称的'右翼民粹主义'的典型代表。……但美国的右翼民粹主义早在特朗普上台之前——事实上，早在金融危机爆发之前就已经崭露头角了。特朗普的确是造成了箭在弦上的局面，但弓其实早已架好了"[④]。美国底层平民的反建制和反移民思潮确实早因贫富不均而暗流蔓延，它的形成是历史上愈来愈深层的经济和社会危机所带来的政治危机，只不过在特朗普时期这种趋势随着财富精英和底层平民的"一拍即合"，最终带来了美国政治右倾激进的后果。按照摩尔的理论推导，这一激进主义的"一拍即合"具有其历史和现

---

① See J.D. Vance, Hillbilly Elegy: *A Memoir of a Family and Culture in Crisis*, New York: Harper, 2018.
② 原话为"Politics makes strange bedfellows"。
③ 最典型的例子是《乡下人的悲歌》作者万斯(J.D.Vance)在竞选国会议员时从坚定的反特朗普人士(Never Trump)转变为特朗普的支持者，以求得特朗普的选战支持。特朗普的支持使得万斯赢得了共和党的提名。
④ 雅各布·哈克、保罗·皮尔森：《推特治国：美国的财阀统治与极端不平等》，法意译，当代世界出版社，2020 年，引言，第 5 页。

实观照下政治社会深层发展的必然。而随着美国中产阶级的萎缩及
其政治力量的被削弱，美国财富精英在程序民主中为了继续保证其
既得利益开始抛弃以往与中产阶级的政治联盟，转而与底层平民实
现战略重组，精英和民粹的联合就此形成，而此联合又以激进的政策
转移了精英与底层之间固有的矛盾。而特朗普通过网络所建构起来
的民粹主义，其影响和效率非常迅捷，教育程度较低的选民为特朗普
及其右翼民粹主义提供了激进斗士，在美国政治极化运动中，与特朗
普主义形成反建制的共振。

上述美国社会三个方面深层变化促使其政治激进右转，并将带
有深厚民粹背景的特朗普推上了历史前台。2016 年以来，特朗普一系
列反全球化和以美国优先的政策出台实际是美国经济社会转型震荡
下应对国内外挑战的一项重大政治选择。他在对内和对外政策上都
力图改写国内和国际政治游戏规则，以确保和巩固其所代表的利益
集团的利益并建立政治上的绝对优势。特朗普在任四年任命了三位
右翼最高法院大法官，使得美国司法走向在今后四十年间都可能由
保守派以六比三绝对优势控制的局面。这对美国政治的右转是最强
的制度性保障。但实际上，美国的"反建制派"与建制派在本质上并无
太大差别，因此拜登上台后沿袭特朗普时期的许多政策，这反而更能
表明美国社会问题相当严重，极端右翼绑架了美国政治，崇尚政治权
力独揽的激进政策会继续发展。其中的重要原因就是美国金融资本
的重度失序和财富精英的极度贪婪使得中产阶级平民化，中产阶级
的直线萎缩使其无法继续成为民主政治的中坚力量来遏制上层财富
和权力的集中。上层财富精英为保护其既得利益煽动底层平民并与
之联盟以转移社会矛盾、将其财富和权利掠夺对象延伸到外族和国
内的中产阶级。这样，美国在红蓝选区重新分配并使众多选区的共和
党多数决策得以保障后，[①]其越来越具强烈意识形态色彩的新型政治

---

① Hideo Konishi and Chen-Yu Pan, "Partisan and Bipartisan Gerrymandering," *Public Eco-
nomic Theory*, Vol.22, No.5, 2020, pp.1183-1212; Sheila Kennedy, "Electoral Integrity: How
Gerrymandering Matters," *Public Integrity*, Vol.19, No.3, 2017, pp.265-273.

重组已经基本完毕。

特朗普的"特立独行"确实在一定程度上迎合了美国的反建制传统，也为西方资本主义发展趋向困顿之时美国底层社会激进政治态度的外溢提供了契机。但随着一场世界范围内的突发疫情，特朗普政府面对疫情所施展出来的一系列反科学的对策和手段不但对新冠病毒所带来的公共卫生挑战和死亡无济于事，还把美国推进更深的社会撕裂，甚至医学和公共卫生亦被政治化。以往费奥里纳所谈及的美国分裂和对立是政见的对立，现在美国所深深陷入的分裂和对立则扩散到对民主基本价值的认同、对民主制度的评估、对事实的"选择"和对科学的基本认知。对此，美国国际战略研究所副所长科里·舍克(Kori Schake)承认："新冠疫情原本可以在国际组织的作用下被极大削弱。这是一场全球'领导力测试'……(但是)美国'挂科'了，世界也会因此而更加糟糕。"①而这一次"挂科"，又加速了美国社会内部的急剧分裂和右翼民粹的激进倾向。

对比摩尔的理论，美国社会近期的变化表明美国政治重组已经为其抛弃传统民主内核和转向激进提供了统帅和马前卒。从德国的历史经验看，一个国家从民主走向激进法西斯专制的例子确实存在。正如摩尔在研究六个国家政体转型后所指出的，激进的法西斯主义似乎更容易在民主社会中产生，因为民主体制使得社会大众普遍参与政治。②而在当下的美国，中产阶级正在被当作建制派被打击或抛弃，带领底层民众反建制的却是站在底层对立面的上层精英。由于上层精英并不去解决底层民众的疾苦，危机加剧的社会分裂和对立将导致政治不断激进化，从而使右翼民粹主义铤而走险，崇尚强权，走

---

① Kori Schake,"The United States Has Failed the Leadership Test,"*Foreign Policy*,March 20,2020.此为其在该杂志组织 12 位国际事务专家就新冠疫情对世界影响讨论的发言。
② 原文是："Though it might be equally profitable to undertake a parallel consideration of democratic failures that preceded fascism in Germany,Japan,and Italy,it is enough for present purposes to notice that fascism is inconceivable without democracy or what is sometimes more turgidly called the entrance of the masses onto the historical stage." See Barrington Moore,*Social Origins of Dictatorship and Democracy:Lord and Peasant in the Making of the Modern World*,Boston:Beacon Press,1966,p.447.

上反平等、反民权和反民主的道路。

五、结论

美国学者爱德华·弗里德曼（Edward Friedman）和詹姆士·斯考特（James Scott）在为摩尔的著作写序时对摩尔的理论分析给予了充分肯定，认为摩尔的研究指明曾在德国和日本产生的激进政治即法西斯主义政权并不只是随着第二次世界大战的结束而告终，只要社会土壤适合，它会卷土重来。[1]作为"老牌民主国家"，美国的"贫富分化、政治极化、利益集团政治等新旧问题相互交织，导致民主制度日趋僵化并难以进行适时的政治改革"[2]。美国中产阶级的萎缩并被边缘化，美国社会在网络和自媒体里固化分裂和对立，加之激进的民粹主义思潮复兴，这一切合力将美国民主推向了巨大的激进政治漩涡，并对民主的持续发展提出了严重挑战。而从摩尔理论的逻辑推演看，要想阻止这一危险趋势，莫过于重新培养和发展中产阶级。

作为"承袭制资本主义"的典型，美国底层社会条件的恶化和底层民众的反抗正随着各种危机的叠加开始试图突破阶层固化，同时也把和上层精英阶层的结合当作一种达成"翻身"目标的手段。突破阶层固化越困难就越容易使底层民众激进化，这就使得"精英-民粹"模式最终成型。尤其是在特朗普政府上台后，更是将这一模式快速推向了新的极限。客观而言，推动资本主义不断发展的重要因素是危机应对能力的增长，其运用技术加成、危机转嫁，特别是基于经济实力而赋予其道德或价值观以正当性等手段不断消解各种挑战。但也正是资本主义一次次危机政治的成功破坏了保护它自身的社会制度、削弱了它自身纠错的能力，不可避免地创造了使自己无法存活的条

① Edward Friedman and James Scott, "Foreword," (1993), Barrington Moore, *Social Origins of Dictatorship and Democracy：Lord and Peasant in the Making of the Modern World*, Boston：Beacon Press, 1966, p.xi.
② 漆程成：《当代西方民主治理困境的比较分析》，《比较政治学研究》（2021 年第 2 辑），商务印书馆，2021 年，第 233 页。

件。而当必须要通过煽动民众或消弭贫富差距来应对危机时,精英也开始变得激进,资本主义就陷入了解决自己这个问题本身。因为精英的极端化必将动摇目前的政治和政体,"真正的挑战来自精英的极化(polarized),即有那么几个团结一致的精英团体成为政权的强力反对者。"①至今美国共和党内大部分人仍不承认拜登为合法民选总统,这在美国历史上前所未有。这极有可能使民主的发展重蹈历史覆辙,即陷入反民主的民粹政治。如果不能缩小贫富差别,缓和政治对立,重建中产阶级社会,美国政治的未来将不容乐观。

需要特别指出的是,近些年来在美国政治走向激进的过程中,相对于已经融入执政力量的右翼民粹主义,美国左翼民粹主义的激进倾向也表现明显,只不过后者一直仅仅以社会思潮的形式存在。主要原因是美国的左翼民粹主义因为中产阶级的萎缩而无法与底层联合从而产生相应的政治力量,自然也就无法产生相应的具有实质性的政治影响力。虽然曾经表现亮眼的伯尼·桑德斯(Bernie Sanders)深受极左势力、年轻选民和部分底层民众等群体的支持,但也已被民主党建制派放弃。因此,美国的左翼民粹主义对美国政治的影响到底如何,这是值得深入和专门分析的另一个问题。

总体上看,进入 21 世纪以来,美国社会各种危机的爆发实质性地动摇了其现代民主社会的根基。美国的民主政治试图进一步从政治上解决社会不平等,但却在经济上持续拉大了贫富之间的差距。更致命的是在这一过程中,随着中产阶级萎缩,美国民主政治的中坚力量也迅速弱化,而因为对各界政府的政策产生强烈不满或失望,中产阶级开始不断加入或沦为底层大众。同时,在中产阶级利益被上层精英不断榨取后,上层精英却转而利用没落的中产阶级和底层大众中对建制的不满,把这些不满情绪引导到反移民、反外族、反民主和反科学的民粹主义上。推动民粹主义政策以转嫁眼前的政治、经济和社

---

① 陈慧荣、齐伟辰:《治乱之道:革命理论回顾与前沿》,《比较政治学研究》2018 年第 2 期。

会危机,这一切重现了半个多世纪前摩尔对二战前德国、日本以及包括意大利在内的激进政治起源的锐利分析。

当然,美国民主政治走向激进并不是目前西方民主的个别现象。我们在此运用摩尔的经典现代化理论反过来再分析美国,希望学界能更多地从理论深度分析其他民主国家目前所遇到同样的民粹主义挑战,这关系到民主的发展和各国的未来。

从政党政治到个人政治的演变

——以政治素人唐纳德·特朗普为例分析 *

杨云珍 苏磊 **

内容摘要 自20世纪60年代以来,西方传统的政党政治经历着深刻的变迁,出现了从政党政治向个人政治的演变趋势。本文以美国第45任总统特朗普为分析个案,从三个维度,即政治机构的个人化、媒体的个人化、政客和选民行为的个人化加以阐述,探究了从政党政治向个人政治的演变何以能够发生。本文指出,也恰是在此演化过程中,政治素人顺势崛起,使得以法治和制度为基础的政党政治,逐渐让位于以个人魅力为基础的个人政治。与此同时,政治素人天然带有浓厚的民粹主义色彩,个人政治与民粹主义难解难分,某种程度上出现了从政党民主滑向民粹民主的倾向。"特朗普主义"不仅给美国的政党政治带来了深刻的侵蚀与挑战,也折射出美国历史上,长久以来在政治理想与政治制度之间存在着的巨大鸿沟。

关键词 政党政治;个人政治;政治素人;政党民主;民粹民主

---

*   本文系2020年度国家社会科学基金"当代欧洲民粹主义思潮与政党体制的变革及其影响研究"(20BZZ007)的阶段性研究成果。
** 杨云珍,法学博士,同济大学马克思主义学院副教授、德国研究中心研究员,主要研究方向为比较政治学、欧洲政党政治。苏磊,同济大学马克思主义学院2022级博士研究生。

2021 年 6 月 9 日,波士顿环球报发表社论,呼吁起诉特朗普。"长远来看,拯救美国民主需要明确谴责特朗普的总统任期。这意味着,没有人可以凌驾于法律之上"。①回顾 2016 年 11 月 8 日,地产商人、电视人唐纳德·特朗普以政治素人的形象横空出世, 成功当选第 45 任美国总统,成为 2016 年度的黑天鹅事件。特朗普执政后,刻意与传统的建制派拉开距离,其标新立异的政策,鲜明的个人风格,处处以"离经叛道"的总统形象示人,给美国政党政治以及全球政治都留下了深刻的印痕。更有甚者,在 2020 年度大选结束后,他拒绝承认败选,在政权交接之际,鼓动其支持者,酿成了 2021 年 1 月 6 日攻击国会山的事件,舆论哗然,举世震惊,深刻侵蚀了美国的政党民主与政党政治。

目前的文献,多从民粹主义的视角分析特朗普现象,鲜有从政党政治的视角探究这样一位政治素人为何能脱颖而出。什么是政治素人? 在政党政治向个人政治嬗变的过程中,哪些因素与契机促成了政治素人的崛起? 特朗普给美国政党政治带来了哪些侵蚀与挑战? 当前西方民主制度面临哪些困境? 通过对已有相关文献的梳理,本文试图对以上问题进行思考并做出回答。

一、政治素人及其崛起因素

(一)政治素人的概念溯源

政治素人(amateur politician)又称"业余政治爱好者"或"政治新人"(political newcomer), 最早指二战后美国民主党中涌现的一批以改变美国政党制度性质为目的的政治参与者。詹姆斯·威尔逊(James Q. Wilson)认为,业余政治爱好者致力于通过内化的信念来控制公共

---

① "The case for prosecuting Donald Trump- The Editorial Board", https://apps.bostonglobe. com/opinion/graphics/2021/06/future-proofing-the-presidency/part-6-the-case-for-prosecut-ing-donald-trump/?p1=Article_Feed_ContentQ, accessed June 13, 2012.

权力机构,实现某些社会政策,重心并不在于确保该党在下次选举中获胜。①业余政治爱好者具备三个核心特征:第一,"业余"并不意味着浅尝辄止,他们对政治有着深刻的理解,能通过选举获胜来证明自己的能力。第二,他们并非为了仕途或赚钱而从政,他们认为政治主要是一种消遣。第三,业余政治爱好者倾向于从思想理念来看待世界,认为政治表达了公共利益,政治本质上是有趣的。②

约翰·W. 索特尔(John W. Sotle)和詹姆斯·克拉克(James W. Clarke)借鉴威尔逊的研究,区分了业余政治爱好者和专业政治家的不同,指出政治社会化的时间差异导致了两者对政党的价值、工具属性以及对选举胜利的认知不同,业余政治爱好者不愿意为了党派利益或党派团结而妥协;他们所秉持的业余主义(amateurism)独立于既定党派的意识形态和政策,因而对业余政治爱好者的投票偏好有重大影响。③

20世纪六七十年代对"业余政治爱好者"的研究受威尔逊影响深刻,并没有在概念方面产生较大的突破。而大卫·卡农(David T. Canon)在90年代突破了"业余-专业"两分的研究视角,将业余政治爱好者分为"寻求政治经验的"(experience-seeking)与"雄心勃勃的"(ambitious)两种类型,并将"业余"定义为缺乏政治经验,以此与威尔逊的"业余"概念加以区分。④

在"政治经验"维度,"政治新人"(political newcomer)与政治素人更接近。哈维尔·柯拉勒斯(Javier Corrales)对政治新人划分了三个限定级别:高度限定,指在竞选活动之前没有全国声望的人;中度限定,

① James Q. Wilson,"The Amateur Democrat in American Politics,"*Parliamentary Affairs*,1963(1),p.84.
② James Q. Wilson,"The Amateur Democrat in American Politics,"*Parliamentary Affairs*,1963(1),pp.74-75.
③ John W. Sotle and James W. Clarke,"Amateurs and Professionals:A Study of Delegates to the 1968 Democratic National Convention,"*The American Political Science Review*,1970(64),p.897.
④ David T. Canon,"Sacrificial Lambs or Strategic Politicians? Political Amateurs in U.S. House Elections,"*American Journal of Political Science*,1993(37),p.1119.

指的是只在国家政治中没有选举经验的人,如州长;低度限定,指自称为政治新人的候选人,或简单的反建制主义者。柯拉勒斯借鉴林茨(Juan Linz)的定义,将"政治新人"界定为"那些在竞选政治职位,没有选举经验,也没有重大公共管理经验的总统候选人"。[①]

国内学者张弘在研究乌克兰的政治素人与民粹主义现象时,将其定义为"没有从政经验参与选举的候选人",将其等同于业余政治爱好者。[②]基于以上分析,本文将政治素人的概念界定为:在竞选政府首脑前,在行政或立法部门中缺乏实质性政治经验和选举经验的候选人。

(二)政治素人崛起的因素

由于时代背景以及政治体制的差异,政治素人崛起的原因也不尽相同。有学者统计了 1945—2015 年所有竞争性选举体制国家中的议会和总统选举,认为政治素人更有可能在总统制、民主制度确立时间短、政党制度化较弱,以及政府绩效较差、经济表现不好和贪污腐败严重的国家取得成功。[③]除了这些一般因素,经济焦虑和政党危机是 20 世纪 80 年代以来拉美国家政治素人崛起的关键变量。[④]张弘认为明星效应、民粹主义、政府腐败丑闻、选举制度设计漏洞皆导致了乌克兰政治素人的崛起。[⑤]

总体来看,政治体制、当局政府、选民诉求以及政治素人自身特质四个维度共同决定了政治素人的崛起。在政党政治时代,一个国家无论是何种政体、不管政府治理能力的强或弱、选民诉求是否得到回

① Javier Corrales, "Latin America's Neocaudillismo:Ex-Presidents and Newcomers Running for President and Winning," *Latin American Politics and Society*, 2008(50), p.5.
② 张弘:《政治素人现象与民粹主义:乌克兰 2019 年总统选举评析》,《俄罗斯东欧中亚研究》2019 年第 5 期。
③ Miguel Carreras, "Institutions, Governmental Performance and the rise of Political Newcomers," *European Journal of Political Research*, 2017(56), p.364.
④ Javier Corrales, "Latin America's Neocaudillismo:Ex-Presidents and Newcomers Running for President and Winning," *Latin American Politics and Society*, 2008(50), p.1.
⑤ 张弘:《政治素人现象与民粹主义:乌克兰 2019 年总统选举评析》,《俄罗斯东欧中亚研究》2019 年第 5 期。

应、候选人的个人特质是否更迎合选民需求,虽然这几方面都充满不确定性,但其中有一条是确定无疑的,即政府首脑总是通过传统的政党选举路径产生。因此,政党自身的变化对于政治素人的崛起而言,就是不可或缺的考量因素。

从整个西方政党政治发展衍变趋势来看,自 20 世纪 60 年代以来,西方政党政治最大的变化无疑是政党的衰败:政党与社会的联系减弱,与国家的联系加强,政党组织卡特尔化;政党组织缩减、党员人数减少、选民对政党的认同度降低,并且"随着实质性政策立场的趋同,选举竞争的重点已经从政策差异,转移到个人的差异"。[1]"先进"的民主政体的政治权力愈加向高级行政官员手中集中,出现了政治的个人化、首相化、甚至总统化。[2]与欧洲国家的政党组织不同,美国的政党组织是非中央集权的、分化的。全国政党组织是各州政党组织的松散联合,后者又是地方自治组织的松散联合。美国政党的这一特征可以追溯到联邦主义和国家的多样化,这使得美国政党很难作为全国政权的工具而行动。[3]尤其是美国"以候选人为中心"的竞选特色,更削弱了政党的动员和组织能力。

政党政治时代的民主,是以法理为基础的法治取代了以传统和个人魅力为基础的人治而发展起来的,然而随着政党日益衰败,个人政治日益勃兴则逆转了这一进程,人们更加强调民选代表,尤其是领导人的魅力技能。[4]因此,政治个人化为政治素人崛起提供了土壤和契机。与二战后美国民主党的业余政治爱好者不同,今天的政治素人,以竞选获胜为其最大目的。

---

[1] Richard S. Katz and Peter Mair, *Democracy and the Cartelization of Political Parties*, Oxford: Oxford University Press, 2018, p.82.

[2] Gianluca Passarelli, "Parties' Genetic Features: The Missing Link in the Presidentialization of Parties," in *The Presidentialization of Political Parties: Organizations, Institutions and Leaders*, edited by Gianluca Passarelli, New York: Palgrave Macmillan, 2015, p.1.

[3] 托马斯·帕特森:《美国政治文化》,顾肃等译,东方出版社,2007 年,第 257–258 页。

[4] Gideon Rahat and Tamir Sheafer, "The Personalization (s) of Politics: Israel, 1949–2003," *Political Communication*, 2007(24), p.65.

二、政党政治向个人政治演变的个案分析
——以特朗普为例

　　萨缪尔·亨廷顿(Samuel P.Huntington)指出,在 1960—1975 年的 "S&S 时期"[1],保守主义势头强劲,美利坚信条中隐含的反政府主义 走到了公众意识的前台。这一时期的政治气候对整个美国社会权威 结构造成巨大冲击,在参与式民主和平等主义浪潮的冲击下,美国人 不仅不信任政府权威,他们还对政府活动采取敌对态度。[2]媒体和国 会的功能与权力增加,而总统和政党的功能与权力在减少。[3]

　　吉迪恩·瑞哈特(Gideon Rahat)和奥弗·肯宁(Ofer Kenig)从个人 化视角论证了 20 世纪 60 年代以来政党的衰落,认为由于政治媒介 化、政党与社会联系减弱、个人主义文化氛围,导致政治机构个人化 (政府和非政府机构)、媒体个人化(受控媒体和非受控媒体)和行为 个人化(政客和选民)程度不断加深,因而西方政治逐渐从政党政治 走向个人政治。[4]

　　政治个人化,是指在政治过程中个体行动者的政治权重随着时 间的推移而增加,政治团体(即政党)的中心地位不断下降的过程。[5]而 个人政治则是政治个人化的产物,与政党政治相对应。同时,个人政 治又可以分为"中心化的个人政治"(centralized personalization)与"去 中心化的个人政治"(decentralized personalization)两种类型,区别在

---

① S&S 时期,ear of sixes and sevens,英文原意为无法消除的迷惑、失序或分歧。亨廷顿用 S&S 时期指美国历史上 1960—1975 年的动荡与黑暗时期。
② 萨缪尔·亨廷顿:《美国政治:激荡于理想与现实之间》,先萌奇等译,新华出版社,2017 年,第 409 页。
③ 萨缪尔·亨廷顿:《美国政治:激荡于理想与现实之间》,先萌奇等译,新华出版社,2017 年,第 371 页。
④ Gideon Rahat and Ofer Kenig, *From Party Politics to Personalized Politics?*,Oxford:Oxford University Press,2018,pp.119–126.
⑤ Gideon Rahat and Tamir Sheafer,"The Personalization (s) of Politics:Israel,1949–2003," *Political Communication*,2007,(24),p.65.

于:中心化的个人政治指权力越来越集中于一个人手中,其所归属的"团队"则越来越黯淡,如总理对于内阁、政党领袖相对于其所归属的政党;而在去中心化的个人政治过程中,即使"团队"的地位下降,但团队中的一些人(不是仅仅一个人)的权重却上升,如部长对内阁、议员对议会党团。[①]实行总统制的美国是一种典型的中心化个人政治。

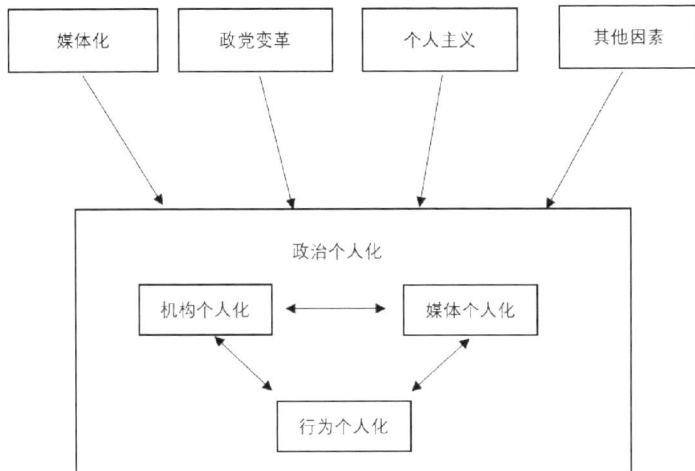

资料来源:Gideon Rahat and Ofer Kenig, *From Party Politics to Personalized Politics?*, Oxford: Oxford University Press, 2018, p.126.

从个人政治与政治素人的关系来看,个人政治是西方国家政党政治发展的一般趋势,大部分国家都发生了或多或少的中心化或去中心化的个人政治,而政治素人则是其中的特殊现象。在发生个人化的国家中,乌克兰总统泽连斯基和美国前总统特朗普、意大利前总理孔特、斯洛伐克总统苏珊娜·恰普托娃等是完全意义上的政治素人,而法国总统马克龙由于与传统政党联系不密切,有学者视其为"政治新人"(与出身于两大传统政党的前总统相区别,而非在政治经验维度),但他是一个政治经验丰富的政治家。[②]由此可见,政治个人化不

---

① Gideon Rahat and Ofer Kenig, *From Party Politics to Personalized Politics?*, Oxford: Oxford University Press, 2018, p.118.

② Florent Gougou and Simon Persico, "A New Party System in the Making? The 2017 French Presidential Election," *French Politics*, 2017(15), pp.303–304.

一定出现政治素人,但政治素人一定是一种个人政治,政治个人化是政治素人的必要而非充分条件。

(一)政治机构的个人化

政治机构个人化,指个人在政府和非政府机构中的政治权重增加,削弱了政治团体的中心地位。[1]在总统制下,候选人与选民之间的个人化联系、候选人个人魅力的传播等都更容易导致政治素人崛起。[2]在非政府机构,如政党内部,当选举政党候选人的方式由党内选择变为直接初选,就会变成一种高度个人化的总统候选人选择过程,总统候选人越来越独立于传统的政党组织,政党的个人化也随之增加。[3]如果政治素人在党内初选中,依靠个人特质而非依靠党内层级选拔来赢得选民,就更容易脱颖而出。

1.政府机构的个人化

首先,20 世纪 30 年代经济大萧条引发的社会动荡迫切要求美国从"国会政府"转向"总统制政府"。[4]总统制作为一种中心化的个人政治,政党和内阁等集体行为者的权力原本就有向总统个人转移的趋向,自罗斯福新政以来,美国的政治体制更是表现出以下四个特点:在宪法层面,以牺牲州政府的利益为代价加强联邦政府;在体制层面,将政府活动的重心从国会转移到总统;在政治层面,削弱各党派作为政治代理人的作用;在组织层面,加强执行机构的功能,使其能

---

① Gideon Rahat and Ofer Kenig, *From Party Politics to Personalized Politics?*, Oxford: Oxford University Press, 2018, p.119.

② Miguel Carreras, "Institutions, Governmental Performance and the Rise of Political Newcomers," *European Journal of Political Research*, 2017(56), pp.376–377.

③ Sergio Fabbrini, "The Semi–Sovereign American Prince: The Dilemma of an Independent President in a Presidential Government," in *The Presidentialization of Politics: A comparative Study of Modern Democracies*, edited by Thomas Poguntke and Pual Webb, New York: Oxford University Press, 2005, p.313

④ Sergio Fabbrini, "The Semi–Sovereign American Prince: The Dilemma of an Independent President in a Presidential Government," in *The Presidentialization of Politics: A comparative Study of Modern Democracies*, edited by Thomas Poguntke and Pual Webb, New York: Oxford University Press, 2005, p.319.

够承担相应的新任务。①自此之后,美国总统的权力逐渐膨胀。

特朗普担任总统之后,他的施政方式更多地希望通过总统的行政力量绕开国会的否决政治。②如为了兑现竞选期间减少非法移民的承诺,特朗普以国家安全为由,宣布美国进入国家紧急状态,绕过国会,用行政权力调拨军事建设账户中的 36 亿美元,以凑齐足够的资金修建其承诺的美墨边境墙。这一项目原本应通过国会立法进行充分动员和论证,因为没有国会批准,白宫通常不能将资金从一个账户转移到另一个账户。③美墨边境墙的修建,凸显了特朗普与国会权力体系的分离。

其次,特朗普在政府官员任命上秉持"忠诚大于专业"的原则,而这个忠诚是对他个人,并不是对共和党的忠诚。上任伊始他就对外交系统进行大换血,在 2017 年 7 月到 2018 年 7 月,迫使 722 名专职外交官辞职,换成了总统竞选时的捐赠者。美国外交学会院长、前副助理国务卿罗纳德·诺伊曼(Ronald E. Neumann)称,特朗普任命的外交官不仅"在数量上不正常,且在政治任命人员的质量上更不正常"④。此外,特朗普以不领政府薪水为由,逃避《反裙带关系法》,任命其大女儿和女婿为总统高级顾问,发放安全许可,使这对夫妇可以干预国家行政事务。特朗普正是凭借着将美国政治机构的个人化达致"亲戚选择、互惠利他"⑤的目的。

---

① Lowi, T, *The Personal President: Power Invested Promise Unfulfilled*, Ithaca: Cornell University Press, cited in Sergio Fabbrini, "The Semi-Sovereign American Prince: The Dilemma of an Independent President in a Presidential Government," in *The Presidentialization of Politics: A comparative Study of Modern Democracies*, edited by Thomas Poguntke and Pual Webb, New York: Oxford University Press, 2005, p.320.

② 刁大明:《"特朗普时代"的美国政治:延续、变化与走向》,《美国问题研究》2017 第 2 期。

③ Damian Paletta, Mike DeBonis and John Wagner, "Trump Declares National Emergency on Southern Border in Bid to Build Wall," https://www.washingtonpost.com/politics/trumps-border-emergency-the-president-plans-a-10-am-announcement-in-the-rose-garden/2019/02/15/f0310e62-3110-11e9-86ab-5d02109aeb01_story.html, accessed August 8, 2021.

④ The World News, "'Beyond the Pale': Antics of Trump Ambassadors Highlight Crisis in US Diplomacy," https://theworldnews.net/gb-news/beyond-the-pale-antics-of-trump-ambassadors-highlight-crisis-in-us-diplomacy, accessed May 18, 2021.

⑤ 弗朗西斯·福山:《政治秩序与政治衰败:从工业革命到民主全球化》,毛俊杰译,广西师范大学出版社,2015 年,第 421 页。

2. 非政府机构(政党)的个人化

考察政党的个人化,不难发现,特朗普的表现符合马丁·瓦滕伯格(Wattenberg P. Martin)对美国政治个人化的两阶段分析:第一阶段,政客将自己与所属的政党划清界限,在公众与舆论面前将自己呈现为一个独立于所属政党的实体,持与所属政党并不完全相同、独特的立场和世界观,有自己独特的个性;第二阶段,政客接管其所归属的政党,将政党作为自己获得政治资本、争取选举获胜的平台,此时提名人或领导人已成为政治舞台上的主导人物, 以至于公众更多是透过其领导人的棱镜来看待政党。①

对政党组织而言,初选是可以想象到的最严重的障碍。如果初选并不存在,候选人为了赢得提名,就必须通过政党组织运动,候选人如果不忠于党的目标,就会在下次提名时被否决。然而正是初选的存在,候选人就可以自主地选择职位,而且,一旦当选(无论是否获得本党的帮助),他们就能召集一批追随者,从而有效地使候选人脱离政党的直接控制。②

由于美国实行直接初选制, 竞争的个人化已经成为整个选举过程中最显著的特征,候选人使用自己的资源,而不是完全凭借自己所属政党的资源来资助自己竞选。与候选人所属的政党相比,候选人更注重的是自身的声誉、支持其本人的资助者、候选人的政策偏好乃至沟通技巧等。③第一阶段,特朗普在初选时,以保守主义和右翼民粹主义的意识形态与共和党内的建制派精英划清界限,以白人种族主义、排外主义、反全球化和维护国家安全的立场赢得初选。第二阶段,特朗普借助选民的支持, 在共和党内重塑意识形态标准, 将其打造成

①　Wattenberg Martin P., US Party Leader: Exploring the Meaning of Candidate Centered Politics, "in *Political Leaders and Democratic Elections*, edited by Kees Aarts, André Blais, and Hermann Schmitt, Oxford: Oxford University Press, 2011, p90.

②　托马斯·帕特森:《美国政治文化》,顾肃等译,东方出版社,2007 年,第 274 页。

③　Sergio Fabbrini, "The Semi-Sovereign American Prince: The Dilemma of an Independent President in a Presidential Government, "in *The Presidentialization of Politics: A comparative Study of Modern Democracies*, edited by Thomas Poguntke and Pual Webb, New York: Oxford University Press, 2005, p.317.

"特朗普的党",塑造自身为共和党的形象和政策代表,并激起一批以特朗普为榜样的共和党政客追随,使自己成为党内的权威领袖,共和党俨然成为他个人的俱乐部。

在政党的个人化中,个人并没有完全与其所属政党分离,而是借助特定手段使政党与个人利益逐渐捆绑在一起。如果分析特朗普的胜利,至关重要的一点,没有共和党大佬的支持,特朗普无法仅凭一己之力获胜。首先,共和党是动员选民和筹措资金的平台。共和党通过固定地方政党总部、增加专职党务人员等方式增强政党的组织动员力量,并通过建立强大的筹款机制,为候选人竞选提供并分配一定资金。[1]其次,专业政治家以赢得选举胜利为目的,更倾向于采取妥协、务实的态度以实现政党团结。[2]在特朗普成为无可替代的候选人后,共和党与特朗普的命运就绑定在一起,只要特朗普能够放松管制、降低富人税率、迅速任命极右翼法官,共和党领导人就可以容忍甚至袒护他怪异、非法的行为。[3]如在媒体爆出特朗普侮辱女性的言论后,共和党内仍有 18 位高层支持他,有 10 位共和党高层撤销对他的支持但不要求他退出竞选。[4]惟其如此,特朗普才能击败党内对手,成为共和党全力支持的总统候选人。

(二)政治呈现与媒体报道的个人化

媒体(受控媒体和非受控媒体)的个人化[5],包括政治的呈现和报

---

① 周淑真、冯永光:《美国政党组织体制运行机制及其特点》,《当代世界与社会主义》2010年第 3 期。
② John W. Sotle and James W. Clarke, "Amateurs and Professionals: A Study of Delegates to the 1968 Democratic National Convention," *The American Political Science Review*, 1970(64), p.896.
③ Ian Buruma, "Trump's Gotterdammerung," https://www.project-syndicate.org/commentary/trump-departure-and-future-of-republican-party-by-ian-buruma-2021-01, accessed June 16, 2021.
④ Aaron Blake, "Three dozen Republicans have now called for Donald Trump to drop out," https://www.washingtonpost.com/news/the-fix/wp/2016/10/07/the-gops-brutal-responses-to-the-new-trump-video-broken-down/, accessed May 20, 2021.
⑤ 媒体个人化中,受控媒体指的是政治家或者政党自己控制的发布渠道,如网站、推特账号等新媒体;非受控媒体指的是不受政党或政治家控制的主流媒体。

道越来越多地关注个别政治家。政治呈现的个人化,指政治行动者发出的信息是以个人而非以政党名义来加以呈现。①例如打开英国保守党网站,跳入眼帘的是现任总理约翰逊的巨幅画像以凸显其个人形象。政治报道的个人化,是大众媒体在报道政治相关事件时聚焦于个人而非政党,报道内容从政党的名称、标签、意识形态转移到政客身上。②这也印证了理查德·卡茨(Richard S. Katz)和彼得·梅尔(Peter Mair)的观点,即电视、互联网等传播媒体,为政党领导人和选民之间提供了直接联系的沟通渠道,取代了传统的党的组织干部和积极分子的中介功能,并且政党的信息越来越与政党领导人个人联系在一起。③

媒体的个人化对政治素人的帮助是不可或缺的。政治素人以"局外人",不同于政党建制派精英自居,与政党精英划分立场是他们争取支持的必要手段。因此,政治素人更倾向以个人名义,在社交网站和媒体平台发布政治信息。此外,在媒体关注个人的基础上,挖掘不同政治个体之间的"稀缺性"是媒体的本性,政治素人与政治精英相比,在政治领域是一副新面孔,更容易被媒体挖掘和关注,从而达到提高流量的目的,这无疑增加了政治素人的曝光度。

由于受到美国主流媒体的抵制,特朗普独辟蹊径,通过社交媒体推特发布自己的政治意见和动员信息,利用社交媒体的碎片性、广泛性、传播速度快的特点,与选民建立起即时、个人化的政治沟通渠道,一度被称为"推特治国"。特朗普对社交媒体的利用不同于其他美国总统,他把它作为改变政策的跳板、反对批评的棍棒和表达自我肯定的途径,白宫顾问凯莉安·康维(Kellyanne Conway)称"他需要发推就

① Gideon Rahat and Ofer Kenig, *From Party Politics to Personalized Politics?*, Oxford: Oxford University Press, 2018, p.120.
② Gideon Rahat and Ofer Kenig, *From Party Politics to Personalized Politics?*, Oxford: Oxford University Press, 2018, p.120.
③ Richard S. Katz and Peter Mair, *Democracy and the Cartelization of Political Parties*, Oxford: Oxford University Press, 2018, p. 60.

像我们需要吃饭一样"。①

在呈现的内容方面,特朗普主张反建制、反全球化,以种族和文化塑造人民,将移民问题视为最紧迫的问题,主张维护国家安全。②在呈现的方式方面,特朗普以民粹主义修辞和话语方式进行政治动员,"美国优先""如果不建墙,美国就难以伟大""全球变暖是一场骗局"等政治信息将自己塑造为美国的"救世主"。总统超过 1.1 万条的推文半数以上都是在攻击,目标从俄罗斯调查、美联储到黑人橄榄球运动员及亚马逊创始人杰夫·贝佐斯(Jeff Bezos),不一而足。但在 2000 多条推文中,特朗普只引用了一个人的话来赞美,那个人就是他自己。③可见,在政治信息呈现的内容和方式上,不仅具有个人政治风格,还带有强烈的民粹主义色彩。

社交媒体日益渗入到政治生活中,一方面有助于选民的政治参与,但也导致社交媒体政治化。2021 年 1 月 6 日攻占国会山事件后,twitter、Facebook、Snapchat 等社交媒体宣布永久停用特朗普个人账号。这一举动又引发了人们对社交媒体与民主制度新的思考,即对网络寡头威胁民主制度的担忧,如时任德国总理默克尔认为"推特永久封禁特朗普账号的做法是有问题的"④。

(三)政客与选民行为的个人化

大众政治和"以候选人为中心"的选举制度,是美国政党政治生态中两个最重要的特征。在竞选过程中,具有更大主动性和影响力的

---

① Mike McIntire, Nicholas Confessore,"九个要点,带你了解特朗普如何以推特治国",纽约时报中文网, https://cn.nytimes.com/usa/20191104/trump-twitter-takeaways/,最后访问日期:2021 年 4 月 8 日。
② 陶夏楠:《桑德斯的左翼民粹主义与特朗普的右翼民粹主义比较分析》,《比较政治学研究》2020 年第 1 辑。
③ Mike McIntire, Nicholas Confessore,"九个要点,带你了解特朗普如何以推特治国",纽约时报中文网,https://cn.nytimes.com/usa/20191104/trump-twitter-takeaways/,最后访问日期:2021 年 4 月 8 日。
④ Mark Moore,"World leaders speak out against Twitter suspending Trump's account,"https://nypost.com/2021/01/12/merkel-world-leaders-speak-out-against-trumps-twitter-ban/January,12,2021,accessed Augest 4,2021.

是候选人,而不是政党。一个世纪以前,一个政党如果控制了政府,也就赢得了对公众职位的控制权,职位都分配给了党的忠诚之士。然而,20 世纪早期,随着政府职位的分配从委任制转为考绩制,政党也失去了对此类职位的控制权。传统的政党分肥制受到侵蚀,不仅削弱了政党为政府选拔官员的功能,也弱化了对选举的影响力。如今,大多数雇员认为自己更多地是受惠于政治人物个人,而不是党组织。[①]

政治行为的个人化意味着,选民或政客的政治观念和政治行动是以独立的政治个人而不是政党为导向的。[②]在政客层面,政党候选人与自己所归属的政党保持距离,在竞选活动中建立自己独立的竞选团队,并且由于日益增长的竞选经费,候选人仅凭政党组织无法承担庞大的支出,还需要通过个人途径筹款。"这种体制迫使候选人成为相对独立的运营者,以筹措自己的竞选资源来抵御对手,从本质上看,增加了政治个人化的程度。"[③]同时,党内的议员在投票时顾及本地区民情,也会做出背离政党路线或反对政党政策的行为。在选民层面,选民投票的依据越来越由政党认同转为判断候选人个人的身份特征,个人魅力、道德品质、政策立场等。

政治行为个人化更加契合政治素人的特点,政治素人并非出身于草根阶级,他们往往是商界、学术界、法律界、影视界的突出代表,具有较高的声望和影响力,能够在竞选时将专业领域中的影响力转化为选票和经济支持。

在政客行为个人化方面,特朗普选择与建制派政治精英对立,就不得不依靠选民群体,主张将权力还给"人民",塑造其反精英、反全球化、白人至上的平民政治形象。此外,他的政治顾问越来越取代政党组织,负责经营管理竞选,他们不负有政治责任,不看重政党关系,

① 托马斯·帕特森:《美国政治文化》,顾肃等译,东方出版社,2007 年,第 275 页。

② Helene Helboe Pedersen and Gideon Rahat, "Political Personalization and Personalized Politics Within and Beyond the Behavioural Arena," *Party Politics*, 2021(27), p.212.

③ Richard S. Katz and Peter Mair, *Democracy and the Cartelization of Political Parties*, Oxford: Oxford University Press, 2018, p.183

不在乎候选人的政治立场和意识形态,唯一的目标是使候选人当选,因而在竞选中各种手段无所不用其极,对希拉里进行无底线的人身攻击。[①]

在选民行为个人化方面,20世纪六七十年代,45%~50%的有选举资格的年轻人表示自己不支持两党中的任何一个,取而代之的是以具体议题为导向的投票显著增加。因而候选人的个人品质、他们对待具体问题的立场,成为了影响美国人投票趋势的最重要因素。[②]在2016、2020年两次大选中,支持特朗普的选民将两党的竞争视为"代表人民利益"的特朗普与代表"非人民利益"的政治精英的斗争。由于美国社会族群结构变化,美国白人人数占总人口比重不断下降,2000-2019年美国非拉美裔白人占总人口的比例从69%下降到60.1%。[③]族群规模的变动以及中下层白人在政治、社会、经济生活中不断被边缘化,使得白人对两党的建制派政治精英感到失望,因而他们对身份政治的诉求不断凸显。在这一部分选民看来,政治素人特朗普是他们利益的代表,而共和党内建制派与民主党派候选人是华盛顿腐败官僚和少数族裔的利益代表者,这一认知激发了选民对政治素人的寄托,在党内初选和总统大选中,白人选民抛弃政治精英转而支持"人民的代表"特朗普。

综上所述,美国政党政治从政治机构、媒体、政客与选民的行为三个维度,同时向个人政治演变。这三个维度在推动个人政治上并不是孤立的,而是相互关联、互相促进。政治机构个人化的增加推动媒体和政客与选民行为的个人化,而媒体的个人化又会增加政客和选民行为的个人化,反之,政客和选民行为的个人化又进一步增加了政

---

① 周淑真、冯永光:《美国政党组织体制运行机制及其特点》,《当代世界与社会主义》2010年第3期。

② 萨缪尔·亨廷顿:《美国政治:激荡于理想与现实之间》,先萌奇等译,新华出版社,2017年,第386页。

③ "U.S. Census Bureau. *Overview of Race and Hispanic Origin*:2010,"https://www.census.gov/library/publications/2011/dec/c2010br-02.html,accessed June 11,2021.U.S. Census Bureau,https://www.census.gov/quickfacts/fact/table/US,accessed June 11,2021.

治机构的个人化色彩。①正是在此演变过程中,孕育出具有强烈右翼民粹主义色彩的政治素人特朗普,为期四年的"特朗普时代"为美国乃至世界政治留下了"特朗普主义"的政治遗产。

三、政治素人特朗普给美国政党政治带来的挑战与影响

正如大多数学者担心的,"日益增加的政治个人化将向民主政治注入非理性元素,增加民粹主义趋势,它将更加强调个人魅力而非法治和制度"②。天然带有民粹主义色彩的政治素人,会在崛起过程中向政党政治持续注入民粹主义,反过来进一步加深政治个人化的程度,弱化政党民主,以至于异化为"民粹主义民主"(populist democracy)③。作为一个在政党政治向个人政治演变过程中,抓住契机,顺势崛起的政治素人,特朗普令人瞠目的言行、强烈的个人政治风格,确实威胁了美国传统的政党政治。

首先,由于"民粹主义者"声称自己代表人民,在他们眼中,其政治竞争对手基本上都是不合法的, 任何不支持他们的人就不是人民的一份子"④。在接管共和党后,特朗普将个人政治与党派利益捆绑,不断加剧政党极化,刻意制造社会对立,撕裂民意,迎合支持自己的选民群体,使除此以外的美国公民处于政策关怀的边缘。以"减税政策"为例,其减税政策更加倾向于惠顾富人,使少数族裔等社会底层更加贫困。2018 年,最富有的 0.01% 的人税率接近 1953 年的水平,而他们在全国财富中所占的份额却从 2.5% 上升到 9.6%;与此同时,美

---

① Gideon Rahat and Ofer Kenig, *From Party Politics to Personalized Politics?*, Oxford: Oxford University Press, 2018, pp.131–136

② Helene Helboe Pedersen and Gideon Rahat, "Political Personalization and Personalized Politics Within and Beyond the Behavioural Arena," *Party Politics*, 2021(27), p.211.

③ 又称"无政党民主",详情参见 Peter Mair, "Populist Democracy vs Party Democracy," in *Democracies and the Populist Challenge*, edited by Yves Mény and Yves Surel, London: Palgrave Macmillan, 2002, p.89.

④ 扬·威尔纳·穆勒:《解读民粹主义》,林丽雪译,时报出版社,2018 年,第 205 页。

国更多的底层少数族裔却陷入"负财富"状态,在 2019 年 28%的黑人家庭和 26%的拉丁裔家庭的财富为零资产或负资产,这一比例是白人的两倍。①

其次,民粹主义通过提供一种将政府合法化的手段,使民主实际上为领导人的利益服务。②2020 年大选时,疫情危机、经济危机与种族危机成为美国选民关注的核心议题,特朗普在应对三大危机时却没有积极承担起总统的政治责任。特朗普的个人利益成为政府的行动指南,减税政策惠顾他的商业,任命的司法部长像其私人律师,无意调查支持他自己的种族主义等。③特朗普在整个大选过程中指责民主党通过邮寄选票进行选举舞弊,使美国大选的公信力受到质疑。在大选胜负已定后,特朗普还力图推翻佐治亚州的选举结果,施压佐治亚州的州务卿,要求他"找到"足够的选票来弥补自己的失败。④波士顿环球时报的社论对此批评,民主政府体制中的总统不应该从政府服务中获取个人利润——或者向被监禁的伙伴们提供赦免、歪曲司法或煽动叛乱。特朗普可能并没有摧毁美国总统职位,但他确实让这个机构走上了无比危险的道路。⑤

最后,作为选举渠道内公民与政府之间唯一的调节机构,当政党这一核心作用下降时,大众民主就会越来越倾向于民粹主义民主。⑥民粹民主,虽然某种程度上是对民主的矫正,提醒政治家关注自己忽略

---

①　"Wealth Inequality in the United States,Inequality,"https://inequality.org/facts/wealth-in-equality/,accessed June 15,2021.

②　Peter Mair,"Populist Democracy vs Party Democracy,"in *Democracies and the Populist Challenge*,edited by Yves Mény and Yves Surel,London:Palgrave Macmillan,2002,p.90.

③　The Boston Globe,"A Treasure Map for an American Tyrant,"https://apps.bostonglobe.com/opinion/graphics/2021/06/future-proofing-the-presidency/part-1-a-treasure-map-for-an-american-tyrant/,accessed June 16,2021.

④　The Boston Globe,"The Case for Prosecuting Donald Trump",https://apps.bostonglobe.com/opinion/graphics/2021/06/future-proofing-the-presidency/part-6-the-case-for-prosecuting-donald-trump/,accessed June 13,2021.

⑤　The Boston Globe,"A Treasure Map for an American Tyrant,"https://apps.bostonglobe.com/opinion/graphics/2021/06/future-proofing-the-presidency/part-1-a-treasure-map-for-an-american-tyrant/,accessed June 16,2021.

⑥　Peter Mair,"Populist Democracy vs Party Democracy,"in *Democracies and the Populist Challenge*,edited by Yves Mény and Yves Surel,London:Palgrave Macmillan,2002,p.91.

的民情民意,但是,当政治领导人挟持民意越过法律底线时,民粹主义民主就会在实质上危害政党民主。正因如此,在特朗普的煽动下,2021 年 1 月 6 日,美国出现了建国以来第一次民众占领国会大厦的事件。示威者试图干扰正在计算选票的国会议员,让其拒绝确认拜登获胜结果。国会山骚乱事件,表明特朗普个人对美国政治制度的挑战达到了最高点。

攻占国会山事件发生后,即使与特朗普关系密切的英国首相约翰逊也第一时间表态,认为特朗普鼓励出现的混乱是"完全错误的",并将这些场景描述为"可耻的"。欧盟外交事务高级代表博雷尔表示,攻击国会山事件应该归咎于特朗普,如果有些人认为选举是欺诈性的,那是因为他们的领导人一再暗示。德国总理默克尔也呼吁,应该停止对民主的践踏。①

但是在个人政治生态下,如果政治领导人与选民之间的私人关系超过了政党与选民之间的关系,就会削弱对政府的问责机制。②即使发生如此震惊世界的骚乱,民主党以此启动对特朗普的弹劾,却遭到共和党的反对。"对历史上最重要的政治审判之一的裁决是根据党派教条,而不是根据证据,也不是出于国家利益"③,无疑反应了个人政治与党派利益纠缠之深,以及政党在推动民主政治发展功能上的衰落。

四、结语

随着传统政党的衰落,个人政治行为体逐渐弥补了政党远离社

① Ruby Mellen and Adam Taylon, "What the World is Saying about the U.S. after the Capitol Attack and Trump's Impeachment," https://www.washingtonpost.com/world/2021/01/13/world-reactions-capitol-attack-aftermath/, accessed June 11, 2021.
② Helene Helboe Pedersen and Gideon Rahat, "Political personalization and personalized politics Within and Beyond the Behavioural Arena," *Party Politics*, 2021(27), p.211.
③ "Trump's Acquittal Marks a Dark Day for US Democracy," https://www.theguardian.com/us-news/2021/feb/15/trumps-acquittal-marks-a-dark-day-for-us-democracy, accessed June 11, 2021.

会留下来的政治真空。以法治为基础的西方政党政治,越来越让位于以个人魅力为基础的个人政治,这一趋势不仅暴露了西方民主自身存在的张力,且为政治素人的崛起提供了有利的政治环境。与此同时,政治素人自身带有强烈的民粹主义色彩,在其崛起过程中不断加深民粹主义趋势,某种程度上使政党民主滑向民粹民主,从而弱化、侵蚀政党民主。特朗普虽已离去,但"特朗普主义"对美国政治生态的侵蚀,给美国社会带来的巨大创伤,短时间之内难以愈合。

罗伯特·达尔在半个世纪前提出的问题仍振聋发聩,"在一个成年人几乎均可以投票,但知识、财富、社会地位、与官员的接触和其他资源都不平等分配的政治系统中,谁在真正统治?"[1]约瑟夫·熊彼特也指出,民主并不意味着,也不可能意味着人民在真正统治。我们不得不增加另一个识别民主的标准,即由未来领导人自由竞争选民的选票。[2]并且民主有其不可逾越的局限性,它需要选民做出理性选择,但是人性中存在的弱点,要达到理想的民主状态还有遥远的距离。这是民主面临的难以摆脱的困境。从这个意义上说,民主制度自身存在着张力与困境,个人政治可以说是民主制度永恒的影子。

纵观美国历史,由于对自由、平等、民主等政治价值的一致认可和信仰,美利坚合众国成了最不和谐的现代政体的典型,在自由的政治理想与半自由的政治制度之间,一直存在着深刻的鸿沟。[3]美国的政治制度具有较少的整合性和较多的分散性,美国宪法体系中的反多数主义、总统与国会的相对独立、政党的虚弱以及强大的压力集团,都鼓励总统通过把巨大的政治资源集中在自己手中,并以超出国会、法院和选民有效控制的方式运用它们,从而克服对总统这一职位

---

[1]　Robert A. Dahl., *Who Governs? Democracy and Power in an American City*, New Haven and London: Yale University Press, 1961, p1.

[2]　约瑟夫·熊彼特:《资本主义、社会主义与民主》,吴良健译,商务印书馆,2011年,第415页。

[3]　萨缪尔·亨廷顿:《美国政治:激荡于理想与现实之间》,先萌奇等译,新华出版社,2017年,第36-37页。

设定的限制。①可见,正是政治机构、媒体、政客和选民行为这三个面向都存在个人化的趋势,使政党更为分散,更少凝聚力,也让政治素人顺势崛起。如何缓解个人政治、民粹政治给政党民主带来的挑战和压力呢? 尝试从以下三个方面思考:

首先,政党必须将被忽视的选民群体纳入到主流政党代表体系。虽然政治素人不断为民主政治注入非理性因素,但他的支持者却不应该被忽视。正如拉里·M.巴特尔斯所担忧的,代表性上的差别尤其值得关注,因为不断加剧的经济不平等,有可能不断加剧政治回应上的不平等,政治回应上的不平等带来了对贫穷民众的利益越来越有害的公共政策,这又会造成更大的经济不平等,这显然是一个明显不平等的民主政体。②其次,媒体需要回归本质,在"后真相"时代,媒体作为民主制度的重要支撑,应客观报道现实,将真实的政治信息传达给民众。惟其如此,才能健全民主制度。最后,政府应该通过制度化的方式解决复杂的社会问题。社会问题的产生根植于社会、政治与经济现实中,英雄主义的个人破除痼弊是不可持续且难以预测的,终究需要通过长期、稳固的制度化渠道进行解决

---

① 罗伯特·A.达尔:《多元主义民主的困境——自治与控制》,周军华译,吉林人民出版社,2006 年,第 169 页。
② 拉里·M.巴特尔斯:《不平等的民主:新镀金时代的政治经济学分析》,方卿译,上海世纪出版集团,2012 年,第 296 页。

制度信誉、社会联盟与非正式产权：
巴西土地改革与占地运动 *

蒋光明 陈慧荣 **

内容摘要 非正式产权在发展中国家非常普遍，对政治经济发展具有重大影响。本文聚焦于与正式产权方向相悖并使正式产权趋于无效的竞争型非正式产权，试图解释它是怎样兴起和扩散的。以制度信誉和社会联盟为解释变量，本文提出一个新的分析框架：第一，正式产权的信誉流失导致竞争型非正式产权兴起，为制度挑战者提供了道义支持（道义机制）；第二，制度挑战者在不同时机与适当的社会力量建立联盟，共同对抗既得利益者，是非正式产权得以扩散的关键策略（权力机制）。道义机制和权力机制相互交织，构成"共演"关系，推动非正式产权存续扩散，最终实现正式化或与正式产权鼎立共存。文章选取巴西占地运动中形成的非正式土地产权作为极端案例，展示了这个分析框架的解释力。在理论层面，本文两个解释机制进一步凸显了功能和认知视角给制度分析带来的潜力。

关键词 非正式产权；土地改革；巴西占地运动；制度信誉；社会联盟

---

* 本文系 2021 年国家社科基金一般项目"制度建设向治理效能转化的历史路径研究"（21BZZ043）的阶段性研究成果。
** 蒋光明，北京大学政府管理学院博士研究生，主要研究方向为分配政治、制度主义。陈慧荣，政治学博士，上海交通大学国际与公共事务学院教授、上海交通大学政治经济研究院兼职研究员，主要研究方向为国家治理的制度基础、政治经济学、土地产权与乡村发展。

一、引言

　　制度形式有正式与非正式之分。诺斯(Douglass North)将制度理解为社会中的博弈规则,即"人为设计、形塑人们互动关系的约束";[1]在亨廷顿(Samuel Huntington)看来,制度是"稳定、受尊重和不断重复的行为模式"。[2]可以看出,"约束力"是制度的核心要件。与正式制度相对应,非正式制度是指在官方渠道之外产生、传播和执行的社会规则,通常没有明文规定,但具有实际约束力。[3]在官僚体制运行[4]、公共品提供[5]和经济发展[6]等领域,非正式制度扮演着"暗物质"一般的角色,难以观察却十分重要。

　　作为制度的一种典型类别,产权亦可分为正式产权和非正式产权。新古典经济学将产权理解为"一束权利",具体包括对资产的剩余控制权、收入支配权、转移权等,强调产权界定的清晰性;[7]而从社会学的视角来看,产权则是"一束关系",它是不同组织在互动中建立的

①　Douglass C. North, *Institutions, Institutional Change, and Economic Performance*, New York: Cambridge University Press, 1990, p.3.

②　Samuel P. Huntington, *Political Order in Changing Societies*, New Haven: Yale University Press, 2006, p.12.

③　Gretchen Helmke and Steven Levitsky, "Informal Institutions and Comparative Politics: A Research Agenda," *Perspectives on Politics*, 2004, 2(4), p.727.

④　周雪光:《论中国官僚体制中的非正式制度》,《清华社会科学》2019 年第 1 期。

⑤　See Lily L. Tsai, "Solidary Groups, Informal Accountability, and Local Public Goods Provision in Rural China," *American Political Science Review*, 2007, 101(2), pp.355–372; Yiqing Xu and Yang Yao, "Informal Institutions, Collective Action, and Public Investment in Rural China," *American Political Science Review*, 2015, 109(2), pp.371–391.

⑥　See Kellee S. Tsai, *Back-Alley Banking: Private Entrepreneurs in China*, Ithaca, NY: Cornell University Press, 2004;章奇、刘明兴:《权力结构、政治激励和经济增长:基于浙江民营经济发展经验的政治经济学分析》,格致出版社、上海人民出版社,2016 年。

⑦　罗纳德·H. 科斯等:《财产权利与制度变迁 产权学派与新制度学派译文集》,刘守英等译,格致出版社、上海人民出版社,2014 年;Oliver Hart, *Firms, Contracts and Financial Structure*, New York: Oxford University Press, 1995.

长期稳定联系,具有一定模糊性和象征性。①无论从权利还是关系的角度,产权在本质上都是一组旨在约束人们行为的制度安排,其关键特征是为交易提供合理预期,而除了法律,非正式社会安排也可以创设这种预期。②因此,非正式产权可被视为非正式制度在经济领域的一个子集。

本文试图回答的问题是,非正式产权如何兴起并在不利的制度环境中扩散?我们参照非正式制度与正式制度间的关系类型学,区分非正式产权的四种理想类型:补充型(complementary)、替代型(substi-tutive)、容纳型(accommodating)和竞争型(competing)。③其中竞争型非正式产权在正式产权无效时产生,并且与正式产权的规制结果不同,是本文聚焦研究的对象。这是最典型的一类非正式产权,探讨其兴起和存续机制有助于我们举一反三,理解其他类型的非正式产权。

本文提出两个解释机制回答上述问题。第一,正式产权的制度信誉(institutional credibility)不断丧失是竞争型非正式产权兴起的触发机制,并给制度挑战者扩散、护卫非正式制度和谋求合法化提供了道义支持;第二,制度维护者与挑战者各自构筑的社会联盟(social coalition)及其相互博弈是非正式产权的存续机制,权力斗争贯穿制度变迁始终,制度挑战者只有集聚足够的力量才能维持并合法化非正式产权。简言之,道义和权力这两种机制相互配合和支撑,推动了非正式产权兴起与存续。

本文选取巴西无地农民运动(Landless Workers' Movement,葡萄牙语简称 MST)中形成的非正式土地产权作为极端案例,来阐释道义和权力两种机制是如何起作用的。巴西土地分配的高度不均以及历

---

① 周雪光:《"关系产权":产权制度的一个社会学解释》,《社会学研究》2005 年第 2 期;张静:《土地使用规则的不确定:一个解释框架》,《中国社会科学》2003 年第 1 期;张小军:《象征地权与文化经济》,《中国社会科学》2004 年第 3 期。

② 罗伯特·C.埃里克森:《无需法律的秩序》,苏力译,中国政法大学出版社,2003 年,第350 页。

③ Helmke and Levitsky, "Informal Institutions and Comparative Politics:A Research Agenda," pp.727–731.

届政府土地改革的失败导致了无地农民占地运动和大量非正式土地产权的兴起。无地农民在 1984 年建立全国性组织,在 1988 年和 2012 年之间,他们组织 122 万户家庭发起了 8789 起占领大地产者土地的运动,[①]帮助 37 万户家庭获得土地并定居。[②]在此过程中,大地产者本拥有法律认可的土地产权,但无地者凭借朴素的生存诉求并援引宪法中征收荒地的条款,长期占领大片土地并定居,不仅获得了社会广泛的道义支持,还迫使巴西政府在占领区建设基础设施,提升教育和社会福利。我们将这种尚未得到法律确权但得到广泛支持的土地归属状态视为非正式产权。一方面,占领者对于土地的权益受到社会认可和宪法原则的支持,具有一定约束力;另一方面,由于尚未得到法律确权,其约束力具有非正式特征。[③]

余文中,笔者运用制度信誉和社会联盟两个核心概念发展本文的分析框架;随后进入案例分析环节,主要依靠二手文献构建案例叙事,资料来源包括学术文章和专著、国际组织发布的调查报告、MST 官方网站、巴西宪法和法律法规以及其他新闻报道等,笔者追溯了巴西正式土地产权逐步丧失制度信誉并催生占地运动的历史过程,进而考察 MST 如何运用不同的社会联盟巩固其圈占而来的非正式土地产权;最后一部分是总结与讨论。

二、制度信誉与社会联盟:一个分析框架

非正式制度何以产生? 理性选择制度主义从功能主义角度出发,认为那是因为非正式制度履行了某种功能, 比如解决信息和集体行

[①]　Wilder Robles and Henry Veltmeyer, *The Politics of Agrarian Reform in Brazil: The Landless Rural Workers Movement*, New York: Palgrave Macmillan, 2015.

[②]　"What is the MST," https://www.mstbrazil.org/content/what-mst, accessed November 8, 2020.

[③]　中文研究中,非正式产权的典型案例还包括祖业权、小产权房等,我们认为巴西占地运动形成的土地状态与此类似,即缺乏法律直接支持但具有规范层面的依据。参见郭亮:《"祖业权":地方社会的"非正式"产权》,《中国社会科学报》2010 年 3 月 16 日;李凤章:《开发权视角下的小产权房及其处理——以深圳经验为例》,《交大法学》2016 年第 2 期。

动问题。①更多研究超越这种静态的功能主义，从非正式制度与正式
制度关系着手讨论非正式制度的起源。比如，正式制度不完整，没有
规定所有的可能情况，这给非正式规则留下了生长空间；或者靠正式
制度不能实现目标，不得已采取非正式制度作为次优选择；或者追求
目标不被公众接受，只能暗地里采用非正式手段。②此外，当正式制度
互相冲突、政策执行高度分散、官僚与民众存在共同利益时，官僚体
制成员也可能助力非正式制度产生，即发生官僚越轨（bureaucratic
deviance）的现象。③总之，非正式制度的兴起有不同的路径，有些是自
上而下的设计，有些是自下而上的自发行为所致，还不乏历史偶然
性。④

　　非正式制度如何维持生存？许多研究者认为模仿学习（learning
by example）是一个关键过程，⑤而社会网络和组织是扩散非正式制度
的传送带。⑥正式制度的维护者倾向于压制或取缔非正式制度，非正
式制度在满足一些条件时，则可能实现正式化。非正式制度的参与规
模和实践人数是关键条件之一，规模越大、人数越多，集体行动越容
易实现，违法成本也越低，⑦体制内改革派可以借机为非正式制度辩
护和正名，非正式制度越有可能获得官方承认，中国私营经济和农地

---

① Kenneth A. Shepsle and Barry R. Weingast, "Structure-Induced Equilibrium and Legisla-tive Choice," *Public Choice*, 1981, 37 (3), pp.503-519; Barry R. Weingast, "A Rational Choice Perspective on Congressional Norms," *American Journal of Political Science*, 1979, 23(2), pp.245-262.

② Helmke and Levitsky, "Informal Institutions and Comparative Politics: A Research Agenda," pp.727-731.

③ Kellee S. Tsai, "Adaptive Informal Institutions and Endogenous Institutional Change in China," *World Politics*, 2006, 59(1), pp.116-141.

④ Peter J. Katzenstein, *Cultural Norms and National Security: Police and Military in Postwar Japan*, Ithaca: Cornell University Press, 1996.

⑤ Carol A. Mershon, "Expectations and Informal Rules in Coalition Formation," *Comparative Political Studies*, 1994, 27(1), pp.40-79.

⑥ Richard A. Colignon and Chikako Usui, *Amakudari: The Hidden Fabric of Japan's Economy*, Ithaca: Cornell University Press, 2003.

⑦ Huirong Chen, "Institutional Credibility and Informal Institutions: The Case of Extralegal Land Development in China," *Cities*, 2020, 97, pp.1-12.

家庭承包就是从非正式到正式制度的典型例子。①临界点模型(tip-ping model)认为,当非正式制度施行者数量过了某个临界点,非正式制度才有可能被正式化。②

既有研究在非正式制度领域做出了有益探索, 但仍有一些理论缺憾有待弥补。第一,现有研究对竞争型非正式制度关注较少,没有对不同类型非正式制度的生长机制进行细化研究。不同类型的非正式制度在兴衰过程和逻辑上虽然有共同之处,但也有所不同,对此需要细分不同逻辑,进行有针对性的讨论。

第二, 既有研究执着于制度形式而忽视制度功能以及利益相关方对于制度功能的感知。要解释挑战者为何发起非正式活动并形成共享的非正式规则,就必须深挖最初的动力来源。机会结构本身不足以解释制度变迁,因为有更深层的动机问题。正式制度损害挑战者利益当然是重要的原因, 但同样重要的是挑战者对于正式制度功能及其利害关系的认知和情感。本文从"制度信誉"入手解释竞争型非正式制度的起源。

第三,权力斗争这一关键机制有待进一步剖析。制度变迁研究中的"和谐路径"(harmony approach)强调行为体之间的共同利益以及合作协调对于达成共赢的重要性,往往忽略权力要素和斗争机制;而在"冲突路径"(conflict approach)看来,任何制度都具有分配效应,制度变迁充满了冲突和斗争。③获益者维护制度,受损者挑战制度。在竞争型非正式制度的兴衰过程中,"冲突路径"尤其适用。本文从"社会联盟"视角来考察权力斗争与非正式制度存续的关系。

制度信誉是相关行为体对制度功能的集体认知和感受,它反映了行为体对共享规则是否履行预期功能的认受程度。④非正式产权获得信誉的原因在于其履行了特定功能,满足了社会发展的实际需求。

① Tsai,"Adaptive Informal Institutions and Endogenous Institutional Change in China."
② Thomas C. Schelling, *The Strategy of Conflict*, Cambridge:Harvard University Press,1960.
③ Shiping Tang, *A General Theory of Institutional Change*, New York:Routledge,2011.
④ Peter Ho,"The 'Credibility Thesis' and Its Application to Property Rights:(In)Secure Land Tenure, Conflict and Social Welfare in China," *Land Use Policy*,2014,40,p.16.

相对应地,正式产权在无法履行其功能时,很可能沦为空壳制度(empty institution)或无信誉制度(non-credible institution)。①有两个指标可以用来测量制度信誉:一是维护者与挑战者之间冲突的起源、频率、结果、时机、烈度和持续时间,比如,冲突时间越长、越激烈、频率越高,正式制度的信誉越低;二是行为体对制度功能的感知,比如对比正式制度给出的承诺、制度实际提供的功能与未来期待之间的差距,差距越大,制度信誉越低。②

正式产权信誉流失是竞争型非正式产权产生的原生动力,其根本是道义机制。当越来越多的行为体怀疑正式制度的功能时,他们就会成为挑战者,在正式规则之外发展非正式的共享规则,并谋求其存续。唐世平在他的制度变迁广义理论中指出,制度变迁五阶段的第一步就是制度挑战者有了关于特定制度安排的新观念,而新观念来源于学习机制。③本文认为,正式产权信誉的下降是挑战者新观念的重要来源,新观念的目标可能是建立竞争型的非正式产权以履行预期功能。当一组非正式产权和正式产权存在竞争关系时,一方信誉的降低意味着另一方信誉的提升。

社会联盟之间的对抗决定了非正式产权能否存续和扩散,其根本是权力机制。非正式产权的存续需要解决两个难题:第一,抵御来自正式产权维护者的攻击或压制;第二,扩散非正式产权,并提升其制度信誉。成功的社会联盟有助于解决集体行动难题和提高挑战者在权力斗争中的谈判能力。首先,联盟的形成是一个政治动员和组织的过程,正式产权维护者的压制以及挑战者之间共享的认知(即正式产权丧失信誉)有助于促进集体行动和联盟形成。其次,与国家主义和新古典政治经济学分别侧重国家和社会不同的是,社会联盟范式更注重国家与社会的互动,"社会联盟范式注重分解国家和社会,它

①　Peter Ho,"Empty Institutions,Non-Credibility and Pastoralism:China's Grazing Ban,Mining and Ethnicity,"*The Journal of Peasant Studies*,2016,43(6),p.1147.

②　Ho,"The 'Credibility Thesis' and Its Application to Property Rights:(In)Secure Land Tenure,Conflict and Social Welfare in China,"p.18.

③　Tang,A General Theory of Institutional Change,pp.34-35.

所强调的互动是国家的组成部分和社会的组成部分在不同利益的驱使下的交叉联合与斗争"①。制度挑战者可以联合制度维护者(通常是国家)的某部分势力以维护竞争型非正式产权。联盟越强,谈判能力也就越强,非正式产权的存续就越有保障。

道义机制和权力机制构成了非正式产权产生和扩散的内在逻辑,其相互之间存在互为因果、相互加强的共演(coevolution)关系(图1)。可以看出,最初阶段产权信誉流失催生了挑战的努力,非正式产权涌现出来,社会联盟建立;在社会联盟的斗争下,非正式产权进一步扩散,使更多人认识到正式产权的不合理之处,这进一步加剧了正式产权的信誉流失;然后道义机制再度发挥作用,通过扩大社会联盟增强挑战力度,最终实现非正式产权的正式化或与正式产权鼎立并存。因此,成功的非正式产权生命周期包含三个主要阶段:其一是产生阶段,主要是道义机制发挥作用;其二是扩散阶段,主要是权力机制发挥作用;其三是成熟阶段,通过道义机制和权力机制联合发挥作用获得稳定认可,但其直接动力源仍是权力机制,即社会联盟的对抗。

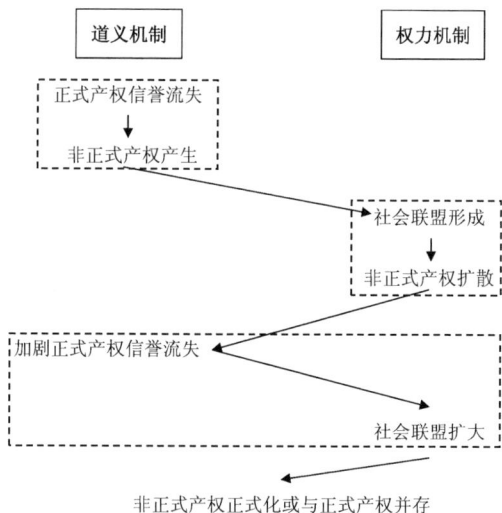

资料来源:作者自制。

图 1　道义机制与权力机制的共演之途

---

① 朱天飚:《比较政治经济学》,北京大学出版社,2006 年,第 123 页。

在道义机制和权力机制的共同作用下，竞争型非正式产权便会产生。前文提到，竞争型非正式产权有两点特征：一是正式产权缺乏效力，二是它与正式产权的规制结果不同。在道义机制下，正式产权的信誉流失导致人们对其认受程度降低，而对非正式产权有了更多认同，因此正式产权的约束效力被大大弱化；在权力机制下，特定产权安排存在受益者和受损者，而不同社会联盟之所以展开斗争，正意味着非正式产权和正式产权的分配结果显著不同。因此，当道义机制和权力机制共同发挥作用时，我们可以预见的是竞争型非正式产权，而非其他类型非正式产权的产生和扩散。

三、正式产权信誉流失催生非正式产权

巴西政治经济发展长期受制于土地分配的高度不均。一方面，巨大贫富差距将整个国家撕裂成穷人的巴西和富人的巴西，收入基尼系数在 1989 年高达 0.63，[1]这使巴西政治在左右两个极端反复摇摆，政治议题趋于极化；另一方面，正式产权制度固化了既有分配格局，既造就了强大的既得利益者，又催生了再分配的巨大压力，而这种畸形且固化的产权制度是 20 世纪 80 年代巴西"经济奇迹"中断的主要原因。[2]案例分析表明，正式土地产权的分配不均催生了巴西大规模的无地农民占地运动，盛行的非正式土地产权对巴西的政治经济发展产生重要影响。

巴西的土地问题可追溯至 16 世纪葡萄牙政府殖民时期。出于对农业出口经济模式的追求，葡萄牙政府将大地产合法化，并利用土著居民作为廉价劳动力以谋取经济利益，形成了庄园农场剥削农奴的发展模式，奠定了高度集中的土地产权分配格局。至 1960 年，土地基

---

[1]　"Gini index（World Bank estimate）–Brazil，"https://data.worldbank.org/indicator/SI.POV.GINI?locations=BR，accessed July 10, 2021.

[2]　黄琪轩：《巴西"经济奇迹"为何中断》，《国家行政学院学报》2013 年第 1 期。

尼系数高达 0.842,大面积闲置农场和大量无地农民并存。[①]

起初,无地农民寄希望于通过政府改革获得土地,但军政府的改革成效不彰,反而进一步加剧了土地冲突。1964 年,巴西建立军事政权。尽管军政府颁布了《土地法案》(Land Statute),表示将进行土地再分配,但军政府的执政基础是以巴西富人为主导的右翼势力,其应对农村贫困的主要思路是在大地产制基础上实行农业现代化政策,发起了旨在提高农业机械化和科技水平的"绿色革命"(green revolution),对大规模单一作物农场进行补贴。这反而导致财富进一步向富人集中,推高了土地集中度,并加剧了贫困现象。1970 年,73%的农户处于贫困线以下,其中 58%的家庭陷入赤贫;1985 年,土地基尼系数进一步上升至 0.854,产权信誉严重流失。

我们从两个方面分析巴西土地产权丧失信誉的表现。首先,结合话语分析测量无地农民对于正式土地产权的感知。自 20 世纪 60 年代以来,天主教会在唤醒无地农民公平和正义意识中起到关键作用。受解放神学影响,天主教会积极介入社会问题,呼唤社会正义,成为穷人优先求助对象。1975 年,土地牧师委员会成立,倡导和支持土地斗争。该委员会成为无地农民获取知识和理念、构建社会网络的中枢。此后,无地农民脑海中逐渐有了"食物主权"(food sovereignty)、"社会正义"和"自决"等观念,这些观念又成为了他们斗争的旗帜。卡萨达利加(Pedro Casaldáliga)主教还为 MST 谱写《大地主之告白》,假借大地主的忏悔控诉不公正的土地制度。[②]无地农民认识到为了生存,就必须通过自己的行动争取土地,他们控诉道:

> 你有得到土地的权利。在这个地区有未使用的土地。只有一

---

① Lee J. Alston, Gary D. Libecap, and Bernardo Mueller, *Titles, Conflict, and Land Use: The Development of Property Rights and Land Reform on the Brazilian Amazon Frontier*, Ann Arbor: University of Michigan Press, 1999, p.37.

② 薛翠:《1984 年以来的巴西无地农民运动》,澎湃新闻网,https://www.thepaper.cn/newsDetail_forward_1515307,最后访问日期:2020 年 11 月 8 日。

个办法能迫使政府没收它。你想想，如果我们给他们写一封信，他们会做吗？向市长呼吁是浪费时间，特别是如果他是一位地主的话。你可以向牧师谈，但是如果他不感兴趣的话，该怎么办呢？我们必须组织起来，自己接管土地。①

其次，激烈的社会冲突表明人们对原有产权的认可程度较低。从上世纪中期开始，无地农民的社会抗争活动就日益频繁：在1964年至1989年间，巴西共有1415名农村劳动力在土地纠纷中丧生。仅在1987年，巴西农村就发生了782次冲突，共卷入136万人，冲突规模"堪称内战"。②1988年至2013年，巴西发生超过9400起占地事件，1200人在占地冲突中丧生。③这些数字足以表明现有土地产权制度不能很好地协调利益关系，反而使社会矛盾愈加尖锐。

在此背景下，巴西各地原本分散的占地运动于1984年建立了全国性组织，还获得了1988年新宪法的支持。1988年巴西宪法第5条指出："土地应当履行社会功能"，第184条规定："联邦政府有责任对未履行社会功能的农业财产进行征收，以推动土地改革。"同时，第186条阐明土地"社会功能"应当具备如下要件：理性而充分的利用；在充分开发利用自然资源的同时应当保护环境；遵守劳工关系相关规定；有利于财产所有者和劳动者的福祉提升。这成为穷人反抗既有产权安排最有力的法理依据。由于土地所有权高度集中，到20世纪50年代，巴西80%的农业用地未加利用，④他们声称大量撂荒土地未发挥其生产价值，没有履行社会功能，并据此占领这些土地寻求法律支持。

---

① 若昂·佩德罗·施特得理、弗兰西斯科·德-奥利维拉：《无地大军—巴西无地运动》，刘元琪译，载李陀、陈燕谷主编：《视界·第10辑》，河北教育出版社，2003年，第126-155页。
② 郭元增：《巴西的土地争端与土地改革》，《拉丁美洲研究》1991年第2期。
③ Michael Albertus, Thomas Brambor, and Ricardo Ceneviva, "Land Inequality and Rural Unrest: Theory and Evidence from Brazil," *Journal of Conflict Resolution*, 2018, 62(3), p.558.
④ 张宝宇：《巴西城市化进程及其特点》，《拉丁美洲研究》1989年第3期。

在解释 MST 兴起的文献中,政治机会和道义经济是两大视角。政治机会假说认为,军事政权民主化及民主巩固过程中出现的政治机会是解释 MST 兴起和发展的关键因素。[①]但政治机会视角的解释面临至少两点困难:一是忽略了占地运动中联盟构建、资源分享和话语建构等机制;二是,即使一些学者尝试扩大政治机会的外延以增强其解释力,但使"政治机会"概念遭到滥用,使其"几乎成了任何能够影响社会运动的结构性因素的代名词",更加损害了该理论的科学性和说服力。[②]道义经济假说则从生存伦理出发,借助民族志方法,以地区历史、经济和文化解释 MST 的斗争策略。[③]

从以上制度信誉的测量结果来看, 正式土地产权信誉的丧失是非正式产权兴起的初始动力机制。本文并不否认政治机会的重要性,但机会很可能只是社会运动的兴起条件之一, 我们还需要从运动参加者的角度探究其动机何在。本文认为正式制度信誉的丧失正是制度挑战者的原生动力,它不仅包含道义经济假说中的农民生存伦理,还包含了行为体对其他制度功能的认知, 以及制度供给与自身期望之间的差距。

四、社会联盟建立并扩散非正式产权

1984 年以来,MST 成员一直保持高效动员状态,斗争取得了许多成果。截至 2010 年,他们成功推动政府征收了超过 1400 万公顷的土地,安置逾 40 万个家庭,[④]平均每年占领 380 块大地产,其占领的土

---

① Gabriel Ondetti, "Up and Down with the Agrarian Question:Issue Attention and Land Re-form in Contemporary Brazil,"*Politics & Policy*,2008,36(4),pp.510–541.

② 赵鼎新:《社会与政治运动讲义》,社会科学文献出版社,2012 年,第 38 页。

③ Wendy Wolford, "This Land Is Ours Now:Spatial Imaginaries and the Struggle for Land in Brazil,"*Annals of the Association of American Geographers*,2004,94(2),pp.409–424.

④ Benjamin Dangl, "Occupy,Resist,Produce:The Strategy and Political Vision of Brazil's Landless Workers' Movement,"https://towardfreedom.org/archives/americas/occupy–resist–produce–the–strategy–and–political–vision–of–brazils–landless–workers–movement/,ac-cessed July 10,2021.

地中约 80%被政府征收，他们自占领土地之日起就开始大力发展农业,生产了约占总量 40%的巴西农业产品。[1]MST 十分注重在社区内发展教育,1986 年就建立了负责教育的分支部门,到 2001 年,在 MST 的占领区和安置区建立了 1200 所小学和中学,雇佣了 3800 名教师,其中由 MST 自行培训的教育者达 1200 名,为 15 万名儿童提供了学习机会,在 2002 年至 2005 年间就为超过 5 万名无地者提供读写教育。[2]

　　MST 的主要斗争方式为占领土地并寻求安置和确权。每次抗争周期较长,通常可分为三个阶段。(1)占领。 MST 筹备几个月,先派代表勘察地形,确定占地目标,准备生活物资,动员成员于夜晚赶往目的地安营扎寨。(2)抵抗。土地所有者通常会诉至法院,申请驱逐占领其土地的农民,法院将对其土地性质进行审核,一旦认定其为符合法定征收条件的土地,便作出征收裁决,反之则发布驱逐令。从占领到政府征收平均间隔为 5 年, 这期间将持续面对来自农场武装力量和警察的暴力驱逐。在获得法院支持以前,由于农民对土地形成事实占有,且受到社会广泛支持,因此构成非正式的产权状态。(3)安置。只有在被政府征收的土地上,MST 运动才会发展到安置这一阶段。此时,农民的诉求被政府和法院支持,拥有合法居住的权利,将进一步打造社区。

　　可以看出,MST 运动的开展需要高度的组织协调,那么全国各地的农民如何形成集体行动? 我们发现恰当的社会联盟策略发挥了关键作用。

(一)天主教会与 MST 的建立

　　发展初期,MST 与天主教会建立的联盟关系为其建立组织提供了重要帮助。教会自 20 世纪 70 年代以来便开始支持无地农民开展

---

[1]　Genny Petschulat, "Grass-Roots Struggle in the 'Culture of Silence' : Collective Dialogue and the Brazilian Landless Movement," Chancellor's Honors Program Projects, https://trace. tennessee.edu/utk_chanhonoproj/1351, accessed July 10, 2021.

[2]　"Landless Workers' Movement," https://en.wikipedia.org/wiki/Landless_Workers%27_Movement#cite_note-215, accessed July 10, 2021.

占地运动：一方面为无地农民提供交流互动的场所，如教会社区；另一方面宗教领袖也会向农民普及宗教理念和意识形态方面的知识，帮助他们寻求解决现实贫困问题的办法。[1]1960 年代往后的十年间，随着解放神学思想的传播，土地牧师委员会和一批进步牧师开始出现，天主教会对独裁政权的态度经历了显著转变，不同于以往安抚民众接受现实，开始鼓励穷人为"在现世得到土地而斗争"。[2]

教会为无地者提供的帮助主要是在思想和组织层面，促使背景、诉求不尽相同的失地农民团结起来，开展集体行动。在 1984 年之前，尽管巴西存在大量生活在贫困线以下的穷人，但相互之间缺乏集体认同和社会资本，难以形成集体行动。作为公众广泛信服的权威机构，天主教会提供了集体认同，使来自全国各地的无地者能够联合起来，并为广泛抗争运动的开展提供了正当性（legitimacy）。在 1982 年至 1983 年间，教会创造条件将各地占地运动的农民代表集中起来，讨论如何建立全国统一的组织。[3]农民代表最终决定于 1984 年组织全国性会议，正式成立了无地农民运动组织。

此外，在教会的干预和影响下，MST 的组织结构呈现出自下而上、去中心化的特征。MST 的组织原则是集体领导、政治自主和基层民主。[4]无地者参加一次占地活动并表现积极就可以加入组织，不需要填表格、交会费等繁琐程序，最基本的组织单元是由 10 至 15 个家庭共同居住的宿营地，其中产生两名代表，然后选举出区域代表，再由区域代表选举约 400 位州代表，进而产生 60 位国家会议的代表。[5]

---

[1] Zander Navarro, "Breaking New Ground: Brazil's MST," *NACLA Report on the Americas*, 2000,33(5),pp.36–39.

[2] 薛翠:《1984 年以来的巴西无地农民运动》,澎湃新闻网,https://www.thepaper.cn/newsDetail_forward_1515307,最后访问日期:2020 年 11 月 8 日。

[3] Wendy M. Sinek, "Coalitional Choices and Strategic Challenges:The Landless Movement in Brazil,1970 –2005," Working Paper,2007,https://escholarship.org/uc/item/7q5402w4,accessed July 10,2021.

[4] Robles and Veltmeyer,The Politics of Agrarian Reform in Brazil:The Landless Rural Workers Movement,pp.92–93.

[5] "Landless Workers' Movement," "https://en.wikipedia.org/wiki/Landless_Workers%27_Movement#cite_note−215,accessed July 10,2021.

MST 没有正式的最高领导人职务，只有由约 15 人组成的最高领导委员会，集体决策和负责。[1]这种具有草根色彩自下而上的组织结构避免了官僚化、科层化的倾向，有助于降低门槛吸收更多无地者加入，并使已经获得土地定居的参与者保持持续动员状态。

但随着实现组织化，MST 成员感到与天主教会结盟带来的自主性缺失。教会控制了组织内的一些实权职位，主导了决策过程，确定斗争目标的优先顺序，并拥有斗争策略的决定权和否决权，例如在政府、大地产者对占地农民采取越来越多暴力驱逐的情况下，MST 不愿意放弃使用法外手段进行抗争，而教会则不同意 MST 使用暴力。因此，在由 MST 成员独立于 1984 年召开的全国代表大会上，代表们讨论了是否继续与教会保持如此密切联系的问题。从那开始，MST 便开始与教会保持距离，以保证自主性。

(二)国际组织与运动目标的泛化

1985 年巴西建立民主政权，无地者把民主制度视为实行土地改革的重要保障，但民主并未带来平等分配。1985 年至今，巴西共经历了 8 任总统，[2]政治立场涵盖了左中右整个光谱(表 1)。尽管每届政府都或多或少安置了一些无地家庭，但从土地再分配的意义上来说，无一例外都失败了，土地分配的基尼系数甚至还有上升势头。根据巴西国家地理统计所 2006 年的调查，巴西土地分配基尼系数高达 0.87,1% 的土地所有者拥有巴西 45% 的农业用地。[3]

萨尔内(José Sarney,1985–1990)作为民主转型后的第一位巴西总统，首次将土地改革作为一项执政目标并付诸实践。他在掌权后不久便发布了"国家农业改革计划"(PNRA)和"土地改革专项信贷计

① Alston, Libecap, and Mueller, Titles, Conflict, and Land Use: The Development of Property Rights and Land Reform on the Brazilian Amazon Frontier, p.63.
② 不含 1985 年当选后还未正式入职便去世的 Tancredo Neves,其总统职位由副总统 José Sarney 担任。
③ Robles and Veltmeyer, The Politics of Agrarian Reform in Brazil: The Landless Rural Workers Movement, p.4.

划",旨在安置无地农民并帮助其自主创业。萨尔内希望在四年任期内
拿出 700 万公顷的国有土地和私有撂荒土地,安置 140 万无地农民。[①]
但这项计划遭遇了土地精英的强烈阻击,在国会中也难以寻求支持。
萨尔内便将主要施政目标转移至恢复国民经济,土改计划由此破产。
四年执政期间,萨尔内仅安置约 9 万个无地家庭。

表 1 巴西历任总统及政治简介(1985 年至今)

总统	任职时间	所属政党	政治立场	安置家庭数量(万户)	土地面积(万公顷)
萨尔内	1985—1990	巴西民主运动党	中	8.8	450
科洛尔	1990—1992	国家复兴党	中右	0.3	13
佛朗哥	1992—1994	巴西民主运动党	中	3.4	135
卡多佐	1995—2002	巴西社会民主党	中	54	2108
卢拉	2003—2010	劳工党	左	61	4829
罗塞芙	2011—2016	劳工党	左	14	319
特梅尔	2016—2018	巴西民主运动党	中	缺失	缺失
博索纳罗	2019—	社会自由党	右	缺失	缺失

数据来源:Wilder Robles and Henry Veltmeyer, *The Politics of Agrarian Reform in Brazil: The Landless Rural Workers Movement*, New York: Palgrave Macmillan, 2015, p.7; Sérgio Sauer and George Mészáros, The Political Economy of Land-Struggle in Brazil under Workers' Party Governments, *Journal of Agrarian Change*, 2017, 17, pp.397–414.

在科洛尔(Fernando Collor,1990—1992)和佛朗哥(Itamar Fran-co,1992—1994)执政期间,土地改革仍无突破。尽管科洛尔向选民承诺将继续推进 PNRA,但两年后便因贪腐被国会弹劾。值得一提的是,科洛尔在任期内首次将新自由主义理念应用到政策实践中,实行国有资产私有化,并促进巴西经济融入全球贸易体系,这种新自由主义理念与 MST 奉行的左派意识形态形成对立,构成土地改革遭受挫折

[①] Robles and Veltmeyer,The Politics of Agrarian Reform in Brazil:The Landless Rural Workers Movement,p.95.

在思想层面的原因。相应地，科洛尔政府开始将土地改革视为一项经济事项而非政治议题，认为可以通过市场手段进行再分配，使土地改革由国家主导(state-led)转变为市场协助型(market-assisted)模式。新自由主义理念在之后各届政府中都相当受重视，并在实际政策中得到贯彻。

卡多佐(Fernando Cardoso，1995–2002)连任两届巴西总统，进一步发展了新自由主义理念和市场协助型改革模式。1996年埃尔多拉多事件(Eldorado Massacre)导致国际社会和国内教会、知识分子等对MST产生强烈同情，MST发起的土地占领运动连年攀升，从1995年的186次增至1999年的856次(图2)。在内外压力之下，卡多佐与MST代表进行了会谈协商，并承诺推行土地改革，实践中卡多佐确实执行了PNRA的部分政策。在1995—1999年间，卡多佐政府共安置了28万户无地农民，然而由于财政负担和新自由主义思潮盛行等原因，其对土地改革的重视并未持续下去，他认为土地改革归根结底是为了减少贫困，可以通过将巴西农业整合至全球资本主义市场中实现，推出"赋能家庭农场的国家计划"和"农业联合合作社项目"，建立了土地确权机构和土地银行，提供贷款给符合条件的无地农民用于购买土地发展生产，这一系列市场化导向的政策大大削弱了土地改革议题的政治色彩。①尽管卡多佐政府安置的无地家庭数量远高于往届政府(约54万户)，但并未解决土地集中度过高的问题，土地分配的基尼系数甚至从1995年的0.85上升至2002年的0.86。

---

① 王萍、周进：《新自由主义视阈下的拉美土地改革：以巴西为例》，《历史教学（下半月刊）》2018年第7期。

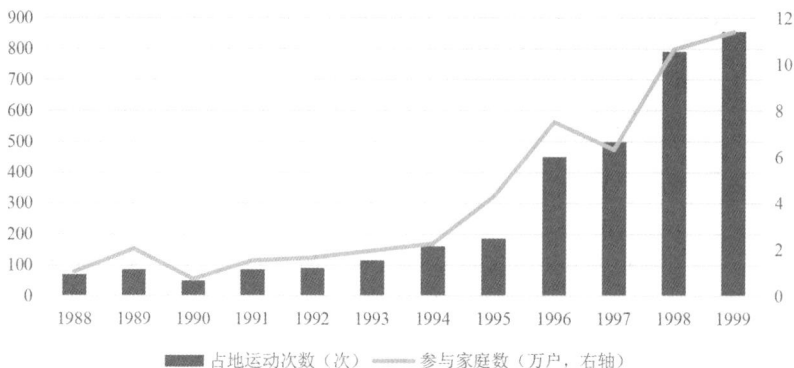

图 2　MST 占地运动次数和参与家庭数量

资料来源：“DATALUTA Land Struggle Database,” http://www2.fct.unesp.
br/nera/projetos/dataluta_brasil_en_2017.pdf, accessed December 13, 2021.

　　从国家主导型向市场协助型改革的转变，使 MST 意识到新自由
主义发展模式才是阻碍土地再分配的根本因素，于是将斗争目标从
土地改革转变为农业改革，并形成了群众农业改革模式（popular a-
grarian reform），[①]即依靠自下而上的力量倒逼再分配。80 至 90 年代，
无地农民相继经历了几任民选政府无法推动土地改革的事实，意识
到在现行市场机制下采用的政策措施无法真正解决土地问题，而问
题根源正在于新自由主义的发展模式，于是他们开始倡导根本性、结
构性的社会经济变革。如表 2 所示，MST 历届全国代表大会的主题反
映出占地者斗争路线的演变，从最初的占地目标演变为要求农业改
革，进而呼吁发起群众农业改革。

[①]　Robles and Veltmeyer, The Politics of Agrarian Reform in Brazil: The Landless Rural
Workers Movement, p.170.

表 2　历届 MST 全国代表大会的主题

届数	时间	主题
1	1985.01	占地是唯一解决方案（Occupation is the Only Solution）
2	1990.05	占领，抵抗，生产（Occupy, Resist, Produce）
3	1995.06	农业改革，所有人的斗争（Agrarian Reform, a Struggle of All）
4	2000.02	为了建设没有大地产的巴西（For a Brazil without Latifúndio）
5	2007.06	农业改革是为了社会公正和人民主权 （Agrarian Reform, for Social Justice and Popular Sovereignty）
6	2014.02	斗争，实现人民的农业改革！ （Struggle, Build People's Agrarian Reform!）

资料来源："Landless Rural Workers Movement", https://mst.org.br/nossa-historia/inicio/, accessed November 10, 2020.

　　为了实现这一目标，MST 选择了与国际非政府组织（NGO）合作。自 2000 年始，利用召开国际会议等契机和作为世界社会论坛（World Social Forum）创始成员的身份，MST 相继和拉美农业组织联盟（Confederation of Latin American Rural Organizations）、国际农民运动组织（International Peasants' Movement）等建立了密切联系。国际 NGO 为 MST 提供了资金支持，并提供机会让 MST 成员与其他国家或社区的社会运动组织者进行各方面的交流；此外，国际组织在对政府施压方面常常更有效，为推动结构性变革增加了筹码。当然，MST 也能够为国际 NGO 提供支持。在坚持组织占地运动的同时，他们越来越多地配合国际伙伴，开展更多元主题的社会运动，比如抵制转基因食品、反对美洲地区自由贸易、赴美国参加活动分享抗争理念等。这些活动不仅为其国际盟友提供支持，也符合 MST 如今追求社会和经济变革的意识形态目标，有利于引起巴西政府对国内不平等问题的重视。这一时期，MST 发起的运动数量和参与人数激增，1988 年，占地次数和参与家庭数量分别为 71 次和 1 万户，至 1999 年，分别高达 856 次和 11 万户（图 2），这意味着运动获得的非正式土地产权得到了快速扩散。

五、产权信誉进一步流失与社会联盟进一步扩大

然而,与国际 NGO 的联盟仍难以实现 MST 的斗争目标。尽管国际 NGO 在传播 MST 诉求、提供资源等方面发挥了重要作用,但毕竟不是能够掌握国内资源分配权的政治主体,对巴西农业改革只能起到间接推动作用。另外, 由于 MST 近些年加入了越来越多的城市贫民,相比早期加入的成员,他们更迫切地追求土地再分配,而非挑战新自由主义意识形态, 这使得 MST 组织目标逐渐发生变化, 与国际 NGO 的宗旨日益偏离。

另一方面,由于土地冲突加剧,产权信誉进一步流失。在土地冲突中丧生的农民数量在卡多佐执政期间进一步上升,[①]在科荣比拉(Corumbiara)和埃尔多尔(Eldorado)等地发生了警察杀害数十名占地农民的恶性事件,导致人们对于现有土地产权的认可度进一步降低,制度信誉持续流失。

这使 MST 意识到与左翼政党建立联盟的必要性。在竞争性选举制度下,为数众多的农民成为政党竞相争取的票仓,土地分配通常是竞选中的重要议题。[②]对无地农民而言,执政党是最能直接掌握土地资源分配的政治行动者,劳工党(Workers' Party)作为左翼主流政党,与 MST 存在意识形态和利益追求的一致性, 都力图改变新自由主义发展理念和资本主义生产方式,尽管双方都由于担心失去自主性,未建立正式联盟关系,但在密切互动中仍存在非正式的合作关系。

2003 年, 劳工党领导人卢拉 (Luiz Inácio Lula da Silva,2003–2010)就任总统,这是巴西实行民主选举以来,首次由左翼政党执政。卢拉在执政后不久便颁布了《农业改革项目提案》和《国家土地改革

① 　Robles and Veltmeyer,The Politics of Agrarian Reform in Brazil:The Landless Rural Workers Movement,p.99.
② 　Catherine Boone,*Property and Political Order in Africa:Land Rights and the Structure of Politics*,Cambridge:Cambridge University Press,2014.

计划 2 号文件》(PNRA II)，提出在第一任期内安置 400 万户无地家庭的目标。①然而,劳工党在国会中的议席仅占 20%左右,具体施政需要多方妥协和解,这为改革目标的实现增添了很大难度。为了凝聚更大共识,卢拉着眼于改革卡多佐的新自由主义政策,以实现稳定和促进经济增长。在土地改革领域,卢拉选择部分承继卡多佐政府的思路,保留了土地确权机构和土地银行,投入大量信贷资金促进大农场周围的基础设施建设。在卢拉的两届任期内,共投入 4829 万公顷土地安置了 61 万户无地家庭,尽管力度显著高于往届政府,但远未达到在一届任期内安置 400 万家庭的目标。

罗塞芙(Dilma Rousseff,2011-2016)进一步延续了卡多佐和卢拉的政策思路。在执政期间,由于注意到许多安置住所生存条件极为恶劣,罗塞芙提出要重新思考农业改革问题,在土地征收和再分配以外需要更加重视安置地区的发展问题。为此,她投入了相当资源用于改善安置社区的环境,推行"农业改革中的国家产业支持计划",意图推进"有质量的土地改革"。这种通过经济发展项目来解决政治问题的思路仍然没有跳脱出新自由主义的政策惯性。②从土地再分配的角度来看,其推进农业改革的进展缓慢,安置的家庭数量不及卢拉政府的四分之一。

随着卢拉的继任者罗塞芙于 2016 年被弹劾,劳工党的 14 年执政生涯告一段落,替之以后来的中间政党和右翼政党。博索纳罗(Jair Bolsonaro,2019 年至今)作为右翼政党领导人,更无意推动土地改革。2019 年 1 月,博索纳罗甫一上任,便将巴西土地改革研究所从行政院转移到了农业部,由农业企业代表领导,并无限期暂停了土地改革项目。③

① 　Robles and Veltmeyer,The Politics of Agrarian Reform in Brazil: The Landless Rural Workers Movement,pp.127-128.

② 　Armando Boito,Tatiana Berringer,and Gregory Duff Morton, "Social Classes,Neodevelop-mentalism,and Brazilian Foreign Policy under Presidents Lula and Dilma," *Latin American Perspectives*,2014,41(5),pp. 94-109.

③ 　《巴西暂时停止土地改革》,https://dy.163.com/article/E54P2GRT0519BOH6.html,最后访问日期:2020 年 11 月 8 日。

与天主教会、国际 NGO 相比,MST 和劳工党的联盟对于非正式产权扩散具有特殊作用。一方面,劳工党对于 MST 运动持有宽容甚至鼓励的态度,这使得 MST 占地数量较以往有所增加,并提高了社会对 MST 运动的认可度,扩散了非正式土地产权;另一方面,掌握政权的劳工党能够更为直接有效地推进土地改革、安置无地农民,尽管未能实现预期目标, 但劳工党在执政期间再分配的土地面积和安置的家庭数量远高于其他执政党, 这加快了非正式土地产权向正式产权转化的进程,帮助更多农民实现土地确权。

六、结论

通过对 MST 的案例分析, 本文展示了竞争型非正式产权是如何通过道义机制和权力机制兴起和扩散的。在正式产权未能履行其应有功能的情况下,制度信誉将降低甚至丧失,这为非正式产权的产生提供了正当性基础,支撑了非正式产权受益者的道义诉求;而非正式产权能否存续下去, 关键在于在这种制度分配效应下的获益方与受损方之间的博弈过程,当挑战者力量足够强大时,非正式产权才具备生存空间,而这往往需要通过恰当的联盟策略来实现。

本研究有助于增进对制度变迁的理解。第一, 在相关研究基础上,尝试整合制度的形式分析和功能分析。非正式制度是新制度主义研究的热点之一,将制度形式的划分引入分析视野;制度信誉理论则呼吁破除对形式的过度关注,聚焦于制度功能的履行,并将其作为制度绩效的关键因素。[1]本文认为制度功能固然重要,但仍不能取代制度形式的分析价值,我们试图结合这两支文献,将制度信誉作为制度形式及其变迁的解释变量,指出当正式制度不能履行预期功能时,其形式也将遭到挑战。未来的制度主义研究可以进一步探索将制度的

---

[1]　Ho, "The 'Credibility Thesis' and Its Application to Property Rights: (In)Secure Land Tenure, Conflict and Social Welfare in China."

形式和功能纳入到同一个分析框架中。当然,制度功能的度量是一个难题,要想更精细地把握制度功能,或许可以尝试利用"制度人类学"(archaeology of institutions)的分析工具。

第二,在既有研究基础上,本文进一步呼吁把认知视角带入制度变迁的讨论。早在 1995 年,诺斯就在制度变迁五个命题中提出行为体对制度的感知来自其精神建构。[1]在制度主义三大主流视角(理性选择、社会学和历史制度主义)之外,认知制度主义(cognitive institutionalism)正在勃发,个人和集体的认知、学习过程推动制度变迁的作用日益受到重视。[2]制度本身就是基于共享的认知规则,这些规则提取和集合了社会上的信念和经验,是一种社会建构。[3]本文提出的"制度信誉"正是相关行为体对于正式制度的认知和反应,是对正式制度是否履行预期功能的主观评判。这种认知因素如何影响制度变迁,还有待进一步识别和检验。

---

[1]　Douglass C. North, "Five Propositions about Institutional Change," https://EconPapers.repec. org/RePEc:wpa:wuwpeh:9309001, accessed December 13, 2021.

[2]　认知视角在社会运动研究中更早就受到关注,但从制度主义视角将其上升为理论流派则较为新近。从这个角度来说,认知制度主义还有很大发展空间。参见 C. Mantzavinos, Douglass C. North, and Syed Shariq, "Learning, Institutions, and Economic Performance," *Perspectives on Politics*, 2004, 2(1), pp.75–84.

[3]　Avner Greif and Joel Mokyr, "Cognitive Rules, Institutions, and Economic Growth: Douglass North and Beyond," *Journal of Institutional Economics*, 2017, 13(1), pp.25–52.

印度一党独大制的复归：
特点、动因及挑战 *

内容摘要 2014 年以来，印度政党制度重回一党独大制。相比于历史上的国大党独大，印人党独大有明显不同。独大时期的国大党出现了精英化趋势，印人党则快速向大众党发展；国大党倡导世俗主义，而印人党鼓吹印度教民族主义；国大党实行计划经济，印人党注重市场。一党独大之所以复归，从根本上讲是因为国大党为首的多党联盟政府无力解决宗教冲突、贫富差距扩大、经济疲软等问题，使得公众不仅期待变革执政党还要变革多党制。强大政治动员能力和恰当的竞选策略，为印人党赢得了公众的广泛支持。印人党独大后，以印度教民族主义整合国内各群体，推行市场化改革以促进经济发展，实施多项全国性惠民工程缓和内部矛盾。良好的政绩，进一步巩固印人党的独大地位。然而，印人党对伊斯兰教徒等宗教少数群体的强硬整合可能酝酿更大的冲突，从而宣告印人党印度教民族主义失败。同时，经济下行压力和新冠疫情的叠加，也对印人党的独大地位提出了挑战。

关键词 印度人民党；国大党；一党独大；印度教民族主义；莫迪

---

* 本文是国家社科基金一般项目"计算社会科学背景下的政治学研究方法变革研究"（19BZZ010）的阶段性研究成果。

** 张刚生，博士，北京大学政府管理学院，助理研究员，研究方向为全球化、比较政党政治。

放眼当今世界,近年来多个多党制国家转变为一党独大制,如正义与发展党领导下的土耳其、青民盟稳掌政权的匈牙利、法律与正义党执政的波兰,临国印度也出现了类似现象。在经历了25年的多党制后,印度又复现了单一政党占据印度人民院半数以上席位的情况,只是从原来的国大党变为印度人民党(以下简称印人党)。印人党独大与原国大党独大有何异同? 印人党能够独大的原因是什么,会延续吗? 本研究将对这些问题进行系统梳理和分析,并以印度管窥世界政党演变中的一党独大涌现这一现象。

一、印度一党独大制度

(一)一党独大制度的内涵与标准

一党独大制(dominant party system)又称霸权党制或主从多党制。学界常根据政党对政府或立法机关的控制程度、延续时间两个维度来界定一党独大制:一个政党连续赢得政府或议会选举的压倒性胜利,在可预见的未来不太可能出现选举失败。[①]此定义指出了一党独大制的典型特征,但也存在缺陷,特别是在延续时间上并未明确标准。科尔曼(Coleman)等认为只需要一次选举中赢得绝大多数选票和席位就可判定为一党独大,[②]萨托利的标准是连续三次选举,[③]布隆代

① Alan Ware, *Political Parties and Party Systems*, Oxford: Oxford University Press, 1995, p. 159; Gary W. Cox, *Making Votes Count: Strategic Coordination in the World's Electoral Systems*, Cambridge: Cambridge University Press, 1997, p.238; Raymond Suttner, "Party Dominance 'Theory': of What Value?", *Politikon*, 2006, 33(3), pp.277–297.

② Gabriel A. Almond and James S. Coleman, *The Politics of The Developing Areas*, Princeton: Princeton University Press, 1960, pp.247–368; De Walle, Nicolas Van and Kimberly Smiddy Butler, "Political Parties and Party Systems in Africa's Illiberal Democracies," *Cambridge Review of International Studies*, 1999, 13(1), pp.14–28.

③ Giovanni Sartori, *Parties and Party Systems: A Framework for Analysis*, New York: Cambridge University Press, 1976, pp.192–201.

尔(Blondel)的标准则是 20 年以上。[1]其次,这种概念是依据过去发生的事实而做出的判断,在时效上是落后的;缺乏对政党及其对手、选民等因素的考量,无法对独大地位能否延续做出预判。[2]正因为判定标准不同,所以有的学者并不认为印人党连续两次赢得议会多数就标志着印度再次进入一党独大制。[3]本文采取折衷的办法,一个政党连续两次赢得议会多数,选民支持无显著衰退迹象,就视为一党独大制。

　　一党独大制不同于一党制,它允许多个政党存在并可以合法参与大选竞争,故而被认为为日后更开放的政治竞争积累了经验。[4]一党独大制也不同于多党制,政治竞争程度大幅弱于多党制,因而一党独大制比多党制往往更有利于政治稳定。[5]由于一党独大制的政党竞争比两党或多党制弱,且独大党常会利用政治权力压制小党与其竞争,[6]因而有些学者常将一党独大制看作是民主不彰的表现,介于民主与威权之间。[7]像俄罗斯、土耳其等国的一党独大,学者甚至普遍持否定态度,认为它们已经滑向了威权主义。[8]当然,并非所有一党独大制都被认为是民主衰退。诸如亲近欧美的自民党主导的日本和非国大党执政的南非,不仅罕有学者批评,反而将它们归类为民主或民主

[1]　James Blondel, "Party Systems and Patterns of Government in Western Democracies," *Canadian Journal of Political Science*, 1968, 1(2), pp.180–203.

[2]　Patrick Dunleavy, "Rethinking Dominant Party Systems," in *Dominant Political Parties and Democracy: Concepts, Measures, Cases and Comparisons*, edited by Matthijs Bogaards and Francoise Boucek, London: Routledge, 2010, pp.23–44.

[3]　Adam Ziegfeld, "A New Dominant Party in India? Putting The 2019 BJP Victory into Comparative and Historical Perspective," *India Review*, 2020, 19(2), pp.136–152.

[4]　Francoise Boucek, "Electoral and Parliamentary Aspects of Dominant Party Systems," *Comparing Party System Change*, 1998, pp.103–124.

[5]　塞缪尔·亨廷顿:《变化社会中的政治秩序》,王冠华等译,上海人民出版社,2008 年,第 341–344 页;Alan Arian and Samuel H. Barnes, "The Dominant Party System: A Neglected Model of Democratic Stability?", *The Journal of Politics*, 1974, 36(3), pp.592–614.

[6]　Andreas Schedler, "Electoral Authoritarianism," in *The SAGE Handbook of Comparative Politics*, edited by Tod Landman and Neil Robinson, 2009, pp.381–394.

[7]　Beatriz Magaloni and Ruth Kricheli, "Political Order and One-Party Rule," *Annual Review of Political Science*, 2010(13), pp.123–143.

[8]　Jason Brownlee, *Authoritarianism in an Age of Democratization*, Cambridge: Cambridge University Press, 2007; Levitsky, Steven and Lucan Away, *Competitive Authoritarianism: Hybrid Regimes after the Cold War*, Cambridge: Cambridge University Press, 2010.

化的样板。可见对一党独大的研究,欧美学者不仅在判定标准上有差异,而且在价值评判上有强烈的欧美中心主义色彩。

(二)印度一党独大制度的演变

1947 印度独立,1951 年举行第一次全国大选。凭借在独立运动中积攒的强大影响力,尼赫鲁领导国大党赢得了第一届人民院 489 席中的 364 席。此后两届大选,国大党在人民院的席位都稳居 70%以上。尼赫鲁过世后,国大党在人民院的议席占比有所下降,但都保持在半数以上。1977 年大选,国大党仅获得人民院 28%的席位,首次丢掉独大地位。两年后的 1980 年,国大党再次获得印度人民院多数,并在 1984 年大选中成功保持多数优势。但随着国大党历史资源的消退以及内部的分裂,加之地方势力的兴起,致使国大党地位越发不稳。[1] 尤其农业发展而带来的社会政治变迁,让反对党发展壮大,给国大党提出了严峻挑战。[2]1989 年第九届人民院选举,国大党再次失去半数席位,而不得不与小党组成联合政府。伴随着国大党的衰落,印人党逐渐兴起。1996 年大选,印人党成为人民院第一大党并短暂执政。1998 年印人党所获人民院席位进一步扩大,并与印度平等党等多个地方小党组建全国民主联盟(National Democratic Alliance)而上台执政,从此印度进入了印人党领导的全国民主联盟和国大党领导的团结进步联盟(United Progressive Alliance)为主要竞争对手、其他小党也有一席之地的多党纷争局面,一直延续到 2014 年。

2014 年印度大选,印人党获得了人民院 282 席,时隔 30 年后再次出现单一政党赢得人民院半数以上席位的情况。印人党主要竞争

---

[1]　Susanne Hoeber Rudolph and Lloyd I. Rudolph, "Congress Learns to Lose: From A One-Party Dominant to A Multiparty System in India," in *Political Transitions in Dominant Party Systems*, edited by Joseph Wong and Edward Friedman, New York: Routledge, 2008, pp. 15–41.

[2]　Aditya Dasgupta, "Why Dominant Parties Decline: Evidence from India's Green Revolution," https://scholar.harvard.edu/files/adasgupta/files/jmp.pdf, accessed November 11, 2021.

对手国大党仅获得 44 席,创有史以来的新低。2019 年 5 月大选,印人党进一步扩大优势,赢得了 303 个人民院议席,而第二大党国大党仅获得 52 席,远不能与印人党分庭抗礼(见图 1)。国大党领导人拉胡尔·甘地甚至还在其家族影响力甚大的北方邦阿梅蒂(Amethi)选区失利。其母亲索尼娅·甘地、父亲拉吉夫·甘地和叔叔桑贾伊·甘地数十年来一直把持该选区的议席。从选区的竞选成功率上,也可以看出印人党的绝对领先地位。2014 年大选,在印人党和国大党互相作为主要竞争对手的 189 个选区中, 印人党赢得 166 个, 获胜比例为 88%。2019 年大选,两党互为主要竞争对手的选区有 192 个,其中印人党赢得 176 个,获胜比例进一步扩大到 92%。

　　印人党不仅在中央政府层面获得主导地位,而且在地方邦选举中不断突破。截至 2021 年 7 月,在 36 个邦(含中央辖区)中,有 17 个邦为印人党领导的全国民主同盟掌权,其中 12 个由印人党成员出任首席部长;与之相对应,国大党领导的团结进步联盟仅在 5 个地方邦执政,其中 2 个为国大党成员出任首席部长。印人党在原影响力较为薄弱的邦,也取得了较大进展。如印度第四大邦西孟加拉邦,印人党在 2016 年邦议会选举中仅获得 3 席,而到 2021 年选举便猛增到 77 席,虽然距离 148 席的过半数标准还有较大距离,但印人党力量快速增强显而易见。曾经盛极一时的地方政党,在印人党领导的全国民主同盟的挤压下,逐渐衰退。①

---

① 　Arjan H.Schakel,Chanchal Kumar Sharma and Wilfried Swenden, "India after the 2014 General Elections:BJP Dominance and The Crisis of The Third Party System," *Regional & Federal Studies*,2019,29(3),pp.329–354.

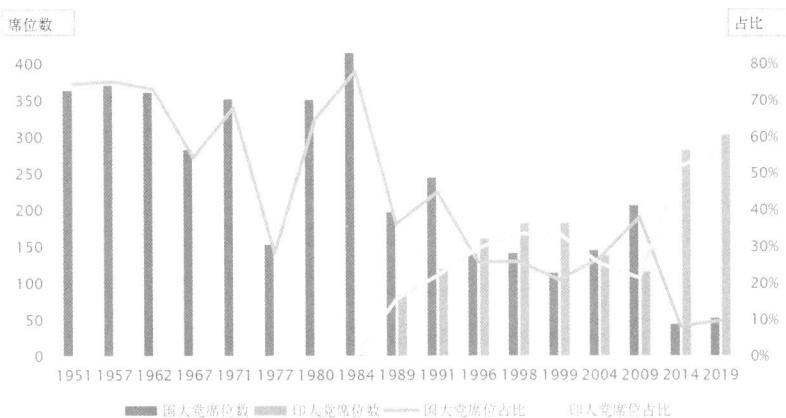

图1 印度下议院历届议会主要政党议席变化情况

资料来源:作者自制,根据印度人民院官网数据,网址:https://loksabha.nic.in/。

当前的印度政党格局,类似 1947-1989 年间的一党独大制度,只不过独大的主角由国大党换成了印人党,领导人从尼赫鲁及其家族成员换成了莫迪。[①]国大党的统治,一定程度上保证了印度这个高度异质性社会的稳定,促进了印度经济特别是农业的发展,也为日后印度实行更开放的多党竞争民主积累了经验。[②]与对国大党独大评价不同,学者们往往对今天的印人党独大持负面看法,将印人党的胜利看作是右翼民粹主义政治力量兴起的一个代表。[③]印人党反世俗主义,以强硬手段对宗教少数群体特别是伊斯兰教徒进行整合,所以学者们认为印度的自由民主受到威胁,[④]甚至被认为在滑向法西斯主

① Suhas Palshikar, "India's Second Dominant Party System," *Economic and Political Weekly*, 2017,52(11),pp.1–10.

② Sharma D. Sharma, *Development and Democracy in India*, Boulder:Lynne Rienner Publishers,1999,pp. 61–142.

③ Surajit Mazumdar, "Neo-Liberalism and the Rise of Right-Wing Conservatism in India," *Desenvolvimento em Debate*,2017,5(1),pp.115–131;Deepanshu Mohan and Abhay Amal, "Interpreting the Rise of 'Populism' and 'Hyper-Nationalism' in India: A Review of India After Modi?", *Kairos: A Journal of Critical Symposium*,2020,5(1),pp.18–22.

④ Sumit Ganguly, "India under Modi:Threats to Pluralism," *Journal of Democracy*,2019,30(1),pp.83–90;Sumit Ganguly,"An Illiberal India?", *Journal of Democracy*,2020,31(1),pp.193–202.

义,①且对印度的经济产生了严重不良影响。②

　　概括来讲,既有研究大都站在自由民主的立场看待印度人民党独大,造成价值批判多于对事实的深入分析。鉴于此,本文摒弃民主与威权的二元价值评判,通过与印度历史上的国大党独大作比较,并深入到印度国家内部,分析人民党独大制的原因及面临的挑战,以更客观地评析印度人民党独大制。

二、国大党一党独大与印人党一党 独大共性和差异

(一)国大党一党独大和印人党一党独大的相似特征

　　国大党作为印度独立运动的领导力量,其独大地位并非靠垄断一切政治机会的方式来实现,而是通过选举的形式。除 1975 年至 1977 年,英吉拉·甘地短暂取消选举外,自 1951 年第一届议会开始到 1989 年失去独大地位的四十多年间,国大党都是通过争取公众选票支持而保持独大地位的。与国大党类似,印人党也是通过选举方式赢得独大地位的。虽然获得独大地位后,两党都利用执政地位对选举施加了有利于自己的影响,但整体都遵守选举规则,所以两党的独大地位都要定期接受公众检验。如果失去公众的广泛支持,独大地位也就随之丧失。

　　国大党在尼赫鲁领导下的三次大选中皆赢得了人民院 70% 以上的席位,而 1967 年大选,失去尼赫鲁的国大党仅得到了 54% 的议席,减少了 20 个百分点。尼赫鲁过世后,其女英迪拉·甘地成为了国大党强有力的领导者。1969 年辛迪加派和英迪拉·甘地派在银行国有化等

①　Bhatty Kiran and Nandini Sundar, "Sliding from Majoritarianism toward Fascism:Educating India under The Modi Regime," *International Sociology*,2020,35(6),pp.632-650.
②　Paramjit Singh, "Alternatives:The Economic Consequences of Prime Minister Modi," *Studies in Political Economy*,2020,101(2),pp.174-184.

问题上激烈对立而出现分裂,但靠着英迪拉·甘地的领导力,国大党在1971年大选中赢得了人民院三分之二多数。因英迪拉·甘地的紧急状态令遭到公众普遍反对,1977年大选国大党失利,首次丢掉了独大地位,并造成国大党再次分裂。此后英迪拉·甘地通过其政治手腕和号召力,团结一批支持者组成新的国大党,并让国大党在1980年和1984年连续赢得人民院半数以上席位。英迪拉·甘地遇刺身亡后,其子拉吉夫·甘地继任国大党主席职务,但拉吉夫·甘地领导能力和个人魅力远不如其母亲。1989年大选国大党遭到挫败,从此失去了独大地位。更为庸常的拉吉夫·甘地遗孀索尼娅·甘地在出任领导人后,试图提振公众对国大党的支持率,但收效甚微,到拉胡尔·甘地这一代,国大党几近沦落为小党。对比独大时期的国大党和其后的衰落,可以发现领导人与该党政治地位息息相关,独大地位离不开一个强有力的领导人。

同独大时期的国大党类似,今天的印人党也有一个强有力的领导核心——莫迪。虽然莫迪未出任过印人党主席,但他长期以来都是印人党的骨干。在出任古吉拉特邦首席部长的十多年间,出色的政绩让莫迪在印人党中的地位日渐提升。2013年9月莫迪被印人党确定为该党总理候选人,事实上确立了莫迪的最高领导地位。正是在莫迪的领导下,2014年大选印人党才得以赢得历史性的胜利。[1]也因莫迪在选举中的重要作用,2019年大选被媒体和评论人士普遍看作是对莫迪的公投。[2]由此可见,无论国大党还是印人党,拥有一个强大的领导人,对该党的发展和独大地位有着重要影响。

(二)国大党一党独大和印人党一党独大的区别

国大党作为印度独立运动的领导力量,在印度独立前就获得了

[1] Christophe Jaffrelot,"The Modi-centric BJP 2014 Election Campaign:New Techniques and Old Tactics,"*Contemporary South Asia*,2015,23(2),pp.151-166.
[2] Varghese K. George,"A battle for India's soul,a referendum on Narendra Modi",https://www.thehindu.com/elections/lok-sabha-2019/a-battle-for-indias-soul-a-referendum-on-narendra-modi/article26524804.ece,accessed November 11,2021.

巨大声望。1951 年印度首次大选，国大党赢得了 74.4% 的人民院席位，如此绝对优势让国大党无需与其他政党结成联盟即可组建稳定的政府。此后的两届选举，国大党继续在人民院中保持绝对优势。于是单独组阁遂成为了传统，并贯穿了整个国大党独大时期。与国大党不同，印人党是自 1980 年成立后逐步壮大并进入印度政治舞台的。1996 年大选首次成为人民院第一大党，但未达到半数席位，必须与其他政党组建联盟才能组阁。1998 年大选正式形成印人党领导的全国民主联盟，并在随后与国大党领导的团结进步联盟竞争中延续了下来。独大后的印人党依然联合盟友组阁，而非单一政党政府。

作为依靠独立运动而发展壮大的国大党有着典型的大众党特征，但随着时间的推移，国大党出现了精英化趋势，特别是在英迪拉·甘地出任领导人期间。尼赫鲁死后，国大党领导层分歧严重，并出现了分裂。对此，英迪拉·甘地通过组织和笼络一批支持她的政党骨干，以加强其对国大党的控制。此举虽然增强了以英迪拉·甘地为首的国大党的行动统一性，也让国大党越发依赖政党骨干。此外，1969 年、1978 年的两次分裂，使得国大党中央同地方组织、基层组织之间的联系弱化乃至断裂，一定程度上加剧了国大党对高层骨干的依赖。与国大党独大时期的发展轨迹不同，印人党则从一个代表上层的党快速转向大众党。2014 年 10 月底，印人党主席阿米特·沙阿（Amit Shah）要求中央邦党部大规模发展党员，自此印人党开始多途径宣传其独特的入党方式——电话、网络平台或街头实体摊位都可以登记入党。沙阿还要求印人党基层工作者深入到原政党影响较薄弱的农村和边远地区，通过家访动员、电话、社交媒体等多种方式帮助民众登记注册，让更多人加入到印人党中来。从 2015 年 4 月到 2019 年 8 月，印人党党员数量增加了 7 千多万，总数达 1.8 亿。①虽然通过电话、网络登记

---

① The Times of India, "BJP to Add 7 Crore New Members: J P Nadda," https://timesofindia. indiatimes.com/india/bjp-to-add-7-crore-new-members-j-p-nadda/articleshow/70894220. cms, accessed November 11, 2021.

等方式快速入党的党员在大选时并不一定投印人党的票，但是超大规模发展党员策略有力地推动了印人党理念和主张的传播，并将印人党的组织触角伸向最基层，扩大了印人党的影响力和动员能力。

印度独立之初，在国大党主导下将世俗主义写入宪法。世俗主义的执政理念，是国大党对印度宗教多元的社会现实做出的迎合与适应。①相比于国大党的世俗主义，印人党则鲜明地主张印度教民族主义。获得独大地位后，印人党不仅没有淡化印度教民族主义立场，反而进一步强化，力图对宗教少数群体尤其是伊斯兰教徒进行整合，推动国家建构。②2014年6月，刚成立的莫迪政府就要求所有政府部门、国有企业和银行等优先使用印地语，莫迪还率先垂范。2019年7月印度议会通过法案，将实行了上百年的伊斯兰教婚姻传统——男人对妻子说三遍"离婚"(Triple Talaq)即可休妻的行为定为犯罪，以推动女性伊斯兰教徒权利平等，促进国家法律的统一。2019年8月，印人党控制的议会废除了宪法第370条，取消了延续70多年的印控克什米尔高度自治地位，将伊斯兰教徒占70%以上该地区纳入中央直辖。为顺利推进对印控克什米尔的改造，在法案通过前后，莫迪政府派驻了大量军队，实行宵禁，并对当地领导人监视居住，还中断了互联网长达数月。为了更好地让移民融入印度社会，提升国家认同，印人党推动议会在2019年12月通过了《公民身份法(修正案)》，允许除伊斯兰教徒之外的其他宗教教徒移民获得印度国籍。种种举措显示，莫迪领导印人党试图将印度从一个秉承世俗主义的国家，转向一个倡导印度教民族主义的国家。③

国大党在尼赫鲁的领导下，主张政府控制的公共部门与私营部

---

① J. Christopher Soper and Joel S. Fetzer, *Religion and Nationalism in Global Perspective*, Cambridge: Cambridge University Press, 2018, pp.180-250.

② Deepanshu Mohan and Abhay Amal, "Interpreting the Rise of 'Populism' and 'Hyper-Nationalism' in India: A Review of India After Modi," *Kairos: A Journal of Critical Symposium*, 2020, 5(1), pp.18-22.

③ Sumit Ganguly, "India Under Modi: Threats to Pluralism," *Journal of Democracy*, 2019, 30 (1), pp.83-90.

门共存的混合经济。受苏联影响,1950 年印度成立以尼赫鲁为主席的计划委员会,并于 1951 年开始实施第一个五年计划。英迪拉·甘地出任国大党领导人期间, 继续延续其父亲确定的计划经济模式。直到 1991 年苏联解体,已失去独大地位的国大党才正式放弃计划经济,开始市场化改革。当前,印度与俄罗斯依然保持密切合作关系,正是国大党独大时期留下的外交遗产。

今天独大的印人党偏向市场经济。2014 年,莫迪刚就任总理不久就将计划委员会解散。2015 年元旦,存在了 65 年的计划委员会被智库——"改造印度国家机构"(NITI Aayog)替代。在第一任期,莫迪政府废除了"只允许中小企业生产的 20 个产品的限制",将煤矿开采行业开放给私营企业和个人,将建筑行业全面向外资开放,并允许外资投资铁路建设等。为了简便税制,推动全国统一市场的形成,2017 年 7 月印度开始推行独立以来最大规模的税制改革——"商品和服务税"(GST)改革,一定程度上改变了中央税和邦地方税重叠、各邦之间不统一的弊病, 为企业提供经营便利。印人党执政地位进一步巩固后,继续推进市场化改革。2020 年 9 月制定了农业改革法案,大幅削减政府对农产品销售、价格和存储的管制。为进一步吸引外资,2021 年 3 月议会通过法案,允许外资在保险、国防领域的持股超过 50%,最高可达 74%。印人党还进行了更为棘手的劳动法改革,先后通过了《工资法》《社会保障法》《劳资关系法》等,放宽对企业用工的限制。由于美国是市场经济的代表, 所以印人党自独大以来一直致力于加强与美国经贸联系,[1]并积极回应美国的印太战略。[2]

总的来讲,印人党在意识形态、经济主张等方面与国大党有明显不同(见表 1)。莫迪和印人党的胜利是将原来世俗的、社会主义的国

---

[1]　Harsh V.Pant and Yogesh Joshi,"Indo-US Relations under Modi:the Strategic Logic under-lying the Embrace,"*International Affairs*,2017,93(1),pp.133-146.

[2]　Stephen F. Burgess, "The Evolution of India-US Relations and India's Grand Strategy," *Revista UNISCI/UNISCI Journal*,2019(49),pp.79-102.

家转向印度教文化民族主义和资本主义的国家。[①]

表 1 国大党一党独大和印人党一党独大的异同

主要方面	国大党	印人党
获得独大方式	选举获胜,定期接受选民检验,有失去独大地位的风险	
核心领导人	尼赫鲁及其后人	莫迪
执政形式	单独执政	领导地方小党联合执政
政党路线	出现精英化趋势	快速大众化,党员超过 1.8 亿
意识形态	奉行世俗主义	坚持印度教民族主义
经济主张	强调计划,注重与苏联合作	注重市场,加强与美国联系

资料来源:作者自制。

三、印人党一党独大的原因

(一)持久的宗教与贫富矛盾让印度公众普遍期待政党更迭

虽然印度教徒占 80%,但宗教少数群体的人口数量也非常庞大,诸如伊斯兰教徒多达 2 亿多。不同宗教之间往往存在信条的不同乃至对立,继而导致教徒间的冲突,如印度教徒视牛为圣物,而伊斯兰教教徒却宰牛食用。印度独立后,国大党奉行世俗主义,并对宗教少数群体进行特殊支持,加之国大党的强大号召力,各宗教信仰之间的矛盾有所缓和。随着国大党统御能力的下降, 宗教矛盾开始凸显。1969 年,古吉拉特邦的印度教徒与伊斯兰教徒之间爆发了严重冲突,造成 660 人死亡,1074 人受伤,48000 余人流离失所。[②]1984 年,由于

[①] Rajeev Ranjan Kumar and Muhammad Rizwan,"Hindutva Philosophy Reinforcement by the RSS/BJP against Minorities and the Economic Performance of Narendra Modi's Government in India,"*International Journal on Minority and Group Rights*,2021,28(2),pp.351–366.

[②] Laurent Gayer and Christophe Jaffrelot, *Muslims in Indian Cities: Trajectories of Marginalisation*, Oxford: Oxford University Press, 2012, pp.53–60.

旁遮普的锡克教徒独立诉求以及英迪拉·甘地被锡克教徒保镖暗杀，导致出现了全国范围的针对锡克教徒的暴力行为，至少 8000 人丧生。

1989 年之后的多党制时期，印度人民院中各地区和各教派的代表性增强，但宗教冲突并没有得到缓和。2002 年 2 月爆发的古吉拉特暴乱，造成 1044 人死亡，233 人失踪，超 2500 人受伤。[1]2004 年后，国大党领导的团结进步联盟执政，继续秉承世俗主义。虽然大规模伤亡的宗教冲突有所减少，但宗教诱发的社区冲突依然严重，几乎每年都造成 2000 多人受伤，上百人死亡。[2]严重的宗教暴力冲突，使得广大印度公众尤其是占人口绝大多数的印度教徒，越发不认同国大党建国之初所确立的世俗主义宗教政策。[3]

伴随着市场化改革，印度的贫富差距也在不断扩大。在市场化改革之初的 1991 年，印度 1% 的最上层其收入占比为 10.2%，到 2014 年已经上升到了 21.6%；而同期占人口 50% 的中下层收入占比却从 22.2% 降到 15%（见图 2）。虽然印度经济有所发展，但有相当比例的人口处于赤贫状态，2011 年的印度全国普查数据显示，有超过四分之一的印度人是不具备读写能力的文盲。[4]针对日益扩大的贫富差距和贫困问题，国大党为首的团结进步联盟政府，利用财政向中低收入群体补贴，例如给农民发放食品、燃油和化肥补贴等，一定程度上改善了中下层群体的生活水平，但也带来了较为严重的通货膨胀。团结进步联盟执政之初的 2004 年通胀率为 3.8%，到 2010 年已达 12%，此后虽有所降低，但在大选前夕的 2013 年依然高达 11.1%。

---

[1]　BBC News, "Gujarat Riot Death Toll Revealed," http://news.bbc.co.uk/2/hi/south_asia/4536199.stm, accessed November 11, 2021.

[2]　Government of India Ministry of Home Affairs, "Lok Sabha & Rajya Sabha Parliament Questions & Answers," https://www.mha.gov.in/MHA1/Par2017/PArQueAnsPage-new.html, accessed November 11, 2021.

[3]　Sriya Iycr and Anand Shrivastava, "Religious Riots and Electoral Politics in India," *Journal of Development Economics*, 2018(131), pp.104-122.

[4]　Office of the Registrar General & Census Commissioner, "Provisional Population Totals Paper 1 of 2011 India," http://censusindia.gov.in/2011-prov-results/prov_results_paper1_india.html, accessed November 11, 2021.

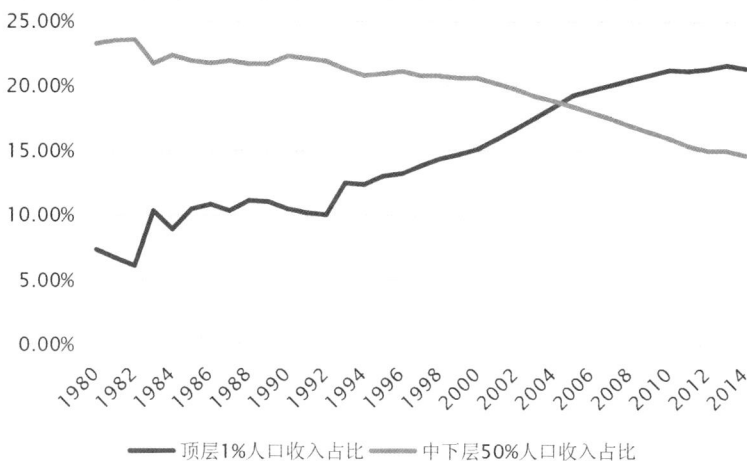

图 2　印度顶层和中下层收入占比变化

资料来源：世界不平等数据库，网址：https://wid.world/country/india/。

　　持久而严重的宗教冲突、包容性不足的经济发展等国内矛盾，致使 2014 年大选前有高达 70% 的印度人对国家方向不满。[1]作为已经连续执政 10 年的国大党领导的团结进步联盟更是首当其冲受到质疑，越来越多的印度公众期待印度执政党更迭。

(二)多党联合执政的弱政府使公众更青睐一党主导的政府

　　民主化第三波浪潮冲击下，1989 年国大党丢掉独大地位，自此印度进入了多党纷争、多党联合执政的时代。其中 1996 年至 1998 年短短两年间，因执政联盟内部分裂，印度举行了三次大选，换了四届政府。此后虽再未出现政府频繁更迭，但执政联盟内部分歧让政府多次陷于濒临倒台的窘境。2004 年大选，国大党领导的团结进步联盟在人民院共获得 218 席，未过半数，联合左翼阵线、社会主义党等多个党派后才得以组阁。2008 年 7 月，因对"印美民用核能协议"不满，左翼

---

[1]　Pew Research Center, "Indians Reflect on Their Country & the World," https://www.pewresearch.org/global/2014/03/31/indians-reflect-on-their-country-the-world/, accessed November 11, 2021.

阵线退出执政联盟,最后辛格政府通过收买部分议员,才以 268:263 投票结果惊险过关。2009 年大选,团结进步联盟所获席位仍未达到过半数的组阁要求,不得不拉拢社会主义党等四个小党以及非党派议员。执政期间,政府被爆出在 2G 通信建设、煤矿开采区分配等问题上存在腐败和违规丑闻,达罗毗荼进步联盟(DMK)等政党陆续退出执政联盟,再次让辛格政府岌岌可危。

　　严重的宗教和族群冲突、不断扩大的贫富差距、庞大的贫困人口以及日益疲软的经济等诸多问题,亟需印度政府进行大刀阔斧的经济社会改革。但是重大改革很可能损害到执政联盟中部分政党的利益。为了避免执政联盟瓦解,印度政府常常在制定政策时避重就轻,一些紧迫且重要的政策迟迟不能出台,甚至对支持政府的议员的腐败与违规行为视而不见。特别是在 2004-2014 年十年间,由于政治力量分散,国大党将相当大的精力用在维护党派联盟以避免政府垮台上,导致印度政府既无力解决国内严重的暴力冲突、不断拉大的贫富差距和普遍的腐败等问题,也无力对经济进行结构性改革,致使矛盾不断积累。例如,自 2011 年起印度经济增长速度明显下降,卢比大幅贬值,但国大党为首的政府却迟迟不见行动。如此以来,公众政治变革的诉求越发迫切和激烈,不仅要更换执政党,而且还要变革多党纷争的模式。

　　概括来讲,1989-2014 年长达 25 年的"多元民主实践",并未带来人们期待的民权彰显、经济繁荣和社会良序,反而在很多方面还不如国大党独大时期令人满意。如此以来,印度公众对多党竞争式民主的信任度越发降低,而曾延续了四十余年的单一政党主导政府模式受到越来越多人支持。2017 年一项民意调查显示,部分或完全支持非民主制度的印度人比例高达 76%,而对一党独大体制的满意率高达

79%。[1]由于公众对国大党为首的团结进步联盟普遍不信任，重回国大党独大不再可能，于是印人党独大就成为了必然选项。

（三）强大的政治动员和恰当的选举策略让印人党独大成为现实

　　广大印度公众期待变革，但还需要印人党进行广泛动员，将其转变为对印人党的支持。[2]2014年大选期间，印人党利用庞大的组织，通过电视、电话、互联网，以及街头海报等多种形式进行竞选宣传，而且还入户拜票，求得选民支持。2019年大选，已经拥有1.8亿党员的印人党的开展了形式多样的竞选宣传，甚至还拍摄电影为莫迪和印人党鼓与呼。此外，印人党充分利用与拥有数百万成员、5万多个基层组织的国民志愿团（Rashtriya Swayamsevak Sangh）帮其扩大影响力。[3]在强大的选举动员之下，2014年选民投票率达到创纪录的66.44%，比2009年大选提升了8.23%，2019年投票率进一步提高到67.4%（见图3）。这些被动员起来的选民，大部分成为了印人党及其盟友的支持者，从而让印人党在2014年大选得到了31.34%的选票而大获全胜，并在2019年大选中将得票率提升到37.36%，进一步巩固优势。

---

① Richard Wike, Katie Simmons, Bruce Stokes and Janell Fetterolf, "Globally, Broad Support for Representative and Direct Democracy, But Many Also Endorse Nondemocratic Alternatives," https://www.pewresearch.org/global/2017/10/16/globally -broad -support -for -representative-and-direct-democracy/.

② Oliver Heath, "The BJP's Return to Power: Mobilisation, Conversion and Vote Swing in the 2014 Indian Elections," *Contemporary South Asia*, 2015, 23(2), pp.123-135.

③ Niharika Mandhana, "India's Hindu Nationalist Group Mobilizes for BJP's Narendra Modi," https://www.wsj.com/articles/indias-hindu-nationalist-group-mobilizes-for-bjps-narendra-modi-1399819659, accessed November 11, 2021; Bibhudatta Pradhan and N.C. Bipindra, "RSS will decide if Modi comes back to power or not," https://theprint.in/politics/rss-will-decide-if-modi-comes-back-to-power-or-not/221023/, accessed November 11, 2021.

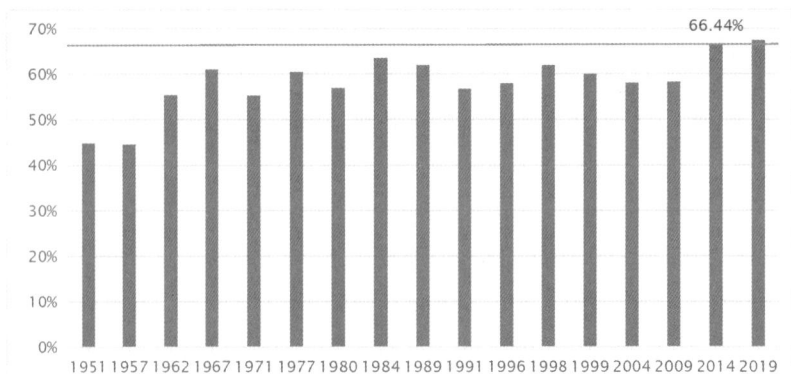

图 3　印度历届大选投票率：1951−2019

资料来源：作者自制，根据印度选举委员会官网数据，网址：https://eci.gov.in。

　　印人党不仅通过大规模政治动员以获取广泛支持，还采取灵活而恰当的竞选策略吸引公众投票。2014 年大选，印人党针对当时高通胀、高失业、经济增长趋缓、卢比大幅贬值等经济问题，提出加强基础设施建设、以市场化改革推动经济发展的施政理念，满足了公众迫切的变革期待。[①]印人党为了证实有推动印度经济快速发展的能力，充分利用莫迪效应进行宣传。[②]莫迪在 2001−2014 年出任古吉拉特邦首席部长期间，通过支持私有化、建立金融和科技产业园、支持房地产开发投资，引进塔塔汽车制造厂等，取得了年均增速近 10% 经济成就。莫迪还力推基础设施尤其是灌溉设施建设，农业得到了快速发展，2001 年到 2010 年，古吉拉特邦的农业产值年均增长 11%，位居印度之首。[③]如此亮眼的政绩，为莫迪树立了良好的执政形象，也为印人

① 　Bruce Stokes, "Indians' Support for Modi, BJP Shows An Itch for Change," https://www.pewresearch.org/fact−tank/2014/02/27/indians−support−for−modi−bjp−shows−an−itch−for−change/, accessed November 11, 2021.

② 　Christophe Jaffrelot, "The Modi−centric BJP 2014 election campaign: new techniques and old tactics," Contemporary South Asia, 2015, 23（2）, pp.151−166.

③ 　The Hindu Business Line, "Gujarat, Maharashtra Record Highest Growth in Farm Sector," https://www.thehindubusinessline.com/economy/gujarat−maharashtra−record−highest−growth−in−farm−sector/article23054116.ece, accessed November 11, 2021.

党的竞选主张提供了事实支撑。①相当一批选民投票支持印人党，是因为莫迪被印人党推选为总理候选人。②2014 年执政后，印人党继续充分利用莫迪效应，以带动更多人支持印人党。③

2018 年印度经济增长率从第一季度的 8% 下降到第四季度的 5.8%，失业率从年初的 5% 上升到年底的 7%。面对此种不利局面，印人党改变选举策略，突出国家安全。2019 年 2 月伊斯兰教武装组织"穆罕默德军"袭击了印控克什米尔地区的军营，造成约 40 名印度士兵死亡。莫迪迅速采取强硬措施，派出 12 架战机对巴控克什米尔地区的"穆罕默德军"营地进行轰炸。在冲突过程中，虽然巴方通过释放抓获的一名印度飞行员表达"和解"，但印度依旧出动地面部队，对巴控地区进行炮击。这种在领土争端上的强硬姿态，调动了印度国民的民族主义情绪，为印人党在随后的大选中争取到了广泛支持。④

此外，印人党在竞选过程中也注重与盟友党的合作。全国民主联盟的存续，既避免了盟友党转向对手国大党一方，同时也为印人党在地方政党占优的地区扩大影响力减少了阻力。如第三大邦比哈尔邦，在人民的力量党（Lok Janshakti Party）和全国人民平等党（Rashtriya Lok Samta Party）的支持下，2014 年大选让该邦原第一党大党——人民的党（团结派）所拥有的印度人民院席位从上届的 20 个锐减到 2 个，而印人党则增了 10 个达到 22 个。维持全国民主联盟也是分化地方政党的一种方式，当某一政党退出联盟时，印人党可以拉拢该邦

①　Christophe Jaffrelot, "Business-friendly Gujarat under Narendra Modi: The Implications of A New Political Economy", in *Business and Politics in India*, edited by Christophe Jaffrelot, Atul Kohli and Kanta Murali, Oxford: Oxford University Press, 2019, p.211.
②　Pradeep K. Chhibber and Susan L. Ostermann, "The BJP's Fragile Mandate: Modi and Vote Mobilizers in the 2014 General Elections," *Studies in Indian Politics*, 2014, 2(2), pp.137–151; Sanjay Srivastava, "Modi -Masculinity," *Television & New Media*, 2015, 16(4), pp.331–338.
③　Sandeep Shastri, "The Modi Factor in the 2019 Lok Sabha Election: How Critical Was It to the BJP Victory?", *Studies in Indian Politics*, 2019, 7(2), pp. 206–218.
④　Jamie Hintson and Milan Vaishnav, "Who Rallies Around the Flag? Nationalist Parties, National Security, and the 2019 Indian Election," https://doi.org/10.1111/ajps.12677, accessed November 11, 2021.

（地区）的其他政党加入联盟，从而避免地方政党联合在一起共同抵制印人党。2014 年大选，印人党在比哈尔邦联合人民的力量党和全国人民平等党，就是应对人民的党（团结派）脱离全国民主联盟的一种策略选择。受挫的人民的党（团结派）在 2017 年重新加入印人党领导的全国民主联盟，并在 2019 年大选中赢得 16 个人民院议席。

（四）良好政绩助力印人党巩固独大地位

强大的政治动员和恰当的选举策略可以让印人党赢得一时，但如果印人党不能兑现选举承诺、满足选民的需要，则很难获得持久的支持，更难以扩大执政优势。既有研究也发现，良好的经济绩效是政党维持和巩固独大地位的重要凭靠。[1]印人党在赢得独大地位后，没有了反对党的掣肘，[2]政府权力和稳定度大幅提升，推行了一系列重要改革。自 2014 年 5 月到 2017 年 6 月短短三年时间，莫迪政府就废除了 1200 条法律，几乎追平了在此之前 64 年各届政府的总和。[3]莫迪政府自 2014 年以来实施了废除大额纸币、统一简化税制、放松投资管制等一系列经济改革，一定程度上遏制了腐败和灰色交易，优化了企业经营环境，推动了全国市场的形成，促进了印度经济发展。虽然在 2018 年之后，印度经济增长有所下滑、失业率创新高，但印人党独大的第一个四年 GDP 年均增长高达 7.6%，位居世界前列。莫迪力推的"印度制造"也取得了明显进展，特别是在信息技术产业方面。[4]

---

① Ora John Reuter and Jennifer Gandhi, "Economic Performance and Elite Defection from Hegemonic Parties,"*British Journal of Political Science*, 2011,41(1),pp.83–110.

② 根据 1969 年印度人民院首次出现反对党以来形成的宪制传统，正式的反对党必须拥有至少 10% 的议席。无论是 2014 年选出的第 16 届议会，还是 2019 年选出的第 17 届议会，人民院第二大党——国大党皆未达标，所以 2014 年以来人民院中的反对党领导人职务一直空缺。

③ India Today, "Goodbye, Old Laws:Modi Government Scraps 1200 Redundant Acts,1824 More Identified for Repeal,"https://www.indiatoday.in/mail-today/story/narendra-modi-law-ministry-ravi-shankar-prasad-984025-2017-06-22,accessed November 11,2021.

④ Suchetha Vijayakumar and P. S. Nethravathi, "The Growth of IT & BPM Industry Services and its Journey towards'Make in India'-A Case Study,"International Journal of Case Studies in Business,IT and Education (IJCSBE),2021,5(1),pp.232–243.

　　莫迪政府还借助印人党在人民院的稳定多数优势，实施了多项颇具难度的惠民政策。2014 年莫迪刚就任总理，就要求国有银行为穷人开设账户。为鼓励个人开户，莫迪政府为每个账户所有人提供 1650 美元的人寿保险，并要求银行对没有余额的账户免管理费。穷人拥有了银行账户后，可以直接收到国家各种补贴，既避免被腐败官员截留，还能拉近国家与公众特别是偏远地区居民的距离，提升国家认同。2014 年 10 月，莫迪政府推出了"印度清洁运动"(Swatchh Bharat Mission)。2014–2019 五年间，在政府资金支持下，300 多万政府雇员和大学生被动员参与到该运动中，共为 1 亿个农村家庭和 600 万城市家庭建造了厕所，在城市建设了近 600 万个公共厕所，厕所普及率从 2014 年的 38.7% 提升到 2019 年的 100%，基本消除了开放式排便现象。[1]2020 年 3 月，莫迪政府又实施了第二阶段的"印度清洁运动"，以巩固第一期成果。2015 年 8 月，莫迪政府投资 25 亿美元，进行电力基础设施建设，到 2018 年 3 月已经实现了印度所有农村都拥有了电力服务。2016 年 5 月开始实施 "总理的点亮计划"(Pradhan Mantri Ujjwala Yojana)，该项目投资 11 亿美元，为全国 5000 万处于贫困线以下的妇女家庭免费接通燃气。2018 年 2 月莫迪政府又开启了由政府资金支持的医疗保险计划，该项目将为 5 亿印度贫困人口提供大病医疗保险，每个贫困家庭的大病保报销上限达 50 万卢比(约 5 万人民币)，并计划在未来四年在全国建立 5 万个康复中心。[2]

　　虽然部分惠民工程还在实施过程中，且效果可能与预期目标有一定距离，但这些举措已经让广大印度公众切实受益，从而增强了公众特别是中下层对印人党的信任。[3]这些惠民工程也是印人党在非大

---

① 　Government of India, "Swatchh Bharat Mission," https://sbm.gov.in/sbmdashboard/Default. aspx, accessed November 11, 2021.

② 　Aljazeera, "India's Modi Launches 'World's Largest' Health Insurance Scheme," https:// www.aljazeera.com/news/2018/09/india –modi –launches –world –largest –health –insurance – scheme-180923095218001.html, accessed November 11, 2021.

③ 　Pradeep Chhibber and Rahul Verma, "The Rise of the Second Dominant Party System in India: BJP's New Social Coalition in 2019," *Studies in Indian Politics*, 2019, 7(2), pp.131 – 148.

选时期,进行广泛社会动员、扩大影响力的有效手段。通过这些全国性的惠民工程,政府权力深入到了基层社会,强化了国家与公众之间的纽带,也让公众感受到了印人党推行惠民举措的决心和能力。即便面临经济增速下滑、失业率上升等不利形势,印度公众也普遍相信印人党未来会推出更多促进经济发展和惠及自身的政策,并有能力将其落实。2019 年 1 月《今日印度》的民调显示,54% 的受访者对莫迪政府表示满意;[1]发展中社会研究中心(Lokniti-CSDS)在 2019 年 3 月底的民意调查显示,59%的对印人党领导的全国民主联盟政府满意,46%的受访者认为应该再给莫迪政府一次机会。[2]印人党通过其良好的政绩,不仅巩固了原选民基础,还吸引了更多新选民特别是中下层的支持,从而巩固了其独大地位。[3]

四、印度人民党一党独大面临的困境和挑战

(一)印度教民族主义有失败的风险

国大党确立的世俗主义原则,长期以来都未能化解国内宗教矛盾,才让印人党的印度教民族主义成为了选项。但印度教民族主义是否能解决国内宗教矛盾还有待验证。毕竟印度国内的宗教差异和冲突是历史上长期形成的,且宗教信仰具有非常强的传承性。如果印度教民族主义不仅不能抑制宗教冲突,反而造成了更大规模的暴力事件,那也将难逃被印度民众否定的命运。

---

[1] India Today, "Mood of the Nation poll:How Satisfied Are Voters with The Overall Performance of The Modi Government?", https://www.indiatoday.in/magazine/web-exclusive/story/20190204-motn-poll-nda-government-overall-performance-1439403-2019-01-25, accessed November 11,2021.

[2] "LOKNITI-CSDS-TIRANGA TV-THE HINDU-DAINIK BHASKAR PRE POLL SURVEY 2019," https://www.lokniti.org/media/upload_files/Compiled% 20Report% 20Day% 203-converted.pdf, accessed November 11,2021.

[3] Sanjay Kumar, "Verdict 2019:The Expanded Support Base of The Bharatiya Janata Party," *Asian Journal of Comparative Politics*, 2020,5(1),pp.6-22.

　　虽然印人党力推的为穷人开设银行账户、全国通电通气、修建厕所等多项惠民工程,宗教少数群体也在受益之列,但是印人党的印度教民族主义主张却极易遭至宗教少数群体特别是伊斯兰教徒的不信任。例如,2019 年 12 月通过的《公民身份法(修正案)》,唯独将伊斯兰教移民排除在可获得公民身份资格之外, 导致在西孟加拉邦和阿萨姆邦等伊斯兰教徒比较集中的地区发生了抗议和骚乱,造成二十多人死亡、上百人受伤。[1]此外,印人党破除伊斯兰婚姻传统、取消印控克什米尔自治地位等推动国内统一性整合的政策, 常会被伊斯兰教徒看作是对本宗教群体的偏见。从各宗教群体对印人党的投票支持情况就可以看出, 伊斯兰教徒等宗教少数群体对印人党有高度的不信任。2014 年大选,仅有 8%的伊斯兰教徒选民投票支持印人党,2019年大选依旧维持在 8%的水平;锡克教徒对印人党的投票支持比例甚至从 2014 年的 16%降到 2019 年的 11%。[2]

　　印人党借助其独大地位, 采取强硬手段让大规模宗教冲突得到初步遏制,但改变或淡化原宗教信仰异常艰难。无论是印度中央政府还是印人党组织都还未能有效地管理和控制基层, 所以社区层面的宗教冲突依然严重。印度内政部数据显示,2014–2017 年间因宗教信仰而造成的社会冲突的死亡人数和伤亡人数都未出现下降, 频次甚至还有明显上升。[3]社区层面的宗教隔阂可能因为政府的压制而逐渐积累。由于伊斯兰教徒等宗教少数群体的抵触,在宗教少数群体聚集的邦和地区,印人党的扩张将严重受阻,莫迪政府的多项惠民政策也就难以在这些地方有效实施。经济与福利进展缓慢或无改善,叠加宗

①　The Wire, "These Are the 25 People Killed During Anti-Citizenship Amendment Act Protests, "https://thewire.in/rights/anti-caa-protest-deaths,accessed November 11,2021.
②　Shreyas Sardesai and Vibha Attri, "Post-poll Survey:The 2019 Verdict is A manifestation of The Deepening Religious Divide in India, "https://www.thehindu.com/elections/lok-sabha-2019/the-verdict-is-a-manifestation-of-the-deepening-religious-divide-in-india/article27297239.ece,accessed November 11,2021.
③　Government of India Ministry of Home Affairs, "Lok?Sabha Unstarred Question No.156, " https://www.mha.gov.in/MHA1/Par2017/pdfs/par2018 -pdfs/ls -11122018/156.pdf,accessed November 11,2021.

教隔阂的积累,很可能会在未来爆发更大规模的宗教冲突。将来一旦发生大规模宗教冲突,无论普通印度教徒还是其他宗教少数群体都将成为受害者,继而让印人党的执政能力受到质疑,并为国大党等反对党提供反击的证据和契机,更重要的是宣告以印度教民族主义遏制宗教冲突方略的失败。改弦易辙,更换政党也就成为了必然选项。

(二)保持良好经济绩效困难重重

良好的经济绩效,是印人党独大的重要基础。如果经济绩效不佳,特别是大选前夕出现经济下滑,很可能失去大量选票,从而危及印人党的独大地位。2014 年国大党领导的团结进步联盟惨败,一个重要因素就是 2013 年经济增长出现了疲软。虽然印人党自 2014 年上台后,印度经济取得了较快发展,但自 2018 年第四季度开始,经济增长出现明显下滑。2019 年全年增长率为 5.3%,创自 2012 年以来的新低。伴随着经济下行,失业率不断攀升。2017 年财年印度失业率为 3.3%,到 2018 财年失业率则上升到了 6.1%,为 45 年来最高水平,到大选开始的 2019 年 4 月份,失业率又进一步上涨到 7.4%。[①]面对这种不利局面,印人党借助与巴基斯坦的冲突调动了印度公众的支持,一定程度上弥补了经济下行的冲击。

虽然印人党为促进经济增长,简化统一了税制、放宽了投资限制、修改了劳动法等等,但这些改革很难取得立竿见影的效果。与此同时,不恰当的经济干预,很可能阻碍经济发展。例如 2016 年激进的废除大额纸币改革等,短期内给经济造成了较大冲击。未来强势的莫迪政府很可能再次出台对经济的不恰当干预政策,从而对印度经济造成负面影响。如果在 2024 任期结束前,莫迪政府不能实现经济较快发展,那么选民期望很可能转变成失望。即便印人党再次利用国家安全、领土争端等类似的策略,也很难达到 2019 年大选那样的良好

---

① CMIE, "Unemployment Rate in India," https://unemploymentinindia.cmie.com/,accessed November 11,2021.

效果,而且军事对峙与冲突也有失败的风险。从现实情况看,2019年底至2020年初,印度经济有所反弹,但随后却遭到了新冠疫情的严重冲击。在2024年大选前,能否实现经济快速发展,无论国内还是国际环境都有很多不确定性。如果大选前经济增长出现较大挫折,那么印人党很可能丢掉大量选票。在更长远的未来,如果印人党不能推动印度经济持续较快增长,其独大地位也将很难保持。

(三)新冠疫情的冲击

2020年1月底印度首次出现新冠病毒感染病例,随后在全国范围内快速蔓延。为了控制疫情,2020年3月印度开始采取了严厉的封控措施,直到2020年6月疫情缓和后才逐渐取消。严厉的封控,让原本疲软的印度经济雪上加霜,短短三个月时间有高达1.4亿人失业。在封禁最严的2020年第二季度,GDP同比下滑了23.9%,是自1996年开始发布季度经济数据以来的最大跌幅。[①]解封后,印度经济有所恢复,但整个2020年印度经济萎缩了7.3%,是1980年以来首次经济负增长。良好经济绩效是印人党成功连任并扩大优势的重要依靠之一,但如此糟糕的经济绩效,无疑会削弱印人党的执政根基。

鉴于严厉封控对经济的巨大冲击,2021年3月新冠疫情第二波爆发后,莫迪政府未实施严格的全国封控措施。结果造成了此次疫情来势更加凶猛,高峰期单日确诊病例超过40万,呼吸机、病房床位、药品等严重短缺,很多病人因得不到救治而死亡,单日死亡病例最高超过4400人。这种应对疫情方式虽避免了经济严重下滑,但也让很多工厂因为工人大规模感染而被迫关闭,一定程度上干扰了印度经济恢复。大量新增病例和感染者死亡,也让公众对莫迪政府产生了质疑。根据Morning Consult的调查数据,第二波疫情暴发后,莫迪的民

---

① MOSPI,"Press Note on Estimates of Gross Domestic Product for the First Quarter (April – June)2020 –2021," https://www.mospi.gov.in/documents/213904/416359//PRESS_NOTE – Q1_2020–211600848053724.pdf/ba52cc47–515e–663f–11e1–5fc6dd2fac2c,accessed November–11,2021.

意支持率快速下降 10 多个百分点，在疫情最高峰期支持率仅有 63%，创有记录以来的新低，与 2020 年同期相比下降 20 个百分点。① 2021 年 5 月印人党在西孟加拉邦地方选举中，仅赢得 77 席，与预期的 121 席位相距甚远，很大程度上是因为新冠疫情降低了莫迪和印人党的民意支持。

自 2021 年 6 月份后，印度第二波新冠疫情趋缓，但即便是在最缓和期，每天新增病例依然超 6 千例。截至 2021 年 12 月底，印度新冠确诊病例总数达 3400 多万，仅次于美国，位居世界第二；因新冠病毒死亡人数达 48 万人，仅次于美国和巴西，位列世界第三。②此外，新冠疫情防治不力，也会给国大党等提供批评与质疑印人党的契机。

总结与讨论

印度这个人口规模超大、地区发展不平衡、宗教信仰多元、族群和语言繁杂的高度异质性国家，存在着严重的内部冲突。被认为更具包容性的多党制，不仅未能缓和内部冲突，反而一定程度上弱化了中央政府权力，阻碍了必要的改革，迟滞了印度内部的统一性整合。与之相对，一党独大制虽在政治包容性上有所降低，但避免了反对党的掣肘，有助于形成更强有力的政府，为实施一系列经济社会改革提供政治前提。

当然，政治变迁并非简单的循环。今天民主制度更加发展，虽然印人党领导人莫迪具有强人政治的典型特点，但比国大党领导人尼赫鲁和英迪拉·甘地更尊重民主制度规则，也更加依赖公众的支持；同时印人党还需与地方小党结成盟友以减少扩张阻力，故而保持独大地位更加不易。印人党改变了国大党的世俗主义思路，奉行印度教

---

① Morning Consult, "Global Leader Approval Ratings," https://morningconsult.com/form/glob-al-leader-approval/#section-56, accessed November 11, 2021.

② Government of India Ministry of Health and Family Welfare, "For Information on COVID-19 Vaccine," https://www.mohfw.gov.in/, accessed November 11, 2021.

民族主义，以争取占人口近 80% 的印度教徒的支持，并试图对伊斯兰教徒等宗教少数群体进行统一性整合。在推动经济发展方面，印人党不同于国大党独大时期的计划经济思路，而是采取市场化的路线，减少政府管制，扩大引进外资，并加强基础设施建设，为印度全国统一市场的形成和劳动密集型产业的发展奠定基础。因而，印人党独大，虽限制了民主但并未否定民主，且这些改革也有成效，并不都是负面影响。

印度人民党获得独大地位，从根本上看是因为多党联合轮流执政在缓解内部矛盾方面收效甚微，公众越发不信任多党民主，而作为印度现代政治遗产的一党独大制则受到越来越多的认可。从印人党本身来说，其独大地位既源于大规模政治动员和恰当的竞选策略，也离不开良好政绩。借助大众传媒及众多全国性惠民工程，印人党的政党组织和政治动员能力得到了大幅扩展，在中下层中的影响力显著扩大。但印人党现有的组织强度和动员能力，还远不能对伊斯兰教徒等宗教少数群体以及南方诸邦进行有效的统一性整合。在这个族群和宗教信仰多元、地方差异巨大的国度，国家整合依然道阻且长，发展经济任务艰巨，未来印人党能在这些方面取得何种进展，还有待观察，同时也事关印人党能否继续保持独大地位。

印度的政治实践一定程度证明了内部差异巨大的后发国家更需要强政府，以革除陈规陋习，抑制内部冲突，促进内部整合，引导经济发展。而在现代政治条件下，强政府的根基在于拥有一个组织严密、基层组织发达、动员能力高的强政党。虽然强政党执政不能保证所有政策都科学有效且符合大众利益，但却有助于形成稳定而连续的中央政府，且还可以通过发达的基层组织强化国家权力对社会的渗透，改变发展中国家普遍的强社会弱国家问题。也就是说，印度一党独大制的复归一定程度上印证了，强政党驱动或以政党为中心的现代化路径往往更契合内部差异巨大的发展中大国。

历史传统、政治机遇与
缅甸民主化转型时期的社会冲突困境 *

陈　宇 **

内容摘要　佛教信仰不仅对缅甸的政治、社会、文化等方面有着根深蒂固的影响，而且还屡屡在国家发展转折的紧要关头扮演着促动变革的"变革者"角色。在 1988 年"缅甸之春"后，缅甸经历政治联盟重组、社会结构重塑及文化秩序重构等变化，佛教信仰也在民主化转型的紧要关头悄然重回政治舞台，试图在缅甸民主化转型的紧要关头影响国家政治、社会及文化秩序，以维护自身的"国教"地位。佛教信仰积极介入政治政治社会秩序，并没有对缅甸民主化转型产生有利于影响，反而导致了佛教民族主义的抬头与张扬，导致本来就脆弱的社会基础产生更多分裂、矛盾和冲突等民主化转型的"阴暗面"。本文将以缅甸在民主化转型为背景，构建宗教民族主义与现代民族国家社会冲突的理论框架，揭示缅甸民主化转型过程中爆发民族宗教冲突困境的政治社会学根源。

关键词　缅甸；政治民主化；佛教民族主义；民族宗教冲突

---

*　本文系 2021 年上海市哲学社会学科青年项目"百年大变局下东南亚地区秩序变迁与中国周边命运共同体构建研究"（2021EGJ001），2021 年国家民族年度青年项目"民族区域自治制度在铸牢中华民族共同体意识中的制度优势与效能转化研究"（2021-GMC-007）的阶段性研究成果。
**　陈宇，政治学博士，复旦大学国际问题研究院，主要研究方向为比较政治学与国际关系理论。

一、问题的提出

冷战后,由宗教民族主义成为族群冲突爆发的重要原因,如印度的穆斯林与印度教徒冲突、巴勒斯坦与以色列的冲突、斯里兰卡的泰米尔人和僧伽罗人的冲突等, 这些以国家间与地区间的族群冲突中都能够寻觅到宗教民族主义的踪迹。根据泰蕾兹·彼得森(Therése Pettersson)和彼得·沃伦斯廷(Peter Wallensteen)统计的数据显示,由宗教民族主义引发的现代民族国家内部的民族冲突是冷战后冲突爆发的主要的原因,而其他如国家间利益、地位等因素导致的冲突已经大幅度降低。[①]

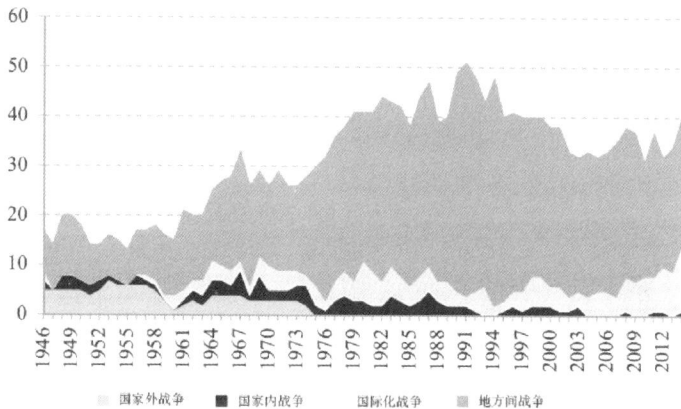

图 1

资料来源:Therése Pettersson and Peter Wallensteen, "Armed conflicts, 1946–2014,"*Journal of Peace Research*,2015(52), pp.536–550.

1988 年"缅甸之春"后,缅甸经过长达 20 年"先制宪,后交权"的准备,于 2011 年正式开启了民主化转型。在缅甸正式开启民主化转型后,缅甸的政治制度、经济模式、社会结构及文化秩序等方面都采取了以民主精神为旨归的改革, 这种改革导致缅甸社会正式从军人

---

① Therése Pettersson and Peter Wallensteen,"Armed Conflicts,1946–2014,"*Journal of Peace Research*,2015(52),pp.536–550.

政权时期的高压统治下转向了民主政治,如民主参与、竞争选举、结社自由及言论自由等成为政治社会的组织形式,特别是强调平等、自主、自由、独立的公民社会得到快速发展。①然而,缅甸的民主化转型并没有实现政治民主、社会稳定、文化多元及个人自由等理想,而是激活了缅甸分裂社会中以民族、宗教及文化为边界的认同政治,导致缅甸在民主化转型中产生了以民族宗教为核心的社会冲突。

在缅甸的民主化转型开启后,在缅甸社会中拥有"国教"地位的佛教信仰,利用民主时代赋予的政治参与与权力表达等方面的空间,明确表达了自身的历史根源、文化价值、实践诉求及身份认同,提倡在国家政治、经济、社会及文化等方面维护佛教信仰群体的权益。②这种变化导致缅甸在民主化转型时期出现了严重的社会冲突,这种冲突主要就表现在佛教信仰群体对"罗兴伽人"的排斥,这种社会排斥运动逐渐在政治精英等的构建中变成了具有佛教民族主义运动。佛教民族主义"幽灵"导致缅甸民主化转型过程中的政治制度、社会稳定和民族团结都蒙上阴影。

表1　缅甸自独立以来的政治和社会秩序

时间＼维度	吴努时期（1948-1962）	奈温时期（1962-1988）	新军人时期（1988-2010）	民主时期（2010-2021）
权力垄断	高	极高	高	一般
政治特征	议会民主制	军事专制	军事威权	宪政民主制
社会状态	活跃	沉寂	沉默	活跃
政治机遇	一般	极低	低	高
民族关系	冲突增多	平稳	平稳	冲突增多
宗教关系	激活	平稳	平稳	激活
结果	激化	平稳	平稳	复发

资料来源:笔者自制。

① 拉里·戴尔蒙德:《民主的精神》,张大军译,群言出版社,2013年,第8-9页。
② Matthew J. Walton,Susan Hayward,*Contesting Buddhist Narratives:Democratization,Nationalism,and Communal Violence in Myanmar*,Singapore:Institute of Southeast Asian Studies,2014,p.10.

在缅甸民主化转型时期，出现的社会冲突有着深刻的历史、政治、社会及文化根源，佛教民族主义的出现凸显了缅甸社会基础在民主化转型时期的激烈变化，并将会为会为缅甸的民主化转型和巩固蒙上阴影。对此，本文将以缅甸民主化转型时期爆发的社会冲突典型案例：2007 年的"番红花革命"（Saffron Revolution）、2012 年发生的"969 运动"（The 969 Movement）和"玛巴塔运动"（The MaBaTha Movement）为研究对象，来管窥缅甸民主化转型时期的社会冲突逻辑，以期为探索近年来为世界所关怀的由宗教民族主义张扬，所导致的社会冲突提供更深远的学理分析。

二、既有研究的回顾和述评

自缅甸在民主化转型时期出现严重社会冲突后，来自政治学、社会学及民族学等领域的学者，分别从身份政治、政治联盟及外部因素等视角，对缅甸社会冲突爆发的前因后果进行了广泛讨论，而且这些讨论也都主要聚焦在对"罗兴伽问题"的讨论上。由于不过本文集中总体上阐释缅甸佛教民族主义导致社会冲突的问题，所以本文对已有研究的回顾将不具体落脚到"罗兴伽问题"上。已有研究的讨论具体如下：

（一）身份政治视角

在何立仁（Ian Holliday）等学者看来，身份政治是缅甸从殖民地过度到现代民族国家的重要历史遗产，佛教民族主义导致的冲突便是缅甸复杂历史阶段中不同时期身份冲突的现代产物，也是当代缅甸民主化转型过程中社会突的核心问题。[①]尼克·切斯曼（Nick Cheesman）等通过对缅甸现代民族国家"国族"构建过程研究认为，缅

---

① Ian Holliday, "Addressing Myanmar's Citizenship Crisis," *Journal of Contemporary Asia*, 2014(44), pp.404–421.

甸在现代民族国家过程中着力构建名为"泰茵塔"(Taingyintha)的"国族",进而从族裔来源、历史证成及群体想象等层面来否认现代国家的公民身份，然而这种违背现代国家事实的身份政治将会导致了严重社会冲突。[1]对此,迈克尔·格里菲斯(Mikael Gravers)则强调,由殖民地历史遗产留存下来的身份政治问题是缅甸社会深度分裂状态的政治反映，而当今缅甸进行民主化转型只是缅甸深度分裂社会演变成社会冲突的催化剂。[2]

(二)政治竞争视角

这类研究强调佛教民族主义在政治转型期间政治联盟问题,并认为宗教信仰被政治团体用于政治斗争而导致了严重的社会冲突。加里·柯林肯(Gerry Klinken)就发现,缅甸在民主化转型时期出现的宗教民族主义冲突,不仅是由于社会冲的宗教感受而自然爆发,而是缅甸民主化转型时期政党政治的社会反应。[3]由于缅甸的宗教信仰具有较强的入世传统,如果当宗教能力和政治需求相结合的时候,宗教信仰与民族主义便相互相突破边界而融合，继而形成了由宗教信仰

---

[1] Nick Cheesman, "How in Myanmar 'National Races' Came to Surpass Citizenship and Exclude Rohingya," *Journal of Contemporary Asia*, Vol.47, No.3, 2017, pp.461–483; Matthew J. Walton, "The Wages of Burman-ness: Ethnicity and Burman Privilege in Contemporary Myanmar," *Journal of Contemporary Asia*, 2013 (43), pp.1–27; Nyi Nyi Kyaw, "Alienation, Discrimination, and Securitization: Legal Personhood and Cultural Personhood of Muslims in Myanmar," *The Review of Faith & International Affairs*, 2015(13), pp.50–59; 章远:《缅甸独立后的族际宗教冲突与治理困境》,《东南亚研究》2016 第 1 期; 钟小鑫:《缅甸佛教极端主义的历史根源及其当代展演：入世传统、民族主义与政治修》,《东南亚研究》2017 年第 5 期。

[2] Mikael Gravers, "Anti-Muslim Buddhist Nationalism in Burma and Sri Lanka: Religious Violence and Globalized Imaginaries of Endangered Identities", *Contemporary Buddhism*, 2015(16), pp.1–27.

[3] Gerry Van Klinken and Su Mon Thazin Aung, "The Contentious Politics of Anti-Muslim Scapegoating in Myanmar," *Journal of Contemporary Asia*, 2017(47), pp.353–375.

而导致的社会冲突。①当有目的的政治运动同无目的的民族主义相结合的时候，便出现了民主化转型时期社会冲突频发的"民主的阴暗面"。②缅甸著名民主活动家敏津(Min Zin)也认为,缅甸的佛教民族主义运动实际上是民主化转型中各种社会力量在民主化转型中长期博弈的结果,特别是在"全国民主联盟"的影响力不断扩大之后,佛教民族主义运动被有目的操作操作为政治竞争的重要组成部分。③

(三)文化冲突视角

马修·沃尔顿(Matthew J. Walton)等学者就认为,缅甸在民主化转型时期出现的社会冲突同彼时的国际环境有着密切联系,缅甸佛教民族主义信仰导致的社会冲突是全球"文明冲突"的示范的结果。④有的学者还认为,缅甸存在的佛教信仰群体与穆斯林信仰群体间社会冲突,实际是世界"伊斯兰恐惧症"传播到缅甸的结果,是佛教信仰群体持续将穆斯林群体建构为"他者"制造的结果。⑤对此,迈克尔·格里

① Matthew J. Walton and Susan Hayward, *Contesting Buddhist Narratives Democratization, Nationalism, and Communal Violence in Myanmar*, Honolulu: the East–West Center, 2014; Bruce Matthews, "Buddhism Under a Military Regime: The Iron Heel in Burma," *Asian Survey*, 1993 (33), pp.408–423; Benjamin Schonthal and Matthew J. Walton, "The (new) Buddhist Nationalisms? Symmetries and Pecificities in Sri Lanka and Myanmar," *Contemporary Buddhism*, 2016(17), pp.81–115; 钦佐温:《佛教与民族主义:缅甸如何走出民族主义的泥淖》,姚颖译,《南洋问题研究》2016 年第 1 期;村主道美:《缅甸佛教徒与穆斯林冲突对其民主改革的影响》,刘务译,《印度洋经济体研究》2014 年第 2 期;张蕾:《缅甸政治转型期的佛教民族主义:宗教能力和政治需求的互动联盟》,《南亚研究》2018 年第 3 期;宋少军:《缅甸佛教民族主义产生、发展与实质:兼论对当代缅甸政治转型的影响》,《南亚研究》2017 年第 1 期。
② Ardeth Maung Thawnghmung, "The Politics of Indigeneity in Myanmar: Competing Narratives in Rakhine State," *Asian Ethnicity*, 2016 (17), pp527–547; Matthew J. Walton and Michael Jerryson, "The Authorization of Religio–political Discourse: Monks and Buddhist Activism in Contemporary Myanmar and Beyond," *Politics and Religion*, 2016(9), pp.794–814.
③ Min Zin, "Anti–Muslim Violence in Burma: Why Now?", *Social Research: An International Quarterly*, 2015(82), pp.375–397.
④ Mikael Gravers, "Spiritual Politics, Political Religion, and Religious Freedom in Burma," *The Review of Faith & International Affairs*, 2013(11), pp.46–54.
⑤ Matt Schissler, Matthew J. Walton and Phyu Phyu Thi, "Reconciling Contradictions: Buddhist–Muslim Violence, Narrative Making and Memory in Myanmar," *Journal of Contemporary Asia*, 2017(47), pp.376–395.

菲斯(Mikael Gravers)也断定,缅甸出现的社会冲突就是世界范围内
"伊斯兰恐惧症"的组成部分,佛教民族主义本质上只是宗教信仰利
用民族主义的形式进行重新现代化,继而来挑战现代民族国家的政
治社会秩序,以继续维护自身在现代国家政治社会秩序中的权力、地
位和利益。[1]

　　除以上看法是关于缅甸民主化转型时期社会冲突出现的主要解
释视角,有的学者还试图从历史连续性、社会结构变化及通讯技术革
命等层面来对此问题进行讨论。[2]很显然,无论是历史遗产、政治制
度、社会结构与国际环境等视角出发,都是解释缅甸的民主化转型中
出现的社会冲突的重要视角。不过,如马修·沃尔顿也指出,以上遵循
着政治学逻辑的解释视角并不完整,还应该从民族学与社会学逻辑
的视角出发,结合宗教信仰与民族主义来具体阐释宗教民族主义的
基本逻辑,进而能够更加全面地解释缅甸在民主化转型时期社会冲
突爆发的前因后果。基于以上认知,本文将综合政治学、民族学、社会
学等理论资源及认知视角,试图构建宗教民族主义产生的理论框架,
进而在对缅甸民主化转型时期出现社会冲突的逻辑进行更全面地
阐释。

三、宗教民族主义与社会冲突的逻辑

　　民族主义和宗教信仰联系较为复杂, 宗教信仰通常被视为民族
主义的起源,而民族主义则被视为现代政治意识形态。[3]宗教民族主

① Mikael Gravers, *Nationalism as Political Paranoia in Burma: An Essay on the Historical Practice of Power*, London: Routledge, 2004.

② Nyi Nyi Kyaw, "Unpacking the Presumed Statelessness of Rohingyas," *Journal of Immigrant & Refugee Studies*, 2017(15), pp.269–286; Ardeth Thawnghmung, "Contending Approaches to Communal Violence in Rakhine State," in Mikael Gravers, *Burma/Myanmar–Where Now?* Copenhagen: Nias Press, 2014, pp.323–340; 郭继光:《缅甸政治转型程中的宗教冲突探析》,《东南亚研究》2014年第6期。

③ 安东尼·史密斯:《民族主义:理论、意识形态、历史》,叶江译,上海人民出版社,2006年,第35页。

义通常被视为是传统宗教信仰和现代民族主义之间的叠嵌，宗教信仰提供了特殊的价值追求、身份象征和文化秩序等，而民族主义则构建了领土主权、政治权力、制度机制、经济权益等。宗教民族主义也代表着宗教信仰和民族主义身份认同与价值目标的融合，并出现相互补充、促进和叠加的效果，宗教信仰和民族主义这种相互叠加融合往往会产生较为激烈的后果。

(一)宗教信仰与民族主义的关系

正如里亚·格林菲尔德(Liah Greenfeld)所言，关于民族主义的定义有着概念的"滥觞"，而宗教信仰和民族主义之间深层次叠嵌的关系更加难以区分，所以清晰地厘清宗教民族主义的概念并不容易。[①]安东尼·史密斯(Anthony D. Smith)认为，现代民族主义与宗教信仰之间的关系缠绕叠嵌，神圣的宗教信仰现代民族主义的重要起源，而宗教信仰也是民族主义的组成部分。[②]民族主义在某些层面上表现出政治意识形态的，那么在另外的层面上则表现出为公共文化或者是政治宗教形式。[③]从早期英格兰起源并向世界传播的过程可以发现，当民族能够为国家发挥某种差异化作用的时候，宗教信仰成为民族主义情感和民族形成的重要因素。[④]

在民族主义逐渐发展的过程中，在现代民族主义形成的早期，具有更悠久历史的宗教信仰实际上扮演着民族主义的角色，成为跨越种族、地域、血缘与文化的"想象的共同体"的纽带。对此，本尼迪克特·安德森(Benedict Anderson)在阐释东南亚地区现代民族主义起源的时候也指出，宗教在东南亚地区民族主义产生的过程中确实发挥了基础性作用，而且宗教信仰在东南亚地区民族主义的起源中甚至

① 里亚·格林菲尔德:《民族主义:走向现代的五条道路》,王春华译,上海三联书店,2010年,第2页。
② Anthony D. Smith, *Chosen Peoples: Sacred Sources of National Identity*, London: Oxford University Press, 2004.
③ 安东尼·史密斯:《民族主义:理论、意识形态、历史》,叶江译,上海人民出版社,2006年,第36–37页。
④ Philip W. Barker, *Religious Nationalism in Modern Europe*, London: Routledge, 2014, p.31.

发挥了比其他因素更重要的作用。①根据宗教信仰与民族主义之间的特殊联系,罗杰斯·布鲁贝克(Rogers Brubaker)提出了宗教信仰和民族主义相互影响的四种基本关系:(1)宗教和民族主义是属于相似的社会现象,脱胎于宗教信仰的民族主义对前者具有相似并且竞争的特征;(2)宗教信仰是民族主义的根源或者解释,宗教信仰为了民族主义起源的重要组成部分;(3)宗教信仰与民族主义相互交织彼此纠缠,宗教信仰与民族主义深刻地叠嵌和交织,使得宗教信仰不是民族主义外在的解释而是内在的附属物;(4)宗教信仰是民族主义的独特形式,宗教信仰可能在不同的情势下会转换成民族主义。②

很显然,民族主义脱胎于宗教信仰,宗教信仰在民族主义的产生、发展与传播的过程中发挥了重要作用,宗教信仰和民族主义甚至还存在既融合又竞争的关系。当民族主义也不可能脱离宗教信仰而独立存续,宗教信仰也无法和民族主义并行发展,这便为宗教信仰在特殊期情况下影响民族主义提供了机遇。特别是在现代民族国家的政治社会秩序发生激烈变动,使得已经在现代民族国家中处于公共领域之外的宗教信仰,便会突破公共领域的边界而影响民族主义,最终形成了宗教民族主义。

(二)宗教民族主义及其内涵

对宗教民族主义的定义需要根据民族主义做出,民族主义中"政治、种族或者文化身份的联想和依恋来定义的群体身份"是理解宗教民族主义的必要基础,那么宗教民族主义便是通过增加宗教信仰成分,来改变或扭曲民族主义世俗或者理性社会现象的结果。③对此,马克·尤尔根斯迈耶(Mark Juergensmeyer)反对将宗教信仰和民族主义

---

① 本尼迪克特·安德森:《想象的共同体:民族主义的起源与散布》,吴睿人译,上海人民出版社,2005 年,第 15 页。

② Rogers Brubaker, "Religion and Nationalism: Four approaches," *Nations and Nationalism*, 2012(18), pp.2-20.

③ Atalia Omer and Jason A. Springs, *Religious Nationalism: A Reference Handbook*, Santa Barbara: ABC-Clio, 2013, pp.2-3.

之间简单的相加，宗教民族主义是现代民族国家框架范围内由政治精英调动宗教信仰而形成的政治意识形态，宗教民族主义是基于狭隘的宗教信仰为基础建立起来的身份认同。[①]

在许多学者看来，宗教民族主义是宗教信仰和民族主义相互统合、融通的产物，是现代国家框架内宗教信仰、民族认同在特定的情境中动员起来的特殊社会产物。[②]对此，董小川通过美国的基督教在民族国家建立以来所发挥的社会角色，认为宗教民族主义是宗教信仰和民族主义相结合并使得民族神圣化的社会现象，使得宗教信仰为本民族的意志和利益服务。[③]罗杰·弗里德兰（Roger Friedland）则以现代民族国家和世俗民族主义作为基础，特别注重宗教民族主义的"代表性"，并将其界定为"重新定义集体代表性实质、统治原则和成员标准的'社会本体论'制度意识形态"[④]迈克尔·格里菲斯也籍此指出，宗教民族主义就是传统的佛教信仰利用民族主义的形式进行现代化转型，宗教信仰利用民族主义的价值、符号和组织为载体而进行转变，进而借助民族主义来捍卫宗教、信仰与身份等。[⑤]宗教民族主义也将现代民族国家理解成宗教共同体的制度载体，其根本目的是宗教信仰者要在现代民族国家的框架下建立起"宗教共同体"而非"民族共同体"。[⑥]

基于以上认知，本文认为宗教民族主义是在那些宗教信仰氛围浓烈的现代民族国家中，当宗教信仰占据了国家政治、经济、社会及文化秩序的主导地位，便会利用具有世俗、理性、物质的民族主义作

---

① Mark Juergensmeyer, *The New Cold War: Religious Nationalism Confronts the Secular State*, Oakland: University of California, 1993, p.3.

② 钱雪梅：《宗教民族主义探析》，《民族研究》2007 年第 4 期。

③ 董小川：《美国宗教民族主义的历史省察》，《史学集刊》2002 年第 1 期。

④ Roger Friedland, "When God Walks in History: The Institutional Politics of Religious Nationalism," *International Sociology*, 1999(14), pp.301–319.

⑤ Mikael Gravers, "Anti-Muslim Buddhist Nationalism in Burma and Sri Lanka: Religious Violence and Globalized Imaginaries of Endangered Identities," *Contemporary Buddhism*, 2015(16), pp.1–27.

⑥ Roger Friedland, "The Institutional Logic of Religious Nationalism: Sex, Violence and the Ends of History," *Politics, Religion & Ideology*, 2011(12), pp.65–88.

为工具,来维护宗教信仰在现代民族国家中的主导地位、特殊利益和身份认同,进而最终依据宗教信仰的信仰想象、价值追求、文化规范、仪轨秩序建立现代民族国家。

(三)宗教民族主义与社会冲突的逻辑

正因为宗教信仰和民族主义之间有着千丝万缕的关系, 尽管宗教信仰在现代民族国家中被归为个人事务、身份认同及精神信仰的领域,宗教信仰逐渐融入到民族国家建设中,不过宗教信仰依然会借助现代民族国家的政治社会途径发挥作用。例如"在华盛顿代表上帝"的宗教游说团体通过将宗教信仰为工具就进行政治游说和幕后活动,从而利用宗教信仰来推动现代民族国家的对外政策。①埃里克·霍布斯鲍姆(Eric Hobsbawm)就认为,宗教信仰在民族主义兴起中发挥了重要作用, 宗教信仰与民族主义之间的关系异常密切,"宗教有时反倒持保留态度,甚至演变成质疑'民族'是否有垄断所有国民忠诚的最佳利器"②。在民族主义及民族国家传播、发展和构建的过程中,宗教信仰始终都在同民族主义进行竞争,宗教信仰变成了破坏民族主义传播及民族国家领土的"幽灵"。③

在宗教信仰依然没有被民族主义"驯服"的情况下,宗教信仰就有机会在现代民族国家秩序变化的情况下积极接入到公共领域中,甚至会驾驭民族主义使得民族主义为自身服务。譬如当统治者在需要利用宗教信仰来弥补统治地位的不足的时候,会积极主动地调动宗教信仰自身服务, 而宗教信仰也在此刻积极主动迎合民族主义需要以及和民族主义融合, 迅速突破公共领域的边界侵入现代民族国家政治经济秩序。当宗教信仰突破公共领域的边界侵入现代民族国家政治经济秩序中,宗教信仰便有可能试图"驾驭"民族主义中对政

---

① 艾伦·D.赫茨克:《在华盛顿代表上帝:宗教游说在美国政体中的作用》,徐以骅译,上海人民出版社,2003 年。
② 埃里克·霍布斯鲍姆:《民族与民族主义》,李金梅译,上海人民出版社,2000 年,第 78 页。
③ 本尼迪克特·安德森:《想象的共同体:民族主义的起源与散布》,吴睿人译,上海人民出版社,2005 年,第 11–18 页。

治权力、经济权益及民族认同等世俗理性功能,为自身的主导地位、特殊利益与价值理想等服务,并由推动、催化或者直接导致难以想象的爆炸性的后果。[①]

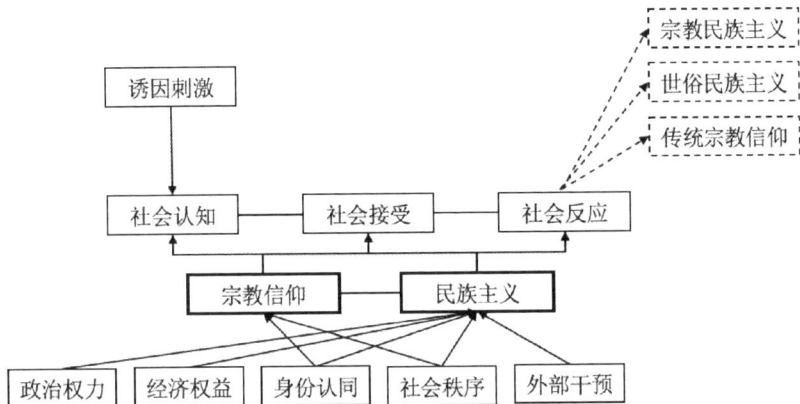

图 2　宗教民族主义形成的过程逻辑

资料来源:笔者自制。

特别是特定事件的诱因刺激之下,民族主义中根深蒂固的宗教信仰传统便会被激发出来,以作为身份认同的根基来对"他者"进行排斥,以及促进对"自我"的认同。在以宗教信仰为基础而确立身份认同后,现代民族国家中特定的政治权力、经济权益、社会秩序及对外交往等都会偏离民族主义的规范,围绕着宗教信仰的想象、价值和规范进行重构。这种以宗教信仰为基础构建的国家政治经济秩序,会为宗教民族主义的张扬提供内在激励及外在环境,促进宗教民族主义借助现代民族国家的政治、经济与社会机制实现张扬。事实上,宗教民族主义的产生还不局限于以上因素的影响,正如迈克尔·格里菲斯做指出的那样,宗教民族主义这种民族主义形式恰好使得宗教信仰及国家权力搭接起来,在激情、恐惧、谣言和挑衅等的推动下变成激

[①]　Mark Juergensmeyer,"The Global Rise of Religious Nationalism,"*Australian Journal of International Affairs*,Vol.50,No.1,1996,pp.1–20.

烈的社会冲突。①

三、民主化转型酝酿时期的"番红花革命"

自 1988 年"缅甸之春"后,缅甸历届政府便开始着手民主化转型,先后制定了"先制宪,后交权"的总方针,以及"七点民主路线图"的具体方案。在缅甸政府根据"七点民主路线图"实施民主化转型的过程中,围绕着经济和社会制度的改革也开始触动既有经济和社会秩序的根基,这导致缅甸在民主化转型的酝酿时期就出现了社会冲突。

(一)"番红花革命"的早期发展

尽管缅甸在 1988 年"缅甸之春"后已经开启改革之路,不过这些改革依然还是受制于"缅甸式社会主义"历史遗产的阻碍而难以产生效用,缅甸的国民经济在很大程度上依然处于僵硬的计划经济模式。特别是在石油、矿产与天然气等关键资源领域,缅甸依照计划经济模式实行严格的"配额制",而且依赖国家财政实行价格补贴以维持价格平稳。当国际原油市场在 2006 年发生变化的时候,丹瑞政府并没有为提高燃油价格做好充足财政准备,也没有考虑到社会公众政策接受能力,而是直接将油气价格造成的财政负担直接转移由普通民众承担。随着油气价格的上涨,缅甸的普通民众日常基本生活商品价格 2006 年 11 月开始开始急剧上升,不过这种上升势头并没有得到国家有关部门重视。同时,丹瑞政府的不作为和低效治理刺激了群众的情绪,并由此导致了社会中的不安定情绪持续增加,为"番红花革命"的发生埋下了伏笔。②

从 2007 年 1 月开始,"88 代学生运动"(88 Generation) 等组织开

---

① Mikael Gravers, "Anti-Muslim Buddhist Nationalism in Burma and Sri Lanka:Religious Violence and Globalized Imaginaries of Endangered Identities,"Contemporary Buddhism, 2015(16),pp.1-27.

② "The Hardship that Sparked Burma's Unrest," BBC News,http://news.bbc.co.uk/2/hi/asia-pacific/7023548.stm,accessed August 8,2019.

始领导民众抗议丹瑞政府由于不作为导致经济建设滑坡，并开始成立"开怀运动"(Open Heart Campaign)，要求政府当局解决基本生活商品价格上涨、通货膨胀、收入减少、基础医疗等基本生活问题。"88 代学生运动"领袖敏哥奈(Min Ko Naing)等政治精英，开始借助民众生活成本的上升导致对军人集团统治的抱怨为契机，公开号召民众反对丹瑞政府的独裁统治，并且要求丹瑞政府以民主化改革以回应民意。[1]到 2007 年 2 月，仰光街头便出现由"全国民主联盟"领导人觉廷(Kyaw Htin)等领导的社会抗议，而丹瑞政府立即意识到抗议运动的性质，并依然按照"摆平"社会运动的传统策略将抗议者逮捕，依然采取政策直接"搞定"任何形式的抗议示威。[2]由于国际石油天然气价格继续攀升，丹瑞政府在 2007 年 8 月 15 日突然宣布取消燃料补贴，燃料价格的上涨导致其他商品的价格快速上涨，普通民众的生活成本依然继续增加，所以社会抗议依然没有停止。

(二)"番红花革命"的发展过程

在由民生问题发生的抗议示威活动起随后便由佛教僧侣进行领导，而参与随着游行示威活动的佛教僧侣数量也不断扩展。[3]在僧侣参与抗议示威活动后，丹瑞政府将参与抗议示威活动定性为扰乱制宪国民大会与威胁社会稳定的社会运动。[4]为应对不断扩大的抗议示威活动，丹瑞政府将参与抗议示威活动的敏哥奈(Min Ko Naing)、科科基(Ko Ko Gyi)等"88 代学生运动"社会民主活动人士，以"煽动内乱和破坏国家和平与安全"、"试图破坏制宪国民大会"、联系外国势力在国内发动恐怖活动、引发类似"88 代学生运动"的社会活动为由

---

① Min Ko Nain, "Empowering Peaceful Dissent,"The Irrawaddy, https://www2.irrawaddy.com/article.php art_id=7117,accessed August 8,2019.

② "The Hardship that Sparked Burma's Unrest,"BBC News,http://news.bbc.co.uk/2/hi/asia-pacific/7023548.stm,accessed August 8,2019.

③ "Monks Put Myanmar Junta in Tight Spot,"CTV News,https://www.ctvnews.ca/monks-put-myanmar-junta-in-tight-spot-1.257239,accessed August 12,2019.

④ "Agitators Taken into Custody for Undermining Stability and Security of the Nation,Attempting to dDisrupt National Convention,"The New Light of Myanmmar,August 22,2007.

逮捕。①与此同时,丹瑞政府此时依然以"发展和繁荣有纪律的民主",以及建立适当市场导向的经济制度为减少燃料补贴进行辩护,并表示燃料价格上涨是市场经济调剂的结果,而非政府在国家治理中不作为的结果。

　　在社会抗争继续扩展变化的过程中,包括"全国民主联盟"、"88代"运动及许多反政府活动组织开始进行"静悄悄的抗争",利用媒体辩论缅甸未来的的前途和命运,倡导民众以抗议示威的运动的方式进行反抗。在此之后,更多的佛教僧侣加入到抗议示威中,并表示表达要求利用"西亚多"(Sayadaws)按照佛教信仰戒律的"毗奈耶"(Vinaya)来治理国家,而不是按照现代国家以"为人民服务"为宗旨的公共管理方式治理国家。②丹瑞政府则表示,佛教僧侣群体应该严格遵守国家相关法律规定,禁止佛教僧侣参与到世俗事务中,不得进行任何与学习佛法知识(Gantha Dhura)和冥想禅修(Vipassana-dhura)之外的事务。对此,缅甸宗教事务委员会(Sangha Maha Nayaka)也明确表示,佛教僧侣应该加强和遵守国家对僧俗事务的基本原则和规则,禁止佛教徒参与世俗事务、避免卷入政党政治、禁止煽动社会运动等,并且明确规定违反相关法律及规定的惩罚措施。③

(三)"番红花革命"的蔓延过程

　　尽管丹瑞政府已经通过各种方式禁止佛教僧侣参与抗议示威中,不过佛教僧侣参与抗议示威的规模却越来越大。在抗议示威活动不断蔓延扩大的过程中,佛教僧侣不仅仅采取"非暴力不合作"的和平方式进行抗议,而是采取扣押政府官员、焚烧公共财产及攻击外国

---

① "Insurgents Who Are in Contact With the So-called '88' Generation Students Caused the Death of Many Sitizens when they Carried out a Bomb Attack in Maha Pathana Cave,"The New Light of Myanmmar,September 7,2007.

② "Destructive Elements Inciting Instigation to Grab Power through Short Cut,"The New Light of Myanmmar,Wednesday,September 19,2007.

③ "State Sangha Maha Nayaka Committee has Duty to Reinforce and Observe Basic Principles and Rules and Regulations and Implement Religious Matters,"The New Light of Myanmmar,September 25,2007.

公司等暴力手段来进行抗议，并不断主动煽动普通民众参与抗议示威。①由于丹瑞政府通过强制镇压来回应抗议示威，这导致仰光及其他许多省份都发生了由佛教僧侣参与的抗议示威，并且佛教僧侣领导也变成了抗议示威活动的领导群体。此后，包括"全国民主联盟"等民主反对派也加入到佛教僧侣领导的抗议示威中，并煽动和推动抗议示威的规模越来越大，继而演变成直接要求缅甸进行民主化改革的抗议示威活动。②

在佛教僧侣参与的抗议示威活动中，佛教僧侣提出的目标不仅是要求改善佛教僧侣的生活条件，而是直接表达了如权利、自由及民主等政治愿望，还要求丹瑞政府迅速解决社会经济及民族和解问题，并呼吁缅甸全社会联合起来直到推翻丹瑞政府为止。③如"缅甸全国佛教僧侣联盟"（All Burma Monks Alliance）发布声明，其中所表达的政治社会目标就有：（1）"联邦巩固和发展党"要为侵害佛教徒负责和道歉；（2）立即降低全国基本商品物价水平；（3）释放所有包括昂山素季在内的"政治犯"；（4）展开与全国少数民族地方武装进行和解对话。④此后，"全缅甸佛教徒联盟"与"88代学生运动"联合发布的公告，明确提出推翻缅甸军政府的口号：（1）建成惠及全面的经济；（2）释放所有政治犯；（3）实现全国和解。⑤更重要的是，"缅甸全国佛教僧侣联盟"提出的要求中，还包括要以佛教教义来治理国家的政治、经济及社会，进而建构起以佛教信仰为价值追求、意识形态、制度体系的宗

---

① "Burmese Monks End Standoff After Armed Crackdown," Radio Free Asia, https://www.rfa.org/english/news/politics/burma_fuelprotest-20070907.html, accessed April 12, 2020.

② "Burma's 'Saffron Revolution' is Not Over," The International Trade Union Confederation (ITUC), https://www.ituc-csi.org/burma-s-saffron-revolution-is-not?lang=en, accessed April 12, 2020.

③ "Burma March Largest in 20 Years," BBC News, http://news.bbc.co.uk/2/hi/asia-pacific/7009323.stm, accessed April 20, 2020.

④ "How Myanmar's People Rose up Against Its Regime——and the Regime Rose up Against Its People," The Economist, https://www.economist.com/briefing/2007/09/27/on-the-brink, accessed April 20, 2020.

⑤ "All Burma Monks' Alliance, The 88 Generation Students, All Burma Federation of Student Unions," Burma Campaign, https://burmacampaign.org.uk/about-burma/2007-uprising-in-burma/, accessed April 21, 2020.

教国家等条款,直接表达了建立宗教国家的政治目标。

正是由于佛教僧侣在抗议示威中提出的相关政治经济诉求,丹瑞政府在压力中也表达了同意与昂山素季等民主派进行对话,接受联合国特使甘巴里易卜拉欣·甘巴里(Ibrahim Gambari)访问,并且提出军人集团将严格按照"七步路线图"实现国家的民主化转型。在此之后,丹瑞政府也推动《宪法》在全民公投中顺利通过,继续推动民主化转型按照"七步路线图"稳步前进。由僧侣参与并领导的"番红花"显示了,具有入世传统的缅甸佛教信仰在缅甸转型之际积极介入公共领域的传统,同时也反映出佛教信仰在缅甸民主化转型之际对未来国家政治经济秩序中作为"国教"的基本权益及主导地位的焦虑,更反映出缅甸各社会阶层对推动缅甸民主化转型的迫切愿望。①

四、民主化转型时期的"969 运动"及"玛巴塔运动"

当缅甸在 2011 年正式开始进行民主化转型大幕,政治制度、经济模式、社会秩序及文化认同等都开始发生变化,从以往军人集团统治所压制的社会开始逐渐恢复活力。随着缅甸民主化转型进行的加快,缅甸分裂的社会开始沿着以宗教信仰为显性边界分化,原本被高压统治所压制的身份政治问题还是从休眠状态被被激活。

(一)"969 运动"(the 969 Movement)

"969 运动"发生的根源是 2012 年 3 月在缅甸西北部若开邦(Rakhine State)发生的围绕着"罗兴伽人"的社会冲突事件。然而,这件社会冲突事件迅速点燃缅甸根深蒂固的佛教徒与穆斯林间的宗教民族矛盾,并从缅甸西北部的若开邦逐渐蔓延到迈克蒂拉(Rakhine State)、密铁拉(Meiktila)、曼德勒(Mandalay)等城市,在全国造成了广

---

① 张蕾:《缅甸政治转型期的佛教民族主义:宗教能力和政治需求的互动联盟》,《南亚研究》2018 年第 3 期。

泛的影响。①这些较为极端的佛教民族主义运动也被媒体冠之以"佛教恐怖主义"（Buddhist Terrorism）、"佛教军国主义"（Buddhist Militarism）及"佛教民族主义"。②

"969 运动"由缅甸著名佛教活动任务阿欣·威拉杜（Ashin Wirathu）领导，并利用缅甸的南部城市毛淡棉（Mawlamyine）不知名的青年佛教徒协会"佛教僧侣网"（Ganawasaka Sangha Network）为媒介，迅速团结了全国范围内信仰佛教的佛教徒以反对穆斯林。"969 运动"的主要目标是保卫缅甸的民族与宗教纯洁，保卫缅甸联邦的主权完整，保卫国家宝贵的自然资源，号召佛教徒拒绝与穆斯林进行商业贸易，抵制穆斯林利用商业对缅甸社会的侵蚀，遏制穆斯林思想在缅甸的传播。③例如阿欣·威拉杜在大型演讲中就指出，"969 运动"这场战役主要是构筑我们自己的防御体系，保护我们民族和宗教不受外人侵害。这类似于甘地呼吁人们抵制外国产品。由此可见，"969 运动"并不单纯要求政府保护佛教信仰的文化象征，而是有着民族主义所具有的"排他性"和"特殊性"的现实主义目标，那就是要维护佛教信仰在缅甸现代民族国家中"国教"的传统和地位，并且试图将国家的政治、经济及社会等方面的秩序全部以宗教信仰进行统揽。④对此，"969 运动"在官方网站上就明确指出，试想存着在这个的世界世界，这个世界中的每个人在日常生活中都可以在自由地接触佛陀、学习佛法和遵守教义，这将是我们承诺的世界。⑤同时，"969 运动"还有着和伊

---

① 村主道美：《缅甸佛教徒与穆斯林冲突对其民主改革的影响》，刘务译，《印度洋经济体研究》2014 年第 2 期。
② Benjamin Schonthal and Matthew J. Walton, "The (New) Buddhist Nationalisms? Symmetries and Specificities in Sri Lanka and Myanmar," *Contemporary Buddhism*, 2016(17), pp.81–115.
③ Nyi Nyi Kyaw, "Islamophobia in Buddhist Myanmar: The 969 Movement and Anti–Muslim Violence," in Melissa Crouch, *Islam and the State in Myanmar: Muslim–Buddhist Relations and the Politics of Belonging*, Oxford: Oxford University Press, 2016, pp.183–210.
④ Matthew J. Walton and Susan Hayward, *Contesting Buddhist Narratives: Democratization, Nationalism, and Communal Violence in Myanmar*, Honolulu, HI: East–West Center, 2014, p.12.
⑤ "About," 969 Movemen, https://969movement.org/about/, accessed June 15, 2020.

斯兰国家"乌玛"相似的愿景,他们认为"969 运动"不仅仅应该在缅甸开展,而是信仰佛教的佛教徒都应该本国开展保护佛教信仰的运动,这种影响到泰国、斯里兰卡等他国家都有不同程度的 "佛教至上主义"活动在开展。[①]

"969 运动"并没有得到登盛政府的官方支持,不过"969 运动"以保护种族和宗教信仰信仰的愿景, 在全面信仰佛教的社会中发起后也会得到广泛的支持。特别是"969 运动"保护宗教信仰的目标得到了全国缅甸佛教最高领导机构 "国家僧侣监察委员会"(State Sangha Maha Nayaka Committee)的支持,"国家僧侣监察委员会"同意"696 运动"在意识形态上对穆斯林采取防御性战略。不过,"969 运动"中过分极端的种族主义倾向还是遭到登盛政府的谴责, 登盛政府并没有立即采取措施进行对"969 运动"进行取缔或者禁止,而在"政治正确"的情况下对"969 运动"不设立场原则,相当于间接承认及保护"969 运动"。[②]正是受到了官方的默许,在没有官方明令禁止的情况下,"696运动"得以在官方容忍和淡化的政策空间内,在缅甸广泛传播并加剧了信仰不同宗教信仰民族群体之间的紧张冲突关系。很显然,"969 运动"在发展过程中得到"联邦巩固与发展党"政治背书,而"联邦巩固与发展党"也借助"969 运动"得到民意支持。

(二)"玛巴塔运动"(the MaBaTha)

由于"969 运动"中逐渐出现反穆斯林的极端主义目标,并且导致缅甸社会中出现了越来越多社会冲突,所以登盛政府便指令"国家僧侣监察委员会"在 2013 年 9 月将"969 运动"定性为违法组织将之取缔。同时,在"969 运动"发展过程中,"969 运动"中的激进成分逐渐被部分僧侣领袖认为不合时宜, 而应该完全只追求纯粹保护缅甸种族

---

① "What is 969 Movement,"969 Movemen,https://969movement.org/what-is-969-movement/, accessed June 16,2020.
② Andrew Marshall, "Myanmar's Official Embrace of Extreme Buddhism,"Reuters,http://graphics.thomsonreuters.com/13/06/969.pdf,accessed June 12,2020.

和宗教,而非发动针对穆斯林的暴力冲突行为。在"969 运动"逐渐式微的过程中,"玛巴塔运动"在 2013 年 6 月正是成立,并在 2014 年 1 月正式公开活动,成为继续在国家法律法规范围内延续"969 运动"的社会活动组织。"玛巴塔运动"核心目的还是在于维护缅甸佛教信仰,提倡的是促进共同的佛教文化价值观,保证缅甸佛教信仰在维护社会精神家园的作用。同时,"玛巴塔运动"也提倡防止穆斯林对缅甸佛教信仰家园的威胁,"玛巴塔运动"不提倡采取激进的仇恨与冲突方式来对穆斯林信仰进行排斥。[1]所以,当旨在维护缅甸种族纯洁、信仰纯粹及防止穆斯林危险等非暴力价值观提出后,以及利用"969 运动"残余网络、社会关系及社交媒介等,"玛巴塔运动"迅速成为继承和超越"969 运动"的佛教民族主义运动。

尽管"玛巴塔运动"延续了"969 运动"旨在保护佛教信仰与种族纯洁的精神内质,不过"玛巴塔运动"更加具有良好的制度体系、组织建设和宣传能力,这导致"玛巴塔运动"比"969 运动"更加具有广泛的社会动员能力。"玛巴塔运动"改变了之前"969 运动"中极为激进的冲突色彩,转而在缅甸的政治经济框架内获得对种族纯洁和宗教纯粹的保护,通过在政治经济框架内通过说服下层群众及上层官方双方面通过合作达成目标,所以"玛巴塔运动"受到政府官方、社会团体及普通大众的认可。不仅如此,"玛巴塔运动"转而它寻求与"联邦巩固与发展党"及"全国民主联盟"等政治组织合作,来以更加契合国家政策的方式保护缅甸佛教信仰与种族纯洁的方式继续进行社会活动。[2]

因此,正是由于"玛巴塔运动"以保护佛教信仰为目标的社会运动具有广泛影响力,所以无论是"全国民主联盟"还是"联邦巩固与发展党"等政党,都希望与"玛巴塔运动"进行合作,"玛巴塔运动"也在缅甸国家政治经济秩序中变成了事实上的利益集团。然而,由于昂山

---

[1][2]　Benjamin Schonthal and Matthew J. Walton,"The(New)Buddhist Nationalisms? Symmetries and Specificities in Sri Lanka and Myanmar,"*Contemporary Buddhism*,2016(17),pp. 81–115.

素季公开指出"玛巴塔运动"在 2014 年 2 月提出的相关保护佛教信仰的议案存在"违背人权与妇女权利"的问题,所以"玛巴塔运动"并没有同"全国民主联盟"合作而是与"联邦巩固与发展党"合作。在 2015 年 8 月,缅甸即将举行联邦议会选举前夕,"联邦巩固与发展党"主导的联邦议会通过了包括《宗教皈依法》等由"玛巴塔运动"推动旨在限制穆斯林群体和保证宗教信仰的法律,"玛巴塔运动"顺利在现代国家政治框架中实现了目标。①在 2016 月 11 月的缅甸联邦议会选举中,"玛巴塔运动"还积极抨击昂山素季及"全国民主联盟",并使得继续发动社会群众支持"联邦巩固与发展党"赢得选举。然而,在"全国民主联盟"全面赢得联邦议会选举后,缅甸"国家僧侣导师委员会"也在 2017 年 5 月宣布"玛巴塔运动"停止活动,随后"玛巴塔运动"的组织者停止了任何个人与组织以"玛巴塔"为旗号的活动。②在这之后,昂山素季政府也发布禁令全面禁止了"玛巴塔运动"的任何活动,"玛巴塔运动"也从此进入到了潜居蛰伏阶段。③

五、结语

在缅甸进行民主化转型的过渡阶段,国家秩序从由军人集团的独裁统治转向由文官政府的民主政治,这使得以往高压统治下被隐匿的社会裂痕开始在国家政治经济秩序开放的环境下显现。在缅甸民主化转型过程中,无论是"番红花革命"还是"969 运动"和"玛巴塔运动",这些有着有着宗教民族主义背景的社会运动都有着明确目标,那就是希望转型后的国家按照佛教信仰的愿景、价值、规范和制

①　Thein Le Win,"Law Aimed at Muslims in Burma Strikes Buddhist Targets,"The Irrawaddy,https://www.irrawaddy.com/news/burma/102646.html,accessed July 1,2020.

②　"State Sangha Maha Nayaka Committee Bans Ma Ba Tha,"*The Global New Light of Myanmar*,May 24,2017.

③　"Buddhism and State Power in Myanmar,"International Crisis Group,https://www.crisisgroup.org/asia/south-east-asia/myanmar/290-buddhism-and-state-power-myanmar,accessed June 20,2020.

度进行构建。

　　总的看来，缅甸佛教民族主义运动的出现存在以下原因：（1）最根本的原因还是缅甸佛教信仰在历史发展的紧要关头，利用佛教信仰在政治、经济、社会及文化秩序中占主导地位的能力，积极突破了私人领域与公共领域的基本边界来试图塑造国家政治经济秩序的历史传统，以维护佛教信仰作为缅甸"国教"的特殊权益及主导地位；（2）缅甸在民主化转型中，作为缅甸"国教"的佛教信仰具有较强的社会活动能力，佛教信仰可以利用自身的价值理念、组织体系、宣传能力及影响范围等优势，利用民主化转型时期政治社会秩序转型的空间发动大规模社会运动；（3）缅甸社会正处于从军人政权的独裁统治向民主政治的开放社会转型，逐渐宽松、自由和开放的政治、社会及文化环境，为佛教信仰群体表达诉求、仇恨、愤怒及偏见等提供了社会环境及通道，这导致佛教信仰极容易突破公共领域的边界介入世俗政治；（4）由于佛教信仰是缅甸的历史、社会及文化基础，所以佛教信仰也成为缅甸政治合法性及政治权力的核心来源，这导致"969运动"及"玛巴塔运动"成为政党的政治联盟，而这些宗教民族主义运动也借助政治背书及支持而不断张扬；（5）缅甸在民主化转型中逐渐从闭关锁国状态走向改革开放，国际社会的"伊斯兰恐惧症"在缅甸民主化转型中传播到缅甸，这使得佛教民族主义运动在国际社会、社交媒体及民粹主义等活动中得到助推发展。

　　在缅甸继续进行民主化转型的过程中，始终需要警惕并排除宗教信仰对现代国家构建的影响，防治宗教信仰突破公共领域与私人领域的边界对世俗社会秩序产生影响，从社会基础上根除宗教信仰对国家政治经济秩序的影响。同时，缅甸在民主化转型中也更要着重对民主化转型社会基础的建构，利用民主价值、公民社会、国民教育、法治治理、多元文化等多方面政策机制，不断培育支持民主化转型的社会土壤，建立起支撑民主化转型的深厚社会根基。